城市人群活动时空 GIS 分析

萧世瑜　方志祥　陈碧宇
尹　凌　陈　洁　杨喜平　著

科学出版社

北京

内 容 简 介

　　理解城市人群活动模式规律对城市空间优化、交通规划、出行与位置服务、行业设施选址与业务流优化等都具有重要意义。本书从轨迹数据质量评价、隐私问题、活动区域、人群聚集消散、可达性、适应性等多个角度来理解城市人群时空活动，与城市人群活动数据、城市功能与空间结构、人类动态等维度进行系统地联系，提出城市人群活动的时空 GIS 基础理论与方法，形成人群动态及其与空间结构适应性的初步分析手段，实际指导面向时空需求的城市设施选址与优化服务。

　　本书可供地理信息、测绘遥感、城市地理、国土、交通、物流等专业科研人员参考，也可作为高等院校的本科生或研究生教材。

审图号：粤（2018）02-75 号

图书在版编目（CIP）数据

城市人群活动时空 GIS 分析/萧世瑜等著. —北京:科学出版社,2018.9
ISBN 978-7-03-055271-6

Ⅰ.①城… Ⅱ.①萧… Ⅲ.①地理信息系统-应用-城市人口-人类活动-研究 Ⅳ.①B03-39

中国版本图书馆 CIP 数据核字(2017)第 274195 号

责任编辑：杨光华 / 责任校对：石娟娟
责任印制：彭 超 / 封面设计：苏 波

科学出版社 出版

北京东黄城根北街 16 号
邮政编码：100717
http://www.sciencep.com

武汉精一佳印刷有限公司印刷
科学出版社发行 各地新华书店经销

*

开本：787×1092 1/16
2018 年 9 月第 一 版 印张：19 1/4
2018 年 9 月第一次印刷 字数：453 000

定价：198.00 元
（如有印装质量问题，我社负责调换）

序 一

　　城市是人类活动的主要空间。人类活动与城市经济、社会、环境、交通、医疗、教育等密切相关,对城市的形成、发展、空间结构和分布规律等产生影响。同时,城市空间结构布局深刻影响人类活动的时空模式,信息和通信技术的发展为捕捉人类的活动提供了新的手段。时空 GIS 在分析人类活动方面具有很好的先天优势和很强的发展潜力。从时空视野科学探究城市人群活动机理,是地理信息科学与城市地理学相结合的一个基础研究问题,也是新时期我国城市科学规划与发展的决策基础。

　　萧世瑜教授长期从事交通地理学、时空地理信息科学研究,是该领域在国际上有重要影响的专家。《城市人群活动时空 GIS 分析》一书是萧世瑜教授领导的研究团队完成的最新成果,涵盖了他所承担的国家自然科学基金重点项目、863 项目子课题等,围绕时空地理信息科学面向城市人群活动而开展了诸多前沿的研究工作,这本书较为系统地论述城市人群活动的数据特点、群体规律分析与结构适应性评价、以及设施优化等时空 GIS分析理论与方法,实现 GIS 理论在时空建模与行为分析等方面的创新研究工作。这本书的理论与技术成果具有重要的参考价值,可以辅助我国城市空间模式可持续发展科学决策与精细化城市管理科学决策。

　　当前大数据时代,空间信息已经渗透到国民经济与生活的方方面面,是我国新时期城市发展研究与行业应用的宝贵资源,期待越来越多的科研工作者加入空间大数据的挖掘与分析研究应用中,为我国国家战略的发展和实现贡献力量。

中国科学院院士
中国工程院院士　李德仁

2017 年 10 月 27 日

序　二

　　我国正处在新型城镇化、工业化和信息化的关键时期,城市面临着复杂的经济、社会与生态可持续发展问题。城市人群活动与城市经济、社会、环境、交通、医疗、教育等各方面问题息息相关,引起社会各界广泛关注。对城市人群活动的理解与认知是解决这些问题的基础,也是地理、测绘、信息、交通、规划、社会等多学科交叉研究的热点前沿。

　　面向城市的地球空间信息与互联网、云计算技术持续融合,产生了城市时空大数据,成为智慧城市的重要战略资源,也为面向城市问题的人群活动研究提供了基础条件。随着地球空间信息学和信息科学、城市学等学科的不断深入交叉融合,城市空间信息学(urban informatics)逐步形成,并正在成为测绘地理信息科学的重要发展方向。城市空间信息学具有动态演变、数据驱动、众源学习、协同决策、学科交叉等典型特征,需要突破复杂城市系统的时空建模与表达、现实物理空间与虚拟网络空间的相互作用机理、时空大数据分析与挖掘的理论与方法、城市时空决策的理论与方法等关键科学问题。实现以统一的时空基准为框架、以空间信息为载体、以信息技术为支撑,动态采集城市时空信息并进行处理、分析与服务,支持绿色、低碳、可持续城市发展的目标。

　　《城市人群活动时空 GIS 分析》一书由萧世瑜教授领导的研究团队完成。该团队自2012 年以来承担了国家自然科学基金重点项目、863 子课题等项目,围绕时空 GIS 理论与分析方法开展了诸多前沿的研究工作,发表了高水平学术论文。这本书汇集了他和合作者在时空数据分析领域十年磨一剑的研究积累,代表了当前时空数据分析的研究前沿进展,重点放在基于时空大数据的城市群体活动规律分析,体现了城市空间信息学的一个重要特征,就是把人和人群的活动作为研究对象,是对传统 GIS 分析以自然作为分析对象的一个重大转变,也标志着测绘地理信息科学新的发展方向。

　　2005 年我在 UCSB 做访问学者时和萧教授偶遇并相识,后来邀请萧教授到武汉大学做中组部"千人计划"教授,开展合作研究,2012 年我到深圳大学任校长,继续交流合作。时间过得真快,一晃十多年过去了,这其中的许多活动还记忆犹新,仿佛就在昨天,我们一起考察 Smoky Mountains、长江三峡和深圳大鹏,一起组织研讨会、讨论重点项目 PPT。在此之前我曾经拜读过萧教授的"Geographic Information Systems for Transportation: Principles and Applications"一书,从中可以体会到萧教授在时空数据分析领域的前瞻性和创新性工作。相信这本书的出版,可以进一步推动我国在城市空间信息学领域的原创性研究。

　　深圳大学在郭仁忠院士的带领下,今年开始尝试办一个城市空间信息工程的本科专业,也是想在本科人才培养方面进行一些探索,这个专业的培养定位就是面向城市问题的通专融合的复合型城市空间信息人才。培养目标是希望学生通过系统学习,具备两种思维——测绘和地理思维,一个能力——ICT 信息技术能力。在此基础上,形成时空数据的采集与处理、时空信息系统的开发、城市分析与应用三个培养方向,以满足粤港澳大湾区经济社会快速发展对城市时空大数据领域专业人才的需求。

相信这本书的出版能够吸引更多的年轻人参与到城市时空大数据的研究中来,也会对城市空间信息领域的人才培养起到积极的作用,并为推动以人为本的地理信息科学理论研究与技术发展发挥重要作用。

深圳大学校长　李清泉

2017 年 7 月 26 日于深圳

前　　言

城市是人流、物质流、能量流、信息流等高度集中与复杂耦合的区域。城市化是当前中国所发生最重要的生活方式变革。《中国城市发展报告(2011)》指出：2011年我国城镇人口占总人口的比重首次超过50％，城镇居民的生活方式正在发生极其深刻的变化。快速城市化过程中，各种城市病逐渐显现：异常脆弱的基础设施、日益加剧的交通拥堵、不断下降的空气质量，以及逐渐降低的居民幸福感。城市人口活动与空间结构功能配置之间的相互适应匹配落差是这些现象产生的基础科学问题之一。一方面，政府部门投入巨额资金，加大城市基础设施建设，以改变日益增长的城市人口分布；另一方面，人们根据工作生活需求寻求最佳的活动范围，两者相互制约、相辅相成。如何衡量城市群体活动与空间结构之间的相互适应性就成了一个关键的重要科学研究问题，对指导我国城市空间模式可持续发展的科学决策与精细化城市管理、建设资源节约型和环境友好型社会等具有重要的研究意义。

城市空间结构深刻影响人类活动的时空模式，信息和通信技术的发展为捕捉人类的活动提供了新的手段。时空GIS初步具备分析人类活动的技术基础，但是缺乏现实与网络空间一体化下海量人类活动时空数据的高效建模和分析方法。人类活动与城市空间的相互作用是一个复杂过程，目前的群体活动与城市空间结构之间的适应性分析研究还相当缺乏，也导致空间结构设施选址优化模型、城市规划、旧城改造等缺乏有效的群体活动分析评价支撑方法。

随着大数据时代的来临，特别是手机数据、出租车数据、公交智能卡数据、城市视频等数据的普及应用，城市人群活动研究越来越受到重视，对城市空间规划、交通规划、交通出行、设施选址优化、智能位置服务等应用有较大的促进作用。其中，手机数据存在其采样覆盖面广、活动类型丰富等特点，蕴含大量的群体活动行为，如何科学地认识群体活动的行为规律及其影响是地理科学、信息科学和人文社会科学等领域的一个重要的基础科学问题，也是当前交叉学科研究的一个热点问题。另一方面，如何达到人的活动与城市布局的合理适应均衡，是在快速城市化进程中的一个关键科学问题，也是制约城市科学发展的交叉学科瓶颈理论问题，为地理信息科学、城市地理学、人文地理学等学科交叉的一个研究前沿。

在国家自然科学基金重点项目(41231171)的资助下，围绕该问题的研究工作，开展了一系列理论与方法研究，包括：构建现实与网络空间一体化的群体活动时空数据模型，发展基于海量手机数据的大规模群体活动识别及行为模式提取理论与方法，构建大规模群体活动与城市空间结构的适应度模型及其选址优化方法。本书结合该重点基金项目的研究成果,尝试系统性论述城市人群活动的数据特点、群体规律分析与结构适应性评价以及设施优化等时空 GIS 分析理论与方法,实现 GIS 理论在时空建模与行为分析等方面的原始创新,对指导我国城市空间模式可持续发展科学决策与精细化城市管理有重要的指导意义。

本书各章节的撰写人员分别如下:第 1 章,方志祥(武汉大学)、萧世瑜(田纳西大学、武汉大学)、余红楚(武汉大学)、倪雅倩(武汉大学);第 2 章,尹凌(中国科学院深圳先进技术研究院)、萧世瑜(田纳西大学、武汉大学)、于洪波(俄克拉荷马州立大学)、赵志远(武汉大学)、陈碧宇(武汉大学);第 3 章,方志祥(武汉大学)、宋晓晴(武汉大学);第 4 章,尹凌(中国科学院深圳先进技术研究院)、赵志远(武汉大学)、陈碧宇(武汉大学);第 5 章,裴韬(中国科学院地理科学与资源研究所)、陈洁(中国科学院地理科学与资源研究所)、舒华(中国科学院地理科学与资源研究所)、郭思慧(中国科学院地理科学与资源研究所);第 6 章,方志祥(武汉大学)、萧世瑜(田纳西大学、武汉大学)、杨喜平(陕西师范大学);第 7 章,方志祥(武汉大学)、杨喜平(陕西师范大学);第 8 章,陈碧宇(武汉大学);第 9 章,方志祥(武汉大学)、冯明翔(武汉大学)、于冲(武汉大学);第 10 章,陈碧宇(武汉大学);第 11 章,方志祥(武汉大学)、萧世瑜(田纳西大学、武汉大学)。

感谢国家自然科学基金重点项目“基于海量手机数据的群体活动与城市空间结构适应度分析及选址优化”(41231171)对本课题组的大力支持,特别感谢李清泉教授、周成虎院士对本项目研究的指导! 感谢参与项目研究的成员:萧世瑜教授、方志祥教授、裴韬研究员、黄正东教授、谢蓉教授、尹凌副研究员、乐阳副教授、陈碧宇副教授、陈洁助理研究员、张韬博士、周洋博士、杨喜平博士、鲁仕维博士、赵志远博士生、余红楚博士生、冯明翔博士生、刘立寒硕士、徐金垒硕士、张希瑞硕士、宋晓晴硕士、于冲硕士生、倪雅倩硕士生等。

在本书的相关研究和出版过程中,深圳市规划国土房产信息中心(深圳市空间地理信息中心)和深圳市综合交通运行指挥中心给予了大力支持,本书作者在此表示衷心感谢! 同时感谢科学出版社编辑对本书的认真校核和协调。

由于作者水平有限,书中难免存在疏漏之处,敬请各位读者批评指正。

作　者

2017 年 7 月 2 日

目　　录

第1章 绪 论

本章简要介绍城市人群活动的分类及其特点,总结地理信息科学、城市地理学、交通工程学、统计物理学、人文地理学等领域中对人群活动的相关研究工作进展,并分析这些领域中研究人群活动所遇到的挑战。

1.1 城市人群活动

1.1.1 活动分类

城市人群活动是指人群出行、行为互动等,是城市中人类社会生活中不可或缺的一部分。狭义的城市人群活动是指现实物质空间的社会活动。随着信息技术和网络技术的普及,QQ、微信、百度地图、滴滴打车、新浪微博、美团外卖、推特网(Twiter)等社交媒体和手机应用程序(APP)的出现,网络空间的人群活动引起了国内外研究者和产业界的广泛关注。目前城市人群活动常常指广义的人群活动,包括现实空间的互动、网络空间的活动和社交空间的活动等。

1. 现实空间的互动

国际现代建筑协会(International Congresses of Modern Architecture,CIAM)于1933 年 8 月在雅典会议上制定了一份关于城市规划的纲领性文件——"城市规划大纲",即《雅典宪章》。《雅典宪章》认为,城市规划的目的在于综合城市四项基本功能——生活、工作、游憩、交通。因此,城市现实空间的活动包括通勤、购物、休闲娱乐及其派生出来的交通出行活动。一般来说,活动属性包括活动的起止时间、活动地点、活动具体地址、活动类型、参与活动人员等,而交通出行活动属性包括出行的起止时间、出行目的、出行前后的地点类型、出行具体地址和出行方式等。当前立足于城市人群活动的主观选择和客观制约并重的研究立场,活动需求增长、活动选择多元化、时空压缩下的活动聚集与消散等地理规律,与休闲经济、交通经济、娱乐经济、实体经济等多元化城市经济相辅相成,在新型城市化进程中发挥着重要作用。

2. 网络空间的活动

随着移动互联网的发展,现实空间活动逐渐延伸到网络空间,网络空间活动类型逐渐多元化,形成了独具特色的网络通信、网络购物、远程工作、在线休闲娱乐、在线自主学习等活动。一方面,网络空间的开放与自由决定了人的兴趣导向引导网络空间中的人群活动。比如,人们可通过中国大学慕课(massive open online courses,MOOC)等在线教育平台开拓视野;可以在兴趣论坛发表见解进行主题讨论和信息共享;可以访问天地图、Google Earth 等在线/离线电子地图了解周边服务等。另一方面,网络通信改变了人们的生活,成为日常工作交通不可或缺的一部分,从而衍生出任务导向的网络活动,如视频会议、收发邮件、群讨论、在线学习等。

3. 社交空间的活动

社交空间的活动分为现实空间社交活动和网络空间社交活动两种类型。现实空间的社交活动往往指时空共存的群体互动,表示位于同一时段同一地点的群体活动,如朋友聚会、客户会面等,它是人类生活中不可或缺的一部分。网络空间的社交活动表示广义的群体互动活动,包括时空共存、时间共存、空间共存及非时空共存四种类型,如蓝牙在线传输图片、面对面传输文件属于时空共存;QQ 语音、微信视频等属于时间共存,但不属于空间共存;推特网关于同一旅游景点不同时间在推特分享的文本图片等属于空间共存但时间不共存;语音信箱、收发邮件属于非时空共存。

城市人群活动在"现实-网络-社交"空间交错关联复杂,研究混合空间的城市人群活动的时空关系、时空自由度、活动时间偏好、活动空间偏好、人群心理偏好等,长期以来一直受到人文地理学、交通学、规划学、行为学、地理信息科学等不同领域的广泛关注。

1.1.2 活 动 特 点

现实空间、网络空间、社交空间构成了广义的人类活动空间,不同空间的活动结构、时空特征、频繁模式、活动导向等存在明显差异,因此,活动特点也迥然不同。活动在一定程度上反映城市人口、经济和环境等指标对活动特点的分析有助于深层次地理解活动节奏以及影响因素,如城市形态的密实度对活动模式的影响、活动空间交互的非平稳性和异质性等,为解决城市化问题提供新的思路和途径。

1. 现实空间的活动特点

现实空间活动主要包括生活、工作、游憩、交通,受时间-空间框架约束明显,呈现较强的时间-空间分异特征。时间维度上,人群活动在 24 小时内相似性与差异性并存(Ahas et al.,2010),其主要表现为工作日人群活动具有相似性,周末与工作日则存在较大差异。例如,工作日人群出行呈现出"双峰"特性,7:00～9:00、16:00～18:00 早晚高峰明显(宗芳,2015;刘瑜 等,2011)。工作日和周末在出行距离上具有相似性,周末的活动强度与工作日存在明显区别,周六下午为休闲、购物等活动发生最频繁的时段。空间维度,城市人群活动复杂多变,但遵循可复现的模式,具有较强的规则性和可预测性(Song et al.,2010b),如人群活动虽然表现出出行距离不均衡性,但符合具有尾部截断的幂率分布(González et al.,2008),不少学者使用 Markov 模型、神经网络等方法预测人群移动、区域人数,区域人数预测准确率可达 90%(方志祥 等,2017a,2017b;Liang et al.,2016;Fan et al.,2015)。此外,现实空间人群活动存在目的地选择偏好,绝大多数个体一天内的活动锚点个数不超过 4 个,日常出行次数 2～3 次,出行距离通常在 2～3 km,长距离出行较少(康朝贵 等,2017;徐金垒 等,2015)。借助回转半径、活动锚点个数、移动频率等指标对不同城市居民日常出行特征进行比较,发现出行活动范围受城市结构的影响较大,具有相同停留点个数的居民的移动频率也存在差异(Xu et al.,2016)。此外,现实空间中年龄、性别对居民活动空间范围有明显影响。相比之下,中青年人具有更大的活动范围,对位置的访问不确定性更高,并且男性访问城区的次数高于女性(Yuan et al.,2016)。

2. 网络空间的活动特点

网络空间依托互联网的发展而产生,近年来被视为继陆海空天之后的"第5空间"。网络空间活动突破距离约束,较现实空间具有很强的自由性、开放性和自主性,呈现活动形式多样化、活动空间虚拟化、活动人员身份虚拟化、活动人员集群化与分散化并存等特征(周涛 等,2013)。①活动形式多样化,网络空间活动形式包括邮件发送、在线社交网络及视频、图片、音乐分享和网页搜索与访问与论坛、博客发布等。②活动空间虚拟化,网络空间活动模糊了现实空间工作、娱乐空间的功能边界,丰富了活动空间"家"和"工作地"的语义信息(Hu et al.,2017;翟青,2015)。比如:居民在家可远程办公,也可生活娱乐。③活动人员集群化与分散化并存,活动人员在网络空间中的分布呈现兴趣导向的集群现象,基于共同的兴趣导向形成论坛、群组等网上社区。网上社区是网络空间中信息交流的重要平台,方便人们进行讨论、通信和社交,细分到具体的主题,活动人群又呈现出分散化的特征(彭兰,2009),网络空间活动深刻改变人类思维方式、行为倾向、社区形态及自我认同能力的同时,也引发了网络诈骗、隐私泄露等社会问题(Yin et al.,2015;de Montjoye et al.,2013)。如何保护网络空间中的个人安全和隐私正受到越来越多的关注。

3. 社交空间的活动特点

社交空间以现实空间、网络空间中的社交关系网络为主要表现形式。居民在现实空间与网络空间的活动密不可分(Yin et al.,2015;Zhao et al.,2014),二者通过社交空间产生时空联动效应,表现出群体化、多元化、多层次等特征。网络社交空间中微博、微信等社交媒体平台为消息点对面辐射状的传播搭建了桥梁,现实社交空间呈现点对点的消息传播特点,具有一定的选择导向。带有地理标签的社交媒体数据提供了现实社交空间与网络社交空间人类交互活动的信息源,线上和线下的传播机制加快了消息传播速度、提升了传播深度和广度(朱恒民 等,2016)。

1.2 人群活动研究的主要科学领域

1.2.1 地理信息科学

地理信息科学(geographical information science),20世纪80年代中期作为测绘、遥感和地理信息系统相关研究领域专业术语出现。加拿大拉瓦勒大学(1986年)和荷兰国际航空摄影与地学学院(1989年)相继成立以"地理信息科学"命名的系或专业。地理信息科学体现着地理科学(geography)和信息科学(informatics)及其他相关科学的融合

(fusion)。Goodchild(1992)认为,地理信息科学主要研究运用计算机技术对信息进行处理、存储、提取以及管理和分析过程中所提出的一系列基本理论问题和技术问题,如数据的获取和集成、分布式计算、地理信息的认知和表达、空间分析、地理信息基础设施建设、地理数据的不确定性及其对地理信息系统操作的影响、地理信息系统的社会实践等。本节主要论述地理信息科学在城市人群活动信息获取、存储、分析和应用方面的研究进展。

1. 城市人群活动信息获取

传统的城市人群活动信息获取源于个体活动日志或活动调查,通常搜集现实空间中个体典型日常活动数据如家务、通勤、工作、购物和娱乐等,搜集时间长、样本量少,存在活动获取上的偏差(Zhao et al.,2016)。随着移动通信终端和 GPS 跟踪器的普及,获取长时间序列、海量高精度的活动轨迹成为现实,能够获取的活动信息包括:活动目的、活动类型、活动地点、活动起止时间、持续时长、活动序列等。

城市人群活动是多个个体活动的综合,首先需要识别个体活动,再考虑个体活动的空间共存、时间共存、时空共存等关系(Shaw,2006)。个体活动信息获取包括几何方法和统计方法两种。几何方法立足于个体活动特征,重点提取位置变化的活动信息,常见的活动点获取方法有移动圆法(Sadjadi et al.,2016)、基于规则的方法(Shih et al.,2016)、关键点法(Zheng et al.,2010)、密度聚类法(Shen et al.,2014),并与城市 POI(point of interest)进行匹配,原理简单,操作迅速。统计方法以个体活动的前后关联为基础,重在频繁访问地点、地段、空间位置、地点历史评价等要素的获取,需要顾及个体偏好以及长期的历史信息,计算复杂,需要一定数量的先验数据校正算法参数。停留是活动之外的重要特性,结合城市海量手机等手段识别用户停留时空分异特性(徐金垒 等,2015)可以加深对人类活动的理解。

城市人群活动信息的获取手段和能力正在发生翻天覆地的变化,在集成群体活动信息方面,信息和通信技术的发展极大地丰富了活动信息的获取方式方法,但如何快速地从海量活动信息中获取有价值的活动信息也是当前面临的巨大挑战。

2. 城市人群活动信息存储

城市人群活动具有时间共存、空间共存、时空共存的复杂特征,在时间维、空间维等存在连续变化、离散变化、步进变化等不同特征,现有的时空数据模型包括:时空立方体模型(space-time cube model)(Hägerstraand,1970)、序列快照模型(sequential snapshots model)(Armstrong,1988)、时空复合模型(space-time composite model)(Langran et al.,1988)、基态修正模型(base state with amendments model)(Langran,1992)、基于事件的时空数据模型(event-based STDM)(Peuquet et al.,1995)、面向对象的时空数据模型(object-oriented STDM)(舒红 等,1997)、基于图论的时空数据模型(graph-based STDM)(Wilcox et al.,2000)、多版本时空对象进化数据模型(multi-version evolution data model of the spatio temporal object)等(佘江峰 等,2005)、时空聚散动态模型(Fang et al.,2017),这些模型为城市人群活动信息存储提供了数据表达和组织基础理论,但是

现有模型在城市人群活动信息存储方面的适用性有待进一步提高。

相关学者根据城市人群活动的移动和停留的交替性,提出了 SMoT(stop and move of trajectory)模型(Spaccapietra et al.,2008)及其扩展模型,包括 IB-SMoT(intersection-based stops and moves of trajectories)(Alvares et al.,2007)、CB-SMoT(clustering-based stops and moves of trajectories)(Palma et al.,2008)、DB-SMoT(direction-based stops and moves of trajectories)(Rocha et al.,2010)和 SMoT+(extending SMoT)(Moreno et al.,2014)等。近年来,有学者提出了 Motifs 模型(Schneider et al.,2013),该模型充分考虑城市人群活动的环境语义信息,有助于探索 activity、trip、tour、behavior 之间的交叉关联性,揭示城市人群活动的多维变化特征,为深入理解城市人群活动提供了新途径。

尽管目前相关研究在城市人群活动信息存储模型构建方面有所突破,但是在信息的检索、冗余信息剔除、语义信息准确存储方面还有很大的提升和完善空间。除此之外,城市人群活动信息的时空关联一体化存储模型也是当前亟待探讨的研究热点之一。

3. 城市人群活动信息分析

地理信息科学为城市人群活动信息的获取、存储、可视化、分析等提供了技术支撑和方法支撑,特别是在人群移动的时空 GIS 分析方法和出行模式识别等方面贡献尤为突出。

针对城市人群的活动空间,鉴于个人内在、人际交往、外在结构等主要制约机理,常采取标准误差椭圆、置信椭圆、最小凸多边形、潜在活动区域和回旋半径等指标进行刻画(刘瑜 等,2014),采用地图、空间图谱等对城市人群活动空间分布格局、弱势群体特征、空间形态、社交网络等进行研究(赵莹 等,2016)。时空 GIS 分析方面,以城市人群活动的时空同步制约、时空异步制约等为基础,取得了以时空路径、时空棱镜、时空可达性等以时间地理理论为基础的可视化表达和技术手段进展,包括在时空结构特征、活动空间特征、群体差异、时空动态等方面开展的实证研究(Shaw,2010;Shaw et al.,2016;Yu et al.,2008)。传统的时空 GIS 在城市人群互动分析方面,存在活动开放时间及个人活动需求考虑的不足,有学者提出以活动兴趣度、互动时长可行度、活动地点吸引度等为评价因子,构建改进的群体互动时空 GIS 评价模型(Shaw et al.,2009)。GIS 技术的变革和信息技术的发展将对城市人群活动产生重要影响,包括城市人群活动数据的丰富、时空分析方法的提升等,不仅如此,还将影响城市人群的生活思维和生活方式等。

通过分析频繁出行的周期韵律(Liu et al.,2012)、时空信息熵等统计指标(Peng et al.,2012),表明城市人群出行具有高可预测性(例如:出租车乘客的活动范围,基本是四个频繁场地+两条频繁路径)(Kang et al.,2016)。城市人群出行模式识别方法包括 K 均值聚类(Becker et al.,2011)、自组织聚类(Sagl et al.,2014)、dynamic time warping(Yuan et al.,2012)、主成分分析(Sun et al.,2011)、矩阵因子分解(Kang et al.,2016)等,结合不同的地理环境语义信息,进而获取城市人群以不同活动为导向的出行时空动态模式,评估城市大规模人群活动与城市空间结构以及基础设施之间的相互适应性,及时弥补人群活动与空间交互过程中所需的资源匹配落差仍是难点问题,是缓解当今城市共同涌现的交通问题、环境问题、贫富落差悬殊等社会问题的重要途径。

4. 城市人群活动信息应用

城市人群活动信息有助于探索城市的一般发展规律,是诊断城市问题、评估发展模式、寻求解决方案的科学基础,可用于支持城市规划现状分析、方案编制与方案评估的各个阶段。李清泉(2017)指出城市信息学的核心是对人的关注,并以城市问题为导向、以数据为驱动、建设以人为本的智慧城市。Goodchild(2007)提出了自发性地理信息概念,李德仁指出每个个体都是移动传感器,普通大众在分享个体的同时也可以享用他人的数据(牛汝辰 等,2014),辅助于"对地观测脑"(earth observation brain,EOB)中的空天地信息服务框架下全球用户可及时获取所需要的任何数据、信息和知识(李德仁 等,2017)。海量的多元异构轨迹数据(如:手机数据/公交卡数据/出租车 GPS 数据/微博数据/Check-in 数据/视频数据/其他数据)蕴含着丰富的人群活动信息,为研究城市居民出行时空模式带来了崭新的视野和空前的挑战,积极地促进了城市地理学、地理信息科学、交通工程学、人文地理学、疾病传播与防控、城市安全管理、危机管理与应对等众多学科的发展,对指导现代化智慧城市的建设、管理和规划等具有重要的指导意义。

1.2.2 城市地理学

城市是一种包含复杂物质要素、社会关系和活动内容的客体,城市功能和空间结构与其所处的地理位置密切相关(许学强 等,2009;周一星,2007)。城市地理学作为一门交叉学科,主要研究城市经济社会特性、人群活动空间结构与人群出行行为之间的关系,探讨城市形成发展、组合分布和空间结构变化的规律,剖析城市发展深层机制,为城市功能空间的合理布局和城市的发展建设提供信息依据(Tu et al.,2017;Zheng et al.,2014;柴彦威 等,2010)。

城市地理学经历了从描述观察到城市体系分布模式研究,再到城市内部结构研究的发展过程(许学强 等,2009;周一星,2007)。早期城市地理学以描述观察城市自然景观、位置、人口和繁荣程度为主(Hartshorn,1992),1920 年后引入统计分析手段,构建了城市体系结构、城市分布模式的相关理论。例如:不同城市地理特性与人群活动相互影响形成的"同心圆""扇形""多核心"等城市空间结构理论,"中心地理论""六边形理论"等城市分布模式理论(Northam,1979)。1950 年以后,城市地理学以点面结合的方式系统研究城市化,重点研究城市经济基础理论、空间相互作用和扩散过程以及城市规模分布理论。该时期因子分析方法(Harman,1976)的兴起为城市地理学研究奠定了坚实基础。1970 年以来,城市地理学研究重点逐渐从城市体系结构转向城市内部结构。特别是 2006 年以来,随着卫星定位技术、通信技术的发展,手机、GPS 等记录的城市人群活动轨迹数据,为探索城市空间结构、功能区划(Pei et al.,2014)和公共设施服务水平等提供了数据基础。城市地理学融合行为学研究方法,从人群活动的角度研究城市内部的空间结构,探讨人口迁移混合度高、疾病传播防控难等城市化问题。

融合行为学研究方法后,城市居民的活动空间成为城市地理学研究的热点。城市物质空间和城市活动空间分别从静态、动态两个角度阐释了城市地理学研究。就城市空间结构而言,它是城市各类功能区的地理位置及其组合关系;从城市物质空间上看,城市功能区是以各类城市用地及其组合表现;而从城市人群活动看,城市功能区则可以理解为各类居民活动空间及其组合表现(王波 等,2016)。

1. 城市物质空间

改革开放以来,城市中心的工业、仓库、居住用地转变为土地收益率更高的商业、办公化用地,地价高而且开发强度大,建筑物高度不断增加,城市中心的服务业通过产业内部调整、通达性提升、经营环境改善等对城市居民保持较强的吸引力(邓羽 等,2017)。大量工业企业向地价较低的郊区迁移,在近郊建立各类开发区和产业园,城市物质空间呈现市区扩散、开发园再聚集、高薪技术制造业聚集、多类产业共存的综合物质空间特征(邓羽等,2017)。城市人群活动为准确识别和理解物质空间结构和更新机制提供了更为便捷的渠道,如城市用地功能与混合度(Liu et al.,2016)、城市发展边界(Long et al.,2015)、服务业空间格局(赵艳楠 等,2017;秦萧 等,2016)、城市边界增长(高丽娟,2016)、城市商业空间结构(柴彦威 等,2008a)等诸多方面,将物质空间的平面研究推向多维度的综合空间研究。

中国持续快速的城镇化进程推动了物质空间的积累和演替,同时带来了一系列的弊端与问题,如建筑密度偏高与土地利用效率低下并存、物质环境更新频繁、关键建筑设施配置不合理以及物质空间更新带来的社会文化分异等,造成了巨大的浪费和建筑资产损耗,严重影响了物质空间的合理利用以及经济社会可持续发展(邓羽 等,2017)。需要通过城市人群活动研究,深入研究城市物质空间的演替脉络和空间组织模式、物质空间更新的影响机制、物质空间更新模式动态评估,以制定因地制宜的优化调控政策和策略。

2. 城市活动空间

城市人群活动包括就业、居住、通勤、休闲等,城市活动空间包括:居住空间、就业空间、通勤空间、购物空间、休闲空间等。城市居住空间结构以及居住分析是城市居住空间的主要研究内容,城市就业中心识别、就业空间布局及其对城市结构的影响是城市就业空间关注的重点(Schwanen,2017)。在城市通勤空间方面,研究居民的通勤时间、通勤距离、通勤工具等基本属性,与其他活动和城市空间结构的密切关系等(Dai et al.,2016)。在城市购物空间方面,分析城市人群购物活动的空间结构特征,如购物场所、购物频次、时间配置等,与城市商业中心等级、认知距离间的关系等(Parikh et al.,2016)。在城市休闲空间方面,已有研究对城市人群休闲活动时间分配和休闲场所(酒吧、健身、公园等)的空间选择及活动路径进行分析(Xi et al.,2017)。

20世纪中后期以来,随着城市化进程的加快,诸如居住环境恶化、贫民窟频现、城市文脉消失、社会治安混乱等一系列问题在许多城市都呈现出日益加剧的态势(邓羽 等,2017),逐渐成为世界各国政府普遍关注的重大问题。城市人群活动空间为研究城市贫困(Long et al.,2014)、城市公共设施服务水平(Belanche et al.,2016)、过度通勤(Zhou et al.,2014)、人口分布(Kang et al.,2012)、公交通勤结构(龙瀛 等,2015)、商圈影响力(姚丽贞 等,2016)、城市疾病传播(Mao et al.,2016)等城市社会问题提供数据支撑和信息支撑,有助于提高城市环境与人类活动的适应性。

虽然城市人群活动在城市地理学领域取得了一些代表性研究成果，但是相关方法和成果在城市建设和管理实践中的应用仍然有限，尚需大量探索工作。未来城市人群活动研究成果不局限于城市系统的现状评述和问题识别，将革故鼎新地服务于城市规划方案的设计和公共政策的制定，为新型劳动地域分工、城市资源环境效益与可持续发展、城市社会空间重构（赵云伟，2001）等提供实证支撑。

1.2.3　交通工程学

交通工程学的研究内容广泛，几乎涉及道路交通的各个方面，如：交通特性、交通流理论、交通事故与安全、交通规划、道路几何设计、交通组织管理与控制、交通服务设施配置、交通环境保护等（任福田，2008；李作敏，2000）。

交通工程学发展至今成为一门独立完整的学科，仅有 70 年的历史，其发展概况如下（任福田，2008；李作敏，2000）：①20 世纪 30 年代，交通工程学以通过交通管理来减少交通拥堵和交通事故为主要研究目标，考虑如何设立交通标志、交通信号、路面画线等；②20 世纪 40 年代，交通调查和交通规划兴起，主要通过车流流量、流向等，预测远景交通量，指定交通管理方案；③20 世纪 50 年代，汽车工业的发展和高速公路的兴起，道路通行能力和停车场问题成为交通工程学的重要研究课题，"人-车-路"的相互影响引起学者们的关注；④20 世纪 60 年代，汽车数量激增，交通拥挤和阻塞现象严重，综合治理交通的设想被提出，注重交通设计与空气污染、噪音干扰、城市景观等的协调可持续性，至此交通工程发展成为"车-路--环境"之间相互依存关系的综合性学科；⑤20 世纪 70 年代，重点研究并拟定合理交通规划，采取减少客流、缩短行程、倡导步行、优先发展公共交通、汽车路线优化等一系列措施，推动交通工程学成为"人-车-路-环境-社会"动向的系统化学科，逐步关注城市人群出行活动；⑥20 世纪 80～90 年代从微观层面关注个体出行活动决策和选择过程，但没有形成全面的概念性框架，还处于理论研究-仿真验证的阶段；⑦交通工程研究"先进的汽车控制系统（advanced vehicle control system，AVCS）"或称"智能汽车控制系统"，"先进的交通管理系统（advanced traffic management system，ATMS）"或"自动高速公路系统"和"先进的驾驶员信息系统（advanced driver information system，ADIS）"；⑧近年来，交通工程学领域出现了车联网（connected car）（Elliott，2011）、自主控制车辆（autonomous vehicle）、无人驾驶车辆（driverless vehicle）（Fagnant et al.，2015；Gehrig et al.，1999）等智能车辆的研究，致力于将车辆与各种设备、服务和参与者相联接，实现更加智慧、安全、高效、节约、环保的交通运输与出行。

当前，交通问题成为各大城市的通病之一，依靠长期的交通供给建设难以缓解交通拥堵，必须转向实时的交通管理。城市人群活动在一定程度上可以反映城市的交通状态，城市交通设施也会影响城市人群活动，在城市交通管理与规划中纳入城市人群活动特征是当前的研究热点。面向城市"人群活动"的城市交通工程，不断开展对交通工程新理论、新技术的研究和探索，明确了"交通调查——现状分析——需求预测——交通诱导——交通规划"的顶层架构（邵春福，2014），在一定程度上缓解城市交通问题。

1. 交通调查

基于城市人群活动的交通调查,通过出行 OD(origin and destination)提取和路径识别,掌握道路交通流量、不同位置的行车速度、不同位置的交通设施占有率,提供交通流的平均行程时间与平均行程速度,为交通状态判别提供坚实的基础。

城市人群活动为车速、交通量、公交乘行 OD、车辆行驶 OD 与路径等交通特征分析提供了常态化信息,完成了路网交通运行指标测算,包括路网运行速度时间分布、典型拥堵路段统计、路网拥堵指数等功能。不仅如此,城市人群活动信息可以用于特定区域客流集散监测、特定区域客流来源去向分布、核查线断面及关键通道客流调查、轨道交通车站换乘客流监测等(冉斌,2013)。城市人群活动信息用于交通调查是传统综合交通调查的有效补充,在交通基础数据获取、道路网络建立、城市综合交通规划、公交规划以及公交运营调度中等方面有着广泛应用空间。

2. 现状分析

城市人群活动的路径识别,快速准确获得现状道路网络布局和交通组织,增强对现状路网的分析和全面把握。交通流分析主要包括城市交通的常发性拥挤和偶发性拥挤分析,也称为交通拥挤和交通事件分析。

交通拥挤状态自动识别(automatic congestion identification)把过大交通需求引起的常发性拥挤作为分析判别的对象,相关学者提出的方法模型主要包括 McMaster 算法(Persaud et al.,1990)、基于状态空间转换的细胞传输模型(cell transmission model,CTM)(Muñoz et al.,2003)、基于"密度-速度"的拥挤度判别算法(王建玲 等,2006)、拥挤系数判定协同子区交通状态模型(王伟 等,2007)、自适应时空时间-距离曲面拟合模型(高玲玲,2008)、基于无监督、低等待时间的交通状态判别方法(Wang et al.,2016)、基于模糊信息粒化和支持向量机组合模型(钱坤 等,2016)等。

城市人群活动轨迹能从固定型交通检测器(感应线圈、视频监控)和移动型交通检测器(浮动车)中提取,目前基于活动轨迹的偶发性交通事件分析以多源数据融合为新思路新方法,弥补单一数据信息缺失的不足,进一步提高事件检测的准确度和覆盖率。相关学者提出了基于多层感知器神经网络模型和概率神经网络模型的多源数据交通事件检测融合算法(温慧敏,2005)、基于概率神经网络模型的数据级融合交通事件检测算法(唐金芝,2007)、基于加权平均的决策级融合交通事件检测算法(陈扶崑 等,2009)、基于 D-S 证据理论的决策级融合交通事件检测算法(赵晓娟,2010)、基于多层前向神经网络模型和模块化神经网络模型的交通事件检测算法(Dia et al.,2011)、基于蜂群算法优化的支持向量机交通事件检测算法等(丁宏飞 等,2015)。

3. 需求预测

交通需求预测对交通控制、交通诱导、交通事件检测、交通规划等具有重要意义,一直是国内外学者的研究热点(Miller et al.,2015)。交通需求短时预测常用于城市道路交通的控制及诱导,长时交通需求预测的预测结果则更加适合于为路网结构、道路建设、交通流组织提供科学系统的规划指导(邵春福 等,2011)。

目前短时交通需求预测包括以数理统计、微积分等传统数学与物理方法为基础的预测模型,以及以现代信息处理技术为基础的预测模型。第一类理论基础大多数是线性估计,模型主要包括回归模型、自回归模型、移动平均模型、极大似然估计模型以及卡尔曼滤波模型等(邵春福 等,2011)。第二类模型不追求严格意义上的数学推导和明确的物理意义,而更重视对真实交通流现象的拟合效果,具有较强的非线性预测能力。比较成熟的模型有非参数回归、神经网络、小波分析等,以及浑沌分析、分形学、相空间重构、支持向量机等方法(陆海亭 等,2009)。

长时交通需求预测较短时交通预测存在较大差异,受到气候、经济、出行等多种因素的影响,变化具有非随机性、波动性、非严格的周期性等特点,需要大样本容量交通数据和长时间交通特性分析(邵春福 等,2011)。城市人群活动为长时交通预测提供了数据支撑,目前主要采用数据挖掘技术和模糊识别开展研究,如基于马尔可夫链组合模型(谢凯兵,2016)和基于二型模糊集合理论(江超阳,2016)等。交通流的长时预测在智能交通领域的应用仍然非常有限,需要进一步深入研究。

4. 交通诱导

交通诱导以交通流预测和实时动态交通分配为基础,应用现代通信技术、电子技术、计算机技术等为路网上的出行者提供必要的交通信息,通过城市人群活动特征分析,制定与人群活动特征相一致的交通诱导策略,改变传统的机械化交通诱导模式,改善交通诱导的合理性和时效性(谷远利,1999)。目前针对交通诱导主要从智能路径诱导、收费政策诱导、基于交通提示牌动态信息的交通诱导等方面进行研究。

基于路径分配的交通诱导主要从宏观网络交通流均衡宏观和微观个体出行路径最优两个方面进行。宏观层次模型包括 urban multi-ring road system 模型(Zhang et al.,2015)、基于 Stackelberg-Logit 博弈的交通诱导模型(林娜 等,2014)、混合 ant-hierarchical 模糊模型(Kammoun et al.,2014)等。微观层次模型包括路径规划目标函数最优模型和二元 Logit 模型(李炼恒 等,2016)等。

基于定价模型和收费政策的交通诱导通过对特殊路段在特殊时间征收拥挤费来减少路段额外的交通流量,诱导车辆转移到非拥挤区域。定价模型包括最优定价模型(Kachroo et al.,2016)、基于瓶颈理论的拥堵定价模型(Knockaert et al.,2016)、多时段多用户次优定价模型(吴兆峰,2006)、边际外部成本定价模型(Simoni et al.,2015)、基于博弈论的定价模型(袁鹏程 等,2014)、单步进定价均衡(single-step-toll equilibrium)模型(Ren et al.,2016)等。收费政策包括分区收费政策(de Palma et al.,2011)、基于警戒线收费政策、基于行驶距离的收费政策(Daganzo et al.,2015)等。

基于可变信息牌(variable message sign,VMS)的交通诱导,主要从可变信息对驾驶人活动的影响和可变信息牌的选址优化开展研究。前者通过场景分析、medium-fidelity驾驶模拟(Sharples et al.,2016),建立遗传算法-模糊逻辑的集成框架(Khoo et al.,

2016)、单综合集约化离散选择模型(Chorus et al.，2013)等途径进行分析;后者以多层随机用户平衡分配模型(Yan et．al，2014)、改进的渐进式分配模型(Ni et al.，2015)、基于空间占用指标的区别发布策略(Sun et al.，，2016)为基础,力争以最少的交通信息获得最有效的交通诱导,缓解城市交通拥堵。

虽然现有的交通诱导相关研究充实,但是引入城市人群活动信息的交通诱导还处于基于少量样本、短时间跨度的阶段性仿真试验的阶段,如何结合实时的城市人群活动信息进行交通诱导是智能交通系统不可或缺的一部分,需要相关部门的共同努力。

5．交通规划

城市人群活动信息具有鲜明的空间特征、时变特征和多维特征,弥补了传统交通规划以形态各异的交通系统为对象的不足,辨析了交通可达性和机动性在城市交通发展中的关系,提出了可达性导向的交通规划思路,突出以人为本,更加有助于从根本上解决城市交通问题。

交通可达性用于反应出行者利用给定的交通系统从出发地点到达活动地点的便利程度,在交通规划和交通政策制定中具有重要意义。相关学者提出了空间阻隔模型(spatial separation measure)(Ingram，1971)、累积机会模型(Wachs et al.，1973)、空间相互作用模型(重力模型、哈夫概率模型、介入机会模型、辐射模型、人口加权模型、潜力模型等)(Jiao et al.，2016;车冰清 等，2016;Wang et al.，2006;Huff，2003)及其改进模型、效用模型(离散选择模型)、时空约束模型(Hägerstrand et al.，1970)等。中国城市的交通规划工作从传统的机动性导向的规划转向以可达性为导向的规划还处于起步阶段,如何准确地应用基于城市人群活动的交通可达性模型,不仅需要深入地思考可达性在交通规划中的定位和表达方式,还需要进一步提高其实用性和适用性。

1.2.4　统计物理学

1．统计物理学的基本思想和研究方法

统计物理学是利用概率统计方法,从微观上对由大量单元组成的系统的物理性质及宏观规律做出解释的理论物理学分支。统计物理学的基本思想已被广泛用于人类动力学、群体行为、文化传播、复杂网络、金融学等领域(王有贵 等，2010;Castellano et al.，2009;吴金闪 等，2004)。人类个体作为系统基本单元通过交互产生群体行为,人类动力学结合统计物理学的思想对人类移动性进行了深入探讨。统计物理学的研究方法通过定量统计大量人类行为事件,研究其中所隐藏的统计规律,并根据所研究的问题提出基本假设,建立理论模型,探索这些规律的产生机制和可能的动力学影响。基于这样的研究方法,近年来研究人员发现了人类移动行为中存在的统计规律,并建立了多种模型尝试对其深层机制进行解释(汪秉宏 等，2012)。

2．统计物理学与人类活动

起初,由于缺乏精确的行为数据和统计工具,人类移动被视作随机游走过程(random

walk)。随着移动通信技术(information and communication technologies,ICT)技术的发展,手机数据、GPS 轨迹数据等新型时空数据的获取成为可能,为人类移动性研究的快速发展提供了数据基础。2006 年起,相关研究人员在 *Nature*、*Science* 等顶级期刊中发表大量研究成果,从统计物理学角度对人类移动的时空统计规律进行了解释。

人类行为的空间特性方面,Brockmann 等(2006)利用货币流通轨迹研究较大空间尺度下的人类移动特征,研究发现人们的出行距离呈现总体上的长尾分布(long-tail)规律。人类移动在空间距离上具有尾部截断的幂率分布,人类发生长距离移动的概率远大于随机运动中的概率。这一发现打破了常规的随机游走理论的认知。后续学者采用 GPS 数据、手机轨迹数据对人类移动的空间特征进行深入研究,发现人类移动具有较强的 Lévy 移动特点,出行距离呈现的胖尾分布规律实际是个体的 Lévy 移动和人群异质性卷积的效果(Rhee et al.,2011;González et al.,2008)。Song 等(2010b)发现人类移动遵循简单、可重现的模式,具有高度的可预测性。利用熵描述人类行为的可预测性,得出结论:93% 的人类移动可以被准确预测(Song et al.,2010b)。

人类行为的时间特性方面,Ahas 等(2010)通过统计居民的通话和移动频率,发现人类活动存在明显的规律,工作日人类活动存在双峰特性,在 9:00~11:00、16:00~18:00 时段人类活动强度最高。周涛等(2013)从活动发生的时间间隔这一角度,总结了国内外学者对人类行为时间特性的研究成果,发现社交通信活动(短信、电话通信、QQ、微博等网络通信)、网页搜索与访问、图书借阅等人类行为发生的时间间隔均服从幂率分布(Zhao et al.,2011;Chen et al.,2010)。

人类行为存在许多共同的时空统计特性,建立模型描述人类移动行为有助于揭示人类移动行为的形成机制,加深对人类移动行为的理解(周涛 等,2013)。连续时间随机游走模型(continuous-time random walk,CTRW)、偏好返回模型、周期性随机游走模型、基于层次性交通系统的人类运动模型等从不同角度对人类运动特点进行了解释。CTRW 和偏好返回模型引入探索新地点和偏好返回机制,分析对人类空间运动模式中的标度异常现象(Song et al.,2010a)。周期性随机游走模型根据人们日常出行的周期性和规则性,建立日常出行行为模型,发现个体日常出行范围体现为一个椭圆(Yan et al.,2011)。基于层次性交通系统的人类运动模型,针对长距离交通出行,考虑交通系统的层次性构建含权地理网络上的随机行走模型,有效解释了人类出行距离分布特性(Han et al.,2011)。此外,统计力学中的麦克斯韦·波尔兹曼模型被应用于人类移动特征研究,该模型能解释使用混合交通出行方式的群体出行距离的幂率分布,也能解释单一交通方式使用群体出行距离的指数分布现象。Zhao 等(2015)认为人类移动性可以被理解为不同交通出行模式的混合体现,并对交通出行模式进行分解。单个交通出行模式服从近似对数正态分布,混合交通出行模式则呈现幂率分布,对人类移动的 Lévy 分布进行了解释。

统计物理学对人类行为的研究与解释从未停止,它的思想正深刻影响着地理学者对人类出行模型的研究,深化对人类移动性的微观、宏观层面的理解。手机数据、IC 卡数据、浮动车数据等时空大数据的出现掀起了人类移动性研究的热潮,如何将对人类时空行为特性的理解与具体社会问题(如疾病传染防控、犯罪研究等)结合起来,应用于城市管理成为了新的研究热点。

1.2.5　人文地理学

1. 人文地理学的主要研究领域和研究方法

人文地理学是一门研究人类活动与地理环境间关系(简称"人地关系")的学科,探讨各种人文现象的地理分布和变化,以及人类活动的地区结构的形成和发展规律(方创琳等,2011)。人文地理学的研究方法经历了传统的定性研究到定性与定量相结合、再到建模分析的发展历程,研究内容则呈现人地关系为主,紧随社会发展的特点(柴彦威 等,2011)。20 世纪 50 年代以前,人文地理学研究以定性分析为主,从实地调查和文献资料中描述、解释、总结地理现象和特点,重点关注人地关系、城市特点及文化差异、旅游资源分布等议题。20 世纪五六十年代的计量革命引导地理现象分布差异的描述从定性向定量阶段发展(Johnston,1983)。计量方法与传统的定性研究方法的结合推动人文地理学快速发展,广泛用于探讨人文现象发展的特征和机制问题,例如人口城镇化、产业发展及结构、城市化动力机制、居住环境满意度及可持续发展等。80 年代,GIS、GPS、RS 等工具的引入带来了人文地理研究的大变革,通过对土地利用、遥感及统计资料等数据的收集和空间分析、CA 模型、分形模型等数理模型的使用,科学模拟人文现象的空间特征和结构成为现实。这一时期的学者主要从事区域体系与空间结构、城市空间扩张与分异、产业集聚与区位选择、人口流动等宏观层面分析。2000 年以后,在后现代的人本化和个性化发展理念影响下,学者开始将研究视角转向对微观层面的人类行为探讨,一些学者试图结合时空棱镜、时空分析、结构方程等方法来对问卷调查数据进行分析,发现居民活动的移动规律(Golledge,2008)。特别是进入大数据时代,手机数据、GPS 数据、社交媒体数据、公交 IC 卡数据等时空数据的出现,极大地扩展了人类活动数据的类型和数量,为人文地理学的研究提供了新的机遇,对人类活动的研究也上升到了探讨人类行为与地理空间的关系(甄峰 等,2015)。但是,近些年的人文地理更关注人类行为对环境的影响(Bruce,2005),强调多元性、异质性、非延续性、随机变化和地方性等的同时,还转向可持续、全球主义、后现代、平等等"新人地思想"(柴彦威,2012)。

2. 人文地理学与人群活动

人文地理学是社会科学与地理学的交叉学科,根据研究内容的不同又可具体细分为人口地理学、旅游地理学、行为地理学等分支。人口地理学对人口分布和人口密度的区域分异及其决定因素进行了深入研究,并探讨人口流动、人口迁移等行为的时空分异特征和空间演化机理。刘纪远等(2003)通过划分格网单元精确模拟人口密度的空间变化。葛美玲等(2008)融合统计分析与 GIS 空间分析等多种方法分析人口分布时空特征的内在规律,发现中国人口分布具有显著的空间自相关特点。不少学者研究在国家、省级、城市、乡镇(街道)等不同空间尺度下,人群活动带来的人口流动,引起人口分布与再分布。柏中强等(2015)以乡镇(街道)为基本单元,揭示全国和省域层面的人口时空分异特征。随着手机数据、出租车数据等时空数据的出现,城市尺度下人群活动引起的不同时间尺度的人口密度动态估算成为可能(Deville et al.,2014;戚伟 等,2013),Markov 模型、深度卷积残差网络等被用于城市区域人数预测(方志祥 等,2017a,2017b;Zhang et al.,2017)。百度热力图分布、人口迁移地图是人口地理学研究成果的商业化应用。

行为地理学在考虑地理环境的条件下,强调人的行为(迁居与通勤行为、消费行为、认知地图与城市意象、空间行为与行为空间等)的深入研究工作。居民日常活动空间与城市日常活动是行为地理学研究中的重要内容。不少学者从微观角度以北京、深圳、上海等城市为例分析居民通勤行为的基本特征,研究城市居民职住分离、空间错位现象(许宁 等,2014),分析居民停留与城市土地利用类型间的关系(Xu et al.,2015;徐金垒 等,2015)。还有不少学者从人群活动的角度分析人类的时空行为(柴彦威 等,2008b),对空间行为与行为空间的研究采用时间地理学理论与方法,比如,从消费者行为的角度完善和发展了微观商业区位理论,利用微博签到数据探测热点和商圈(胡庆武 等,2014)。

旅游地理学方面,旅游活动不仅是一种消费经济行为和社会文化现象,也是一种重要的地理现象。旅游者从居住地到访旅游目的地,然后再回到居住地,旅游者与地理环境之间的相互作用关系是人文地理中"人地关系"在旅游地理学上的拓展(李伟 等,2013)。旅游人地关系具有复杂性、层次性、动态性与尺度性等特征(保继刚 等,2017)。对旅游行为的研究,旅游者发布的带有位置标记的信息(签到、图片分享等)形成时空轨迹,记录了这一居民出行的特殊时空地理现象。从旅游者角度,不少学者对旅游者空间行为模式、旅游目的地选择、景点推荐、旅游者游憩活动空间等进行了研究(许春晓 等,2017;麻风梅,2014);从景区角度,景点吸引力分析、旅游景点的空间可达性、客源空间结构预测(Bassolas et al.,2016;刘少湃 等,2016)是旅游地理学研究的热点问题。此外,一些学者研究了高铁建设、雾霾天气等外部因素对旅游行为的影响(李静 等,2015;蒋海兵,2014)。

1.3　本书主要内容

近年来,城市人群活动研究受到越来越多学者的重视,理解城市人群活动模式对城市空间规划、交通规划、交通出行、设施选址优化等具有重要意义。随着信息技术的发展,获取人群移动轨迹数据变得容易,如手机数据、出租车数据、公交智能卡数据、室内传感器感知轨迹等,这些数据为研究城市人群活动提供了丰富的数据源。本书依托国家自然科学基金重点项目"基于海量手机数据的群体活动与城市空间结构适应度分析及选址优化"的研究成果,从轨迹数据质量评价、隐私问题、活动区域、人群聚集消散、可达性、适应性等多个角度来理解城市人群时空活动。

本书各章节的内容安排如下。

第 1 章,绪论。简述人群活动的分类及特点,并介绍目前人群活动研究的主要科学领域。

第 2 章,时间地理学与时空 GIS。介绍时间地理学的基本概念及基于时间地理学框架的时空 GIS,包括时间地理学与 GIS 的结合与表达,面向人群活动分析的 GIS,面向网络时间地理分析的 GIS 时空数据模型和时空数据库技术,支持网络约束时间地理对象的有效表达、存储、管理、索引、时空查询和分析;发展行程时间不确定环境下的时空棱镜模型,表达个体时空活动的可靠度约束。最后介绍面向"物理-虚拟"混合空间活动的时空GIS,包括个体在虚拟与物理空间中交互类型及表达,ICT 技术对传统交互方式的影响。

第 3 章,城市人群活动轨迹数据。系统介绍目前主要的城市人群活动轨迹数据,包括手机数据、交通智能卡数据、车载 GPS 数据、社交媒体签到和视频数据等,主要分析人群活动轨迹数据的数据类型和特征,以及近年来用这些数据的研究与应用。

第 4 章,城市人群活动轨迹数据的适用性及隐私问题。首先从定位精度、采样频率、轨迹完整性、值域有效性、行程有效性、覆盖度和现势性 7 个维度给出轨迹数据质量评价指标体系;接着,从时空分辨率、语义属性、样本代表性等角度分析轨迹数据的适用性;最后介绍轨迹数据涉及的隐私问题及其隐私风险量化,提出轨迹数据隐私保护方法。

第 5 章,城市功能区识别。城市功能区的识别是掌握城市土地利用现状及规划未来城市土地功能的基础,其对发展城市结构理论、制定城市管理政策、优化城市资源配置等方面具有重要意义。介绍城市功能区的概念,总结城市功能与人类行为的相互关系,以及大数据时代下"传感器数据-人类行为-城市功能"研究范式,给出城市功能区划分方法分类及其实验分析结果,并对研究的不足进行总结。

第 6 章,城市人群聚集消散特性分析。基于手机位置大数据,以人群聚集消散时空特性为主题,着重研究城市人群聚集消散时空模式的提取,探索人群时空聚集消散特性与城市空间功能之间的关系;构建评价人群聚集消散时空动态稳定性的定量模型,评价城市交通小区和公交系统覆盖人群的动态稳定性。

第 7 章,基于城市空间结构的人群出行特征分析。基于手机位置大数据,首先提取出城市人群出行的整体骨架网络及其时空变化,分析城市人群出行区域中心性及其时空变化;之后提出一种多层次区域人群主体流向的算法来识别区域人群的主要流动方向;最后从人群动态、出行方向分布、距离分布和空间分布四个角度分析深圳市居住区、工业区、商业区和交通枢纽四个功能区上人群的出行特征。

第 8 章,城市时空可达性。首先介绍可达性的概念及其度量方法,包括基于地点的可达性度量方法和基于个人的可达性度量方法;之后提出不确定性环境下城市地点可达性评价模型;最后从空间设施选择行为的角度,提出基于就医行为不确定条件下医疗可达性模型,并对其进行实证分析。

第 9 章,城市人群活动与空间结构适应性分析。结合第 6~8 章的内容,从人群移动模式与城市空间可达性、人群聚集消散模式与城市关键节点、人群交互模式与城市多中心结构三个角度,定量分析城市内人群活动与空间结构的适应程度,发现城市内部中适应程度较差的部分,结合第 5 章中有关城市功能区的研究内容,分析造成适应程度差异的主要原因。

第 10 章,面向时空需求的城市设施选址与优化服务。主要介绍基于时空轨迹大数据的路径规划服务和设施服务推荐。以基于手机数据的自行车站点布局优化,基于浮动车数据的出租车充电站布局优化为具体示例,说明时空轨迹大数据在空间设施布局优化中的作用;以基于 POI 吸引度的设施推荐服务和不确定环境下的可靠路径规划服务为例,详细阐述通过利用轨迹大数据进行设施推荐和路径规划服务的过程。

第 11 章,面向城市人群活动的时空 GIS 研究挑战与展望。首先,概括现阶段时空GIS 面临的问题和挑战;然后,从理论、应用等角度,思考未来时空 GIS 的研究热点。

参 考 文 献

保继刚,张捷,徐红罡,等,2017.中国旅游地理研究:在他乡与故乡之间.地理研究,36(5):803-823.

柏中强,王卷乐,杨雅萍,等,2015.基于乡镇尺度的中国 25 省区人口分布特征及影响因素.地理学报,70(8):1229-1242.

柴彦威,2012.城市地理学思想与方法.北京:科学出版社.

柴彦威,塔娜,2011.中国行为地理学研究近期进展.干旱区地理(汉文版),34(1):1-11.

柴彦威,翁桂兰,沈洁,等,2008a.基于居民购物消费行为的上海城市商业空间结构研究.地理研究,27(4):897-906.

柴彦威,沈洁,2008b.基于活动分析法的人类空间行为研究.地理科学,28(5):594-600.

柴彦威,沈洁,赵莹,2010.城市交通出行行为研究方法前沿.中国科技论文在线,5(5):402-409.

车冰清,仇方道,2015.基于镇域尺度的江苏省人口分布空间格局演变.地理科学,35(11),1381-1387.

陈扶崑,吴中,田亮,2009.基于多源信息融合的高速公路事件检测算法研究.交通信息与安全,27(1):35-38.

邓羽,陈田,刘盛和,2017.城市物质空间更新研究进展与展望.地理科学进展,36(5):540-548.

邓国臣,2014.展望智慧地球时代的测绘地理信息学:李德仁院士专访.测绘科学,39(1):3-8.

丁宏飞,秦政,李演洪,2015.融合多源数据的 ABC-SVM 快速路交通事件检测.中国安全科学学报,25(6):162-166.

方创琳,周尚意,柴彦威,等,2011.中国人文地理学研究进展与展望.地理科学进展,30(12):1470-1478.

方志祥,倪雅倩,张韬,等,2017a.利用终端位置时空转移概率预测通讯基站服务用户规模.地球信息科学学报,19(6):772-781.

方志祥,于冲,张韬,等,2017b.手机用户上网时段的混合 Markov 预测方法.地球信息科学学报,19(8):1019-1025.

傅伯杰,冷疏影,宋长青,2015.新时期地理学的特征与任务.地理科学,35(8):939-945.

高丽娟,2016.大数据时代城市增长边界划定方法探讨.城市地理(8):28-29.

高玲玲,2008.基于 GPS/SCATS 数据的交通状态估计.上海:上海交通大学.

葛美玲,封志明,2008.基于 GIS 的中国 2000 年人口之分布格局研究:兼与胡焕庸 1935 年之研究对比.人口研究,32(1):51-57.

谷远利,1999.交通流诱导系统中的实时动态交通流预测研究.长春:吉林工业大学.

胡庆武,王明,李清泉,2014.利用位置签到数据探索城市热点与商圈.测绘学报,43(3):314-321.

江超阳,2016.基于二型模糊集合理论的交通流长时预测方法研究.北京:北京交通大学.

蒋海兵,刘建国,蒋金亮,2014.高速铁路影响下的全国旅游景点可达性研究.旅游学刊,29(7):58-67.

康朝贵,刘瑜,邬伦,2017.城市手机用户移动轨迹时空熵特征分析.武汉大学学报(信息科学版),42(1):63-69,129.

李静,Philip L P,吴必虎,等,2015.雾霾对来京旅游者风险感知及旅游体验的影响:基于结构方程模型的中外旅游者对比研究.旅游学刊,30(10):48-59.

李伟,胡静,陆汝瑞,等,2013.基于旅游目的的特殊时段旅游流时空分布特征研究:以武汉市为例.经济地理,33(1):180-186.

李德仁,王密,沈欣,等,2017.从对地观测卫星到对地观测脑.武汉大学学报(信息科学版),42(2):

143-149.

李炼恒,曹光斌,2016.基于驾驶员意愿的交通诱导路径选择模型.公路,61(2):137-141.

李清泉,2017.从 Geomatics 到 Urban Informatics.武汉大学学报(信息科学版),42(1):1-6.

李作敏,2000.交通工程学.北京:人民交通出版社.

林娜,王纯,2014.基于 Stackelberg-Logit 博弈的交通诱导模型.计算机工程与设计,35(8):2841-2845.

刘瑜,康朝贵,王法辉,2014.大数据驱动的人类移动模式和模型研究.武汉大学学报(信息科学版),39
　　(6):660-666.

刘瑜,肖昱,高松,等,2011.基于位置感知设备的人类移动研究综述.地理与地理信息科学,27(4):8-13.

刘纪远,岳天祥,王英安,等,2003.中国人口密度数字模拟.地理学报,58(1):17-24.

刘少湃,田纪鹏,陆林,2016.上海迪士尼在建景区客源市场空间结构预测:旅游引力模型的修正及应用.
　　地理学报,71(2):304-321.

龙瀛,孙立君,陶遂,2015.基于公共交通智能卡数据的城市研究综述.城市规划学刊,3:71-77.

陆海亭,张宁,黄卫,等,2009.短时交通流预测方法研究进展.交通运输工程与信息学报,7(4):84-91.

麻风梅,2014.基于游客综合兴趣度的旅游景点推荐.测绘与空间地理信息(3):55-56.

牛汝辰,邓国臣,2014.展望智慧地球时代的测绘地理信息学:李德仁院士专访.测绘科学,1:3-8.

彭兰,2009.网络社区对网民的影响及其作用机制研究.湘潭大学学报(哲学社会科学版),33(4):21-27.

戚伟,李颖,刘盛和,等,2013.城市昼夜人口空间分布的估算及其特征:以北京市海淀区为例.地理学报,
　　68(10):1344-1356.

钱坤,张建,娄欢,等,2016.基于模糊信息粒化和支持向量机组合模型的交通流密度预测.中国管理信息
　　化,19(9):214-217.

秦萧,甄峰,朱寿佳,等,2014.基于网络口碑度的南京城区餐饮业空间分布格局研究:以大众点评网为
　　例.地理科学,34(7):810-817.

冉斌,2013.手机数据在交通调查和交通规划中的应用.城市交通,11(1):72-81.

任福田,2008.交通工程学(第二版).北京:人民交通出版社.

邵春福,2014.城市交通规划.北京:北京交通大学出版社.

邵春福,熊志华,姚智胜,2011.道路网短时交通需求预测理论、方法及应用.北京:清华大学出版社.

佘江峰,冯学智,林广发,等,2005.多尺度时空数据的集成与对象进化模型.测绘学报,34(1):71-77.

舒红,陈军.1997.面向对象的时空数据模型.武汉测绘科技大学学报,22(3):229-233.

唐金芝,2007.数据融合技术在高速公路交通事件检测中的应用.长春:吉林大学.

汪秉宏,周涛,周昌松,2012.人类行为、复杂网络及信息挖掘的统计物理研究.上海理工大学学报,34
　　(2):103-117.

王波,甄峰,张浩,2016.基于签到数据的城市活动时空间动态变化及区划研究.地理科学,35(2):
　　151-160.

王伟,杨兆升,李贻武,等,2007.基于信息协同的子区交通状态加权计算与判别方法.吉林大学学报(工
　　学版),37(3):524-527.

王建玲,蒋阳升,2006.交通拥挤状态的识别与分析.系统工程,24(10):105-109.

王有贵,郭良鹏,2010.经济研究中的物理学.物理,39(2):85-94.

温慧敏,2005.交通事件检测数据融合技术研究.第一届中国智能交通年会论文集.上海:同济大学出版
　　社:23-32.

吴金闪,狄增如,2004.从统计物理学看复杂网络研究.物理学进展,24(1):18-46.

吴兆峰,2006.城市交通需求管理多时段、多用户次优拥挤定价模型研究.杭州:浙江大学.

谢凯兵,2017.基于马尔可夫链组合模型的交通流量长时预测.北京:北京交通大学.

徐金垒,方志祥,萧世伦,等2015.城市海量手机用户停留时空分异分析:以深圳市为例.地球信息科学学报,17(2):197-205.

许宁,尹凌,胡金星,2014.从大规模短期规则采样的手机定位数据中识别居民职住地.武汉大学学报(信息科学版),39(6):750-756.

许春晓,王甫园,王开泳,等,2017.旅游地空间竞争规律探究:以湖南省为例.地理研究,36(2):321-335.

许学强,周一星,宁越敏,2009.城市地理学.北京:高等教育出版社.

姚丽贞,乐阳,2016.基于主成分 Logistic 模型的商圈吸引力因子分析.地球信息科学学报,18(11):1494-1499.

袁鹏程,隽志才,2014.基于博弈视角的交通信息提供与道路收费联合定价模型.计算机应用研究,31(1):152-156.

翟青,2015.基于居民活动的城市虚-实空间关联研究与评价.南京:南京大学.

赵莹,柴彦威,桂晶晶,2016.中国城市休闲时空行为研究前沿.旅游学刊,31(9):30-40.

赵晓娟,2010.基于多源数据的快速路交通事件自动检测.北京:北京工业大学.

赵艳楠,杨德刚,张新焕,等,2017.乌鲁木齐中心城区高档酒店业时空演化及其影响因素.中国科学院大学学报,34(1):77-85.

赵云伟,2001.当代全球城市的城市空间重构,国际城市规划,5:2-5.

甄峰,秦萧,席广亮,2015.信息时代的地理学与人文地理学创新.地理科学,35(1):11-18.

朱恒民,杨柳,马静,等,2016.基于耦合网络的线上线下互动舆情传播模型研究.情报杂志,35(2):139-144.

周涛,韩筱璞,闫小勇,等,2013.人类行为时空特性的统计力学.电子科技大学学报,42(4):481-540.

周一星,2007.城市地理学.北京:商务印书馆.

宗芳,2015.基于活动的出行时间与方式选择模型研究.长春:吉林大学.

Ahas R,Aasa A,Silm S,et al.,2010. Daily rhythms of suburban commuters' movements in the Tallinn metropolitan area: case study with mobile positioning data. Transportation Research Part C: Emerging Technologies,18(1):45-54.

Alvares L O,Bogorny V,Kuijpers B,et al.,2007. A Model for Enriching Trajectories with Semantic Geographical Information//Proceedings of the 15th annual ACM International Symposium on Advances in Geographic Information Systems. New York:ACM:1-8.

Armstrong M P,1988. Temporality in spatial databases. In Proceedings of GIS/L IS '88,(San Antonio,TX:ACSM/ASPRS/AAG/URISA),880-889.

Bassolas A,Lenormand M,Tugores A,et al.,2016. Touristic site attractiveness seen through Twitter. EPJ Data Science,5(1):12.

Becker R A,Caceres R,Hanson K,et al.,2011. A tale of one city:using cellular network data for urban planning. IEEE Pervasive Computing,10(4):18-26.

Belanche D,Casaló L V,Orús C,2016. City attachment and use of urban services: benefits for smart cities. Cities,50:75-81.

Brockmann D,Hufnagel L,Geisel T,2006. The scaling laws of human travel. Nature,439(7075):462.

Bruce B,2005. Environmental issues:writing a more-than-human urban geography. Progress in Human Geography,29:635-650.

Castellano C,Fortunato S,Loreto V,2009. Statistical physics of social dynamics. Reviews of Modern

Physics,81(2):591.

Chen G,Han X,Wang B,2010. Multi-level scaling properties of instant-message communications. Physics Procedia,3(5):1897-1905.

Chorus C G,Walker J L,Ben-Akiva M,2013. A joint model of travel information acquisition and response to received messages. Transportation Research Part C:Emerging Technologies,26:61-77.

Daganzo C F,Lehe L J,2015. Distance-dependent congestion pricing for downtown zones. Transportation Research Part B:Methodological,75:89-99.

Dai D,Zhou C,Ye C,2016. Spatial-temporal characteristics and factors influencing commuting activities of middle-class residents in Guangzhou City,China. Chinese Geographical Science,26(3):410.

de Montjoye Y A,Hidalgo C A,Verleysen M,et al.,2013. Unique in the crowd:the privacy bounds of human mobility. Scientific Reports,3(6):1376.

de Palma A,Lindsey R,2011. Traffic congestion pricing methodologies and technologies. Transportation Research Part C:Emerging Technologies,19(6):1377-1399.

Deville P,Linard C,Martin S,et al.,2014. Dynamic population mapping using mobile phone data. Proceedings of the National Academy of Sciences,111(45):15888-15893.

Dia H,Thomas K,2011. Development and evaluation of arterial incident detection models using fusion of simulated probe vehicle and loop detector data. Information Fusion,12(1):20-27.

Elliott A E,2011. The future of the collected car. Mashable. com/2011/02/26/connected-car/,Accessed in Jul. 18,2017.

Fagnant D J,Kockelman K,2015. Preparing a nation for autonomous vehicles:opportunities,barriers,and policy recommendations. Transportation Research Part A:Policy and Practice,77:167-181.

Fang Z,Yang X,Xu Y,et al.,2017. Spatiotemporal model for assessing the stability of urban human convergence and divergence patterns. International Journal of Geographical Information Science,31 (11):2119-2141.

Fan Z,Song X,Adachi R,et al.,2015. CityMomentum:an Online Approach for Crowd Behavior Prediction at a Citywide Level// ACM International Joint Conference on Pervasive and Ubiquitous Computing. New York:ACM:559-569.

Gehrig S K,Stein F J,1999. Dead reckoning and cartography using stereo vision for an autonomous car. IEEE/RSJ International Conference on Intelligent Robots and Systems. 3. Kyongju,1507-1512.

Golledge R G,2008. Behavioral geography and the theoretical/quantitative revolution. Geographical Analysis,40(3):239-257.

Gonzalez M C,Hidalgo C A,Barabasi A L,2008. Understanding individual human mobility patterns. Nature,453(7196):779-782.

Goodchild M F,1992. Geographicaldata modeling. Computers and Geosciences,18:401-408.

Goodchild M F,2007. Citizens as sensors:the world of volunteered geography. GeoJournal,69(4): 211-221.

Hägerstrand T,1970. What about people in regional science? Papers in Regional Science,24(1):7-24.

Han X P,Hao Q,Wang B H,et al.,2011. Origin of the scaling law in human mobility:hierarchy of traffic systems. Physical Review E Statistical Nonlinear & Soft Matter Physics,83(2):036117.

Harman H H,1976. Modern Factor Analysis. Chicago:University of Chicago Press.

Harrington R C,Near T J,2013. A joint model of travel information acquisition and response to received messages. Transportation Research Part C Emerging Technologies,26(1):61-77.

Hartshorn T A,1992. Interpreting the City:an Urban Geography. Hoboken:John Wiley & Sons.

Hu Y,Ye X,Shaw S L,2017. Extracting and analyzing semantic relatedness between cities using news articles. International Journal of Geographical Information Science,1-25.

Huff D L,2003. Parameter estimation in the Huff model. ESRI,ArcUser,34-36.

Ingram D R,1971. The concept of accessibility:a search for an operational form. Regional studies,5(2):101-107.

Jiao L M,Tang X,Liu X P,2016. Spatial linkage and urban expansion:An urban agglomeration perspective. Progress in Geography,35(10):1177-1185.

Johnston R J,1983. Philosophy and human geography:an introduction to contemporary approaches. Journal of Historical Geography,10(2):227-228.

Kachroo P,Gupta S,Agarwal S,et al.,2017. Optimal control for congestion pricing:theory,simulation, and evaluation. IEEE Transactions on Intelligent Transportation Systems,18(5):1234-1240.

Kammoun H M,Kallel I,Casillas J,et al.,2014. Adapt-traf:an adaptive multiagent road traffic management system based on hybrid ant-hierarchical fuzzy model. Transportation Research Part C: Emerging Technologies,42:147-167.

Kang C,Liu Y,Ma X,et al.,2012. Towards estimating urban population distributions from mobile call data. Journal of Urban Technology,19(4):3-21.

Kang C,Qin K,2016. Understanding operation behaviors of taxicabs in cities by matrix factorization. Computers,Environment and Urban Systems,60:79-88.

Khoo H L,Asitha K S,2016. An impact analysis of traffic image information system on driver travel choice. Transportation Research Part A:Policy and Practice,88:175-194.

Knockaert J,Verhoef E T,Rouwendal J,2016. Bottleneck congestion:differentiating the coarse charge. Transportation Research Part B:Methodological,83:59-73.

Langran G,Chrisman N R,1988. A framework for temporal geographic information. Cartographica:The International Journal for Geographic Information and Geovisualization,25(3):1-14.

Langran G,1992. States,events,and evidence:the principle entities of a temporal GIS. In GIS LIS-INTERNATIONAL CONFERENCE. American Society for Photogrammetry and Remote Sensing,1:416.

Liang V C,Ma R T B,Ng W S,et al.,2016. Mercury:Metro Density Prediction with Recurrent Neural Network on Streaming CDR Data//IEEE International Conference on Data Engineering. Piscataway: IEEE:1374-1377.

Liu X,Long Y,2016. Automated identification and characterization of parcels withOpenStreetMap and points of interest. Environment and Planning B:Planning and Design,43(2):341-360.

Liu Y,Wang F,Xiao Y,et al.,2012. Urban land uses and traffic 'source-sink areas':evidence from GPS-enabled taxi data in Shanghai. Landscape and Urban Planning,106(1):73-87.

Long Y,Shen Z,2015. Profiling underprivileged residents with mid-term public transit smartcard data of Beijing//Geospatial Analysis to Support Urban Planning in Beijing. Springer International Publishing,169-192.

Long Y,Han H,Tu Y,et al.,2015b. Evaluating the effectiveness of urban growth boundaries using human mobility and activity records. Cities,46:76-84.

Long Y，Liu X，Zhou J，et al.，2014. Profiling underprivileged residents with mid-term public transit smartcard data of Beijing. arXiv preprint arXiv：1409.5839.

Mao L，Yin L，Song X，et al.，2016. Mapping intra-urban transmission risk of dengue fever with big hourly cellphone data. Acta tropica，162：188-195.

Miller H，Shaw S L，2015. Geographic information systems for transportation in the 21st century. Geography Compass，9(4)：180-189.

Moreno F J，Pineda A F，Fileto R，et al.，2014. SMoT＋：extending the SMoT algorithm for discovering stops in nested sites. Computing and Informatics，33(2)：327-342.

Muñoz L，Sun X，Horowitz R，et al.，2003. Traffic Density Estimation with the Cell Transmission Model// American Control Conference，2003. Proceedings of the 2003. Piscataway：IEEE，5：3750-3755.

Ni X Y，Sun D J，Peng Z R，2015. An improved incremental assignment model for parking variable message sign location problem. Journal of Advanced Transportation，49(7)：817-828.

Northam R M，1979. Urban Geography. Hoboken：John Wiley & Sons.

Palma A T，Bogorny V，Kuijpers B，et al.，2008. A Clustering-Based Approach for Discovering Interesting Places in Trajectories//Proceedings of the 2008 ACM Symposium on Applied Computing. New York：ACM：863-868.

Parikh M S，Varia H R，2016. A review on developing shopping trip generation model in residential area of ahmedabad city-a case study of Gurukul area. International Journal of Engineering Development and Research，4(2)：574-584.

Pei T，Sobolevsky S，Ratti C，et al.，2014. A new insight into land use classification based on aggregated mobile phone data. International Journal of Geographical Information Science，28(9)：1988-2007.

Peng C，Jin X，Wong K C，et al.，2012. Collective human mobility pattern from taxi trips in urban area. PloS one，7(4)：e34487.

Persaud B N，Hall F L，Hall L M，1990. Congestion identification aspects of the McMaster incident detection algorithm. Transportation Research Record，1287.

Peuquet D J，Duan N，1995. An event-based spatiotemporal data model (ESTDM) for temporal analysis of geographical data. International Journal of Geographical Information Systems，9(1)：7-24.

Ren H，Xue Y，Long J，et al.，2016. A single-step-toll equilibrium for the bottleneck model with dropped capacity. Transportmetrica B：Transport Dynamics，4(2)：92-110.

Rhee I，Shin M，Hong S，et al.，2011. On the levy-walk nature of human mobility. IEEE/ACM Transactions on Networking (TON)，19(3)：630-643.

Rocha J A M R，Times V C，Oliveira G，et al.，2010. DB-SMoT：a Direction-Based Spatio-Temporal Clustering Method//Intelligent Systems (IS)，2010 5th IEEE International Conference. Piscataway：IEEE：114-119.

Sadjadi S J，Ashtiani M G，Ramezanian R，et al.，2016. A firefly algorithm for solving competitive location-design problem：a case study. Journal of Industrial Engineering International，12(4)：517.

Sagl G，Delmelle E，Delmelle E，2014. Mapping collective human activity in an urban environment based on mobile phone data. Cartography and Geographic Information Science，41(3)：272-285.

Schneider C M，Belik V，Couronné T，et al.，2013. Unravelling daily human mobility motifs. Journal of The Royal Society Interface，10(84)：20130246.

Schwanen T，2017. Information Technology and Mobility. Hoboken：John Wiley & Sons

Sharples S，Shalloe S，Burnett G，et al.，2016. Journey decision making：the influence on drivers of dynamic information presented on variable message signs. Cognition，Technology & Work，18(2)：303-317.

Shaw S L，2006. What about "time" in transportation geography? Journal of Transport Geography，14(3)：237-240.

Shaw S L，2010. Geographic information systems for transportation：from a static past to a dynamic future，Annals of GIS，16(3)：129-140.

Shaw S L，Yu H，2009. A GIS-based time-geographic approach of studying individual activities and interactions in a hybrid physical-virtual space. Journal of Transport Geography，17(2)：141-149.

Shen L，Stopher P R，2014. Review of GPS travel survey and GPS data-processing methods. Transport Reviews，34(3)：316-334.

Shaw S L，Tsou M H，Ye X，2016. Editorial：human dynamics in the mobile and big data era，International Journal of Geographical Information Science，30(9)：1687-1693.

Shih D H，Shih M H，Yen D C，et al.，2016. Personal mobility pattern mining and anomaly detection in the GPS era. Cartography and Geographic Information Science，43(1)：55-67.

Simoni M D，Pel A J，Waraich R A，et al.，2015. Marginal cost congestion pricing based on the network fundamental diagram. Transportation Research Part C：Emerging Technologies，56：221-238.

Song C，Koren T，Wang P，et al.，2010a. Modelling the scaling properties of human mobility. Nature Physics，6(10)：818-823.

Song C，Qu Z，Blumm N，et al.，2010b. Limits of predictability in human mobility. Science，327(5968)：1018-1021.

Spaccapietra S，Parent C，Damiani M L，et al.，2008. A conceptual view on trajectories. Data & Knowledge Engineering，65(1)：126-146.

Sun D J，Ni X Y，Zhang L H，2016. A discriminated release strategy for parking variable message sign display problem using agent-based simulation. IEEE Transactions on Intelligent Transportation Systems，17(1)：38-47.

Sun J B，Yuan J，Wang Y，et al.，2011. Exploring space-time structure of human mobility in urban space. Physica A：Statistical Mechanics and Its Applications，390(5)：929-942.

Tu W，Cao J，Yue Y，et al.，2017. Coupling mobile phone and social media data：a new approach to understanding urban functions and diurnal patterns. International Journal of Geographical Information Science(4)：1-28.

Uncles M D，1987. Discrete choice analysis：theory and application to travel demand. Journal of the Operational Research Society，38(4)：370-371.

Wachs M，Kumagai T G，1973. Physical accessibility as a social indicator. Socio-Economic Planning Sciences，7(5)：437-456.

Wang F，2006. Quantitative Methods and Applications in GIS. Boca Raton：CRC Press.

Wang S，He L，Stenneth L，et al.，2016. Estimating Urban Traffic Congestions with Multi-Sourced Data// Mobile Data Management(MDM)，2016 17th IEEE International Conference on. Piscataway：IEEE：1：82-91.

Wilcox D J，Harwell M C，Orth R J，2000. Modeling dynamic polygon objects in space and time：a new graph-based technique. Cartography and Geographic Information Science，27(2)，153-164.

Xi G，Zhen F，Gilles P，et al.，2017. Spatio-temporal fragmentation of leisure activities in information era：

empirical evidence from Nanjing,China. Chinese Geographical Science,27(1):137-150.

Xu Y,Shaw S L,Zhao Z,et al.,2015. Understanding aggregate human mobility patterns using passive mobile phone location data-a home-based approach. Transportation,42(2):625-646.

Xu Y,Shaw S L,Zhao Z,et al.,2016. Another tale of two cities:understanding human activity space using actively tracked cellphone location data. Annals of the American Association of Geographers,106(2):489-502.

Yan X Y,Han X P,Tao Z,et al.,2011. Exact solution of the gyration radius of an individual's trajectory for a simplified human regular mobility model. Chinese Physics Letters,28(12):120506.

Yan J J,Min J,Wei W,et al.,2014. Multi-layer-based stochastic user equilibrium assignment model under influence of parking guidance variable message sign. Journal of Southeast University (Natural Science Edition),3:40.

Yin L,Shaw S L,2015a. Exploring space-time paths in physical and social closeness spaces:a space-time GIS approach. International Journal of Geographical Information Science,22(4):409-430.

Yin L,Wang Q,Shaw S L,et al.,2015b. Re-identification risk versus data utility for aggregated mobility research using mobile phone location data. Plos One,10(10):e0140589.

Yu H,Shaw S L,2008. Exploring potential human activities in physical and virtual spaces:a spatio-temporal GIS approach. International Journal of Geographical Information Science,22(4):409-430.

Yuan Y,Raubal M,2012. Extracting Dynamic Urban Mobility Patterns from Mobile Phone Data// GIScience. Berlin:Springer:7478:354-367.

Yuan Y,Raubal M,2016. Analyzing the distribution of human activity space from mobile phone usage:an individual and urban-oriented study. International Journal of Geographical Information Science,30(8):1594-1621.

Zhang J,Yang H,2015. Modeling route choice inertia in network equilibrium with heterogeneous prevailing choice sets. Transportation Research Part C:Emerging Technologies,57:42-54.

Zhang J,Zheng Y,Qi D,2017. Deep Spatio-Temporal Residual Networks for Citywide Crowd Flows Prediction// Palo Alto:AAAI:1655-1661.

Zhao K,Musolesi M,Hui P,et al.,2015. Explaining the power-law distribution of human mobility through transportation modality decomposition. Scientific Reports,5:9136.

Zhao Z D,Xia H,Shang M S,et al.,2011. Empirical analysis on the human dynamics of a large-scale short message communication system. Chinese Physics Letters,28(6):068901.

Zhao Z D,Huang Z G,Huang L,et al.,2014. Scaling and correlation of human movements in cyberspace and physical space. Physical Review E,90(5):050802.

Zhao Z D,Shaw S L,Xu Y,et al.,2016. Understanding the bias of call detail records in human mobility research. International Journal of Geographical Information Science,30(9):1738-1762.

Zheng Y,Capra L,Wolfson O,et al.,2014. Urban computing:concepts,methodologies,and applications. ACM Transactions on Intelligent Systems and Technology (TIST),5(3):38.

Zheng Y,Chen Y,Li Q,et al.,2010. Understanding transportation modes based on GPS data for web applications. Acm Transactions on the Web,4(1):1-36.

Zhou J,Wang M,Long Y,2014. Big data for intrametropolitan human movement studies:a case study of bus commuters based on smart card data. Beijing City Lab,Working paper,50.

第 2 章　时间地理学与时空 GIS

本章首先介绍时间地理学的基本概念,进而从时间地理学基本概念表达、相关数据模型构建以及其在人类活动分析中的应用等多个角度论述时间地理学分析框架与时空 GIS 结合的一些重要研究进展。

2.1　时间地理学概述及基本概念

2.1.1　概述

1969 年,在哥本哈根召开的区域科学学会上,瑞典著名地理学家哈格斯特朗(Hägerstrand)做了题为"区域科学中的人"(What about people in regional science)的报告,首次提出了时间地理学的核心概念体系,相关讲稿后来被整理发表在该学会的刊物上(Hägerstrand,1970)。其后,在由其所代表的隆德学派(Lund School)的大力发展和推广下,时间地理学的思想在世界范围内快速传播,并在多个领域得到了广泛应用(柴彦威等,2010;柴彦威,1998;Thrift et al.,1981,1977;Lenntorp,1978;Pred,1977)。

与其他诸多地理学思想理论的出现类似,时间地理学理论的产生与发展离不开其所根植的社会环境和学科发展背景。第二次世界大战之后,随着社会的变革,各个学科呈现出蓬勃发展的态势。在地理学领域,以区域为核心的研究范式强调对区域特征差异的描述,成为当时地理学者进行相关研究的主流思想(Morrill,1983)。1953 年,舍费尔所发表的"地理学中的例外论:方法论的检视"提出需要对地理学方法论进行反思(Schaefer,1953)。地理学者围绕地理学的方法论展开了前所未有的争论,以华盛顿大学青年地理学者为代表的研究人员开始重视使用统计学等计量手段来发现地理现象中的基本规律,引发了地理学中的"计量革命"(Morrill,1983)。在"计量革命"的推动下,20 世纪 60 年代以来,地理学的研究领域也不再局限于传统的区域研究和空间现象分析,而是深入到社会的各个方面,同时吸收了经济学、社会学等社会科学中的理论和成就。与此同时,瑞典政府开始重视公民个体生活质量的提高,尤其强调社会资源的公平分配(柴彦威,1999)。于是,"区域科学中的人"这一思想潮流应运而生,时间地理学便由瑞典学者提出和发展起来。

时间地理学的产生与发展同样顺应了地理学研究对象侧重点的转变趋势。"人地"关系是地理学的研究传统,随着时代的进步,有关"人地"关系的研究逐渐从面向"地"的空间现象分布转向面向"人"的行为以及以"人"为中心的环境分析。研究问题的转向也伴随着研究方法的变化。传统的基于地图的表述方式能够很好地对现实世界中的地理环境进行展示和分析,而对位于环境中的"人"的表现能力存在不足(Miller,2003)。时间地理学理论旗帜鲜明的表示出其对环境中"人"的关注。

个体行为在连续时空中的表达、所受到的约束以及个体与既有约束之间的交互是时间地理学的核心问题。围绕此,时间地理学从产生起,随着时间的推移,不断地吸收其他学科的思想,响应不同时代中的社会问题,不断地向前发展与进化(Shaw,2012)。在这个过程中,首先,时间地理学吸收来自社会与人文学学者的批评和建议,不断地完善自身的理论体系(张艳 等,2016);其次,面对个体随着社会进步产生的新的活动模式,也发展出了新的概念(甄峰 等,2012;萧世伦 等,2010;Couclelis,2009;Yu et al.,2007)。此外,随着信息与通信技术(information and communication technologies,ICT)的不断进步,有关个体活动的数据收集和处理方式也在发生变革,时间地理学的理论框架与 GIS 技术相结合,扩展了时间地理学的应用领域(陈洁 等,2016)。总而言之,由于对时空背景下人类活动的关注,时间地理学的理论体系始终紧跟着时代步伐不断地发展,并持续地焕发出新的生命力。

2.1.2　基本概念

　　时间地理学的理论体系围绕着连续时空环境下的个体活动研究而建立。如图 2.1 所示,其研究对象的内核是人的活动(activity),外围是与人的活动有关的时空背景,其间构筑了不同层次的概念模型,用以表达人的活动与外界环境之间的关系。这些概念体系是逐渐发展而来的。从时间地理学正式提出,一直延续到今天,时间地理学的概念体系仍在不断发展和完善,以适应新时代的发展需求。下面对其所包含的一些重要的基本概念进行介绍。

　　人的概念是时间地理学的核心。哈格斯特朗用银行中钱币的例子作为引导,说明了人与其他地理事物之间存在着重要的差异,其中一个本质的差异便是不同个体之间是不能等价对换的。人的这种独特性使得许多传统用于分析地理现象的方法在指导有关人的决策时呈现局限性。因此,哈格斯特朗指出在对人的活动进行建模和表达时,时间和空间要素是非常重要的资源,尤其是时间资源,个体的活动无法逆转时间单向流逝的基本规律。

图 2.1　时间地理学概念的基本架构

　　基于上述假设,哈格斯特朗借以路径(path)的概念(Hägerstrand,1970)来表达个体整个生命过程。当在地理空间上增加时间的维度,一个完整的生命路径(life path)或者其中的片段便可以得到直观地表达。这种路径表达的方法有效地刻画了个体在客观地理环境中的活动特征。例如,个体的活动在时空上的连续性以及对时空资源的占用。值得注意的是,个体生命路径具有丰富的内涵,并不局限于当前常用的三维时空的表达方法。

　　Golledge 和 Stimson 在 1997 年的专著中对时间地理学的诸多概念进行了系统的梳理和定义。个体的时空路径(space-time path)表示的是在三维时空坐标系下(图 2.2)个体的路径所形成的不间断轨迹(Golledge et al.,1997)。当个体的空间位置不随时间发生变化时,表现为一种停驻的行为,轨迹呈现出垂直于空间平面的直线;而当个体发生移动行为时,相应的轨迹则可表示为斜线。个体在开展日常活动中,需要持续停留在某些位置上,这些位置一般具有个体开展相应活动所需的设备或者人力等资源,可以将这些位置称为驻所(station)(Golledge et al.,1997),在时空对象上可以称为时空站点,例如家、单位等。此外,不同的个体可能会在同一驻所开展活动,相应的时空路径在空间上呈现出邻

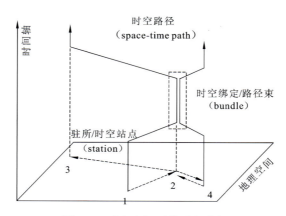

图 2.2   时空坐标下的时空路径

近并且相互平行的特征,可以用路径束(bundle)(Hägerstrand,1970)来进行表示,它描述的是个体之间的一种时空绑定的关系。

在特定的时空条件下,个体在一定的时间可以到达的范围称为可达的范围,在三维的时空坐标系中,可达范围可以用时空棱镜(prism)进行直观而形象的表达(Hägerstrand,1970)。其中时空棱镜边界的斜率表示对应时空条件下个体的移动速度,而时空棱镜所包含的时空范围称为潜在路径空间(potential path space)(Golledge et al.,1997),其在空间平面的投影是个体的潜在活动区域(potential path area)(Miller,2005)(图 2.3)。在物理空间中,个体的移动范围受到地理环境的限制,相应的概念可以结合实际情况进行拓展。例如,在路网空间中,个体的潜在路径区域可以用潜在网络区域(potential network area)(Miller,1991)和潜在路径树(potential path tree)(Wu et al.,2001)来进行表达。

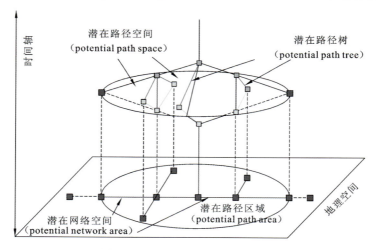

图 2.3   时空棱镜和潜在活动区域

相比于预测人的空间行为,时间地理学更关注各种制约条件下人的行为的时空特征。对此,哈格斯特朗总结了三种类型的制约:能力制约、组合制约和权威制约(柴彦威,1999;

Hägerstrand,1970)。其中,能力制约(capability constraint)是指个体自身能力或者使用工具的能力是有限的。例如,个体的生理特征决定了其在经历一定时间长度的活动后需要休息和吃饭等。组合制约(coupling constraint)主要是面向个体之间或者个体与环境之间的交互需要满足一定的条件,主要表现为三维时空上的时空束。例如,面对面的会议需要与会者在约定的时间和地点在场才能进行,而工厂的生产活动需要工人和设备在特定的位置共同出现。权威制约(authority constraint)是指由于法律、习惯或者社会规范等对个体活动所产生的限制,表现为时空上封闭的领地(domain)(Hägerstrand,1970)。例如,军管区不允许闲杂人等随意出入,而餐饮企业只是在营业时间才提供相应的服务。三种类型的制约通过各种直接或者间接的方式相互作用,共同影响个体的活动。例如,高收入人群,能够进入到高收费的领地;同时由于该人群所能获得的交通工具较为丰富,其可达范围较广,相应受到的能力制约和组合制约所带来的限制相对较小,能够有更多的自由时间。

经典时间地理学的概念体系成为研究个体活动的有效工具,然而由于其简化和抽象的表达框架难以反映行为主体内在的精神世界和主观能动性,相反突出了人类行为的外在物质表现形式,遭受到其他人本主义学者的诸多批判,批判的核心在于其忽视主观能动性的物质主义倾向(蔡运龙 等,2011)。而实际上,时间地理学理论体系的框架在提出之后,面对来自其他学科的批判,哈格斯特朗本人对时间地理学中的概念体系也进行了"勘正"和"发展"(Shaw,2012)。例如,提出企划(project)的概念来表示个体生活中为了完成特定目的而进行的一系列活动,将个体自身的主观目的融入进去(Hägerstrand,1982)。个体在完成特定的目的时,在不同的情境下所做出的时空行为也有所不同。对此,哈格斯特朗引入了情境(diorama)的概念来表达个体的"在场"(thereness),即个体行为是发生在不断进化的周围环境(evolving situation)中的(Hägerstrand,1982)。情境是依赖于企划而存在的,而且可能是随着时间和空间不断变化的。此外,人类活动需要占据空间,需要形成并持续维护一定的"地方秩序口袋"(pockets of local order)来保证企划和活动的顺利实施(Ellegård et al.,2004)。而这种"地方秩序口袋"则构成了个体活动开展所面临的情境。

经典的时间地理学概念体系不仅构筑了一套能够灵活扩展的符号系统,同时也体现了一种对个体行为活动分析和研究的哲学观。随着时代的变化,一方面,既有的概念在新的研究问题中被不断调适,例如复杂路网空间下的潜在路径空间以及虚拟空间中个体活动的时空路径(Yin et al.,2015;Chen et al.,2012);另一方面,从环境约束角度研究个体行为的逻辑也为进一步拓展时间地理学的核心概念体系奠定了基础,例如 Ellegård 近期所倡导的"新"时间地理学(Ellegård et al.,2015;Ellegård et al.,2004)。

2.2　基于时间地理学框架的时空 GIS

时间地理学自身更多的是构建了一个概念模型体系,在实际用于分析个体活动信息时,需要相应的分析工具进行支持,尤其是有关空间分析的功能(Shaw et al.,2008)。自 20 世纪 60 年代以来,伴随着计算机科学的进步,GIS 以强大的空间分析功能而著称于世。然而在处理时空动态现象时,传统的 GIS 呈现出一定的不足。时间地理学与 GIS 的结合成为顺应需求的产物。

2.2.1　时间地理学与 GIS 的结合

经典的时间地理学提供了一个描述和分析人类活动的概念框架,然而并没有提供相关概念的数学定义与计算机表达。于是,不同的研究会根据自己的理解来诠释相关概念,这使得同一概念在不同研究中的具体定义可能存在一定的差异。此外,对于个体活动的研究常常需要结合实际的情形,例如基于路网空间的活动范围,需要恰当的方式进行数学和计算机表达。因此,学者们认为需要发展时间地理学的严格数学化定义,以支撑个体的时间地理属性特征在任意时空分辨率下的统一表达(Miller,2005)。

随着计算机技术和地理信息科学的发展,使得时间地理学的计算机表达和可视化计算工具成为可能。在时空 GIS 中,将时间维度作为 Z 轴,构建三维时空坐标系,在此坐标系下将附带时空信息的点、线、面等几何要素进行表达,能够有效地支撑时间地理学中相关概念的表达。Miller(1991)从交通网络出发,基于交通网络节点和路段组成的网络空间,利用 Arc/Info 工具设计了时空棱镜的计算方法。之后,Miller 在 1999 年提出了最短路径树的概念来衡量个体在交通路网中的可达性,并在 Arc/Info 进行了实现(Miller,1999)。Wu 等(2001)也提出了交通路网上的动态潜在路径树(dynamic potential path tree,DPPT),用以表达时间地理学中潜在活动区域在路网空间的投影。经过探索和总结之后,Miller 在 2005 年提出了一套较为完整的时间地理学量测理论,系统地给出了时间地理学理论中主要概念的严格数学化定义(Miller,2005),包括时空路径、时空棱镜、路径束等核心概念,而且这些定义可以扩展,支持更高维度的表达。

随着 ICT 技术的进步,个体的日常活动类型也发生了深刻的变化。人们在互联网和通信技术所构建的虚拟空间中的活动变得普遍。对此,时间地理学的概念一方面得到了扩展,例如虚拟与物理空间中活动的交互方式;另一方面,个体在虚拟空间中的活动也在 GIS 中被定义和实现。例如 Shaw 和 Yu 扩展了时间地理学概念,对个体在虚拟空间中的活动进行了表达,构建了个体在虚拟空间中的活动与物理空间活动的交互模式,并基于 ArcGIS 工具对相应的模型进行了实现(Shaw et al.,2009;Yu et al.,2007,2008;Yu,2006)。Yin 等(2011a)基于 GIS 技术,提出了 ICT 时代个体间在物理空间的面对面(face-to-face)交流机会量化分析框架,并据此分析了 ICT 技术对此类交流机会的影响情况。之后,Yin 等(2015)又将时间地理学框架从物理空间拓展到虚拟社交空间,基于社交邻近性提出了个体在虚拟社交空间中的社交时空路径的定义及生成方法,并进一步分析了个体在物理空间的邻近性和社交空间中邻近性之间的关系。

GIS 与时间地理学的结合,强化了时间地理学理论的量化分析能力。而对于 GIS 而言,时间地理学理论的引入,也进一步丰富了 GIS 对时间维度和人类活动的融合,拓展了其支持的科学问题类型。分析模型强调概念的严格数学表述,其主要目的是为了保证相应概念的明确性和统一性,能够在概念明确的基础之上展开进一步的分析。Goodchild 提出了基于量测的 GIS(measurement-based GIS)和基于坐标系的 GIS(coordinate-based GIS)两种概念,其中基于量测的 GIS 不仅能够获取和处理原始记录中的坐标位置信息,同时也要具有能够从原始记录推估个体位置信息的功能;而基于坐标系的 GIS

在空间误差分析以及如何降低空间的误差和不确定性方面存在限制(Goodchild,2002)。时间地理学概念的严格数学化定义能够促进其与 GIS 的深入融合,支持对个体的相关实体和关系信息的推测。而对于 GIS 而言,在其形成和发展过程中,主要面对的是地表空间中地理现象的表达与分析,例如基于对象和基于场的数据模型。在初始发展阶段,GIS更多的是作为一个用于分析地理现象之间空间关系的工具为科学家、相关机构以及大众所熟知。随着社会的发展,不管是政府还是科学研究领域将更多的目光转向以人为本的发展理念。时间地理学分析框架的引入,大大增强了 GIS 对围绕"人"所构建的科学问题的处理能力,进一步促进了 GIS 学科的理论和应用发展(陈洁 等,2016)。

2.2.2　时间地理学基本概念的 GIS 表达与分析

人类行为的定量化分析对复杂社会与经济现象的诠释具有相当大的帮助,对城市规划管理、社会公共安全以及区域经济发展等具有巨大的应用价值(萧世伦 等,2014)。时间地理学为研究人类行为提供了优雅而简洁的概念体系,其与 GIS 强大的空间分析能力结合能够有效地响应这一需求。时间地理学概念模型中所使用的时空三维坐标与 GIS 中的空间参考均属于欧几里得空间体系,它们本质上是一致的。两者的结合需要在统一的时空坐标下,将时间地理学的概念进行定义,并对其表达和分析的方法进行建构。

1. 时空路径

时空路径是个体空间位置随时间变化的函数。理论上,由于时间是不间断的,而个体对象具有物质唯一性(例如,人类肉身),因此个体的时空路径也是连续的。然而在实际生活中,对于个体位置信息的采集在时间上往往是离散的。例如,利用 GPS 装置追踪移动对象位置时,位置信息的更新是周期性的,相应的位置更新周期对应的时间间隔在不同的情况下也有所不同,一般在 5~90 s 不等。也因此,个体时空路径的原始轨迹信息是带有时间标签的离散位置点。这些位置点对应的是个体时空轨迹在对应时间的位置信息,理论上讲,控制点之间个体的位置信息是未知的,但是可以采用插值的方式来推估相应的位置信息。因此,个体的时空轨迹可以统一表示为

$$\text{Path}(t) = \begin{cases} c_i, & t \in (t_S, \cdots, t_i, t_j, \cdots, t_E) \\ P_{ij}(t), & t_i < t < t_j \end{cases} \tag{2.1}$$

其中:c_i 表示第 i 个离散位置点的位置信息;t_S 和 t_E 分别表示开始和结束时间;而 $P_{ij}(t)$ 表示第 i 和 j 个离散位置点之间的位置估计信息,简单的方法可用线性插值进行推估:

$$P_{ij}(t) = (1-w)X_i + wX_j \tag{2.2}$$

其中:X_i,X_j 分别为连续两个为已知位置点的坐标信息;w 为相应的权值,根据不同的插值方法,计算方式不同。线性插值的情况下,可以根据时间距离前后控制点的时间来计算。

2. 时空棱镜

时空棱镜表达的是个体在起始点和终止点位置之间,在一定的时间预算下,能够到达的时空范围。实际上,在离散的轨迹记录中,个体在两个记录点之间的可能位置也可以看做是一个时空棱镜。影响时空棱镜的因素主要包括起始点位置、终止点位置、时间预算以及个体的移动速度。假定个体在时间预算内的最大速度是恒定的,时空棱镜实际上是从起始点出发、以最大速度在预算时间内所能到达的范围与以最大的速度能在预算时间内能到达终止点的范围之间的交集。在三维时空,它们均呈现出圆锥体的形态,因此可以分别称之为前向圆锥和后向圆锥。相应的公式表达如下:

$$Z_{ij}(t) = f_i(t) \bigcap p_j(t) \tag{2.3}$$

其中:$Z_{ij}(t)$表示 t 时刻,个体可能到达的空间范围;$f_i(t)$表示的是个体从 t_i 时刻出发,以最大速度 v_{ij} 在 t 时刻能都到达的范围,而 $p_j(t)$表示的是在 t 时刻,以最大速度 v_{ij} 能够在 t_j 时刻到达终点,如式(2.4)和式(2.5)所示。

$$f_i(t) = \{X \mid \mathrm{Dis}(X, X_i) \leqslant (t - t_i) v_{ij}\} \tag{2.4}$$

$$p_i(t) = \{X \mid \mathrm{Dis}(X_j, X) \leqslant (t_j - t) v_{ij}\} \tag{2.5}$$

其中:Dis 为距离函数,一般使用欧氏距离进行计算。当起始点位置和终点位置相同时,个体在预算时间内在不同方向上所能到达的距离在绝对的时空下是相同的,时空棱镜在"时间-距离"二维平面的投影是一个标准的菱形;而如果两者位置是相异的,个体在预算时间所能到达的距离在不同的方向是相异的,而在"时间-距离"二维平面的投影是一个平行四边形,如图 2.4 所示。相应地,个体位置分别在平行四边形左右两端的到达时间 t^f 和 t^p 可以分别用式(2.6)和式(2.7)进行计算。

$$t^f = (t_i + t_j - t_{ij}^*)/2 \tag{2.6}$$

$$t^p = (t_i + t_j + t_{ij}^*)/2 \tag{2.7}$$

其中:t_{ij}^* 表示的是从起始位置到终止位置的最快时间。

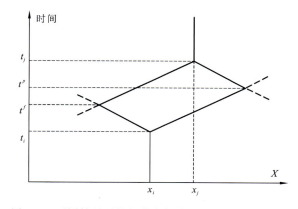

图 2.4　不同情况下的起始点与终止点对应的时空棱镜

2.2.3 面向时间地理分析的 GIS 时空数据模型

本节将发展面向网络时间地理分析的 GIS 时空数据模型和时空数据库技术,支持网络约束时间地理对象的有效表达、存储、管理、索引、时空查询和分析。

随着时空数据获取技术的快速发展,获取海量、高动态的城市个体移动数据(movement data)变得越来越容易。城市中移动数据受到交通网络约束。时间地理学为移动数据的分析和挖掘提供了强大的网络时间地理对象(包括:时空路径、时空站点、时空棱镜、时空生命线)和关系(包括:时空相交和时空绑定)。例如,时空棱镜与时空棱镜相交表示两个个体可以进行时空联合活动。然而,时间地理对象和关系具有典型时空特征,无法采用现有静态的 GIS 平台进行有效地表达、存储、管理、索引、分析,极大限制了大数据时代下时间地理学理论的应用(Kwan et al.,2014;Goodchild,2013)。因此,迫切需要扩展现有的静态 GIS 平台,发展面向网络时间地理分析的 GIS 时空数据模型和时空数据库技术,支持大数据时代下的地理对象分析和挖掘。

为此,Chen 等(2016a)提出了一种新的时空数据模型来有效地表达路网中的时间地理对象与关系。该时空数据模型利用压缩线性参考技术(compressed linear reference,CLR)将(x,y,t)空间中的三维时间地理的对象和关系,等效表达为 CLR 空间二维的对象和关系。

定义道路网络为有向图(directed graph)$G=(N,A)$,其中 N 为路网节点(node)集合,A 为路网边(link)的集合。对于每条边 $a_u \in A$,边的 ID 值为 l_u。路网中空间点的位置不仅可以使用坐标(x,y)表示,也能利用线性参考系统(linear reference system,LRS)来表示(Miller et al.,2001)。空间位置点(x_i^u,y_i^u)位于边 a_u 上,其位置也可以表示为(l_u,m_i),其中 $m_i \in [0,1]$ 表示位置点(x_i^u,y_i^u)在边 a_u 上的相对位置。位置点坐标(x_i^u,y_i^u)与(l_u,m_i)是一一对应的关系,二者可以互相转换。为了更高效地表示三维的时间地理对象和关系,Chen 等(2016b)在线性参考系统 LRS 的基础上提出了压缩线性参考技术。压缩线性参考技术是将线性参考值 m_i 与边的 ID 值 l_u 相加,得到一个新的度量值 z_i^u:

$$z_i^u = l_u + m_i \tag{2.8}$$

由于线性参考值 m_i 是一个介于 0 到 1 的数值,边的 ID 值 l_u 是具有唯一性的正整数,因此二者相加得到的结果 z_i^u 也能唯一地表示路网位置。压缩线性参考值 z_i^u 与地理坐标(x_i^u,y_i^u)也是一一对应的,利用路网为参考,二者可以互相转换。

利用压缩线性参考技术,可以将路网空间中位于边 a_u 上的时空位置点 $c_i^u=(x_i^u,y_i^u,t_i)$转换到 CLR 空间(以度量值 z 为横轴,时间 t 为纵轴的(z,t)空间)中:

$$\widetilde{c}_i^u = (z_i^u,t_i) \tag{2.9}$$

其中:$\widetilde{c}_i^u$ 是控制点 c_i^u 在 CLR 空间中对应的点。使用这种转换,可以将三维的(x,y,t)空间中的地理对象转换为 CLR 空间中的二维几何对象,实现了降维处理,进而可以直接利用现有的 GIS 平台直接存储和管理时间地理对象。

在三维路网空间中的时空路径是一条连续的三维折线,如图 2.5 所示,利用压缩线性参考技术,将三维路网空间中的控制点 $c_i^u = (x_i^u, y_i^u, t_i)$ 转换为 CLR 空间中的控制点 $\tilde{c}_i^u = (z_i^u, t_i)$,从而将图 2.5 中的时空路径转换到 CLR 空间中,如图 2.6 所示。

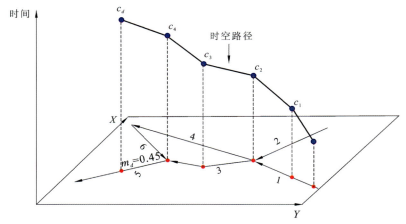

图 2.5　路网中的时空路径

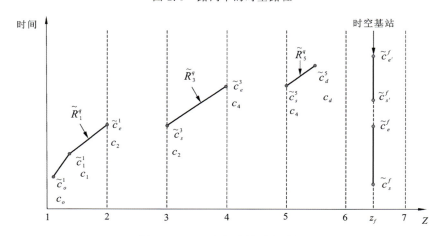

图 2.6　CLR 空间中的时空路径

时空路径在 CLR 空间中则表示为一系列离散的折线段(linestring),与图 2.5 中的时空路径是等效的,可以互相转换。同样地,三维路网空间中的时空棱镜如图 2.7 所示,由一系列位于边上方的时空多边形组成,利用压缩线性参考技术转换到 CLR 空间中,如图 2.8 所示。在 CLR 空间中,时空棱镜则由一系列离散的二维多边形组成,每个多边形也位于路网边上。

利用压缩线性参考技术将三维的时间地理对象转换为二维的几何对象后,相应地,对象间的时空关系在 CLR 空间中也能够用二维的空间关系表示,时空相交关系如表 2.1 所示。按照地理对象类别划分,常见的对象间的相交关系可以分为时空路径-时空路径、时空路径-时空棱镜以及时空棱镜-时空棱镜相交。这些在 CLR 空间中的相交关系都能够利用传统的空间相交操作实现,因此可以在当前的 GIS 平台上对地理对象进行时空查询分析。

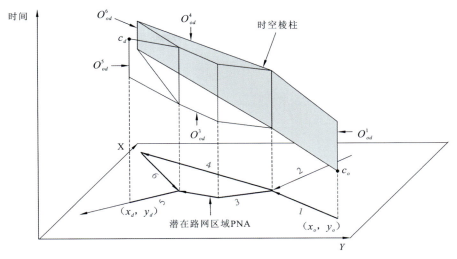

图 2.7　路网空间中的时空棱镜

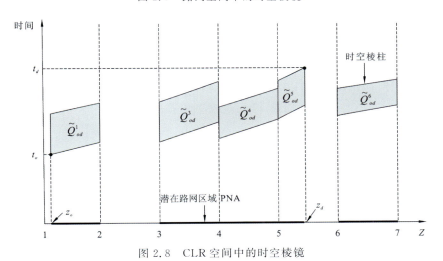

图 2.8　CLR 空间中的时空棱镜

表 2.1　CLR 空间中的时空相交关系

关系	时空路径-时空路径	时空路径-时空棱镜	时空棱镜-时空棱镜
A 包含 B			
A 被 B 包含			
A 与 B 相接		—	
A 覆盖 B		—	
A 覆盖 B			

通过 CLR 技术的降维处理,三维的时间地理对象都转换成了二维的 CLR 空间对象,利用传统的二维空间要素(例如 geometry、point、multipoint、linestring、multilinestring、polygon 以及 multipolygon 等类型)存储管理三维时空对象的数据模型如图 2.9 所示。

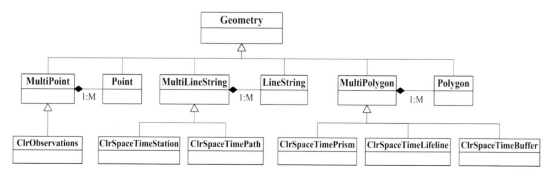

图 2.9　CLR 空间中的数据模型

时空路径 ClrSpaceTimePath 属于 MultiLineString 类型,在 CLR 空间中由多条 LineString 对象组成;时空棱镜 ClrSpaceTimePrism 在 CLR 空间中由一个或多个 Polygon 对象构成。转换后的时空数据可以直接利用当前的 GIS 平台直接存储到空间数据库中,方便了存储管理时空移动轨迹数据,同时降维处理后,也减少了数据的存储空间。

基于提出的 CLR 时空数据模型,时间地理对象都能够存储在传统的空间数据库中,例如 ESRI 公司的 GeoDatabase 数据库或者 Oracle Spatial 数据库。同一种地理对象可以用一个要素层(feature class 或 layer)来存储管理。同时,现有 GIS 平台中的空间操作也能直接用于地理对象的时空查询分析。另外,传统的成熟空间索引技术也能直接应用在空间数据库中来进行地理对象的检索,实现了高效的时空查询分析和应用。利用深圳市出租车轨迹大数据和手机大数据进行实际验证,表明基于 CLR 时空数据模型的时间地理数据库技术具有存储空间小、时空操作高效等优点,可以有效地支持大数据时代下的地理对象分析和挖掘。

2.2.4　行程时间不确定环境下的概率时间地理学

本节将扩展传统时间地理学概念,发展行程时间不确定环境下的时空棱镜模型,表达个人时空活动的可靠度约束。

时空棱镜是时间地理学的核心概念,它表达了个人在各类时空约束下的活动时空范围。意识到人在城市环境中出行是在路网中进行的,Miller(1991)提出了一种基于路网的时空棱镜模型来限定个体活动的时空范围。继该工作后,大量研究通过考虑路网中复杂的交通状况来改进时空棱镜模型,包括单行线、转向限制、交通路况的时空异质性等(Miller et al.,2009;Weber et al.,2002;Wu et al.,2001)。然而,现有的研究大都假设旅行速度(或路段行程时间)是确定性的。在现实生活中,由于交通网络供需不平衡,路段行程时间在拥堵的道路网上往往具有很大的随机性。大量实证研究表明,行程时间不确定性对个人的时空活动具有显著性影响(Chen et al.,2017)。个人进行时空活动会考虑行程时间不确定性带来的风险,尤其是安排一些重要活动时(例如求职面试、会议等),更倾向于规避这种风险,常常会预留出额外的行程时间,来保证时空活动完成的概率(即可靠度)。因此,很有必要扩展传统的时空棱镜模型,发展行程时间不确定环境下的可靠时空棱镜模型,表达个人时空活动的可靠度约束。

与传统时空棱镜模型不同,可靠时空棱镜模型中旅行速度是一个随机变量,用 V 表示。这种情况下,用 T^{xs} 来表示从位置 x 到终点 s 的路径行程时间分布:

$$T^{xs} = ||x-s||/V \qquad (2.10)$$

假设从位置 x 处的出发时间为 t_x^d,则到终点的到达时间分布可以表示为

$$T_s = t_x^d + T^{xs} \qquad (2.11)$$

在给定的到达时间 t_s 之前能准时到达目的地的概率(即可靠度)用 $\alpha \in (0,1)$ 表示,可计算为

$$\alpha = \Phi_{T_s}(t_s) = \int_0^{t_s} f(t)\mathrm{d}t, \alpha \in (0,1) \qquad (2.12)$$

其中:$f(t)$ 和 $\Phi_{T_s}(t_s)$ 分别表示到达时间分布 T_s 的概率密度函数(probability density function,PDF)和累积分布函数(cumulative distribution function,CDF)。可靠度约束(α 参数)由个人活动的重要性而定。例如,出行者可能希望以 99% 的概率抵达目的地去参加一个工作面试;然而出行者可以不用关心准时到达咖啡店喝咖啡的概率。在现有文献中,可靠度 α 也被认为是出行者对待迟到风险的态度:

如果 $\alpha > 0.5$,出行者是风险规避者;

如果 $\alpha = 0.5$,出行者是风险中立者;

如果 $\alpha < 0.5$,出行者是风险偏好者。

大量实证研究也表明出行者在行程时间不确定性情况下会持有不同的风险态度。根据陈述偏好调查,de Palma 等(2005)发现风险规避者、风险中立者和风险偏好者分别占总通勤人数的 60%、7% 和 33%。Lam 等(2001)实证发现女性和高收入通勤者在行程时间不确定性下往往更倾向于规避风险。Tam 等(2008)研究发现商务乘客比非商务乘客具有更高的可靠度约束。因此,个人根据活动的目的和社会经济特性,可以设定合适的可靠度约束。

对给定的准时到达概率 α,个人从位置 x 处的最晚出发时间可以表示为

$$t_x^d = t_s - \Phi_{T^{xs}}^{-1}(\alpha) \qquad (2.13)$$

其中:$\Phi_{T^{xs}}^{-1}(\alpha)$ 是 T^{xs} 在置信水平为 α 下累积分布函数的反函数;用 $t_x^d = t_s - \Phi_{T^{xs}}^{-1}(\alpha)$ 表示出发时间,个人准时抵达目的地的概率至少为 α。同样地,从起点 r 位置 x 处的行程时间 T^{rx} 也是一个随机变量:

$$T^{rx} = ||r-x||/V \qquad (2.14)$$

在准时到达的概率为 α 下从起点 r 位置 x 处的最早到达时间可由下式决定

$$t_x^a = t_r + \Phi_{T^{rx}}^{-1}(\alpha) \qquad (2.15)$$

其中：$\Phi_{T^{rx}}^{-1}(\alpha)$ 是 T^{rx} 在置信水平为 α 下累积分布函数的反函数，已知 x 处的最早到达时间和最晚离开时间，则个人在位置 x 处可停留的时间 c_x 可以计算为

$$c_x = t_x^d - t_x^a = c_{\min} + b - (\Phi_{T^{rx}}^{-1}(\alpha) + \Phi_{T^{xs}}^{-1}(\alpha)) \tag{2.16}$$

为了能够在位置 x 处完成时空活动，其停留时间必须满足 $c_x \geqslant c_{\min}$ 这一限制条件，即满足公式：

$$\Phi_{T^{rx}}^{-1}(\alpha) + \Phi_{T^{xs}}^{-1}(\alpha) \leqslant b \tag{2.17}$$

因此，所有满足这一限制条件的地理位置点 x 组成了可靠潜在路径区域（reliable potential path area），用 RPPA(α) 来表示：

$$\text{RPPA}(\alpha) = \{x \,|\, \Phi_{T^{rx}}^{-1}(\alpha) + \Phi_{T^{xs}}^{-1}(\alpha) \leqslant b\} \tag{2.18}$$

可靠潜在路径区域界定了所有这样的位置点 x：个人从起点 r 出发，能够在 x 点进行某项弹性活动，并在不低于的 α 概率下准时到达终点 s。

图 2.10 用一个简单的例子来说明可靠潜在路径区域的概念。图 2.10(a)所示，个人中午 12:30 从办公室（也就是起点）出发，打算 14:00 到达一个会展中心（也就是目的地），在到达会展中心之前，他要先去找一个餐馆（也叫做兴趣点，POI）吃午饭。三个不同风味的餐馆（也就是 x_1, x_2 和 x_3）可被选择。假设行程时间（或速度）是不确定的，个人在三个不同的餐馆用餐后准时到达会展中心的概率如图 2.10(b)所示。

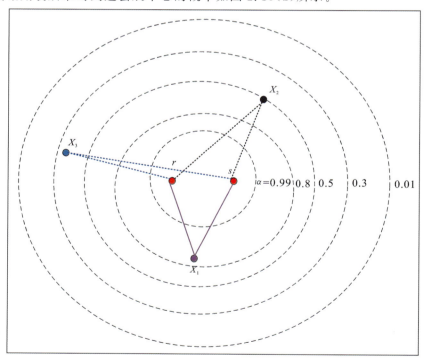

（a）可靠潜在路径区域

图 2.10　可靠潜在路径区域示例

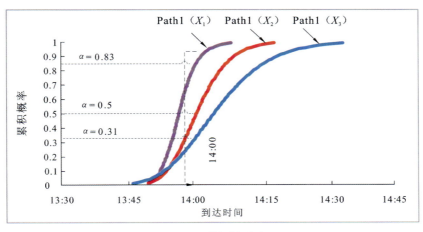

（b）到达时间分布

图 2.10　可靠潜在路径区域示例（续）

图 2.10(a)显示了在给定不同的可靠度约束下个人的可达时空范围。当个人持风险中立态度（α＝0.5）时，他或她安排活动是基于平均速度的，这种情况下，可靠潜在路径区域（也就是 RPPA(0.5)）包含 x_1 和 x_2，去这两个餐馆用餐后个人回到目的地的概率至少为 50％。如果个人是风险规避者（也就是 α＝0.8），担心迟到的风险往往会保留一定的时间确保以 80％的概率准时到达目的地。和风险中立情况相比，风险规避者的可靠潜在路径区域（也就是 RPPA(0.8)）明显减少且只包含 x_1。对于风险偏好的情况（α＝0.3）来说，风险偏好者往往冒着迟到的风险来探索一个更大的空间。这种情况下，可靠的潜在路径区域（也就是 RPPA(0.3)）包括了所有 3 个餐馆（也即 x_1，x_2 和 x_3），但仅能保证以 30％的可能性准时到达目的地。因此，可靠潜在路径区域的大小是随着给定的参数 α 变化的。

和传统的时空棱镜模型类比，可靠的时空棱镜（用 RSTP(α,t) 来表示），界定了个人在给定的准时到达概率 α∈(0,1) 下进行时空活动的范围，可表示为

$$\mathrm{RSTP}(\alpha,t)=\mathrm{RFC}(\alpha,t)\bigcap\mathrm{RBC}(\alpha,t)\bigcap\mathrm{RC}(\alpha,t) \tag{2.19}$$

$$\mathrm{RFC}(\alpha,t)=\{x\,|\,\Phi_{T^{rx}}^{-1}(\alpha)<t-t_r,t<t_s\} \tag{2.20}$$

$$\mathrm{RBC}(\alpha,t)=\{x\,|\,\Phi_{T^{xs}}^{-1}(\alpha)\leqslant t_s-t,t\geqslant t_r\} \tag{2.21}$$

$$\mathrm{RC}(\alpha,t)=\{x\,|\,\Phi_{T^{rx}}^{-1}(\alpha)+\Phi_{T^{xs}}^{-1}(\alpha)\leqslant b,t_r\leqslant t<t_s\} \tag{2.22}$$

其中：RFC(α,t)是可靠的前向圆锥，表示出行者在给定的时间间隔为 $t-t_r$ 和期望的 α 可靠度约束下，从起点 r 出发可达的所有时空位置集合；RBC(α,t)是可靠的后向圆锥，包含了所有的位置时空点，个人从此位置出发在给定的时间间隔 t_s-t 下，准时到达终点 s 的概率至少为 α。RC(α,t)是可靠圆柱，包含了可靠的潜在路径区域内的所有时空位置点。

图 2.11 中同样用图 2.10 中的例子来阐述可靠时空棱镜的概念。如图 2.11 所示，给定 α 值，可靠时空棱镜表示为时空中的一个三维实体，表达了个体在行程时间不确定性下

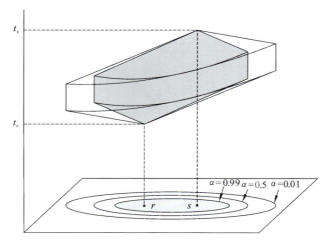

图 2.11　平面空间中的可靠时空棱镜

进行弹性活动的时空限制。除了交通环境等因素外,可靠时空棱镜的体积还由个人的可靠度约束决定。如前所述,α 值越大,表明个人是风险规避者,往往会预留出一个较大的行程时间安全界限确保以较高的概率准时到达以完成时空活动。这种情况下,由于保留一段时间作为安全界限,个人可达的潜在时空范围缩小了。当 $\alpha=0.5$ 时,可靠的时空棱镜等效于传统的时空棱镜,这种情况下只考虑行程时间的均值而不考虑行程时间不确定性的影响。

　　可靠时空棱镜的大小是由一个上边界和一个下边界组合成的。上边界可以认为是准时到达概率 α 趋近 0(约为 $\alpha=0.01$)。上边界以外的时空位置可以认为是不可达的,个体不能进行弹性活动。相反地,下边界可以认为 α 取值趋近 1(约为 $\alpha=0.99$)。下边界以内所有的时空位置点都是一定可以可达的。在上下边界之间,任意给定的可靠度约束下,个体可达的时空范围可以在可靠时空棱镜模型中表达。

　　在可靠时空棱镜的基础上,提出了一种算法构建路网中的可靠时空棱镜。该算法与传统的时空棱镜构造算法(Chen et al.,2016b)不同之处在于,采用了可靠最短路径算法计算行程时间不确定环境下满足一定可靠度约束的最优路径(Chen et al.,2013,2012)(参见小节 10.2.2)。可靠时空棱镜构造算法流程简介如下。首先,以起点 r 为中心采用正向可靠最短路径搜索,计算所有节点的可靠行程时间 $\Phi_{T^{rx}}^{-1}(\alpha)$。接着,以终点为中心采用逆向可靠最短路径搜索,计算所有节点的可靠行程时间 $\Phi_{T^{rs}}^{-1}(\alpha)$。最后,查找满足 $\Phi_{T^{rx}}^{-1}(\alpha)+\Phi_{T^{rs}}^{-1}(\alpha)\leqslant b$ 约束的所有路段,构造可靠潜在路径区域和时空棱镜。关于可靠时空棱镜的详细模型、算法及算例,读者可参考文献 Chen 等(2013)。

　　现代科技的进步不仅大大增强了人们出行工具的空间转移效率,一定程度上降低了居民出行时的行程时间不确定性,同时,也给人们的日常活动带来了新的变化。例如,ICT 技术的发展,使得人们的很多活动不再受制于传统的时空限制,对于此类活动,通过对时间地理学概念的扩展,也能有效地进行表示,下节将对此进行介绍。

2.2.5　面向"物理-虚拟"混合空间活动的时空 GIS

我国工业和信息化部有关通信业的统计数据显示,截至 2017 年 4 月,我国的移动电话数量达到 13.49 亿部,以国家统计局公布的 2015 年年末总人口为参照,移动电话的普及率达到 98%。在发达国家或者经济发达的地区和城市,这一比例更高。可以说,人类已经生活在一个移动互联的世界中。ICT 的发展极大地丰富了个体日常活动的类型,使得多种人类的日常活动不再受限于传统空间中的时空距离约束,例如利用邮件和在线社交平台实现远程信息传递,深刻地影响了人类时空行为。实际上,基于 ICT 技术进行的日常活动形成了一个新型的活动空间,这个新型空间中的位置感呈现出与传统地理空间类似但却不同的特征(Batty,1997),在这里用"虚拟空间"进行描述(Yin et al.,2015;Yu et al.,2008)。需要注意的是,人们在虚拟空间中开展各种各样的活动与物理空间中开展的活动并不是独立的,而是紧密关联和相互影响的。如图 2.12 所示,一方面,ICT 技术并不是虚空存在的,需要必要的基础设施进行支撑,这些基础设施是物理空间的组成要素,提供了人们从物理空间进入虚拟空间的通道。而且,人类机体本身也是依存于物理世界而存在的。另一方面,人们在虚拟空间中开展活动之后所产生的反馈信息,会进一步作用于物理空间中的活动,例如,在网上成功购买了火车票之后会乘坐火车出行。面对这些新的人类时空行为,需要发展更加适合的理论框架和分析工具来支撑新现象与新问题的研究(Shaw,2012;Coucelis,2009;Kwan,2007)。

图 2.12　虚拟空间与物理空间的关系

对于在物理空间中的人类活动研究,时间地理学理论框架与 GIS 的结合已被证明是十分有效的。然而,对于在虚拟空间中的人类活动研究,首先面临的问题是这些活动以及由它们给人类带来的新的交互模式如何在时间地理学的框架中进行表达;此外,如何量化分析个体在虚拟空间的活动对物理空间中活动的影响以及如何将物理空间中常用的诸如位置、距离等基本地理概念在虚拟空间进行重构等,这些都是时间地理学与 GIS 结合的过程中所需要面对的挑战。

1. 个体在"虚拟-物理"混合空间中的活动与交互表达

个体利用 ICT 技术在虚拟空间所开展的活动与个体在物理空间中所开展的活动是难以割裂的。个体在物理空间的活动可以依附于时空路径表达,相应地,个体在虚拟空间中所开展的活动也总是可以通过时间与时空路径的片段相对应。对此,Yu(2006)利用线性参考坐标系和动态分段的方法,实现个体在"虚拟-物理"混合空间中的整合表达。如

图 2.13 所示,实线所表示的是个体在物理空间中的活动所形成的时空路径,虚线部分为个体所参与的虚拟空间活动。例如,实线部分中,a 表示的是开车去工作,而 c 表示的是午饭活动;而虚线部分,b 表示的是在物理空间的工作期间,个体通过实时信息与其他人进行联系。

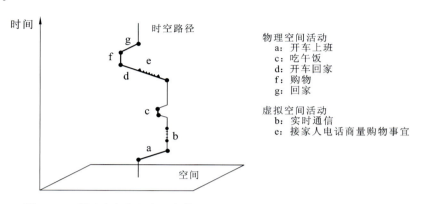

图 2.13　利用动态分段表示个体在物理空间和虚拟空间活动(Yu,2006)

在物理空间中,如果没有任何 ICT 技术的辅助,个体间出现交互(interaction)需求时,个体常常需要克服空间距离,产生出行行为,而物理空间中的移动需要耗费时间资源。相比之下,在虚拟空间中,ICT 技术能够实现个体之间的远程同步或者异步通信,极大地削弱了时空限制。

根据交互的时间和空间特征,个体之间的通信方式可以分为 4 种类型(Harvey et al.,2000;Janelle,1995):①空间同步,即不同的个体在同一时间出现在同一位置进行的交互,例如"面对面"的会议;②空间异步,即不同的个体先后出现在同一位置以实现信息的传递,例如留言的便条;③远程同步,即不同个体在空间位置上是相异的,但是在相同的时间中实现信息的传递,例如电话、在线聊天等;④远程异步,即信息交流既不要求不同个体出现在同一位置,也不要求个体在相同的时间进行交互,例如电子邮件。表 2.2 显示了 4 种交互模式的情形。其中,远程同步和远程异步的交互方式得益于 ICT 技术对物理空间距离约束的削弱。

表 2.2　4 种个体之间的交互模式(Shaw et al.,2008)

空间维度	时间维度	
	同步(synchronous)	异步(asynchronous)
物理空间同现	空间同步(SP) 例如:面对面交流	空间异步(AP) 例如:留言条
远程同现	远程同步(ST) 例如:电话、网上聊天	远程异步(AT) 例如:电子邮件

在物理空间中,人类通过 ICT 基础设施进入虚拟空间。如果将虚拟空间的可接入范

围在时间地理学框架下表达,个体之间不同类型的交互方式可以由图 2.14 进行表示。其中,图 2.14(a)表示的是个体之间空间同步的交互机会的分布状况,由不同个体的时空棱镜的重叠部分组成。图 2.14(b)表示空间异步的情形,由个体在物理空间上重叠的区域所构成。在空间异步的情况下,信息的发送者和接收者存在时间上的先后顺序。图 2.14(c)表示的是远程同步的情形,主要取决于个体进入虚拟空间的机会是否在时间上能够重叠。在这个过程中,还需要注意虚拟空间接入的服务时间段问题。图 2.14(d)表示远程异步的情况,与空间异步类似,信息的接收者要能够在信息发送之后的时间接入虚拟空间。

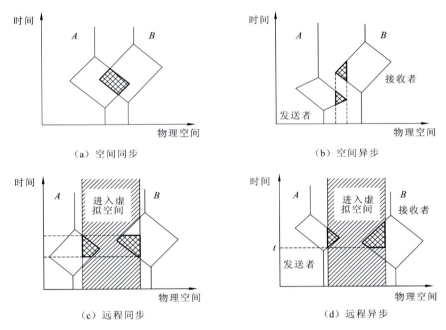

图 2.14　ICT 时代个体之间交互的 4 种模式(Yu et al.,2008)

　　不同的交互模式中个体的时空路径的关系也呈现出不同的模式。图 2.15 利用两个个体的时空路径表现出 4 种不同的情形,分别对应了 4 种交互模式(Yu,2006;Golledge et al.,1997)。其中时空共现(co-existance)对应的是空间同步交互模式,空间共现(co-location in space)和时间共现(co-location in time)分别对应空间异步和远程同步两种交互模式,而远程异步对应的个体轨迹之间的模式是时空均不共现(no co-location in either space or time)。

　　个体接入虚拟空间的方式在物理空间中的形态也存在差异,以固定电话或有线上网接口为代表的接入方式在物理空间中可表达为点状的位置信息(图 2.16(a)与图 2.16(c));而以无线网络和移动手机信号覆盖范围的接入方式可用多边形的方式来表达(图 2.16(b)与图 2.16(d))。

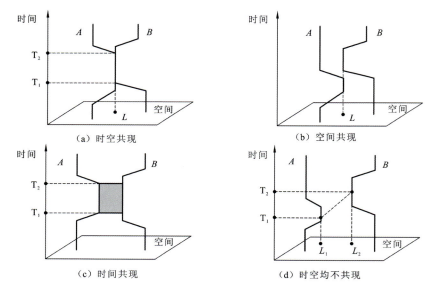

图 2.15 时空路径在不同通讯模式下呈现出的关系（Yu,2006）

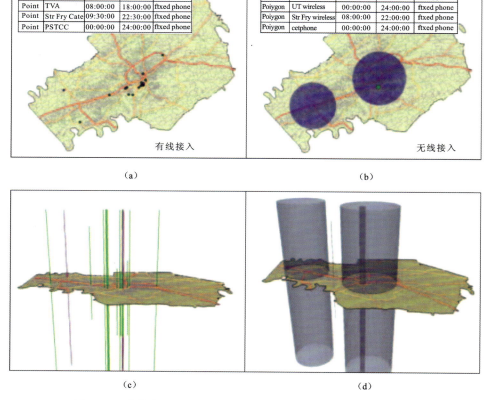

图 2.16 有线接入和无线接入虚拟空间机会的表达（Yu et al.,2008）

在时间地理学的分析框架下,个体在虚拟空间和"物理–虚拟"混合空间中的活动与交互目前仍没有统一的表达方式,主要源自两个方面的原因。第一,在物理空间中,位置是地理现象表达的基础概念,在欧氏几何的框架下,地物的位置可以得到相对清晰的表达,相应的距离概念也得以引申,然而在虚拟空间中,位置和距离的概念变得复杂。第二,虚拟空间本身与物理空间不同,具有多种指向。例如,ICT 技术所构建的社交网络空间可以认为是虚拟空间,而网络游戏构建的世界也可以称之为虚拟空间。不同的空间中,人们的活动和交互目的有所不同,表现形式也存在差异,相应的虚拟空间活动的建模和表达也有所不同。当然,在具体的应用中可以根据实际的需要给出相应的表达方式,但是如何在虚拟空间和"物理–虚拟"混合空间中有效表示人类活动与交互以支撑更多相关分析,仍需要学者进一步的思考和探索。

2. ICT 技术对传统交互方式的影响

由于 ICT 技术削弱了人类活动中的时空限制,人们的时空行为正在发生变化(Kwan,2007;Mokhtarian,1990)。以 ICT 对出行行为的影响为例,Salomon(1986)与 Mokhtarian（2003)总结了 4 种类型的影响:①替代(substitution),即物理空间的活动可以在虚拟的空间中完成。例如,远程办公可以取代通勤行为。②补充(complementarity),即一种交互方式加强或者辅助了其他的方式。例如,在线搜索商品的行为可能会引发实体店购物的行为。③调整(modification),即一种交互方式的使用改变了其他的方式。例如,当个体之间的通信变得实时,个体可以动态地调整出行等活动的时间与地点。④无影响(neutrality),即一种交互方式的使用并不会改变其他方式的使用。例如,一个随意聊天的电话并不会对其他出行行为产生影响。

虽然 ICT 技术能够使得物理空间中既有的诸多活动变得便捷和可能,然而,个体对 ICT 技术的获取能力也存在一定差异,而这一特征成为 ICT 时代人们信息传递的主要限制之一。首先,ICT 技术开展需要相关设备支持。例如,有线上网比无线上网有更多的时空限制。其次,时间资源存在限制。ICT 技术的发展虽然大大降低了个体在物理空间中交互过程中的空间约束,也从一定程度上减小了相应的时间限制,然而 ICT 的服务有时存在一定的时间窗口(例如购票网站的服务时间),此外,个体也会预先安排自己日常活动,因此时间资源成为个体之间交互的重要约束之一。接下来以面对面的交流方式为案例,论述这些约束对交流机会产生着怎样的影响。

面对面的交流方式在 ICT 技术匮乏的时代是个体之间消息传递的主要途径,即使是在 ICT 技术充分发达的时代,面对面的交流方式所营造的氛围以及其所体现的个体对相应交流的重视是远程通信难以取代的。如前所述,ICT 一方面可以降低传统面对面交流过程中所需要的出行,另一方面,也对个体之间面对面交流机会的安排带来了更多的灵活性。

以电话为例,假设个体能够通过电话或者短信的方式实现联系,一次完整的会面约定由如下三种情形:①直接通话;②短信联系;③短信发送,接收者电话回复。这几种方式中,直接通话是一种远程同步(ST)的方式,而其他两种则是远程异步的通信方式。

不同的远程通信方式会导致个体之间的面对面交流机会存在差异。图 2.17 以个体 A 找个体 B 见面为例，拓展时间地理学的概念与分析框架，比较了不同通信方式下，两个个体之间面对面交流机会的变化情况。

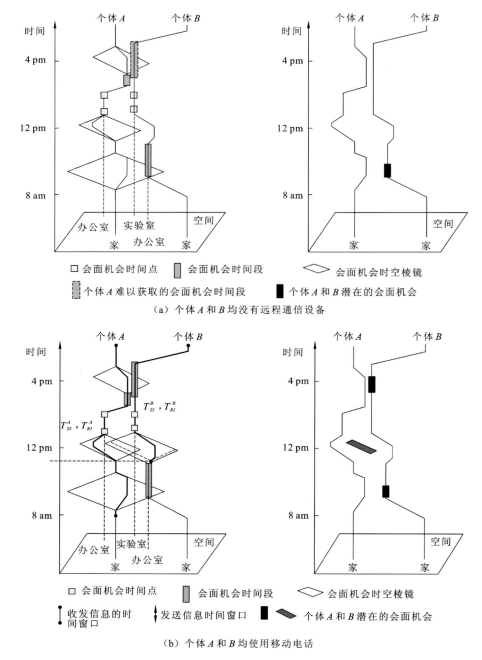

图 2.17　不同通信条件下的个体面对面交流机会(Yin et al.，2011b)

如图 2.17(a)所示,当两个个体没有远程通信方式时,由于 B 在实验室多停留了一些时间,下午本来存在一个潜在的会面机会,但是,由于缺乏及时通信,A 对此机会并不知晓。因此,A 与 B 的唯一见面机会只存在于 B 早上在办公室的固定时间与 A 早上自由活动时间的交集。如图 2.17(b)所示,当两个个体均使用移动电话时,由于 ICT 技术的辅助,个体之间面对面交流机会得到显著扩展。当然,ICT 技术的发展并不总是能够增加个体之间面对面交流的机会,主要还受到个体活动的时间窗口以及其他因素的限制,但不可否认的是它的确给个体之间的面对面交流机会带来了更多的可能。

基于上述分析框架,可以在 GIS 中有效地对 ICT 影响下的个体见面机会进行分析。表 2.3 记录了三个个体的日常活动情况,其中有些活动(包括出行在内)是固定的,而且不具有和他人面对面交流的条件;而有些活动则是相对灵活,可以自由安排。图 2.18 显示的是三个个体的时空轨迹。

表 2.3　三个个体的日常活动情形(Yin et al.,2011b)

	个体 A		个体 B		个体 C	
住家位置	某大学校园附近		某市东部区域		某市西部区域	
出行方式	公交车		小汽车		小汽车	
活动	8:38～9:05	公交上学	7:25～8:05	开车上班	7:20～7:55	开车上班
	9:15～10:20	教室上课	8:05～9:20	办公室上班+	7:55～9:30	办公室上班+
	10:30～12:00	图书馆学习*	9:45～10:30	会议	9:30～10:30	办公室会议
	12:20～13:20	会议	10:45～12:00	办公室上班+	10:30～12:30	办公室上班+
	13:35～14:30	实验室学习*	12:20～12:40	城中心午餐*	12:30～14:00	办公室上班*
	14:30～17:00	做实验时间+	13:00～16:00	教室上课	14:30～15:30	办公室附近开会
	17:10～20:00	咖啡馆学习*	16:30～18:00	健身	15:55～16:30	办公室上班*
	20:10～20:30	公交回家	18:00～18:20	开车回家	16:30～17:00	办公室会议
					17:00～19:00	办公室上班*
					19:00～19:30	开车回家*

注:* 表示活动是自由的,+ 表示可以进行面对面交流

在时空 GIS 平台中,能够可视化地分析上述三个个体之间的面对面交流机会在有无手机时的分布,相应的原型系统功能界面如图 2.19 所示,分析结果如图 2.20 所示。不难发现,对于有些个体之间,ICT 并没有能够改变他们面对面交流的机会(例如个体 A 和 B,B 和 C),而对于有些个体之间,面对面交流的机会借以远程通信的方式得到了显著提升(例如个体 A 和 C)。

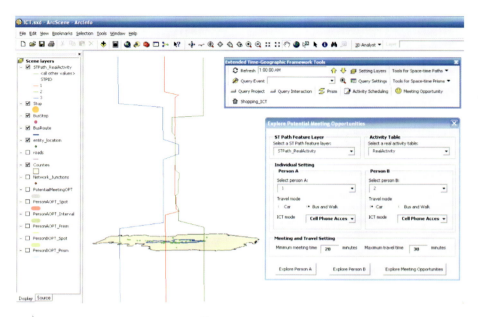

图 2.18　三个个体的时空轨迹（Yin et al.，2011b）

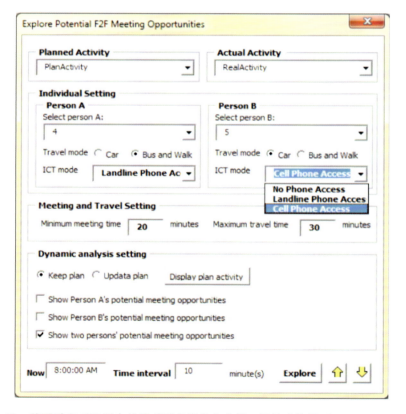

图 2.19　基于时空 GIS 平台的面对面交流机会分析工具的功能界面（Yin et al.，2011a）

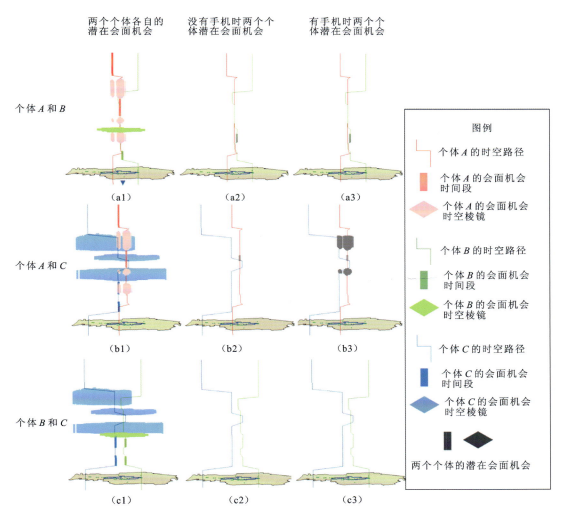

图 2.20　不同个体之间面对面交流机会在时空 GIS 平台中的展示（Yin et al.，2011b）

3. 虚拟社交空间中个体社交邻近时空路径的构建与分析

社交网络对人类的生活至关重要。ICT 构筑了一个新型的虚拟社交网络空间。例如个体可以通过实时的在线聊天工具实现远程的交流，此外，个体可以在网络空间中搭建自己的个人站点（Facebook 或者新浪微博等），并以此为基础与其他个体进行交互。ICT 所创造的虚拟社交网络空间一方面深刻地改变了人们的社交行为，产生了一系列值得分析与讨论的问题。例如，如何在时空背景下表达和分析虚拟空间的社交活动，物理距离在 ICT 时代的社交中是否仍然产生作用等；另一方面，人们通过 ICT 进行社交活动时，也留下了相应的数字脚印，为学者进一步分析虚拟空间中的社交行为奠定了数据基础。

个体的社交关系与物理实体之间的关系存在着一定的相似之处。例如，有距离的远近之分，存在邻近性的概念。两个个体的交互较多预示着两者的社交关系更为紧密，在社交网络中的邻近性更强；而且随着时间的变化，个体的活动会影响社交关系的邻近性。然而与物理空间所不同的是，社交网络空间中没有绝对的位置概念，个体之间的社交邻近度由关系的密切程度来反映。

对于物理空间中个体之间的邻近性及其动态变化，时间地理学的概念体系与 GIS 的结合能够有效地进行表达和分析。类似地，可以通过扩展时间地理学框架来分析个体在虚拟社交空间中的邻近性及其动态变化。首先，与物理空间类似，定义社交邻近空间为一个二维欧氏空间，用于表示个体之间社交关系的邻近性。其次，将个体在社交邻近空间中的位置随时间变化形成的轨迹作为社交邻近时空路径。相比于物理空间中的时空路径，它们的含义存在着一定的差异。物理空间中的时空路径具有绝对的地理位置，位置之间的距离主要利用地理隔离来度量，时空路径反映的是个体在物理空间中绝对位置的变化。而对于社交邻近空间而言，并不存在绝对的位置信息，而且个体之间的社交邻近度是由个体之间关系的密切程度进行度量，相应时空路径反映的是个体与他人的社交邻近度的变化状况。

构建社交邻近空间中的时空路径，首先需要表达个体位置。考虑到个体在社交邻近空间中并没有绝对的位置信息，而是相对位置关系，因此，利用多维尺度分析（multidimensional scaling，MDS）来进行处理（Borg et al.，2005；Schiffman et al.，1981）。MDS 的作用是将多个个体之间的距离/相似性矩阵转换为二维平面的欧式坐标，能够有效地解决社交邻近空间中的个体位置表达问题，如图 2.21 所示，该方法能够有效地表达出个体之间的关系变化过程。此外，在 ICT 技术所构建的社交网络空间中，个体可能会处于非活跃状态，他们的位置信息表达存在一定的困难。为了表现这一特征，可以在社交网络空间中设置非活跃的区域进行表示。如图 2.21 所示，个体 D 在 t_1 和 t_2 时刻处于非活跃状态，在 t_3 时刻转入活跃。

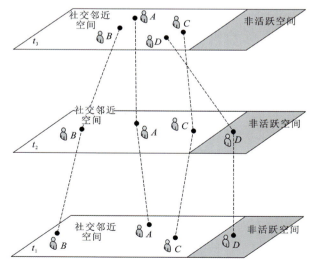

图 2.21　社交邻近空间中的时空路径（Yin et al.，2015）

在社交邻近空间中，个体之间邻近关系度量是构建时空路径的另一个关键问题，即距离/相似性矩阵的生成。如前文所述，人们通过 ICT 技术进行社交行为时，留下了诸多数字脚印，而这些数字脚印记录了个体之间的交互过程，从而反映了个体之间的关系密切程度。据此，以微博和 Facebook 为代表的主流社交网络平面为例，可以构建个体之间社交邻近度的度量方式，如下所示：

$$
C_{pq}^{T} = \begin{cases} \dfrac{V_{p \to q}^{T}}{\sum\limits_{i=1}^{n} V_{p \to i}^{T}} + \dfrac{V_{q \to p}^{T}}{\sum\limits_{j=1}^{m} V_{q \to j}^{T}}, & \text{如果 } V_{p \to q}^{T} \neq 0 \text{ 或者 } V_{q \to p}^{T} \neq 0 \\[4mm] \mathrm{Min}C, & \text{如果 } V_{p \to q}^{T} = 0 \text{ 和 } V_{q \to p}^{T} = 0 \end{cases} \tag{2.23}
$$

其中：C_{pq}^{T} 表示个体 p 和 q 之间的社交邻近度；V^{T} 表示在时间间隔 T 内个体之间的访问量；m 和 n 分别表示个体 p 和 q 的所有朋友数量，而 $\mathrm{Min}C$ 表示的是两个完全不联系的人之间的社交邻近度，可以设定为一个极小的非负数。在社交邻近空间中，个体之间的社交邻近度距离可以用 $1/C$ 进行度量，进而生成个体间的距离矩阵。

在构建了个体在社交邻近空间中的时空路径之后，可以通过个体编号和时间信息，同步分析个体在物理空间中的时空路径特征，从而进一步分析两种空间中活动的相互关系。在时空 GIS 工具中，个体在不同空间中的时空路径可以得以直观地表达。如图 2.22 所示的时空 GIS 原型系统中，位于上方左右两侧的分别代表的是个体在物理空间和社交邻近空间中的时空路径，而位于右下方窗口中显示的是在两个空间中高亮显示的两个个体之间在物理空间的距离和社交邻近空间的距离随时间的变化情况，被称为关系路径。

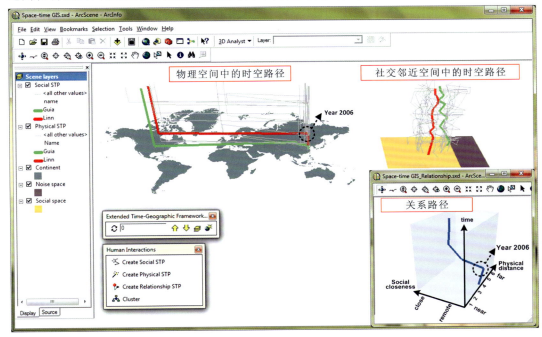

图 2.22　探索个体物理空间和社交邻近空间的时空 GIS 原型系统（Yin et al., 2015）

　　如前所述,物理距离与虚拟社交的关系是 ICT 时代人类社交活动研究的一个重要问题。以此问题为例,利用上述时空 GIS 系统中的关系路径,可以分析个体在物理空间和社交邻近空间中位置变化的关系,可进一步对一个群体之间的相互关系进行分析。为了更好地发现两种空间活动的模式,可利用 K 中心聚类的方式将关系路径进行聚类。在 Yin 等(2015)的案例中,在由 37 个校友组成的群体中一共发现了 8 种关系模式。如图 2.23 所示,前 4 组初始的社交邻近度是疏远的,第 1,3 组的个体之间社交邻近度随时间变化而变得亲近,而第 2,4 组则没有发生显著变化;在物理空间上,第 1,2 组的个体之间的物理空

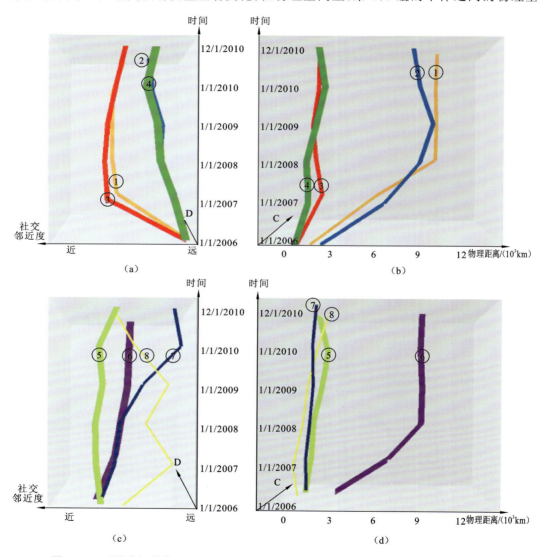

图 2.23　不同分组的物理空间距离和社交邻近度随时间变化的情况(Yin et al.,2015)
初始社交邻近度较远的分组的社交邻近度变化(a)和物理空间距离变化(b);
初始社交邻近度较近的分组的社交邻近度变化(c)和物理空间距离变化(d)

间距离明显增加,而第 3,4 组的个体之间的距离略有上升。第 5~8 组的个体之间,初始的社交邻近度是较小的,随着时间的推移,第 5,6 组的个体之间关系变得略微疏远,而第 7 组的个体之间则显著地变得疏远,第 8 组的个体呈现出震荡的特征;在物理空间上,第 5,7,8 组中的个体之间的距离略有增加,而第 7 组的个体发生了显著的增加。此案例研究示范了如何将本节介绍的时空 GIS 应用于具体的研究中。

ICT 正在改变人类日常活动与交互方式。面向 ICT 时代"物理-虚拟"混合空间的人类活动与交互行为,本节阐述的研究基于时空分析的角度,拓展了时间地理学分析框架,旨在发展新的分析框架以及基于时空 GIS 的分析工具与分析环境。

2.3　本 章 小 结

时间地理学提供的优雅而简洁的概念体系能够有效地支撑个体日常活动的定量化和可视化分析,被广泛地应用于各领域的研究中。GIS 依托于计算机技术的发展,具有强大的空间分析能力,也被广泛应用于各类地理现象的分析中。"人地"关系是地理学的研究传统,将擅长分析"人"的时间地理学理论与擅长分析"地"的 GIS 技术相结合是学科发展的一个必然趋势。本章首先回顾了时间地理学理论的产生背景、基本概念和发展历程;然后,分析和论述了在时间地理学的发展过程中,学者们依托 GIS 对时间地理学分析框架的拓展和增强;最后,从时间地理学面向"人"的核心理念出发,结合社会科技发展中产生的新现象与新问题,展示了时间地理学与时空 GIS 的结合在解决行程时间估计与"物理-虚拟"混合空间下的活动研究的有效性。

参 考 文 献

蔡运龙,Wyckoff B,2011.地理学思想经典解读.北京:商务印书馆.

柴彦威,1998.时间地理学的起源、主要概念及其应用.地理科学,18(1):65-72.

柴彦威,1999.中日城市结构比较研究.北京:北京大学出版社.

柴彦威,关美宝,萧世伦,2010.时间地理学与城市规划:导言.国际城市规划,25(6):1-2.

陈洁,萧世伦,陆锋,2016.面向人类行为研究的时空 GIS.地球信息科学学报,18(12):1583-1587.

萧世伦,方志祥,2014.从时空 GIS 视野来定量分析人类行为的思考.武汉大学学报(信息科学版),39
　　(6):667-670.

萧世伦,于洪波,陈洁,2010.基于 GIS 的物质—虚拟混合空间中个体活动与互动的时间地理学研究.国
　　际城市规划,25(6):27-35.

张艳,柴彦威,2016."新"时间地理学:瑞典 Kajsa 团队的创新研究.人文地理(5):19-24.

甄峰,翟青,陈刚,等,2012.信息时代移动社会理论构建与城市地理研究.地理研究,31(2):197-206.

Batty M,1997. Virtual geography. Futures,29(4):337-352.

Borg I,Groenen P J F,2005. Modern Multidimensional Scaling: Theory and Applications. New York:
　　Springer.

Chen B Y，Lam W H K，Sumalee A，et al.，2012. Reliable shortest path finding in stochastic networks with spatial correlated link travel times. International Journal of Geographical Information Science，26(2)：365-386.

Chen B Y，Lam W H K，Sumalee A，et al.，2013. Finding reliable shortest paths in road networks under uncertainty. Networks and spatial economics，1-26.

Chen B Y，Li Q，Wang D，et al.，2013. Reliable space-time prisms under travel time uncertainty. Annals of the Association of American Geographers，103(6)：1502-1521.

Chen B Y，Yuan H，Li Q，et al.，2016. Spatiotemporal data model for network time geographic analysis in the era of big data. International Journal of Geographical Information Science，30(6)：1041-1071.

Chen B Y，Yuan H，Li Q，et al.，2017. Measuring place-based accessibility under traveltimeuncertainty. International Journal of Geographical Information Science，31(4)：783-804.

Chen H P，Chen B Y，Wang Y，et al.，2016b. Efficient Geo-Computational Algorithms for Constructing Space-Time Prisms in Road Networks. ISPRS International Journal of Geo-Information，5(11)：214.

Couclelis H，2009. Rethink the time geography in the information age. Environment and Planning A，41(7)：1556-1575.

de Palma A，Picard N，2005. Route choice decision under travel time uncertainty. Transportation Research Part A：Policy and Practice，39(4)：295-324.

Ellegård K，Palm J，2015. Who is behaving? consequences for energy policy of concept confusion. Energies，8(8)：7618-7637.

Ellegård K，Vilhelmson B，2004. Home as a pocket of local order：everyday activities and the friction of distance. Geografiska Annaler：Series B，Human Geography，86(4)：281-296.

Golledge R G，Stimson R J，1997. Spatial Behavior：a Geographic Perspective. New York：Guilford Press.

Goodchild M F，2002. Measurement-based GIS. Spatial data quality//Shi W，eds. Spatial Data Quaility. London：Taylor & Francis：5-17.

Goodchild M F，2013. Prospects for a space-time GIS. Annals of the Association of American Geographers，103(5)：1072-1077.

Hägerstrand T，1970. What about people in regional science? Papers in Regional Science，24(1)：7-24.

Hägerstrand T，1982. Diorama，path and project. Tijdschrift voor economische en sociale geografie，73(6)：323-339.

Harvey A S，Macnab P A，2000. Who's up? Global interpersonal temporal accessibility//Information，Place，and Cyberspace. Berlin：Springer：147-170.

Janelle D G，1995. Metropolitan Expansion，Telecommuting，and Transportation//Hanson S，eds. Geography of Urban Transportation. New York：The Guilford Press：707-434.

Joe W，MeiPo K，2002. Bringing time back in：a study on the influence of travel time variations and facility opening hours on individual accessibility. The Professional Geographer，54(2)：226-240.

Kwan M P，Xiao N，Ding G，2014. Assessing activity pattern similarity with multidimensional sequence alignment based on a multiobjective optimization evolutionary algorithm. Geographical Analysis，46(3)：297-320.

Kwan M P，2000a. Analysis of human spatial behavior in a GIS environment：Recent developments and future prospects. Journal of Geographical Systems,2(1):85-90.

Kwan M P, 2000b. Interactivegeovisualization of activity-travel patterns using three-dimensional geographical information systems:a methodological exploration with a large data set. Transportation Research Part C Emerging Technologies,8(1):185-203.

Kwan M P,2007. Mobile communications,social networks,and urban travel:hypertext as a new metaphor for conceptualizing spatial interaction. The Professional Geographer,59(4):434-446.

Kwan M P,Neutens T,2014. Space-time research in GIScience. International Journal of Geographical Information Science,28(5):851-854.

Lam T C,Small K A,2001. The value of time and reliability:measurement from a value pricing experiment. Transportation Research Part E Logistics & Transportation Review,37(2):231-251.

Lenntorp B,1978. A time-geographic simulation model of individual activity ptogrammes. Human Activity and Time Geography,2:162-180.

Miller G,2016. Roots of the urban mind. Science,352(6288):908-911.

Miller H J,1991. Modelling accessibility using space-time prism concepts within geographical information systems. International Journal of Geographical Information Systems,5(3):287-301.

Miller H J,1999. Measuring space-time accessibility benefits within transportation networks:basic theory and computational procedures. Geographical Analysis,31(1):1-26.

Miller H J,2003. Representation and spatial analysis in geographic Information systems. Annals of the Association of American Geographers,93(3):574-594.

Miller H J,2005. A measurement theory for time geography. Geographical Analysis,37(1):17-45.

Miller H J,Shaw S L,2001. Geographic Information Systems for Transportation:Principles and Applications. New York:Oxford University Press.

Miller H J,Bridwell S A,2009. A field-based theory for time geography. Annals of the Association of American Geographers,99(1):49-75.

Mokhtarian P L,1990. A typology of relationships between telecommunications and transportation. Transportation Research Part A:General,24(3):231-242.

Mokhtarian P L,2003. Telecommunications and travel:the case for complementarity. Journal of Industrial Ecology,6(2):43-57.

Morrill R L,1983. Recollections of the 'quantitative revolution's' early tears:the university of washington 1955-1965. Recollections of a Revolution. Macmillan Education UK,57-72.

Pred A,1977. The choreography of existence:comments on Hägerstrand's time-geography and its usefulness. Economic Geography,53(2):207-221.

Salomon I,1986. Telecommunications and travel relationships:a review. Transportation Research A,20(3):223-238.

Schaefer F K,1953. Exceptionalism in geography:a methodological examination. Annals of the Association of American Geographers,43(3):226-249.

Schiffman S S,Reynolds M L,Young F W,1981. Introduction to multidimensional scaling:theory,methods,and applications. New York:Academic Press.

Shaw S L,2012. Guest editorial introduction:time geography-its past,present and future. Journal of

Transport Geography,23(3):1-4.

Shaw S L,Yu H,Bombom L S,2008. A space-time GIS approach to exploring large individual-based spatiotemporal datasets. Transactions in GIS,12(4):425-441.

Shaw S L,Yu H,2009. A GIS-based time-geographic approach of studying individual activities and interactions in a hybrid physical-virtual space. Journal of Transport Geography,17(2):141-149.

Thrift N J,1977. Time and theory in human geography:Part II. Progress in Geography,1(3):413-457.

Thrift N,Pred A,1981. Time-geography:a new beginning. Progress in Human Geography,5(2):277-286.

Wu Y H,Miller H J,2001. Computational tools for measuring space-time accessibility within dynamic flow transportation networks. Journal of Transportation and Statistics,4(2):1-14.

Yin L,Shaw S L,Yu H,2011b. Potential effects of ICT on face-to-face meeting opportunities:a GIS-based time-geographic approach. Journal of Transport Geography,19(3):422-433.

Yin L,Shaw S L,2011a. A space-time GIS for dynamics in potential face-to-face meeting opportunities. Proceedings of the 2011 International Workshop on Trajectory Data Mining and Analysis,New York:ACM:15-22.

Yin L,Shaw S L,2015. Exploring space-time paths in physical and social closeness spaces:a space-time GIS approach. International Journal of Geographical Information Science,29(5):742-761.

Yu H,Shaw S L,2007. RevisitingHägerstrand's time-geographic framework for individual activities in the age of instant access. Geojournal Library,88:103-118.

Yu H,Shaw S L,2008. Exploring potential human activities in physical and virtual spaces:aspatio-temporal GIS approach. International Journal of Geographical Information Science,22(4):409-430.

Yu H,2006. Spatio-temporal GIS design for exploring interactions of human activities. Cartography & Geographic Information Science,33(1):3-19.

第 3 章　城市人群活动轨迹数据

近年来,我国城市化水平越来越高,城镇人口急剧增长,到 2015 年城市化率已经达到 56.1%,这为城市发展带来了一系列的交通、安全、环境等问题,比如:交通拥挤、传染病和环境污染等,严重影响城市居民的生活。随着移动定位技术、无线通信、传感器网络、移动互联网、高性能计算与存储技术的快速发展,使得获取长期大规模、时空精细度更高的移动定位数据成为现实,人类进入大数据时代。在当前大数据的背景之下,通过海量人类移动的定位数据挖掘人类的活动规律和活动模式,进而发掘其中蕴含的深层次知识,是解决以上城市问题的一个重要途径。不同领域的学者开始试图利用大数据来分析解决这些城市问题,基于移动定位数据的城市人群活动研究因此成为地理信息科学及相关学科的研究热点。

图 3.1 描述了基于移动定位数据的分析框架。现实世界通过 GPS、WIFI 和 GSM 等

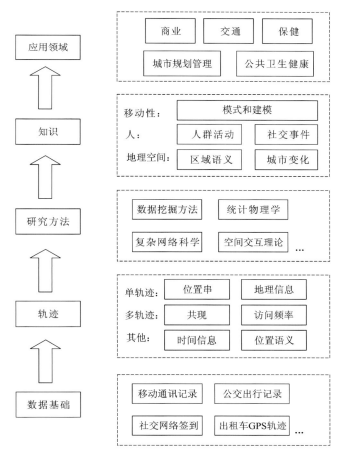

图 3.1　基于移动定位数据分析框架

技术手段,可以获得出租车 GPS 轨迹、社交网络签到和移动通信记录等移动定位数据,这些数据能够反映出移动对象何时在何地(时间和位置)、共现模式和访问频率等属性信息。通过数据挖掘方法(例如:分类、回归等)、空间交互理论和统计物理学等一些研究方法和技术分析手段,能够获取人群活动和地理空间相关的知识。最终,这些知识能够帮助人们理解人类的活动规律和特征,预测人的行为和地理空间的变化等,为城市的规划管理、公共卫生健康、医疗保健等领域提供科学决策支持与信息化服务支撑。本章主要介绍基于移动定位数据挖掘城市人群活动领域的研究进展。

目前学术界已经对移动定位数据开展了较为深入的研究,本章揭示相关研究在挖掘城市人群活动方面理论和应用上的进展,主要从以下几个方面展开综述:①根据移动定位数据的采集与获取方式,对几种常用的、具有代表性的人群活动轨迹数据进行分类,并详细介绍城市人群活动轨迹数据的特征;②阐述城市人群活动轨迹数据的研究进展及应用。

3.1　城市人群活动轨迹数据类型与特征

移动定位数据是对移动对象的运动过程进行采样得到的数据,通常包含对移动对象采样的位置、时间、状态等属性信息。将采样点按照采样时间先后顺序进行排序,通常能够得到移动对象的时空运动轨迹。这里根据移动定位数据的来源将移动定位数据主要分为四类,并简短介绍每一类移动定位数据的应用场景。

3.1.1　城市人群活动轨迹数据类型

当前常用的移动定位数据主要来自于人类的移动、交通运输工具的移动、动物的移动和某些自然现象的移动,根据这四种来源将移动定位数据分为以下四类。

1. 人的移动数据

长久以来,人类一直主动或者被动地以空间轨迹的形式来记录他们在现实世界的运动。比如,旅游者为了记录旅程以及与朋友分享经历用 GPS 轨迹记录他们的旅行轨迹(图 3.2)。骑单车的运动者和慢跑者为了进行运动分析记录下他们的移动轨迹(图 3.3)。在 Flickr(一种网络相册)里面,一系列带有地理标记的照片可以生成一条空间轨迹,每一张照片都带有拍摄照片时对应的位置标记和时间戳(图 3.4)。同样地,当对基于位置的社交网络用户的签到数据按时间进行排序时,也可以被视为一条轨迹。信用卡的交易记录也可以显示出持卡人的空间轨迹,因为每次交易记录中都包含交易发生的地点、交易发生的时间戳和商户的 ID。此外,GSM 通信系统定时更新手机用户的位置信息等。

2. 交通工具的移动数据

当今社会,大量带有 GPS 等定位系统的交通工具(例如:出租车、公共汽车、地铁、船只和飞机)出现在日常生活中。比如,许多大城市的出租车已经配备 GPS 传感器,方便出租车以某一频率提供带有时间戳的位置信息。这类报告信息能够生成大量的空间轨迹,以便于交通分析、交通资源的合理分配和提升交通运输网络的建设(Shaw et al.,2008)。

图 3.2　GPS 记录的旅游轨迹　　图 3.3　武汉马拉松慢跑轨迹　　图 3.4　带有时间戳和地点
　　　　　　　　　　　　　　　　　　　　　　　　　　　　　　　　　的网络相册

3. 动物的移动数据

生物学家已经收集了像老虎和鸟类这种动物的移动轨迹,用来研究分析动物的迁徙轨迹、行为和生活状况。

4. 自然现象的移动数据

气象学家、环保主义者、气候学家和海洋学家正忙着收集一些自然现象的轨迹数据,如飓风、龙卷风和洋流。这些轨迹能够捕获环境和气候的变化,帮助科学家更好地应对自然灾害,保护人类生活的自然环境。

3.1.2　城市人群活动轨迹数据特征

大量的移动定位数据中,人和交通工具产生的移动数据能够反映出城市人群活动的规律和模式。移动定位数据反映出的城市群体活动能够帮助人类建设更好的社会网络。将人和交通工具产生的移动定位数据根据采样和触发方式的不同进行分类,主要分为两类:被动方式记录的和主动方式记录的轨迹数据。

1. 被动方式记录的轨迹数据特征

被动方式记录的人群活动轨迹数据是指系统定时对移动对象进行采样,不受人的主观行为的影响。常见的数据类型有车载 GPS 数据、被动方式记录的手机数据、视频监控数据等。

通常以这种方式记录下来的移动定位数据具有数据量大、覆盖范围广的特点。但通常采样不具有代表性,造成数据冗余等问题。例如,当车辆的状态没有发生变化时,车载 GPS 仍然继续采集数据。此外,被动方式记录下来的手机数据中记录的位置不一定是移动对象的真实位置,而是以该时刻手机连接的基站的位置近似表示,导致数据反映出来的时空轨迹精准度不高。

2. 主动方式记录的轨迹数据特征

主动方式记录的人群活动轨迹数据是指由于人的触发而产生和记录下来的数据,受人的主观行为的影响。常见的数据类型有交通智能卡数据、微博签到数据、手机通话数据等。

以主动方式记录下来的移动定位数据具有数据量大、覆盖范围广、采样对象具有代表性和数据更新周期短等特点。但是,由于只有当传感器事件被触发时才会对移动对象采集信息,以这种方式记录下来的移动定位数据无法勾勒出移动对象详尽的时空轨迹信息,反映出来的城市个体或群体的空间活动不完整。此外,以主动方式记录下来的手机通话数据同样是以手机基站的位置近似表示手机用户的真实位置,导致该数据反映出来的移动对象的时空轨迹精准度不高。

3.2　城市人群活动轨迹数据研究与应用

近年来,典型的、常用于城市人群活动研究的移动定位数据集主要包括:手机数据、交通智能卡数据、车载 GPS 数据、社交媒体签到数据、视频数据、check-in 数据等。这些数据集在时间、空间尺度和粒度上的区别较大,适用的研究工作也具有较大的差别(表 3.1)。

表 3.1　城市人群活动研究中常用的移动定位数据集

移动定位数据类型		采样方式	代表性研究
手机数据	信令手机数据	被动方式采样,等时间间隔采集数据	杨喜平等(2017)、方志祥等(2017a)、Calabrese 等(2011)、Xie 等(2011)、Asakura 等(2004)
	手机通话位置数据	主动方式采样,用户接打电话、收发短信、上网等时间采集数据	方志祥等(2017b)、Jiang 等(2013)、Gao 等(2013)、Zhang 等(2010)
交通智能卡数据		主动方式采样,移动对象刷卡触发传感器时信息被记录下来	宋晓晴等(2016)、Pelletier 等(2011)、Chu 等(2008)、Chapleau 等(2007)、Utsunomiya 等(2006)
车载 GPS 数据		被动方式采样,等时间间隔收集移动对象的信息	Zhuo 等(2015)、Liang 等(2012a)Sadilek 等(2012)、Liu 等(2012)、Lee 等(2009)
社交媒体签到数据		主动方式采样,用户触发传感器事件时信息被记录下来	Qu 等(2013)、Yates 等(2011)、Clements 等(2010)、Fujisaka 等(2010)、Crandall 等(2009)
视频数据		被动方式采样,扫描全局,记录移动对象的信息	Saunier 等(2007)、Brandle 等(2006)、Robertson 等(2005)、Kamijo 等(2005)、Remagnino 等(2004)

3.2.1　手机数据

手机定位数据根据采样方式主要分为两种类型：一类是主动方式记录的手机定位数据，这类数据也称为呼叫详细记录（call detail records，CDRs）。这是一种长期不规则稀疏采样的轨迹数据，只有当用户接打电话或者收发短信时才会采集记录。通常运营商对这类采样方式的数据会保存较长时间（如：一年），因此这类数据较容易获取，已经开始被应用于城市人群活动的相关研究（Shaw et al.，2016）。但是，已有研究表明，用户的手机使用事件往往具有随机性和短期爆发性，其反映出来的个体时空特征不完整，在某些研究领域中其研究结果具有偏差甚至是误导性（Zhao et al.，2016）。另一类是被动方式记录的手机定位数据，通常指手机信令数据。这是一种定期规则采样的数据，比如：每个小时采集一次记录。与呼叫详细记录的手机定位数据相比，这类数据不容易获取。但是，这类手机定位数据是一种密集采样的数据，其采样时间间隔较短且具有规则，能够更加完整地反映出个体的相关移动特征，是研究城市人群活动更为理想的数据集。

手机定位数据的应用研究主要包括以下几个方面：人类移动特性统计规律、人类移动特性建模、人类活动模式挖掘、人类出行或活动预测、空间交互过程研究和宏观动态活动研究。

Asakura 等（2004）应用大规模的移动手机定位数据对城市尺度上的热点和城市动态进行检验。Ratti 等（2006）基于米兰"移动景观"项目中的手机定位数据可视化了解城市活动以及城市活动在空间、时间尺度上的演化。一个名为"实时罗马"的项目运用罗马的手机、公共汽车和出租车数据描绘出了城市中的群体活动（Calabrese et al.，2011a，2011b）。Isaacman 等（2010）应用手机数据的汇总统计数据展示了两个城市群体的不同活动模式。Jiang 等（2013）介绍了一类从手机轨迹中提取个人停留点、途经点和潜在停留点的算法，验证了人类运动的可预见性和定标规律。Fang 等（2017）从手机数据中提取手机基站人群数量随时间变化的序列，分析城市内不同区域的人群聚散模式。

手机数据可以用来估计 OD 矩阵从而分析大都市的群体出行流模式（Calabrese et al.，2011a；Friedrich et al.，2010；Zhang et al.，2010）。Gao 等（2013）采用了结合重力模型的聚类算法，发现物理世界的人类活动和他们的手机呼叫活动具有很高的相关性。这项研究同时增强了距离衰减理论，这通常被描述为 Tobler 地理学第一定律（Tobler，1970）。

有些研究则应用手机位置数据分析群体的活动模式和出行行为（Eagle et al.，2009；Palma et al.，2008；Asakura et al.，2007；Sohn et al.，2006）。Xie 等（2011）从手机数据中识别出一系列的运动规律，例如停留、频率、关联和活动模式。Simini 等（2012）通过将手机数据输入建立好的辐射模型，扩充了重力模型。以此预测人类的通勤和迁移模式，揭开了隐藏在人类流动中的自相似性。Xu 等（2016）利用手机定位数据，对深圳和上海两地居民出行模式特点和差异进行了比较。此外，还有部分学者对物理空间中的移动特征与网络空间中人们社交亲密程度之间的关系进行深入研究（Yin et al.，2015）。

统计学物理学家则发起了另一个研究方向，使用大量的手机数据应用复杂网路理论中的研究结果来揭示人类出行行为的统计特征。如：Candia 等（2008）研究了个体和群体的手机呼叫活动,研究结果发现连续呼叫间隔和出行距离的分布是重尾。Gonzalez 等 (2008)研究了 10 万匿名手机用户超过 6 个月的轨迹,推断出个人的出行模式是可再生的并且服从一个简单的空间概率分布。Song 等(2010)实现了人类运动的高度预测。Kang 等 (2012)运用一项城市内部人类活动和城市形态关系的调查验证了人类出行分布受城市形态影响的规律。Yuan 等(2012)也研究了手机呼叫频率和回旋半径、离心率以及熵的相关性。这些研究在出行行为和城市研究中应用大规模数据开辟了一个新的视角。

手机数据最独特、最吸引人的特点是它们的普及规模,这为微观研究提供了纵观的和个体的细节。以前的出行行为研究从未达到这种几乎覆盖城市绝大多数人口的抽样水平。但关于手机数据的隐私问题也在逐渐受到人们的关注(Yin et al.,2015)。

3.2.2　交通智能卡数据

交通中的智能卡最初是用于像公交车、地铁和停车场这样的公共交通的自动收费系统。智能卡系统也已被引入商店、饭店和医院。当今,几乎每一个大都市都有自己的智能卡系统,比如香港的八达通卡系统和伦敦的牡蛎卡。各种各样的智能卡存储着信息,例如卡 ID、交易数据(时间、类型和费用)、出行数据(出行模式、OD、时间、费用、车站和路线的 ID)以及个人识别数据。因此,智能卡数据可以用于出行需求建模(Chu et al.,2008)和出行需求预测(Mariko et al.,2006),以及个人出行模式的探测(Pelletier et al.,2011)和 OD 的提取(Chapleau et al.,2007)等。

应用智能卡数据进行研究时面临着一个巨大的挑战,那就是如何识别和估计一条完整的出行轨迹(Hofmann et al.,2009)和多模式的换乘(Seaborn et al.,2009)。

已有研究从智能卡数据中提取出的时间和空间信息检测用户出行行为的一致性 (Bagchi et al.,2005)、出行的可变性(Agard et al.,2006)和交通使用的可变性(Morency et al.,2007,2006)。Roth 等(2011)应用牡蛎卡数据中的个体出行信息来显示城市的结构,表明这种新的数据集能够为城市系统中的流建模提供一个新的视角。Gong 等 (2012)也使用了深圳市的地铁智能卡数据来证明这种数据集对于理解一个城市系统的动态是非常强大有用的。

所有的这些实证研究都表明智能卡数据在出行行为和交通规划的研究中是切实可行的。然而,当将出行信息和个人信息联系起来的时候就会出现担忧隐私泄漏的问题。

3.2.3　车载 GPS 数据

目前,我国在许多大中城市开展了基于浮动车数据采集方式的交通信息服务。浮动车指的是装备了卫星导航定位系统(GPS)与无线通信设备的出租车等公共服务类型的车辆。这类车载 GPS 数据包含着丰富的人群移动信息,是最常用的一类轨迹数据类型。GPS 数据通常包含时间、经度、纬度、高度、方向和速度,以及其他一些基于特定情况下的信息。比如:装有 GPS 接收器的出租车记录的乘客搭车信息。当然,GPS 轨迹数据中也会存在一些异常数据,周洋等(2016)基于经验约束规则和证据理论对出租车异常轨迹进行检测。

GPS 轨迹数据早期应用于交通参数估计和模型校准。据 Pearson(2001),第一次利用 GPS 辅助方法进行的区域出行调查是 1997 年在德克萨斯州奥斯汀实施的。在这项研究中有 117 个家庭配备了 GPS 记录器，通过计算机辅助电话访问的方式报告他们的出行信息。此后，使用 GPS 日志数据取代传统出行日志数据的可行性得到了肯定（Wolf et al.，2001；Quiroga et al.，1998）。2000 年取消 GPS 选择可用性政策之后，GPS 轨迹能够为出行行为模式提供精度相对较高的数据。从 GPS 日志数据中推断交通方式和移动序列已经成为可能（Zheng et al.，2008），甚至用于城市道路通行能力时空特征（张希瑞等，2015）推理等。

Sadilek 等（2012）利用一个大规模的 GPS 数据（超过 32 000 天）来对人类的移动性进行长期（几个月或几年）的预测。一些经验研究已被证实并增强了复杂网络理论的一些成果，例如：人类日常行走遵循一种莱曼飞行截断的幂律分布，显示出无标度特征（Rhee et al.，2011）。居住在一个社区或者具有共同兴趣的人群表现出一定的移动模式（Lee et al.，2009）。

尽管在不同城市之间浮动车数据的特征有所不同，配备 GPS 的出租车轨迹（浮动车数据）是研究人群活动的另外一个主要的数据源（Wang et al.，2011）。Jiang 等（2009）将人类移动性的莱曼飞行行为归因为城市的街道网络。Liang 等（2012b）表明搭乘出租车的人口移动的比例规律是指数型，在另外一篇文章中，他们将这种指数分布归因于人类出行需要平均密度的指数型下降（Liang et al.，2012b）。Liu 等（2012）建立了一个随机行走模型，将地理异质性和距离衰减效应结合起来，解读了上海出租车轨迹的距离和方向分布模式。所有的这些研究都已扩展到探索城市空间结构与人的移动模式之间的关系这一主题（Yue et al.，2011，2009；Huang et al.，2010），甚至包括利用浮动车数据挖掘城市功能网络的时空特性（Zhou et al.，2015）等。

除了从个人和出租车获得 GPS 数据，还可以从公共汽车、市政车辆和其他道路运输方式中追踪 GPS 数据。但是，这些 GPS 数据并未得到充分地探索。每种类型的 GPS 数据都有其局限性。例如，GPS 的使用在户外受到限制，其精度受到城市峡谷效应的很大影响。此外，GPS 数据中缺乏社会人口的信息。一种新趋势是将 GPS 数据与其他轨迹数据相结合，比如智能卡数据，以便于更好地理解人类的出行行为和相关现象。

3.2.4　社交媒体签到数据

社交媒体极大地影响了人类社会的方方面面，为人类的出行研究提供了新型的数据源。随着移动定位技术的发展，大部分社交媒体平台已经开始加入签到服务。签到数据约占社交媒体数据总量的 5% 左右，每天都有大量的签到数据发布。发布这些签到数据的社交媒体用户可以作为真实世界的传感器，感知世界不同区域所发生的变化。人们通过在 Facebook、Twitter、Foursquare 和 Flickr 等社交媒体网络发布他们的照片或者签到状态，与朋友或公众分享他们的位置和生活片刻。这些带有地理标签和时间戳的轨迹数据具有独特的社会和空间特性，有利于人的出行行为和社会科学的研究。

相比于传统的数据获取方式，签到数据具有一定的优势与劣势。优势主要包含数据量大，时间跨度长以及多重属性这三个方面。

（1）社交媒体签到数据量大。以新浪微博为例，2015 年新浪微博日均发布微博超过 1 000 万条，并且这些信息可以通过新浪微博所提供的 API 获取。

（2）签到数据的时间跨度较长。每个社交媒体服务自从其建立就开始存储用户在其平台上发布的每条信息,这些信息的时间跨度最长可以达到 10 年。较长的时间跨度不仅可以揭示现实世界中的变化,还可以监测现实世界的变化过程。

（3）签到数据具有多重属性。签到数据包含用户发布的文本信息,同时还会有信息发布的时间与位置地点。社交媒体用户之间通过转发与提醒功能,使每条社交媒体数据都具有了网络关系属性。多重属性的签到数据出现,为不同行业和学科的研究提供了较好的数据支持。

社交媒体签到数据的劣势主要包含以下三个方面。

（1）签到数据不包含活动的详细信息,比如:活动的起止时间以及具体过程。

（2）签到数据不包含用户的详细信息,比如:用户的年龄、收入、学历。

（3）签到数据无法反映用户的完整活动。研究者一般只能观察到社交媒体用户发布在社交媒体平台上并且愿意与别人分享的信息。因此,社交媒体数据反映的用户活动存在大量的信息缺失。

目前将社交媒体签到数据应用于城市人群活动的研究主要包括以下城市动态变化监测、灾害应急以及商圈界定等方面。

1. 城市动态变化监测

城市中发布的签到数据可以反映群体的活动变化,从而进一步监测城市动态变化。来自 Flickr 数以百万计的带有地理标签的照片是大规模轨迹的数据源。即使该数据源具有较为粗糙的空间和时间尺度,它还是被成功用于城市人群活动的可视化分析（Crandall et al.,2009）以及预测用户的出行行为（Clements et al.,2010）。随着基于位置应用程序的使用热潮,Foursquare 和 Yelp 此类数据急剧增加,这为研究用户移动性的空间和时间模式打开了新的机遇（Noulas et al.,2013,2012,2011）。Cheng 等（2011）利用了三个统计特征（位移、回旋半径和返回概率）对 22 万用户 2200 万的签到数据进行了全面的研究。从签到数据中观察到莱曼飞行的移动模式。研究者发现签到数据反映出来的用户移动模式可能受到地理、经济和个人社会地位因素的影响。Malleson 等（2012）利用 40 万带有地理标签的 Tweet 数据来校准智能体模型、探索利兹地区人群的移动模式。Li 等（2013）将加利福尼亚的 Twitter 和 Flickr 作为案例研究,考察了社交媒体用户的时空分布特征并探索了这些用户的社会经济特征。Fujisaka 等（2010）构建了一个城市特质分析系统,利用 Twitter 数据发现城市人群的聚集和离散模式,发现城市中的突发事件以及现象。Sasahara 等（2013）以日本东京为例,挖掘城市内部不同区域中 Tweet 签到的日发布规律,探测签到点的突然增加所可能反映的突发事件及其所引起的人群活动。Mitchell 等（2013）收集了美国不同州的 Twitter 签到数据,通过分析其文本中的情感词汇,揭示了不同区域人群的活动以及情感状态。Wang 等（2016b）收集了北京市所发布的新浪微博签到数据,分析不同区域的人群活动模式,依据模式对区域进行分类,从而识别城市中的功能区。Jiang 等（2015）利用新浪微博签到数据,建立了城市不同区域人群活动强度与空气质量之间的联系,运用机器学习的方法推测不同区域的空气质量。Tu 等（2017）通过社交媒体数据对城市内部功能区与人群活动之间的关系进行分析,实现对城市功能区的推测。

2. 灾害应急

通过挖掘灾害发生时签到数据的空间分布,可以有效地发现人群在受灾时的活动规律,从而利用人群的活动反映灾害应急等相关信息。王艳东等(2016)利用新浪微博签到数据探索北京暴雨事件中城市人群的空间聚集模式,挖掘北京市受灾严重的区域。除此之外,根据不同用户所发布的新浪微博文本信息,对微博进行主题提取,挖掘可以反映灾害状况的信息。Yates 等(2011)与 Sakaki 等(2010)利用地震发生时所发布的 Twitter 签到数据,探究台风发生人群的非正常分布。在人群分布模式分析的基础上,预测不同区域地震的严重程度。Bakillah 等(2015)以台风"海燕"为例,通过对 Twitter 签到数据文本的挖掘,将签到数据分成不同主题类别,分析不同主题的空间分布变化,发现台风来袭时人群的移动规律。Joshua 等(2013)探讨了火灾发生时,人群移动模式与火灾蔓延趋势之间的关系,并且提取了可以真实反映火灾灾情的信息。除了自然灾害,社交媒体也被应用于监测流感爆发等突发事件。Nagel 等(2013)收集了美国不同州所发布的文本中包含"流感(influenza)"等关键词的 Twitter 数据,分析了 Twitter 的周发布量与医院所公布的流感患病率之间的关系,并且用 Twitter 的发布量预测将来的患病率。徐敬海等(2015)基于位置微博数据开展地震灾情的提取工作,实现了点集位置微博灾情向面状灾情信息的转化,以云南永善地震为实例,展示了位置微博在地震灾情提取与分析中有好的应用前景。

3. 商圈界定

目前,社交媒体签到数据已经开始被逐渐应用于顾客群体的空间分布规律分析,并且依据规律为商业设施界定商圈。商圈指的是"一个包含一些潜在顾客的地理范围,这些潜在的顾客去一个给定的商业设施或者商业区域购物的概率大于零"(Huff et al.,1964)。研究发现一个商业设施顾客群体的空间分布基本上是服从重力分布的。Wang 等(2016)利用新浪微博数据评估顾客对不同商业影响因素的敏感参数,计算不同的商业区所占市场份额,揭示了不同商业区之间的竞争关系。Qu 等(2013)收集了 2012 年所发布的带有位置信息的 Foursquare 数据,以每个社交媒体用户作为样本对象,然后基于这些样本为一些特定的商业设施提取其顾客群体频繁活动的区域,从而界定商圈。胡庆武等(2014)利用社交网站签到数据探测一些大型商业设施的商圈,评估商业设施所占市场份额,揭示了所探测的商圈与城市规划的商圈之间的相关关系。

3.2.5　视频数据

智能化视频监控的应用已经成为城市中一种非常重要的安全保障手段。智能视频监控是指在不需要人观察的情况下,使用计算机视觉技术对视频进行处理,从而自动对视频中发生的一些行为进行分析,即能及时对场景中的行人或行为进行检测、跟踪、识别并能对存在的异常行为进行及时地报警,给协助监控职员提供高效精确的信息,从而降低更多安全事故的发生。

随着视频监控设备的广泛部署、大容量存储设备成本降低,由视频监控所获得的数据容量呈几何级数增长。人工处理这些监控数据已经无法满足现实需求,一方面,对这些监控图像进行监视需要付出越来越多的人力成本,数据的数量和复杂性甚至可能超出人力的处理范围,且人工进行长时间监控,可能导致监控者视觉疲劳,注意力下降,降低监控的准确率和效率,甚至出现错报漏报;另一方面,海量数据中蕴藏着丰富的人群、车辆运动和其他行为信息,其意义已经远远超出了原有的安保工作范畴,具有更大的价值。传统视频监控大多侧重于目标检测和跟踪,从而得到运行目标的轨迹。近年来,人们对于视频监控轨迹的行为分析逐渐展开研究,通过对轨迹分类可以实现运动模式学习和异常行为检测等多方面的应用(Morris et al.,2008a,2008b)。表 3.2 总结了视频监控轨迹数据的分析应用情况。

表 3.2　视频轨迹分析应用研究

应用类型	参考文献	描述
室内人群	Brandle et al.,2006;Naftel et al.,2006a,2006b;Xiang et al.,2005;Brand et al.,2000;Morris et al.,2000	在办公室、实验室和走廊里行走,轨迹受到场景(例如:走廊、入口)的很大影响
室外人群	Robertson et al.,2006,2005;Makris et al.,2005,2002;Bird et al.,2005;Biliotti et al.,2005;Boiman et al.,2005;Yan et al.,2005;Junejo et al.,2004;Hu et al.,2004c;Stauffer et al.,2000;Sumpter et al.,2000;Johnson et al.,1995	沿着人行道或者其他道路的运动,由于室外的障碍物相比于室内较少,室外人群活动限制也较小
停车场	Remagnino et al.,2004;Jiao et al.,2004;Owens et al.,2000;Morris et al.,2000	分析停车场是为了检测可疑的驾驶模式和车辆周边可疑的人
交通	Wang et al.,2007;Hu et al.,2007,2006,2004b;Melo et al.,2006;Li et al.,2006;Hsieh et al.,2006;Kumar et al.,2005;Messelodi et al.,2005;Kamijo et al.,2005b;Schoepflin et al.,2003;Veeraraghavan et al.,2003;Brand et al.,2000;Stauffer et al.,2000;Jung et al.,1999	研究高速公路的流量和拥挤状况、交叉口 OD 映射和摄像机校正
人机交互	Saunier et al.,2007;Park et al.,2007,2004;Chan 2006;Robertson et al.,2006;Atev et al.,2005a,2005b;Kumar et al.,2005;Hu et al.,2004a;Kamijo et al.,2000	分析多个对象(人/车)如何在某个场景下进行交互,常见的分析包括描述人与人之间会面的特征,评估人和车接近时的危险,交叉路口的冲突分析以及威胁监测

视频监控数据最常应用于异常行为检测,国内外许多研究人员都在努力探索如何有效检测视频数据中的异常事件。在国外,针对异常事件检测的各类系统已被各个高校或机构广泛研究,比如:美国国防高级研究项目署设立了以卡内基梅隆大学为首联合美国十几所高等院校和科研机构参加的视频监控重大项目(video surveillance and monitoring,

VSAM)(Collins et al.,2000),该项目主要利用视频理解和网络通信相关技术实现对未来城市或者战场的自动监控,以检测视频监控系统中的相关异常事件。针对机场的安全监控需求,IBM 研究中心开发了 IBM S3 智能视频系统(Shu et al.,2005),应对机场可能发生的多种危险情况,该系统利用在一个通用的框架下嵌入多个独立事件分析和处理技术来处理相关事件。在欧洲,欧盟长期研究项目(European Union Long Term Research,EULTR)资助比利时、法国等国家的著名高校和研究机构,为警察、法庭等司法机关提供基于图像处理的视频监控系统的联合研究。另外,欧盟信息社会技术(information society technologies,IST)的程序委员会也在 1999 年开始设立了视频监控和检索的重大项目(annotated digital video for surveillance and optimized retrieval,ADVISOR),旨在开发监控系统来有效管理公共交通系统,从而缓解城市交通压力,它里面包括了相关的交通异常事件处理模块。在我国,也有不少研究人员对视频中异常事件检测研究进行了广泛而深入的研究:如人群异常行为检测(曹艺华 等,2012;王传旭 等,2012;Cho et al.,2012;Ren et al.,2012;Wang et al.,2012)、人体异常行为检测(王乔 等,2012;朱旭东 等,2012;郭迎春 等,2012;李晓东 等,2012;Cui et al.,2012;吴艳萍 等,2010)、交通异常事件检测(Yuan et al.,2011)等。中国科学院自动化研究所在相关研究领域取得了重大进展,自动化研究所生物识别与安全技术研究中心研究开发的 CSBR 智能视频监控系统就是其中的代表。该系统主要功能包括:人和车辆的多目标检测、跟踪和分类,以及目标异常行为的识别与报警、人体异常动作识别报警、异常的物体滞留或丢失检测等。可见,目前异常事件检测技术在国内外智能监控系统中具有广泛的应用。

3.2.6　其他数据

　　传统的居民出行调查数据也常被应用于研究城市人群活动,如:曹小曙等(2011)以广州市的出行问卷调查为基础,分析了不同因素对于群体活动的复杂作用机制,并且预测了群体的活动频繁区域。北京大学文婧等(2012)在千余份问卷调查的基础上,对北京市不同区域的人群进行了交通方式、出行距离、时间、效率等特征比较,揭示了人群活动的内在规律。罗典等(2010)以广州为例,开展了城市空间发展对人群活动特征的影响研究,解析了城市空间发展对人群出行率、出行方式、出行距离等出行特征的影响机制。陈俊勋等(2008)在城市居民出行调查的基础上,研究城市人群活动特征,挖掘人群活动规律性,同时对公交服务的时空范围以及不同区域的人群活动需求状况进行了研究。李峥嵘等(1999)以大连市为例,研究城市内人群在不同时间范围内的活动规律,并引入时间地理学方法描绘了群体活动模式。

　　此外,一些时间、空间分辨率更为粗糙的数据,例如货币流通跟踪数据,也被用来研究人类运动。Brockmann 等(2006)分析来自货币流通跟踪网站的货币流通数据,该网站用户通过注册票据信息可以记录他们花费的钞票,数据包括序列号、时间戳和当地邮政编码等信息,其中每一张钞票都有唯一标识号码,所以钞票的流动可以看做是人的移动。通过对美国 464 670 条钞票运动轨迹的分析,他们得出结论:人的移动行为遵循一种随机游走过程,位移之间伴随着无标度跳跃。类似的实证研究进一步验证了人类出行的无标度规律（Brockmann et al.，2008）。Brockmann 和同事为研究美国的行政边界提出了一个分析框架（Brockmann，2010）。他们利用人的移动性和互动性来量化和评估有效的领土边界，并将其与传统重力模型框架进行比较，其发现可能会影响人们对由人类移动性驱动的现象的认识。然而，Brockmann 等所用的数据源遭到 Shlesinger（2006）的质疑：他认为钞票跟踪系统是具有偏差的，钞票流动的重要细节可能被记录忽略。这一系列的研究有助于人的出行行为的研究，并启发人类对人的运动轨迹数据的探索。

3.3　本章小结

　　本章为揭示城市人群活动轨迹数据在挖掘城市人群活动理论和应用上的进展，对城市人群活动轨迹数据的类型、特征、研究与应用进行了详细的阐述。当前常用的移动定位数据主要来自于人类的移动、交通运输工具的移动、动物的移动和某些自然现象的移动，这其中人的移动定位数据和交通工具的移动定位数据组成了城市人群活动轨迹数据，根据其采样方式和触发类型将其分为被动方式记录的人群活动轨迹数据和主动方式记录的人群活动轨迹数据。这两类数据具有各自的优缺点，以后的研究工作可以考虑综合两类数据的特点，数据融合后进行相关的人群活动研究。近年来，典型的、常用于城市人群活动研究的城市人群活动轨迹数据主要有：手机数据、交通智能卡数据、车载 GPS 数据、社交媒体签到数据、视频数据以及其他的一些数据。本章主要内容是对这些类型的城市人群轨迹数据的研究现状与应用进行详细的阐述，对城市人群活动轨迹数据的研究仍然存在许多基础问题尚未解决，期望能提供一定的参考。

参 考 文 献

曹小曙，林强，2011. 基于结构方程模型的广州城市社区居民出行行为. 地理学报，66（2）：167-177.

曹艺华，杨华，李传志，2012. 基于时空 LBP 加权社会力模型的人群异常检测. 电视技术，36（21）：145-148.

陈俊励，2008. 城市居民公交出行特征研究. 北京：北京交通大学.

郭迎春，吴鹏，袁浩杰，2012. 基于自投影和灰度检索的视频帧中异常行为检测. 数据采集与处理，27（5）：612-619.

方志祥，倪雅倩，张韬，等，2017a. 利用终端位置时空转移概率预测通信基站服务用户规模. 地球信息科学学报，19（6）：772-781.

方志祥，于冲，张韬，等，2017b. 手机用户上网时段的混合 Markov 预测方法. 地球信息科学学报，19（8）：1019-1025.

胡庆武，王明，李清泉，2014. 利用位置签到数据探索城市热点与商圈. 测绘学报，43（3）：314-321.

李晓东，凌捷，2012. 基于视频监控参考量的异常行为检测研究. 计算机技术与发展，22（9）：239-242.

李峥嵘，柴彦威，1999. 大连城市居民周末休闲时间的利用特征. 经济地理，19（5）：80-84.

罗典，甘勇华，2010 城市空间发展对居民出行特征的影响研究：以广州为例. 交通与运输（学术版）（H07）：11-14.

宋晓晴,方志祥,尹凌,等,2016.一种基于 IC 卡综合换乘信息的公交乘客上车站点推算方法.地球信息科学学报,18(8):1060-1068.

王乔,雷航,郝宗波,2012.基于整体能量模型的异常行为检测.计算机应用研究,29(12):4782-4785.

王传旭,董晨晨,2012.基于时空特征点的群体异常行为检测算法.数据采集与处理,27(4):422-428.

王艳东,李昊,王腾,等,2016.基于社交媒体的突发事件应急信息挖掘与分析.武汉大学学报(信息科学版),41(3):290-297.

文婧,王星,连欣,2012.北京市居民通勤特征研究:基于千余份问卷调查的分析.人文地理,27(5):62-68.

吴艳萍,崔宇,胡士强,等,2010.基于运动图像序列的异常行为检测.计算机应用研究,27(7):2741-2744.

徐敬海,褚俊秀,聂高众,等 2015.基于位置微博的地震灾情提取.自然灾害学报(5):12-18.

杨喜平,方志祥,萧世伦,等,2017.顾及手机基站分布的核密度估计城市人群时空停留分布.武汉大学学报(信息科学版),42(1):49-55.

张希瑞,方志祥,李清泉,等 2015.基于浮动车数据的城市道路通行能力时空特征分析.地球信息科学学报,17(3):336-343.

朱旭东,刘志镜,2012.基于主题隐马尔科夫模型的人体异常行为识别.计算机科学,39(3):251-255.

周洋,方志祥,李清泉,等,2016.基于经验约束规则和证据理论的出租车异常轨迹检测,武汉大学学报(信息科学版),41(6):797-802.

Agard B,Morency C,Trépanier M,2006. Mining public transport user behaviour from smart card data. IFAC Proceedings Volumes,39(3):399-404.

Asakura Y,Hato E,2004. Tracking survey for individual travel behaviour using mobile communication instruments. Transp. Res. Part C:Emerging Technol,12(3/4):273-291.

Asakura Y,Iryo T,2007. Analysis of tourist behaviour based on the tracking data collected using a mobile communication instrument. Transportation Research Part A Policy & Practice,41(7):684-690.

Atev S,Arumugam H,Masoud O,et al.,2005a. A vision-based approach to collision prediction at traffic intersections. IEEE Transactions on Intelligent Transportation Systems,6(4):416-423.

Atev S,Masoud O,Janardan R,et al.,2005b. A Collision Prediction System for Traffic Intersections// 2005 IEEE/RSJ International Conference on Intelligent Robots and Systems. Piscataway,New York: IEEE:169-174.

Bagchi M,White P R,2005. The potential of public transport smart card data. Transp. Policy,12(5):464-474.

Bakillah M,Li R Y,Liang S H L,2015. Geo-located community detection in Twitter with enhanced fast-greedy optimization of modularity:the case study of typhoon Haiyan. International Journal of Geographical Information Science,29(2):258-279.

Biliotti D,Antonini G,Thiran J P,2005. Multi-Layer Hierarchical Clustering of Pedestrian Trajectories for Automatic Counting of People in Video Sequences//Application of Computer Vision,2005. WACV/ MOTIONS'05 Volume 1. Seventh IEEE Workshops on. Piscataway,New York:IEEE:2:50-57.

Bird N D,Masoud O,Papanikolopoulos N P,et al.,2005. Detection of loitering individuals in public transportation areas. IEEE Transactions on intelligent transportation systems,6(2):167-177.

Boiman O,Irani M,2005. Detecting Irregularities in Images and in Video//Computer Vision,2005. ICCV 2005. Tenth IEEE International Conference on. Piscataway,New York:IEEE:1:462-469.

Brand M,Kettnaker V,2000. Discovery and segmentation of activities in video. IEEE Transactions on Pattern Analysis and Machine Intelligence,22(8):844-851.

Brandle N,Bauer D,Seer S,2006. Track-Based Finding of Stopping Pedestrians-a Practical Approach for Analyzing A Public Infrastructure//Intelligent Transportation Systems Conference,2006. ITSC'06. IEEE. Piscataway,New York:IEEE:115-120.

Brockmann D,2010. Communities,boundaries and symmetries-hidden structures in multi-scale human mobilty networks. APS March Meeting Abstracts.

Brockmann D,Hufnagel L,Geisel T,2006. The scaling laws of human travel. Nature,439(7075):462-465.

Brockmann D,Theis F,2008. Money circulation,trackable items,and the emergence of universal human mobility patterns. IEEE Pervasive Computing,7(4):28-35.

Calabrese F,Colonna M,Lovisolo P,et al.,2011a. Real-time urban monitoring using cell phones:a case study in rome. IEEE Trans. Intell. Transp. Syst,12(1):141-151.

Calabrese F,Lorenzo G D,Liang L,et al.,2011b. Estimating origindestination flows using mobile phone location data. IEEE. Pervasive Comput,10(4):36-44.

Candia J,González M C,Wang P,et al.,2007. Uncovering individual and collective human dynamics from mobile phone records. Physics,41(22):1441-1446.

Chan C Y,2006. Defining Safety Performance Measures of Driver-Assistance Systems for Intersection Left-Turn Conflicts//Intelligent Vehicles Symposium,2006 IEEE. Piscataway,New York:IEEE:25-30.

Chapleau R,Chu K K A,2007. Modeling Transit Travel Patterns From Location-Stamped Smart Card Data Using a Disaggregate Approach//11th World Conference on Transport Research,Berkeley:USA.

Cheng Z,Caverlee J,Lee K,et al.,2011. Exploring millions of footprints in location sharing services ICWSM:81-88.

Cho S H,Kang H B,2012. Integrated Multiple Behavior Models for Abnormal Crowd Behavior Detection//Image Analysis and Interpretation(SSIAI),2012 IEEE Southwest Symposium on. Piscataway,New York:IEEE:113-116.

Chu KK A,Chapleau R,2008. Enriching archived smart card transaction data for transit demand modeling. Transp. Res. Rec. :J. Transp. Res. Board. ,2063(2063):63-72.

Clements M,Serdyukov P,De Vries A P,et al.,2010. Using Flickr Geotags to Predict User Travel Behavior//Proceedings of the 33rd international ACM SIGIR conference on Research and development in information retrieval. New York:ACM:851-852.

Collins R T,Lipton A J,Kanade T,et al.,2000. A system for video surveillance and monitoring. VSAM final report. Carnegie Mellon University:Technical Report CMU.

Crandall D J,Backstrom L,Huttenlocher D,et al.,2009. Mapping the World's Photos//Proceedings of the 18th international conference on World wide web. New York:ACM:761-770.

Cui P，Wang F，Sun L F，et al.，2012. A matrix-based approach to unsupervised human action categorization. IEEE Transactions on Multimedia，14(1)：102-110.

Eagle N，Sandy A，Pentland Y，et al.，2009. Eigenbehaviors：identifying structure in routine. Behav. Ecol. Sociobiol，63(11)：1689.

Fang Z，Yang X，Xu Y，et al.，2017. Spatiotemporal model for assessing the stability of urban human convergence and divergence patterns. International Journal of Geographical Information Science，1-23.

Friedrich M，Immisch K，Jehlicka P，et al.，2010. Generating origin-destination matrices from mobile phone trajectories. Transp. Res. Rec. ：J. Transp. Res. Board，2196(1)：93-101.

Gao S，Liu Y，Wang Y，et al.，2013. Discovering spatial interaction communities from mobile phone data. Transactions in Gis，17(3)：463-481.

Gong Y，Liu Y，Lin Y，et al.，2012. Exploring Spatiotemporal Characteristics of Intra-Urban Trips Using Metro Smartcard Records//Geoinformatics （GEOINFORMATICS），2012 20th International Conference on. Piscataway，New York：IEEE：1-7.

González M C，Hidalgo C A，Barabási A L，et al.，2008. Understanding individual human mobility patterns. Nature，453(7196)：779-782.

Hofmann M，Wilson S，White P，2009. Automated Identification of Linked Trips at Trip Level Using Electronic Fare Collection Data//Transportation Research Board 88th Annual Meeting，Washington DC.

Hsieh J W，Yu S H，Chen Y S，et al.，2006. Automatic traffic surveillance system for vehicle tracking and classification. IEEE Transactions on Intelligent Transportation Systems，7(2)：175-187.

Hu W，Xiao X，Xie D，et al.，2004a. Traffic accident prediction using 3-D model-based vehicle tracking. IEEE Transactions on Vehicular Technology，53(3)：677-694.

Hu W，Xie D，Tan T，et al.，2004b. Learning activity patterns using fuzzy self-organizing neural network. IEEE Transactions on Systems，Man，and Cybernetics，Part B （Cybernetics），34(3)：1618-1626.

Hu W，Xie D，Tan T，2004c. A hierarchical self-organizing approach for learning the patterns of motion trajectories. IEEE Transactions on Neural Networks，15(1)：135-144.

Hu W，Xiao X，Fu Z，et al.，2006. A system for learning statistical motion patterns. IEEE transactions on pattern analysis and machine intelligence，28(9)：1450-1464.

Hu W，Xie D，Fu Z，et al.，2007. Semantic-based surveillance video retrieval. IEEE Transactions on image processing，16(4)：1168-1181.

Huang L，Li Q，Yue Y，2010. Activity Identification from GPS Trajectories Using Spatial Temporal POIs' Attractiveness//Proceedings of the 2nd ACM SIGSPATIAL International Workshop on location based social networks. New York：ACM：27-30.

Huff D L，1964. Defining and estimating a trading area. The Journal of Marketing，28(28)：34-38.

Isaacman S，Becker R，Kobourov S，et al.，2010. A Tale Of Two Cities//Eleventh Workshop on Mobile Computing Systems & Applications. New York：ACM：19-24.

Jiang B，Yin JJ，Zhao S J，2009. Characterizing the human mobility pattern in a large street network. Physical Review E，80(2)：021136.

Jiang S,Fiore G A,Yang Y,et al.,2013. A Review of Urban Computing for Mobile Phone Traces:Current Methods, Challenges and Opportunities//ACM SIGKDD International Workshop on Urban Computing. New York:ACM:1-9.

Jiang W,Wang Y,Tsou M H,et al.,2015. Using social media to detect outdoor air pollution and monitor air quality index(AQI):a geo-targeted spatiotemporal analysis framework with sina weibo(Chinese Twitter). Plos One,10(10):e0141185.

Jiao L,Wu Y,Wu G,et al.,2004. Anatomy of a multicamera video surveillance system. ACM Multimedia systems,10(2):144-163.

Johnson N,Hogg D,1995. Learning the distribution of object trajectories for event recognition. Image and Vision computing,14(8):609-615.

Joshua D K,Henry T C J,2013. Spatial patterns and demographic indicators of effective social media content during the Horsethief Canyon fire of 2012. Cartography and Geographic Information Science,40(2):78-89.

Junejo I N,Javed O,Shah M,2004. Multi Feature Path Modeling for Video Surveillance//Pattern Recognition,2004. ICPR 2004. Proceedings of the 17th International Conference on. Piscataway,New York:IEEE:2:716-719.

Jung Y K,Ho Y S,1999. Traffic Parameter Extraction Using Video-based Vehicle Tracking//Intelligent Transportation Systems,1999. Proceedings,1999 IEEE/IEEJ/JSAI International Conference on. Piscataway,New York:IEEE:764-769.

Kamijo S,Koo H,Liu X,et al.,2005. Development And Evaluation Of Real-Time Video Surveillance System On Highway Based On Semantic Hierarchy And Decision Surface//Systems,Man and Cybernetics,2005 IEEE International Conference on. Piscataway,New York:IEEE:1:840-846.

Kamijo S,Matsushita Y,Ikeuchi K,et al.,2000. Traffic monitoring and accident detection at intersections. IEEE transactions on Intelligent transportation systems,1(2):108-118.

Kang C G,Ma X J,Tong D Q,et al.,2012. Intra-urban human mobility patterns:an urban morphology perspective. Phys. A-Stat. Mech. Appl. ,391(4):1702-1717.

Kumar P,Ranganath S,Weimin H,et al.,2005. Framework for real-time behavior interpretation from traffic video. IEEE Transactions on Intelligent Transportation Systems,6(1):43-53.

Lee K,Hong S,Kim S J,et al.,2009. Slaw:A New Mobility Model for Human Walks//INFOCOM 2009,IEEE. Piscataway,New York:IEEE:855-863.

Li L,Goodchild M F,Xu B,2013. Spatial,temporal,and socioeconomic patterns in the use of Twitter and Flickr. cartography and geographic information science,40(2):61-77.

Li X,Hu W,Hu W,2006. A Coarse-to-Fine Strategy for Vehicle Motion Trajectory Clustering//Pattern Recognition,2006. ICPR 2006. 18th International Conference on. Piscataway,New York:IEEE:1:591-594.

Liang X,Zheng X D,Lv W F,et al.,2012a. The scaling of human mobility by taxis is exponential. Physica A,391(5):2135-2144.

Liang X,Zhao J C,Li D,et al.,2012b. Modeling collective human mobility:understanding exponential law of intra-urban movement. ArXiv e-prints,1212,6331.

Liu Y，Kang C G，Gao S，et al.，2012. Understanding intra-urban trip patterns from taxi trajectory data. J. Geogr. Syst.，14(4)：463-483.

Makris D，Ellis T，2002. Path detection in video surveillance. Image and Vision Computing，20(12)：895-903.

Makris D，Ellis T，2005. Learning semantic scene models from observing activity in visual surveillance. IEEE Transactions on Systems，Man，and Cybernetics，Part B (Cybernetics)，35(3)：397-408.

Malleson N，Mark B，2012. Estimating Individual Behaviour from Massive Social Data for an Urban Agent-Based Model//8th Conference of the European Social Simulation Association，Berlin：Lit Verlag：23-29.

Mariko U，Attanucci J，Wilson N，2006. Potential uses of transit smart card registration and transaction data to improve transit planning. Transp. Res. Rec.：J. Transp. Res. Board.，1971(1)：119-126.

Melo J，Naftel A，Bernardino A，et al.，2006. Detection and classification of highway lanes using vehicle motion trajectories. IEEE Transactions on intelligent transportation systems，7(2)：188-200.

Messelodi S，Modena C M，Zanin M，2005. A computer vision system for the detection and classification of vehicles at urban road intersections. Pattern Analysis & Applications，8(1)：17-31.

Mitchell L，Frank M R，Harris K D，et al.，2013. The geography of happiness：connecting twitter sentiment and expression，demographics，and objective characteristics of place. Plos One，8(5)：e64417.

Morency C，Trépanier M，Agard B，2006. Analysing the Variability of Transit Users behaviour with Smart Card Data//Intelligent Transportation Systems Conference，2006. ITSC'06. IEEE. Piscataway，New York：IEEE：44-49.

Morency C，Trépanier M，Agard B，2007. Measuring transit use variability with smart-card data. Transport Policy，14(3)：193-203.

Morris B T，Trivedi M M，2008a. A survey of vision-based trajectory learning and analysis for surveillance. Circuits and Systems for Video Technology. IEEE Transactions on，18(8)：1114-1127.

Morris B T，Trivedi M M，2008b. Learning and Classification of Trajectories in Dynamic Scenes：a General Framework for Live Video Analysis//Advanced Video and Signal Based Surveillance，2008. AVSS'08. IEEE Fifth International Conference on. Piscataway，New York：IEEE：154-161.

Morris R J，Hogg D C，2000. Statistical models of object interaction. International Journal of Computer Vision，37(2)：209-215.

Naftel A，Khalid S，2006a. Classifying spatiotemporal object trajectories using unsupervised learning in the coefficient feature space. Multimedia Systems，12(3)：227-238.

Naftel A，Khalid S，2006b. Motion Trajectory Learning in the DFT-Coefficient Feature Space//Computer Vision Systems，2006 ICVS'06. IEEE International Conference on. Piscataway，New York：IEEE：47.

Nagel A C，Tsou M H，Spitzberg B H，et al.，2013. The Complex relationship of realspace events and messages in cyberspace：case study of influenza and pertussis using tweets. Journal of Medical Internet Research，15(10)：e237-e237.

Noulas A，Mascolo C，Frias-Martinez E，2013. Exploiting Foursquare and Cellular Data to Infer User Activity in Urban Environments//Mobile Data Management (MDM)，2013 IEEE 14th International

Conference on. Piscataway，New York：IEEE：1：167-176.

Noulas A，Scellato S，Mascolo C，et al.，2011. An empirical study of geographic user activity patterns in foursquare. ICwSM，11：70-573.

Noulas A，Scellato S，Lambiotte R，et al.，2012. A tale of many cities：universal patterns in human urban mobility. PloS one，7(5)：e37027.

Owens J，Hunter A，2000. Application of the Self-Organising Map to Trajectory Classification//Visual Surveillance，2000. Proceedings. Third IEEE International Workshop on. Piscataway，New York：IEEE：77-83.

Palma A T，Bogorny V，Kuijpers B，et al.，2008. A Clustering-Based Approach for Discovering Interesting Places in Trajectories//ACM Symposium on Applied Computing. New York：ACM：863-868.

Park S，Aggarwal J K，2004. A hierarchical Bayesian network for event recognition of human actions and interactions. Multimedia systems，10(2)：164-179.

Park S，Trivedi M M，2007. Multi－person interaction and activity analysis：a synergistic track-and body-level analysis framework. Machine Vision and Applications，18(3)：151-166.

Pearson D，2001. Global Positioning System（GPS）and Travel Surveys：Results from the 1997 Austin Household Survey//Eighth Conference on the Application of Transportation Planning Methods，Corpus Christi，Texas.

Pelletier M P，Trépanier M，Morency C，2011. Smart card data use in public transit：a literature review. Transportation Research Part C Emerging Technologies，19(4)：557-568.

Qu Y，Zhang J，2013. Trade Area Analysis Using User Generated Mobile Location Data//Proceedings of the 22nd international conference on World Wide Web. New York：ACM：1053-1064.

Quiroga C A，Bullock D，1998. Travel time studies with global positioning and geographic information systems：an integrated methodology. Transportation Research Part C：Emerging Technologies，6(1)：101-127.

Ratti C，Pulselli R M，Williams S，et al.，2006. Mobile landscapes：using location data from cell phones for urban analysis. Environ. Plann. B：Plann，Des，33(5)：727-748.

Remagnino P，Shihab A I，Jones G A，2004. Distributed intelligence for multi-camera visual surveillance. Pattern recognition，37(4)：675-689.

Ren W Y，Li G H，Chen J，et al.，2012. Abnormal Crowd Behavior Detection Using Behavior Entropy Model//2012 International Conference on Wavelet Analysis and Pattern Recognition（ICWAPR）. Piscataway，New York：IEEE：212-221.

Rhee I，Shin M，Hong S，et al.，2011. On the levy-walk nature of human mobility. IEEE/ACM transactions on networking（TON），19(3)：630-643.

Robertson N，Reid I，2005. Behaviour Understanding In Video：A Combined Method//Computer Vision，2005. ICCV 2005. Tenth IEEE International Conference on. Piscataway，New York：IEEE：1：808-815.

Robertson N，Reid I，Brady M，2006. Behavior Recognition and Explanation for Video Surveillance//IET Conference on Crime and Security，458-463.

Roth C，Kang S M，Batty M，et al.，2011. Structure of urban movements：polycentric activity and entangled hierarchical flows. PloS one,6(1):e15923.

Sadilek A,Krumm J,2012. Far Out:Predicting Long-Term Human Mobility//26th AAAI Conference on Artificial Intelligence.

Sakaki T,Okazaki M,Matsuo Y,2010. Earthquake Shakes Twitter Users:Real-Time Event Detection by Social Sensors//Proceedings of the 19th international conference on World wide web. New York:ACM:851-860.

Sasahara K,Hirata Y,Toyoda M,et al.,2013. Correction:quantifying collective attention from tweetStream. Plos One,8(4):e61823.

Saunier N,Sayed T,Lim C,2007. Probabilistic Collision Prediction for Vision-Based Automated Road Safety Analysis//Intelligent Transportation Systems Conference,2007. ITSC 2007. IEEE. Piscataway,New York:IEEE:872-878.

Schoepflin T N,Dailey D J,2003. Dynamic camera calibration of roadside traffic management cameras for vehicle speed estimation. IEEE Transactions on Intelligent Transportation Systems,4(2):90-98.

Seaborn C,Attanucci J P,Wilson N H M,2009. Using smart card fare payment data to analyze multi-modal public transport journeys in London. Transportation Research Board of the National Academies.

Shlesinger M F,2006. Random walks:follow the money. Nat. Phys.,2(2):69-70.

Shaw S L,Yu H,Bombom L,2008. A space-time GIS approach to exploring large individual-based spatiotemporal datasets. Transactions in GIS,12(4):425-441.

Shaw S L,Tsou M H,Ye X,2016. Editorial:human dynamics in the mobile and big data era. International Journal of Geographical Information Science,30(9):1687-1693.

Shu C F,Hampapur A,2005. IBM Smart Surveillance System (S3):an Open and Extensible Architecture for Smart Video Surveillance//IEEE Conference on Advanced Video and Signal Based Surveillance. Como,Italy,318-323.

Simini F,González M C,Maritan A,et al.,2012. A universal model for mobility and migration patterns. Nature,484(7392):96.

Sohn T,Varshavsky A,Lamarca A,et al.,2006. Mobility Detection Using Everyday CSM trace//UBICOMP 2006:Ubiquitous Computing,International Conference,UBICOMP 2006. Berlin,Heidelberg:Springer:212-224.

Song C,Koren T,Wang P,et al.,2010. Modelling the scaling properties of human mobility. Nat. Phys,6(10):818-823.

Stauffer C,Grimson W E L,2000. Learning patterns of activity using real-time tracking. IEEE Transactions on pattern analysis and machine intelligence,22(8):747-757.

Sumpter N,Bulpitt A,2000. Learning spatio-temporal patterns for predicting object behaviour. Image and Vision Computing,18(9):697-704.

Tobler W R,1970. A computer movie simulating urban growth in the detroit region. Economic geography,46(sup1):234-240.

Tu W,Cao J,Yue Y,et al.,2017. Coupling mobile phone and social media data:a new approach to understanding urban functions and diurnal patterns. International Journal of Geographical

Information Science(4):1-28.

Utsunomiya M，Attanucci J，Wilson N H，2006. Potential uses of transit smart card registration and transaction data to improve transit planning. Transportation Research Record Journal of the Transportation Research Board，1971(1):119-126.

Veeraraghavan H，Masoud O，Papanikolopoulos N P，2003. Computer vision algorithms for intersection monitoring. IEEE Transactions on Intelligent Transportation Systems，4(2):78-89.

Wang L，Dong M，2012. Real-Time Detection of Abnormal Crowd Behavior Using a Matrix Approximation-Based Approach//Image Processing （ICIP），2012 19th IEEE International Conference on. Piscataway，New York:IEEE:2701-2704.

Wang X，Ma X，Grimson E，2007. Unsupervised Activity Perception by Hierarchical Bayesian Models// Computer Vision and Pattern Recognition，2007. CVPR'07. IEEE Conference on. Piscataway，New York:IEEE:1-8.

Wang Y，Jiang W，Liu S，2016. Evaluating trade areas using social media data with a calibrated Huffmodel. ISPRS International Journal of Geo-information，5(7):112.

Wang Y，Wang T，Tsou M H，et al.，2016. Mapping dynamic urban land use patterns with crowdsourced geo-tagged social media（Sina-Weibo）and commercial points of interest Collections in Beijing，China. Sustainability，8(11):1202.

Wang Y，Zhu Y M，He Z，et al.，2011. Challenges and opportunities in exploiting large-scale GPS probe data. HP Laboratories，Technical Report HPL-2011-109，21.

Wolf J，Guensler R，Bachman W，2001. Elimination of the travel diary:experiment to derive trip purpose from global positioning system travel data. Transp. Res. Rec.:J. Transp. Res. Board，1768（1）:125-134.

Xiang T，Gong S，2005. Video Behaviour Profiling and Abnormality Detection without Manual Labelling// Computer Vision，2005. ICCV 2005. Tenth IEEE International Conference on. Piscataway，New York:IEEE:2:1238-1245.

Xie R，Ji Y B，Yue Y，et al.，2011. Mining Individual Mobility Patterns from Mobile Phone Data// International Workshop on Trajectory Data Mining and Analysis，New York:ACM:37-44.

Xu Y，Shaw S L，Zhao Z，et al.，2015. Understanding aggregate human mobility patterns using passive mobile phone location data-a home-based approach. Transportation，42(4):625-646 .

Xu Y，Shaw S L，Zhao Z，et al.，2016. Another tale of two cities-understanding human activity space using actively tracked cellphone location data. Annals of the Association of American Geographers，106（2）:489-502 .

Yan W，Forsyth D A，2005. Learning the Behavior of Users in a Public Space Through Video Tracking // Application of Computer Vision，2005. WACV/MOTIONS'05 Volume 1. Seventh IEEE Workshops on. Piscataway，New York:IEEE:1:370-377.

Yates D，Paquette S，2011. Emergency knowledge management and social media technologies:a case study of the 2010 Haitian earthquake. International Journal of Information Management，31(1):6-13.

Yin L，Shaw S L，2015a. Exploring space-time paths in physical and social closeness spaces:a space-time GIS approach. International Journal of Geographical Information Science，22(4):409-430.

Yin L,Wang Q,Shaw S L,et al.,2015b. Re-identification risk versus data utility for aggregated mobility research using mobile phone location data. Plos One,10(10):e0140589.

Yuan J,Liu Z,Wu Y,2011. Discriminative video pattern search for efficient action detection. IEEE Transactions on Pattern Analysis and Machine Intelligence,33(9):1728-1743.

Yuan Y H,Raubal M,Liu Y,2012. Correlating mobile phone usage and travel behavior-a case study of Harbin,China. Comput. Environ. Urban Syst,36(2):118-130.

Yue Y,Wang H D,Hu B,2011. Identifying Shopping Center Attractiveness Using Taxi Trajectory Data// Proceedings of the 2011 international workshop on Trajectory data mining and analysis. New York: ACM:31-36.

Yue Y,Zhuang Y,Li Q,et al.,2009. Mining Time-Dependent Attractive Areas and Movement Patterns from Taxi Trajectory Data//Geoinformatics,2009 17th International Conference on. Piscataway,New York:IEEE:1-6.

Zhang Y,Xiao Q,Shen D,et al.,2010. Daily OD matrix estimation using cellular probe data// Transportation Research Board 89th Annual Meeting,Washington D. C.

Zhao Z,Shaw S L,Xu Y,et al.,2016. Understanding the bias of call detail records in human mobility research. International Journal of Geographical Information Science,30(9):1738-1762.

Zheng Y,Li Q,Chen Y,et al.,2008. Understanding Mobility Based on GPS Data//Proceedings of the 10th international conference on Ubiquitous computing. New York:ACM:312-321.

Zhuo Y,Fang Z,Thil J C,et al.,2015. Functionally critical locations in an urban transportation network: Identification and space-time analysis using taxi trajectories. Computers,Environment and Urban Systems,52:34-47.

第 4 章　城市人群活动轨迹数据
的适用性及隐私问题

本章首先以出租车的 GPS 轨迹数据为例,从空间定位精度、采样频率等 7 个方面构建轨迹数据的质量评价模型。以此为参照,分别从时空分辨率、语义属性以及样本代表性等角度总结典型轨迹数据在人群活动研究中的适用性。进而以手机定位数据为例,探讨轨迹数据涉及的位置隐私问题,介绍常用隐私风险量化方法,评价基于空间泛化和点集匹配两种隐私保护方法的效果,并讨论隐私保护和数据可用性之间的关系。

4.1　轨迹数据的质量评价模型

轨迹数据的质量评价是进行轨迹知识挖掘与分析应用的前提,这里介绍轨迹数据的质量评价模型。如:浮动车轨迹数据广泛应用于行程时间估计预测(Simroth et al.,2011;姜桂艳 等,2009;Yue et al.,2009;De Fabritiis et al.,2008)、交通规划(Ulm et al.,2015;Hamilton et al.,2013)、土地利用分析(鲁国珍 等,2015)等。另一方面,浮动车 GPS 轨迹数据的采集及传输受到设备、地形、天气等因素的影响,可能出现数据的丢失、错误等质量问题。浮动车数据质量的好坏直接影响着各种分析应用结果的准确性和可靠性,缺少准确可信的数据质量评价结果,对数据交换、共享和应用都有着很不利的影响(朱庆 等,2004)。因此,在浮动车数据分析应用前对其进行质量评价是很有必要的。

4.1.1　轨迹数据质量评价指标体系

为了全面地评价浮动车轨迹数据的质量状况,让数据提供方和需求方都能有效地了解浮动车数据的质量以进行数据交换共享,从浮动车数据的应用需求出发,利用定位精度(positional accuracy)、采样频率(sampling frequency)、轨迹完整度(trajectory completeness)、值域有效性(attribute validity)、行程有效性(trip validity)、覆盖度(coverage)和现势性(timeliness)共 7 个质量元素对浮动车数据进行定量化的质量评价。

定义路网 $G=(V,E)$,V 为节点集合,E 为道路边的集合,路网 G 的空间范围为(x_{min},y_{min},x_{max},y_{max}),路网最高限速为 v_{max}。浮动车数据集 DS$=\{R_1,R_2,\cdots R_j,\cdots,R_N\}$,$N$ 为浮动车数量,采集时段为 T,其中车辆 $j\in[1,N]$ 的轨迹为 $R_j=\{p_1^j,p_2^j,\cdots,p_i^j,\cdots,p_n^j\}$,$n$ 为车辆 j 的轨迹点个数。$p_i^j=(x,y,t,v,a,s)$ 是车辆 j 的第 i 个轨迹点,t 为轨迹点的记录时间,x,y,v,a,s 分别为车辆在时刻 t 的经度、纬度、速度、方向角和载客状态。

1. 定位精度

浮动车数据的定位精度表示 GPS 轨迹点偏离道路的程度。由于 GPS 设备的定位误差和数字地图的几何误差,GPS 轨迹点偏离了路网道路,利用 GPS 轨迹点偏离实际位置的距离来评价其空间定位精度。

GPS 轨迹点 p_i^j 对应的实际空间位置点为 $q_i^j=(x,y)$,则点 p_i^j 的定位精度 $\mathrm{Acc}(p_i^j)$ 用两点间的欧氏距离来表示,如式 4.1 所示。

$$\mathrm{Acc}(p_i^j)=\sqrt{(p_i^j.x-q_i^j.x)^2+(p_i^j.y-q_i^j.y)^2} \tag{4.1}$$

定义 $P(e_l)$ 为边 ID 为 $e_l\in E$ 的道路上的轨迹点集合,$P(e_l)$ 的轨迹点数量为 $|P(e_l)|$。根据每条道路上的轨迹点的定位精度可以计算道路的平均定位精度 $\mathrm{Acc}(e_l)$,如式 4.2 所示。

$$\mathrm{Acc}(e_l)=\frac{\sum\limits_{p_i^j\in P(e_l)}\mathrm{Acc}(p_i^j)}{|P(e_l)|} \tag{4.2}$$

道路的平均定位精度可以反映浮动车在不同路段上定位精度的差别。由于 GPS 定位时受到建筑遮挡、多路径效应等因素的影响,一般情况下,浮动车在两边建筑物密集的道路上定位误差较大,而在开阔的道路上的定位精度较高。

2. 采样频率

采样频率表示采集浮动车状态信息的时间间隔,浮动车一般按照固定的采样间隔记录车辆的位置和行驶状态信息,当出现设备故障或者通信问题时,实际的 GPS 轨迹点的采样间隔会变大。实际的采样频率利用连续的 2 个 GPS 点的时间差来计算:

$$\Delta t(p_i^j,p_{i+1}^j)=p_{i+1}^j.t-p_i^j.t \tag{4.3}$$

3. 轨迹完整度

轨迹完整度表示浮动车数据记录的完整程度。一方面由于浮动车数据的低采样频率,另一方面由于在数据的采集和传输过程中出现整条信息丢失造成车辆实际的采样间隔变大,导致在一些长度较短的路段上轨迹点的缺失,从而轨迹的完整性差。在车辆的轨迹完整度较低时,相邻 2 个轨迹点间可能间隔了多条道路,会有多条路径可选,对后续使用地图匹配处理来恢复车辆的实际行驶轨迹造成了困难,降低了地图匹配的精度。利用车辆轨迹中有采样点的道路数占经过的道路总数的百分比来表示浮动车数据的轨迹完整度。对于浮动车轨迹 R_j,经过的道路总数为 L_{total}^j,其中有采样点的道路数为 L_{sample}^j,轨迹 R_j 的完整度 $\mathrm{Com}(R_j)$ 为

$$\mathrm{Com}(R_j)=\frac{L_{\mathrm{sample}}^j}{L_{\mathrm{total}}^j}\times100\% \tag{4.4}$$

因此,整个浮动车数据集 DS 的轨迹完整度为

$$\mathrm{Com}(DS)=\frac{\sum\limits_{j=1}^{N}\mathrm{Com}(R_j)}{N}\times100\% \tag{4.5}$$

4. 值域有效性

值域有效性用来衡量数据中异常值的情况。浮动车数据的属性值都有各自的取值范

围,比如经纬度坐标要在路网范围内、方向角在 $0° \sim 360°$ 等。GPS 数据的各属性值的取值范围要求如下:

(1) 坐标有效性: $x \in [x_{\min}, x_{\max}]$, $y \in [y_{\min}, y_{\max}]$;

(2) 时间有效性: $t \in T$;

(3) 速度有效性: $v \in [0, v_{\max}]$;

(4) 方向角有效性: $a \in [0, 360)$;

(5) 载客状态有效性: $s \in \{0, 1\}$。

值域有效性用有效的记录数占总记录数的百分比来表示。轨迹 R_j 中的轨迹点 p_i^j 的有效性为

$$\text{ValA}(p_i^j) = \begin{cases} 1, & \text{所有属性都有效} \\ 0, & \text{其他} \end{cases} \tag{4.6}$$

因此,轨迹 R_j 的值域有效性为

$$\text{ValA}(R_j) = \frac{\sum_{i=1}^{n} \text{ValA}(p_i^j)}{n} \times 100\% \tag{4.7}$$

基于每条轨迹的值域有效性计算整个数据集 DS 的值域有效性为

$$\text{ValA}(\text{DS}) = \frac{\sum_{j=1}^{N} \text{ValA}(R_j)}{N} \times 100\% \tag{4.8}$$

5. 行程有效性

由于出租车具有载客和空载 2 种状态,因此可以将浮动车的轨迹分割成多条载客和空载的行程(trip)。定义轨迹 R_j 的第 k 条行程为

$$r_j^k = \{p_i^j, p_{i+1}^j, \cdots, p_{i+n_k-1}^j\} \tag{4.9}$$

其中: $k \in [1, m]$; m 为轨迹 R_j 中的行程数量; n_k 为行程 r_j^k 包含的轨迹点数量。轨迹 R_j 由一系列的行程组成,即 $R_j = r_j^1 \bigcup r_j^2 \bigcup \cdots \bigcup r_j^m$。定义行程 r_j^k 的载客状态属性 s,则有 $r_j^k.s = 1$ 表示 r_j^k 为载客行程,反之, $r_j^k.s = 0$ 表示空载行程。如果载客行程的时间过短,可能是由于载客状态记录的丢失或者错误,则认为该载客行程无效。

给定有效载客行程的最短时间为 t_θ,则载客行程 r_j^k 的有效性为

$$\text{ValT}(r_j^k) = \begin{cases} 1, & p_{i+n_k-1}^j.t - p_i^j.t \geqslant t_\theta \\ 0, & p_{i+n_k-1}^j.t - p_i^j.t < t_\theta \end{cases} \tag{4.10}$$

浮动车数据集 DS 的载客行程有效性为

$$\text{ValT}(\text{DS}) = \frac{\sum_{j=1}^{N}\sum_{k=1}^{m} r_j^k.s \cdot \text{ValT}(r_j^k)}{\sum_{j=1}^{N}\sum_{k=1}^{m} r_j^k.s} \times 100\% \tag{4.11}$$

6. 覆盖度

覆盖度能有效反映浮动车数据的空间分布状况。浮动车一般在高等级道路上覆盖度高,低等级道路上覆盖度低;中心城区覆盖度高,郊区覆盖度低;高峰时段覆盖度高,非高峰时段覆盖度低。

某时段内路网的覆盖度用有浮动车覆盖的道路数占道路总数的百分比来表示。在时段 $[T_1, T_2]$ 内,道路 ID 为 e_l 上的轨迹点集合为 $P(e_l)$,轨迹点的数量为 $|P(e_l)|$。要求道路上覆盖的轨迹点数量至少为 n_δ,满足该条件的道路集合 $E(n_\delta)$ 为

$$E(n_\delta) = \{e_l \mid |P(e_l)| \geqslant n_\delta, e_l \in E\} \qquad (4.12)$$

因此,要求道路上至少覆盖 n_δ 个采样点时路网的覆盖度 $\mathrm{Cov}(n_\delta)$ 为

$$\mathrm{Cov}(n_\delta) = \frac{|E(n_\delta)|}{|E|} \times 100\% \qquad (4.13)$$

其中: $|E(n_\delta)|$ 是集合 $E(n_\delta)$ 中道路的数量; $|E|$ 为路网道路总数。

7. 现势性

现势性或者时效性表示浮动车数据满足应用所规定时间的程度。对于实时交通应用,要求数据延时短,时效性要求高。例如在进行实时交通路况发布系统中,如果要求每 5 分钟一次发布路况信息,因此延迟不能超过 5 分钟。对于离线交通应用,比如可达性分析、活动分析等应用,浮动车数据时效性要求低,使用近几年的浮动车数据即可。定义浮动车数据集 DS 的现势性为

$$\mathrm{Tim}(\mathrm{DS}) = T_{\mathrm{app}} - T \qquad (4.14)$$

其中: T_{app} 为交通应用的时间。

4.1.2　轨迹数据质量评价分析实验

实验使用武汉市真实的浮动车轨迹数据,如图 4.1 所示。武汉市路网包含 19 306 个节点和 26 405 条边,其中低等级道路有 10 912 条、中等级道路有 11 954 条、高等级道路有 3 539 条。浮动车数据采集时间 T 为 2009 年 9 月 3 日,利用多标准动态规划地图匹配算法对原始浮动车数据进行地图匹配,匹配过程会剔除路网外的点和无效点,并在轨迹经过路网节点处进行插值(Chen et al.,2014)。匹配后的浮动车数据包含 10 615 辆浮动车的 31 047 158 个匹配轨迹点。

1. 定位精度

虽然经过地图匹配处理后,偏离路网的轨迹点已经纠正到道路上,匹配后轨迹点位置并不是准确的车辆实际位置点,但可以作为车辆实际位置的参考点。根据式(4.1)计算 GPS 轨迹点的定位精度如图 4.2 所示,其中道路节点位置的轨迹插值点不参与定位精度的计算。从图中可以看出,浮动车数据整体的平均定位误差为 11.14 m,有 90.55% 的

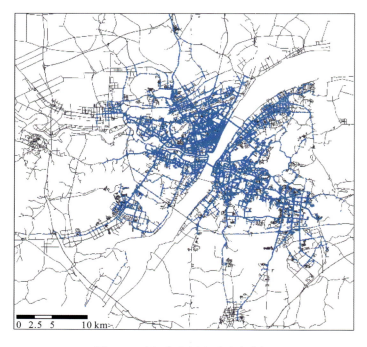

图 4.1　武汉市路网和浮动车数据

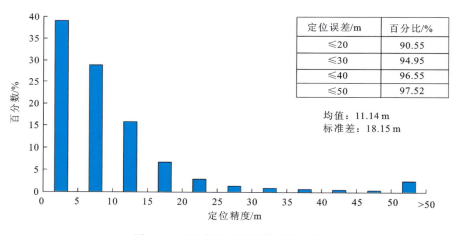

定位误差/m	百分比/%
≤20	90.55
≤30	94.95
≤40	96.55
≤50	97.52

均值：11.14 m
标准差：18.15 m

图 4.2　GPS 轨迹点定位精度分布图

GPS 轨迹点定位误差小于 20 m，整体的定位精度水平较高。定位误差小于 40 m 的 GPS 轨迹点占 96.55％，与 Quddus 等（2007）的 95％的结果相符。

在每个 GPS 采样点的定位精度基础上，利用式（4.2）计算路网每条边的平均定位精度如图 4.3 所示。图 4.3（a）为路网每条边的平均定位精度的空间分布状况，可以直观地反映浮动车在不同道路上行驶时平均的定位精度情况，图 4.3（c）为不同等级道路的平均定位精度，低、中、高等级道路的平均定位精度依次为 34.82 m、19.92 m 和 13.29 m，随着道路等级的增高,道路平均定位精度也随着增大。从图 4.3（a）和图 4.3（c）中可以看出,一些长度较短的小区道路的平均定位精度较低,有些甚至没有浮动车数据覆盖到,原因主要是小区道路上经过的浮动车数量较少,同时小区道路周围高层建筑物较多,造成在这些道路上的平均定位误差较大;而主干道的四周相对更加开阔,因此平均定位精度较高。

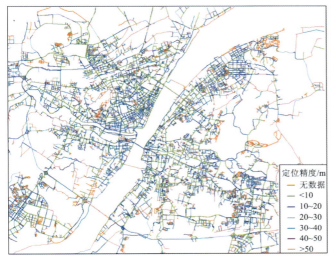

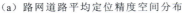

（a）路网道路平均定位精度空间分布

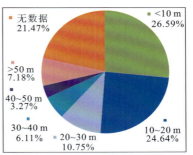

（b）不同定位精度的道路分布百分比

道路等级	平均定位 精度/m	定位精度 标准差/m
低等级道路	34.82	45.05
中等级道路	19.92	32.76
高等级道路	13.29	23.08

（c）不同等级道路的平均定位精度

图 4.3　路网道路平均定位精度分布

图 4.3（b）为不同定位精度的道路分布百分比情况,有 21.47% 的道路上没有浮动车数据覆盖,这些无数据的道路中有 58.48% 为低等级道路,另外一些中、高等级的无数据道路主要分布在市郊区域。有 51.23% 的道路的平均定位精度小于 20 m,在这些道路上车辆的定位精度较高。平均定位精度小于 40 m 的道路占 68.09%,路网整体定位精度良好。

2. 采样频率

利用式（4.3）计算浮动车数据的实际采样频率分布如图 4.4 所示,平均采样频率为 47.54 s,整体属于低频浮动车数据。采样频率分布在 40～50 s 之间最多,占整个浮动车数据集的 42.33%。采样频率小于 60 s 的轨迹数据占 81.77%,可以较好地利用地图匹配算法恢复车辆轨迹;另外有 3.32% 的轨迹数据的采样频率大于 120 s,采样间隔过大,这些轨迹点间出现整条记录丢失情况较多,轨迹完整度较差,利用地图匹配算法恢复的轨迹的精度较低。

3. 轨迹完整度

利用式（4.4）和式（4.5）计算浮动车数据的轨迹完整度分布如图 4.5 所示,浮动车数据的平均轨迹完整度只有 48.42%,轨迹完整度水平较差。其中有 95.45% 的浮动车的轨迹完整度在 40%～60%,说明 GPS 数据采集的连续性不高,连续 2 个轨迹间距离较远,经

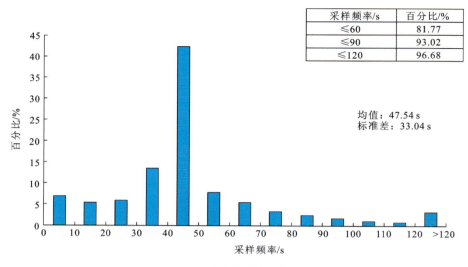

采样频率/s	百分比/%
≤60	81.77
≤90	93.02
≤120	96.68

均值：47.54 s
标准差：33.04 s

图 4.4　浮动车采样频率分布

过的道路上很多没有 GPS 采样轨迹点，造成浮动车轨迹的完整度降低，也增加了后续的地图匹配处理恢复车辆轨迹的难度。

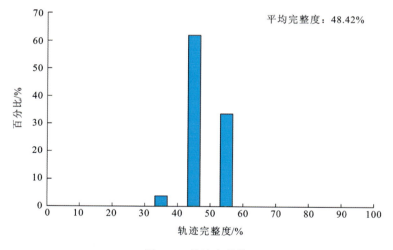

平均完整度：48.42%

图 4.5　轨迹完整性

4. 值域有效性

利用公式(4.8)计算浮动车数据集的值域有效性 ValA(DS)＝99.33％，值域有效性分布如表 4.1 所示。只有 1.30％的浮动车轨迹的值域有效性低于 90％，错误或无效的属性数据少，整体的值域有效性很高，有效轨迹数据的数据量可以满足处理分析的需求。

表 4.1　值域有效性分布表

值域有效性/%	百分比/%
0～10	0.03
10～20	0.01
20～30	0.00
30～40	0.00
40～50	0.00
50～60	0.04
60～70	0.10
70～80	0.30
80～90	0.82
90～100	98.70

5．行程有效性

根据载客状态信息将浮动车的轨迹分割成多条载客行程和空载行程,给定最短有效载客行程时间为 $t_\theta = 120\,\text{s}$,如果载客行程的持续时间少于 $120\,\text{s}$,载客时间过短,认为该条载客行程无效。根据式(4.11)计算浮动车数据集的行程有效性 ValT(DS)＝86.88%,说明行程有效性良好,能够为土地利用分析、城市人类移动、行为活动分析等应用提供充足的有效样本数据。但仍有较多的载客行程有效性差,占浮动车数据集总行程的 13.12%,这些载客行程持续时间过短,用于浮动车行程分析应用时可靠度较低。

6．覆盖度

经过地图匹配处理后,GPS 轨迹点都关联到对应的道路上,道路上的匹配轨迹点包含原始采样点的匹配点和节点位置插值的轨迹点,利用这些匹配轨迹点可以统计路网的覆盖度情况。计算武汉市早上 8:00～9:00 时段的道路上覆盖的轨迹点数量分布如图 4.6 所示。"武广""汉阳"和"徐东"等为武汉市主要商圈,可以看出这些商圈附近浮动车覆盖度高,远离市中心的市郊区域道路的覆盖度低。在浮动车覆盖度高的区域,浮动车数量多,能够搭乘出租车的机会也更大,相应地,这些区域的交通状况也会更拥堵。

由于浮动车的动态性,路网的覆盖度也随时间变化。不同等级道路在不同时段的覆盖度如图 4.7 所示。可以看出在所有时段,高等级道路覆盖度高于中等级道路,而中等级道路覆盖度又高于低等级道路,说明道路级别越高,经过的浮动车越多,道路通行量也越大。将 n_δ 值增大时,各等级道路的覆盖度都相应降低,其中低等级道路降低幅度最大。在利用浮动车数据进行行程时间估计预测时,对路径上覆盖的轨迹点数量要求较高,选取高等级道路进行处理的结果的可靠度比低等级道路会高很多。

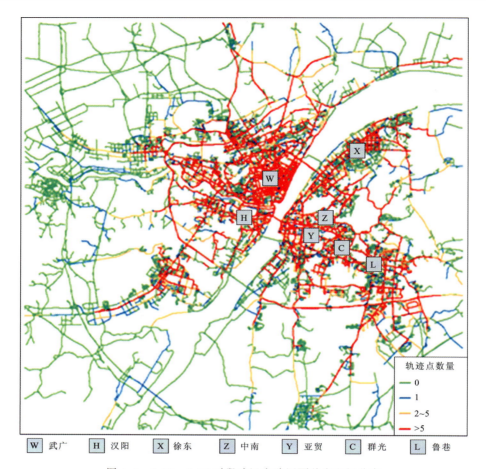

| W | 武广 | H | 汉阳 | X | 徐东 | Z | 中南 | Y | 亚贸 | C | 群光 | L | 鲁巷 |

图 4.6　8:00～9:00 时段武汉市路网覆盖度空间分布

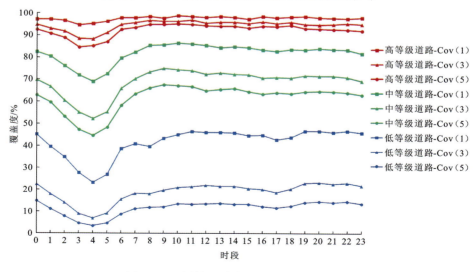

图 4.7　不同等级道路在不同时段的覆盖度

　　覆盖度是基于一个时段内轨迹点的数量进行计算的,不同时段长度的路网覆盖度也是不同的,选取的时段长度越长,期间经过的浮动车数量越多,则该时段道路覆盖度也越高。表 4.2~表 4.5 分别为 8:00~9:00,时间间隔为 60 min、30 min、15 min 和 5 min 时,不同等级道路的覆盖度情况。可以看出随着时间间隔的减小,不同等级道路的覆盖度也相应减小。在行程时间估计预测时,选取的时间间隔越短,信息发布越及时,但路网的浮动车数据覆盖度会降低,结果可靠性也变低,因此需要在时效性和结果可靠性二者间根据应用需求进行权衡。

表 4.2　在 60 min 内不同等级道路的覆盖度

项目	低等级道路			中等级道路			高等级道路		
覆盖度	Cov(1)	Cov(3)	Cov(5)	Cov(1)	Cov(3)	Cov(5)	Cov(1)	Cov(3)	Cov(5)
8:00~9:00	27.70	12.89	8.04	74.16	58.99	51.38	95.24	88.70	84.13

表 4.3　在 30 min 内不同等级道路的覆盖度

项目	低等级道路			中等级道路			高等级道路		
覆盖度	Cov(1)	Cov(3)	Cov(5)	Cov(1)	Cov(3)	Cov(5)	Cov(1)	Cov(3)	Cov(5)
8:00~8:30	19.48	7.61	3.87	65.80	49.41	41.22	91.64	82.75	76.77
8:30~9:00	19.71	7.78	4.46	66.47	50.00	41.41	91.67	82.45	77.77

表 4.4　在 15 min 内不同等级道路的覆盖度

项目	低等级道路			中等级道路			高等级道路		
覆盖度	Cov(1)	Cov(3)	Cov(5)	Cov(1)	Cov(3)	Cov(5)	Cov(1)	Cov(3)	Cov(5)
8:00~8:15	12.95	4.08	1.91	56.28	38.50	30.77	86.51	74.35	66.69
8:15~8:30	13.13	3.85	1.89	58.00	39.84	31.43	87.36	74.72	66.62
8:30~8:45	13.60	4.31	2.15	57.57	40.00	31.88	87.73	76.10	68.96
8:45~9:00	13.47	4.35	2.05	57.94	39.81	31.99	87.17	75.32	67.43

表 4.5　在 5 min 内不同等级道路的覆盖度

项目	低等级道路			中等级道路			高等级道路		
覆盖度	Cov(1)	Cov(3)	Cov(5)	Cov(1)	Cov(3)	Cov(5)	Cov(1)	Cov(3)	Cov(5)
8:00~8:05	6.49	1.48	0.61	41.96	23.85	16.49	75.54	55.50	42.90
8:05~8:10	6.16	1.32	0.58	41.63	23.47	16.83	75.87	55.80	43.64
8:10~8:15	6.48	1.31	0.52	42.65	24.61	17.30	75.84	56.06	44.01
8:15~8:20	6.51	1.18	0.58	43.28	24.37	17.11	75.80	56.10	43.61
8:20~8:25	6.35	1.42	0.55	42.79	24.37	17.09	76.54	56.62	44.87
8:25~8:30	6.42	1.40	0.71	44.18	25.36	17.84	76.51	56.80	45.39
8:30~8:35	6.90	1.62	0.77	44.28	25.39	17.83	76.73	58.44	46.02

项目	低等级道路			中等级道路			高等级道路		
覆盖度	Cov(1)	Cov(3)	Cov(5)	Cov(1)	Cov(3)	Cov(5)	Cov(1)	Cov(3)	Cov(5)
8:35~8:40	6.79	1.44	0.56	42.96	25.13	17.75	76.73	57.96	45.28
8:40~8:45	6.68	1.51	0.61	42.95	24.55	17.31	76.95	57.10	44.57
8:45~8:50	6.80	1.33	0.53	43.05	25.10	17.56	77.36	56.10	44.16
8:50~8:55	7.00	1.41	0.58	43.57	25.35	18.30	76.65	56.13	44.72
8:55~9:00	6.38	1.59	0.56	43.42	25.36	18.17	76.36	57.66	45.32

7. 现势性

武汉市浮动车数据采集时间 T 为 2009 年,属于历史数据,当前进行离线分析处理的时间 T_{app} 是 2016 年,现势性 Tim(DS)＝7 a,时效性较差,分析结果对于当前城市规划等应用的指导性不强。

以浮动车轨迹数据为参照定义的数据质量评价模型能够较为全面地反映该种类型的质量特征,在评价其他类型的轨迹数据适用性时,选用其中各类轨迹数据共有的属性(例如,时空分辨率、样本代表性等)在接下来的章节中进行论述。

4.2　轨迹数据的适用性分析

在科学研究领域,大数据使得研究人员能够更加深入地观察个体的活动,从而发现传统数据难以揭示的规律,并支持与个体有关的政策制定(Shaw et al.,2016)。考虑到大数据带来的观测能力变革,有学者提出大数据分析将突破先验知识的束缚,迎来数据驱动科学研究的新范式(Kitchin,2014)。近年来,随着技术的进步,大量基于位置感知设备所收集的人类轨迹数据变得可用(Shaw et al.,2016;刘瑜,2011),例如 GPS、手机基站定位等技术能够有效地收集个体户外的活动信息(Yue et al.,2017;Yang et al.,2016a;Zhou et al.,2015;Xie et al.,2015;Pei et al.,2014a),而基于无线网、无线射频定位技术以及视频数据可在室内环境或者局部范围内有效地获取用户的活动信息(Shu et al.,2016;Almodfer et al.,2016)。基于这些数据,多种方法,例如聚类分析(Yang et al.,2016a;Pei et al.,2015;Xu et al.,2015)、核密度分析(杨喜平 等,2017;Yang et al.,2016b)、关联规则挖掘(Xu et al.,2016b)以及贝叶斯网络(Xie et al.,2016)等被广泛地应用,从而支持了从个体活动(Xie et al.,2011)到群体活动(Pei et al.,2014b;Xie et al.,2013)的分析以及应急疏散策略制定(Yin et al.,2015a)、从活动模式挖掘到出行预测和模拟(Schneider et al.,2013;Xie et al.,2012)、从个体位置信息的推断(Diao et al.,2016;Widhalm et al.,2015)到位置隐私保护(汪伟,2016;Yin et al.,2015b)以及从知识发现到决策支持的多种类型的应用(Fang et al.,2017;Xu et al.,2016a)。可以说,这些轨迹数据从多个角度反映了人类活动不同侧面的信息,也为人类移动性观测能力的提升带来了巨大变革。然而,在数据驱动的研究范式中,数据自身的特征将对分析的结果产生直接的影响,因此,对轨迹数据的适用性进行分析是相关研究的基础问题。

4.2.1　时空分辨率

时空分辨率直接影响到轨迹数据的适用范围,而决定轨迹数据时空分辨率的主要因素是相应的空间定位技术和数据收集方式。

空间信息获取技术主要影响轨迹数据的空间分辨率。常见的位置信息获取技术主要包括如下几种类型:地址解译(reverse-geocoding)、卫星定位技术(例如 GPS、北斗等)、手机信号基站、IP 地址定位以及无线局域网定位(例如 WiFi,Bluetooth 等)。其中:①地址解译的定位技术主要面向调查日志方式所获得的数据,将志愿者对日常活动位置的描述转换成地理坐标,数据的精度依赖于原始地理信息描述的详细程度。②卫星定位技术在各类轨迹数据中均有所涉及,不同的全球卫星定位系统的精度虽然有所不同,但在室外开阔地带,一般能够达到 10 m 以内,而在室内空间或者高楼耸立的城市中心区,定位精度也能达到数十米。③手机信号基站定位技术主要是面向以移动通信设备为基础的位置感知服务,其中信号基站定位方式也可以细分为两种,一种是基于基站编号的定位方式,即利用当前提供通信服务的信号基站位置替代用户的位置信息,该种方式的空间定位精度依赖于信号基站的密度,在城市中心区,定位精度可以达到 100 m 以内;而在城市郊区,则有可能达到数千米(Ratti et al.,2006)。另一种是基于用户手机所接收一个或多个基站信号的信息(信号强度、接收角度等)进行解译,该种定位方式得到的轨迹数据空间精度优于基站编号的方式(孙巍 等,2003)。④而基于网络 IP 地址的定位方式则是根据用户在请求有关空间位置的服务时,相应的网络地址对应的地理范围。该种定位方式由于涉及隐私问题,定位精度一般在街道区划范围以上,甚至是城市级别,此种定位方式在基于通过非移动设备(台式机或笔记本电脑)获取社交网络服务时的地理位置定位中较为常见。⑤基于无线局域网的定位技术则是根据局部空间内的无线信号连接进行定位,常见的例如 WiFi 定位、Bluetooth 定位以及无线射频技术的定位方式(刘成,2013)。由于受无线局域网的信号覆盖范围限制,该种定位方式的定位精度一般在 100 m 以内。然而,由于定位服务依赖于相关无线设备的配置,难以单纯地依赖此类定位技术获得连续的定位服务,常用来辅助其他定位方式,用于改善局部定位空间精度。智能手机设备由于能够集成多种传感设备,基于智能手机所得到的位置信息中,可以用到多种定位技术,从而改善定位服务的质量。

数据的采集方式主要影响轨迹数据的时间分辨率。轨迹数据的获得方式主要可以分为三类:用户报告、主动感知和移动个体事件触发。①用户报告的方法主要指传统的基于调查日志的数据获取方式,在此类调查中,用户被要求报告其日常活动的时间和地点等信息。此种方式得到的活动时间分辨率相对较高,但是会受到用户主观因素的影响,例如参与者会因为隐私等问题存在漏报和谬报的行为。②主动感知的方式主要通过相关技术自动收集个体的位置信息。典型的如浮动车数据中,对出租车位置信息的感知。在手机定位数据中,运营商为了优化信号基站的负载状态,也会定期的感知手机用户所在的空间位置。该种方式得到的轨迹数据的时间分辨率依赖于主动感知周期的长度。例如,在出租车 GPS 数据中,位置收集的间隔通常较短,一般在 30~90 s,而在手机定位数据中,周期性更新事件的时间间隔常常 30 min 以上,当然,相应的时间间隔可以缩短,例如 10 min(Ratti et al.,2006)。③而个体事件触发的方式则是以移动个体的活动为基础。例如手机定位数据中的通话详单数据(call detail records,CDR),记录了用户接打电话或者收发短信时的位置信息;公交卡数据则只有当用户乘坐公共交通触发刷卡行为时才会有相应的轨迹记录;而带有地理标记的社交媒体数据或签到数据,则是只有当用户发布信息时才会记录。相应的,轨迹数据的时间分辨率直接依赖于用户相应事件发生的频次。例如在手机定位数据中的 CDR 数据,个体的通话时间采样间隔遵循一种阵发的规律,呈现出幂率分布的特征(周涛 等,2013;González et al.,2008),相应的时间采样间隔常常大于 2 h(Becker et al.,2013)。

4.2.2 语义属性

轨迹数据涉及的语义信息包括两类,分别是移动个体自身的属性信息和"移动-活动"语义信息。

移动个体的属性信息主要涉及其社会经济属性,例如姓名、年龄、职业、收入等信息。根据此类信息的可获得性可以分为 4 种情况。①能够获得较为全面的个体属性信息。此类情况存在于以政府主导的城市居民出行调查中,或者学者主导的志愿者调查中。参与调查的人员被要求提供自身较为详细的属性信息,目的是为了分析和发现不同类型人群的活动模式的异同。②提供少量非敏感型属性信息。例如,在部分手机定位数据中,提供了用户的年龄、性别和民族等属性因素,增加了基于手机定位数据比较不同群体之间移动特性差异的维度(Silm et al.,2014;Yuan et al.,2012)。③虽然有部分用户的属性信息,但是考虑隐私问题,不予提供相应的信息。目前,大多数研究中的手机定位数据、公交卡数据以及带有地理位置的社交媒体数据属于此类情形。④无法获取用户的属性信息。出租车 GPS 数据所反映的乘客轨迹信息属于此类信息,即乘客和出租车服务属于一种临时的组合关系,难以有效地收集用户的属性信息。当然,伴随移动互联网技术进步出现的出租车服务新业态(例如滴滴打车)给获取用户的属性信息也提供了新的可能。

"移动-活动"语义信息主要是关于个体日常移动和活动的时间、活动目的以及相关出行方式等信息。在常见的轨迹数据中存在三种类型的情形。①轨迹数据中包含较为完备的活动语义信息。此类数据主要是利用调查问卷方式获得,包括活动的时间信息、目的信息等。②基于用户事件触发的轨迹数据中包括触发轨迹记录的事件类型信息。例如在CDR 数据中包括每一条记录产生的事件类型(打电话或是发短信),而社交媒体数据中也可能包括用户对当前活动描述的文字或图片信息。③轨迹数据中缺少直接的活动语义信息。学者需要从轨迹自身的时空特征出发,结合其他数据源中所提供的地理属性特征,采用数据挖掘等方式来补充轨迹数据的活动语义信息。例如,通过提取轨迹数据中的停留行为,来分析个体的出行特征,并推测个体的日常活动链(Jiang et al.,2013)。

4.2.3 样本代表性

海量样本是大数据的一个重要特征。然而,大样本并不能代表全样本,而大数据也并非完备的信息环境(杨东援 等,2017;刘瑜 等,2014)。在数据分析过程中,统计学家们尤其注重样本误差和样本偏差的概念。其中,前者表示随机选择的样本能否真实地反映全部人群的看法,这一问题可以随着样本的增加而有所改善;而后者所关心的是所选择的样本能否代表总体,其中一个重要的决定因素是样本的选择是否随机。在数据分析过程中,避免数据偏差远比增加样本数量重要(杨东援 等,2017)。

大规模轨迹数据同样存在样本代表性的问题。当前,很多轨迹数据并不是为了特定的移动性研究而收集的,没有经过数据收集前的严格设计,轨迹数据的样本代表性问题与其样本群体特征和收集方式相关。以下分析从移动个体和活动信息两个方面来分析轨迹数据的代表性问题。

1. 移动个体在人群中的代表性问题

移动个体在人群中的代表性问题关注的是轨迹数据集中的样本是否能代表目标人群总体。基于调查日志方式得到的数据在收集之前,一般会根据统计学采样进行科学设计,从而尽量降低样本的偏差。然而受限于样本规模,样本的代表性也受到一定的影响。在其他几类常见轨迹数据中,样本偏差直接与轨迹数据的目标人群有关:公交卡数据只包括使用城市公交系统出行的人群;社交媒体签到数据只能反映使用相应社交软件的用户信息;即使是对于手机定位数据而言,对于婴幼儿和老人,由于移动电话的使用率较低,仍然存在一定的偏差。而对于同一项服务,如果有多个服务提供商,用户的代表性还受到各个服务商的市场占有情况的影响(例如,我国的主要手机运营商包括中国移动、中国联通和中国电信)。此外,在数据的实际应用中,为了使得相应的轨迹数据符合特定的研究目的,常常伴随着数据的筛选,而数据筛选本身可能会带来进一步的样本偏差问题。例如龙瀛等(2012)在利用北京的公交卡研究城市人口通勤规律时,原始数据包括近 855 万张公交卡的记录,而用来分析通勤特征的用户经过筛选,只有不到 24 万个用户的信息。在这个过程中,用户的代表性受到怎样的影响,是一个非常值得探讨的问题。

结合既有城市居民的活动特征,可以初步地分析数据偏差所带来的影响。例如,社交媒体用户主要集中在中青年人群。对于手机定位数据,在欠发达地区,手机的使用率和居民的收入存在着关联关系,因此其所反映的活动特征也偏向于中高收入人群。

在进行城市人群活动分析时,需要对各类数据的代表性进行深入理解,才能避免分析结果的偏差。例如 Zhang 等(2014)比较了不同的轨迹数据所刻画的深圳市居民出行分布特征,两种类型的轨迹数据分别是 CDR 数据和公共交通系统数据(包括公交卡和出租车数据)。研究结果表明,两种数据在反映城中心的出行信息时,呈现出相似的特征,然而在反映与商业中心关联的出行信息时,公共交通系统数据反映出来的出行强度明显低于手机定位数据所反映的出行强度。比较此两类数据,与商业中心关联的人群中,只有部分人采用公共交通出行,因此,手机定位数据相对于公交数据能够更为全面地反映与之相关的移动特征。这个结果表明,由于样本代表问题,公共交通系统数据所得到的出行信息会低估特定人群的出行强度。

刘瑜等(2014)总结了不同学者在利用钱币数据(Brockmann et al.,2006)、手机数据(Kang et al.,2012;González et al.,2008)、出租车数据(Liu et al.,2012;Liang et al.,2012;Jiang et al.,2009)以及签到数据(Liu et al.,2014;Noulas et al.,2012)来研究人类移动模式中的步长分布特征。对比结果发现,虽然不同的轨迹数据所得到的步长分布都呈现出距离衰减的特征,然而在衰减方式上存在一些差异。这种差异不仅体现在相同函数类型的参数差异上,同时衰减函数本身也是不同的。这一现象与各个研究所在的城市和区域的差异有关,另一方面,也与不同的轨迹数据所代表的人群类型有直接关联。面对不同数据所呈现出来的结果,如何根据研究目的和数据的实际情况,选择合适的模型成为未来研究中需要尤为注意的方面,否则有可能造成分析结果的偏差。

2. 活动信息在日常活动类型中的代表性问题

不同的轨迹数据在个体日常活动类型的代表性上也存在差异,这主要与数据收集的方式有关。如前所述,首先,对于用户报告的方式获得的活动信息相对较为全面,但是也受到参与者的主观因素影响,例如对于持续时间较短和与个人隐私相关性较高的活动信息,可能会出现漏报的现象。其次,对于主动周期性感知方式得到的轨迹数据,所得到的活动信息依赖于周期的时间间隔,当位置感知的周期较小时,能够获得更为丰富的活动信息。例如在 GPS 辅助的志愿者出行调查中,可以通过 GPS 轨迹数据分析出的结果来补充用户自身漏报的活动信息。最后,对于个体事件触发的轨迹数据收集方式,活动信息的代表性直接依赖于触发事件的类型。例如,公交刷卡数据反映的是个体使用公交出行的活动特征,而手机定位数据中的 CDR 数据反映的是用户进行通信活动时的行为模式。

以手机定位数据为例,目前研究中主要有两种类型,分别是主动周期性更新的信令数据和基于用户触发的 CDR 数据,两者在反映个体的活动代表性上存在一定的差异,而从另一个角度来讲,所表示的用户在人群中的代表性也存在差异,在分析城市人群移动性模式时,也存在特定的差异。下面分别从人类移动性指标、人群职住分析和城市人口动态评估三个角度比较两种数据的差异。

(1) 在人类移动性指标上,CDR 数据仅仅记录用户在通信行为时的位置信息,主动周期性更新的信令数据反映的位置信息更为全面。例如,上海市某通信运营商的手机信令数据中,包含 7 种信令记录,其中也包括用户接打电话的记录。从中将 CDR 数据筛选出来,并比对 CDR 数据得到的人类移动指标和原始信令数据之间的差异。如图 4.8 所示,表示的是两种数据分别评估用户回转半径、移动熵和日出行距离的数值,其中不同颜色表示的是 CDR 数据在信令数据中所占的比例的差异,反映用户通信活动的频繁程度。

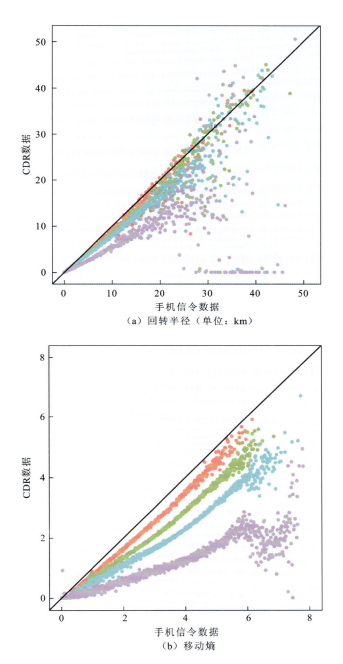

（a）回转半径（单位：km）

（b）移动熵

图 4.8　CDR 数据与手机信令数据计算人类移动性指标的差异（Zhao et al.，2016）

不同分组表示的是 CDR 数据所占信令数据比例的差异

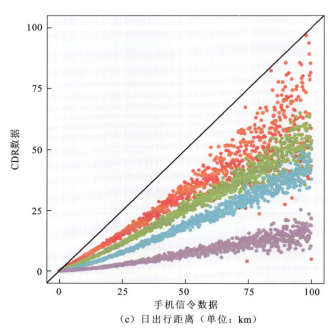

（c）日出行距离（单位：km）

图 4.8　CDR 数据与手机信令数据计算人类移动性指标的差异（Zhao et al.，2016）（续）
不同分组表示的是 CDR 数据所占信令数据比例的差异

　　不难看出，两种数据在评估不同移动性指标时存在差异。总体来讲，CDR 数据相对于更为全面的信令轨迹数据，会带来一定程度的低估，而且，用户的通信频次越低，低估程度越严重。不同的移动指标的低估程度也有所不同。具体而言，虽然 CDR 数据在时间采样间隔上更为稀疏，但是仍然能够相对较好地评估用户的回转半径；然而对于移动熵和日出行距离而言，CDR 数据会带来显著的低估。

　　（2）在评估城市人群职住分布上，两种手机定位数据均能够反映用户的惯常活动位置。对于 CDR 数据而言，住家位置和工作单位是用户经常通电话的位置，辅助通话的时间信息，可以用来推测用户的工作和住家位置信息。而对于信令数据而言，用户在夜间的休息时间会在住家位置呈现出停驻行为，类似地，工作时间在单位也呈现出相应的停驻行为，这些特征一定程度上反映了个体的住家和工作位置的信息。表 4.6 表示的是分别使用深圳市的 CDR 数据和信令数据评估的职住信息与 2010 年人口普查数据在街道尺度的比较。

表 4.6　不同手机定位数据评估人口职住信息的相关系数（许宁，2014）

人口类型	Spearman 相关系数	
	信令数据与人口普查数据	CDR 数据与人口普查数据
居住人口	0.946	0.937
就业人口	0.902	0.890

　　从表 4.6 中不难看出，两种数据识别得到的居住人口和就业人口信息在街道尺度上与人口普查数据的结果呈现出较高的一致性。相对而言，居住人口的相关性更高，两种数

据得到的结果与人口普查数据之间的 Spearman 相关系数超过了 0.93,而对于就业人口的评估,相关系数也处在相对较高的水平(大于 0.89)。虽然,两种数据在评估诸如住家位置和工作位置等人口的惯常活动位置信息可靠性相对较高,而对其他相关信息的评估可能呈现出不同的结果,例如城市人口动态的评估。

（3）在城市人口动态评估的应用中,CDR 数据代表的是接打电话和收发短信的用户的分布情况,而信令数据更倾向于反映所有电话用户的动态分布,因此,在反映城市人口动态分布上,相应的差异也有所呈现。图 4.9 中展示的是基于深圳市 CDR 数据所评估的 24 小时人口与每小时采样的信令数据评估的人口相比得到的相对误差数值的四分位图。其中,D2 和 D2_sub 分别表示全部用户的 CDR 数据和每天至少有一次通话行为的用户数据。图中可以看出,相对误差从 0:00 开始上升(中位数平均值约为 30%),在凌晨 5:00 达到全天最高峰(中位数平均值超过 40%),随后开始下降,在早上 8:00 以后趋于平稳(中位数平均值为 25%～30%),并一直保持到夜间 24:00。然而,在全天的时间中,两者所评估的人口偏差的中位数均在 25% 以上,展现出两种数据对个体活动信息代表性的差异。

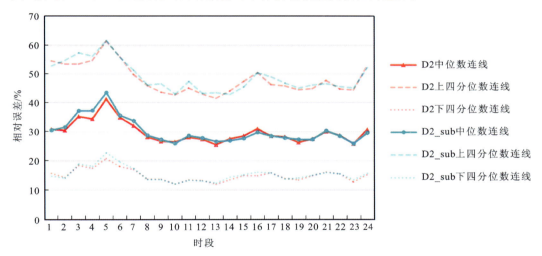

图 4.9　基于手机通话位置数据估计人口分布的 24 小时相对误差四分位图(尹凌 等,2017)
以交通分析小区为空间统计单元

而对于其他类型数据而言,不同的数据所代表的活动类型的差异所呈现出来的活动模式和移动规律也有所不同。刘瑜等(2014)研究中所梳理的不同数据所反映的人群出行距离分布特征的差异一定程度上也与对应数据所表示的出行活动类型有关。

4.2.4　数据适用性

各类轨迹数据有自身的特征,也相应地有自己适应的研究和应用。如下分别从不同的维度来分析轨迹数据的适用性。

1. 空间维度

空间维度主要关注轨迹数据的空间分辨率和数据所涵盖的空间范围。在空间范围上,不同的数据覆盖范围所能支持的研究问题尺度存在差异。在城市内部的空间尺度下,Li 等(2014)利用手机定位数据来描述不同社区之间的居民出行空间分布特征,通过比较不同社区之间的差异,来分析阻碍居民出行的相关因素,从而为城市基础设施配置提供指导。而在较为宏观的空间尺度下,姚凯等(2016)对昌九(南昌–九江)地区,基于手机定位数据所提取的城市之间人口流动分布,评估区域的城市区位等级,从而指导相应区域规划与发展政策的制定。

在空间定位精度上,一方面需要确保定位精度满足研究问题的要求,另一方面需要注意不同的空间分辨率可能会影响到相应的结论。如同可塑面积单元问题(modifiable areal unit problem,MAUP)所讨论的,即当所分析问题的空间单元发生变化时,相应的结论也会受到影响(Openshaw,1984)。图 4.10 所展示的是基于手机定位数据所获取的居民出行强度受空间分辨率的影响。不难看出,随着空间分辨率的不断下降,网格内部的移动强度不断增长,而网格之间的出行量随之下降。探讨空间分辨率的影响,有助于进一步理解数据的可用性,从而避免数据的误用。

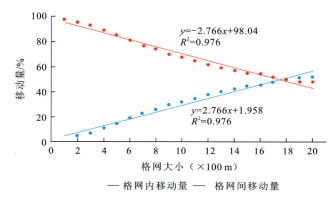

图 4.10　空间规则网格内部的移动量和网格之间的移动量随网格大小的变化(鲁仕维 等,2016)

2. 时间维度

时间维度的适用性关注数据的时间跨度和时间分辨率的问题。在时间跨度上,当前研究中,各类轨迹数据的时间跨度不同,所能支持的研究问题类型也有所不同。当时间周期较短时,从数据中得到的人群移动性结论存在着局限性。例如,工作日的活动状态难以反映个体在休息日和假期的活动特征;而不同的季节和天气状态下,城市居民的出行特征也存在着差异。因此,对研究对象移动规律的完整刻画需要长周期观测数据。González 等(2008)分析了用户的活动范围随着轨迹数据时间跨度的增加而变化的情况。结果表明,在 100 h 内,随着时间跨度的增加,个体的活动范围快速增加,而在超过该时长之后,维持在一个相对稳定的水平中。这也意味着,如果 CDR 数据的持续时间比较短时(例如 1 天),在反映个体的活动范围上,存在很大的局限性。

而在时间分辨率上,与空间分辨率类似,也要满足研究问题对时间粒度的要求。在实时交通状态的应用中,对数据的时间分辨率有较高的要求,例如出租车 GPS 数据的定位时间间隔一般在 30 s 左右。而在对诸如娱乐休闲等持续时间相对较短的活动规律分析中,如果时间采样的间隔较大,数据的适用性也会明显下降。与空间维度的问题类似,在时间分辨率上同样需要注意时间分辨率的变化对研究结论的影响。图 4.11 反映的是从用户的 24 h 手机信令数据随机选取 10 h 记录,然后利用 24 h 的数据和 10 h 的数据计算用户的日出行总距离的结果比对,其中深色散点表示的是以 10 m 为间隔统计的用户日出行距离的平均值。不难发现,随着轨迹数据的时间采样变得稀疏,相应的移动性指标明显下降。

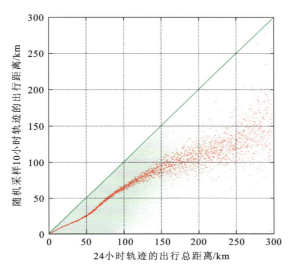

图 4.11　从 24 条记录中随机选择 10 条记录所计算用户日出行频次结果比对(Lu et al.,2017)

随着时间采样间隔的变化,个体不同的移动性指标呈现出不同的变化态势。以手机定位数据为例,从深圳市手机定位数据集中提取了近 2 万个高频采样的轨迹数据,平均的时间采样间隔达到 5 min。对此数据集,分别用不同的时间采样间隔进行重采样,并对每一个重采样轨迹计算选定的移动性指标,进而分析移动性指标数值随时间采样间隔的变化情况。图 4.12 展示了个体三个常用的移动性指标数值(移动熵、回转半径和偏心率)随着时间采样间隔变化的情况。

图 4.12 中横轴表示原始高频采样轨迹数据(D0)散点显示出不同的移动性指标随着时间采样间隔呈现出不同的变化趋势。其中移动熵和回转半径的变化趋势较为稳定,而偏心率的变化较为离散。在变化程度上,回转半径的散点主要集中在对角线周围,表明回转半径的数值较为稳定;而移动熵随着时间采样间隔的增加,散点逐渐偏离对角线下方,偏离程度呈现出增加的趋势,表明个体的移动熵数值会因为时间采样间隔的增加而被低估;而偏心率呈现出一定的突变特征。这些变化的趋势提醒学者在开展相关研究时要留意时间采样间隔对不同移动指标数值的影响,以避免数据的误用和滥用。

与空间维度的 MAUP 类似,近年来,学者提出了可塑时间单元问题(modifiable temporal unit problem,MTUP)来分析时间分辨率的变化对时空分析结果的影响(Cheng et al.,2014),而这一问题在评价轨迹数据的适用性上也应当引起重视。

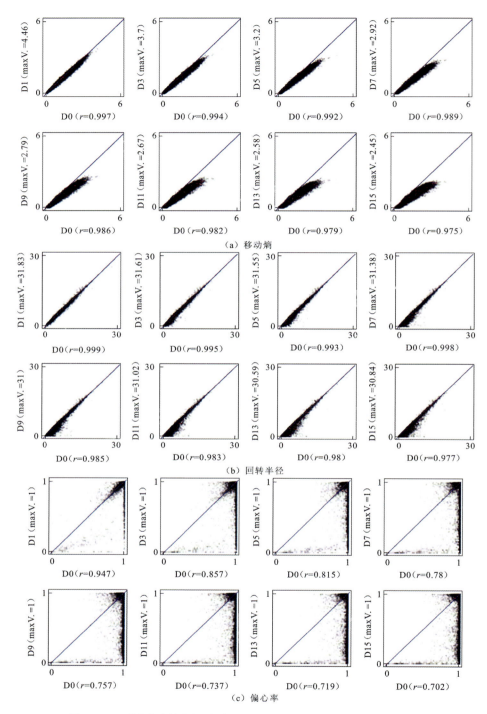

图 4.12　不同移动性指标随手机定位数据时间采样间隔的变化情况

Di 表示的具有不同时间采样间隔的数据集，时间采样间隔的计算方式为 $i \times 15\ \mathrm{min}$；
r 表示用户移动指标数值之间的 Spearman 相关系数；MaxV. 表示的是该数据集中移动指标的最大值

3．分析对象维度

首先，对于面向个体的研究而言，需要确保相应的轨迹数据包含个体完整的活动信息。例如，传统的出租车数据中，只能够反映乘客单次乘车服务的出行特征，而用户上传的个体轨迹（例如 open street map 中用户上传的轨迹信息），反映的同样也是个体活动信息的片段，相应的数据所能支撑的分析也局限于对应的出行信息。其次，对于面向群体的研究而言，主要关注的是轨迹数据所包含的人群与目标人群之间的异同。例如，社交媒体数据主要侧重于反映中青年人群的活动信息，而公交卡数据所反映的出行主要面向使用公共交通的人群。如果轨迹数据人群特征与目标人群特征之间的差异较大，轨迹数据的适用性会受到显著的影响。最后，对于通过人的活动规律来反映区域社会经济特征研究，需要认识到各类轨迹数据的局限和优势所在，尽量地利用多种数据源从不同的侧面来回答研究问题。例如，用户上传的轨迹数据可以用来发现路网中新建设的道路，而出租车的追踪数据则可以用来评估道路的通行状态。

4．特征维度

特征维度的适用性主要与轨迹数据的语义特征有关。如前所述，不同的轨迹数据中所包含的语义信息有所不同。以志愿者调查方式获取的数据具有丰富的用户属性和活动语义信息，但数据规模相对较小，比较适合用于分析各类因素之间的因果关系。而对于手机定位数据而言，所包含的语义属性信息较少，即使通过停留识别、聚类以及数据挖掘技术等多种手段来增强轨迹数据的语义信息，相应结果的验证在学术界仍是一个挑战，当然相应的结果在发现个体和群体的活动模式和因素之间的关联特征上仍具有非常重要的价值。

因此，从如上四个维度来看，当给定一个轨迹数据，可以根据数据的特征来分析其所适合回答的问题类型。以出租车数据为例，具有较高的空间分辨率和时间分辨率，因此可以支持实时的路况评估；如果数据的时间跨度较长，则能够分析研究区域中工作日和休息日的出行异同；然而由于其不能够追踪个体一天甚至更长时间周期的出行特征，因此并不适合面向个体的研究，相对而言可以研究面向群体或者地理现象的分析和应用；此外，考虑到出租车轨迹中不包含乘客的属性信息，也难以直接开展相应的分析。

4.3　轨迹数据的隐私问题

轨迹数据中包含丰富的个人位置信息，因此广泛地应用于人类移动性研究中，为发掘人类活动基本规律以及指导城市中各项政策的制定提供了坚实的数据基础（Zheng，2015；刘瑜 等，2011；陆锋 等，2014）。然而，轨迹数据在支持相关的研究和应用中仍存在诸多挑战，隐私问题便是其中一种，尤其是针对长周期、高时空分辨率的轨迹数据。

4.3.1 轨迹数据的隐私问题概述

隐私权是指自然人享有的对其个人与公共利益无关的个人信息、私人活动和私有领域进行支配的一种人格权(王利明,1994)。我国《侵权责任法》中第二条的民事权益范围明确包含了隐私权,然而并没有明确隐私权的权属范围。在 2012 年《全国人大常委会关于加强网络信息保护的决定》中,则开宗明义的指出"国家保护能够识别公民个人身份和涉及公民个人隐私的信息"。我国自 2017 年 6 月 1 日起施行《网络安全法》。

轨迹数据所涉及的个人隐私信息主要包括两种类型:属性信息和位置信息(魏琼 等,2008)。其中,属性信息主要是与个人在日常生活中所扮演的社会角色所对应的社会经济属性,例如姓名、年龄、职业以及手机号等;位置信息主要是指与个人活动空间位置有关的信息,例如住家和单位、频繁活动区域等。其中属性信息相关的隐私问题更为直接,得到的关注也相对较早,不论是在传统的政府主导的居民出行调查中还是在研究学者所涉及的志愿者调查中,有关被收集对象的个人属性信息是首先需要进行隐私保护处理的。随着位置感知技术的进步,基于位置的服务(location-based services,LBS)为个体的生活带来了便捷,也使得个体位置信息有关的隐私问题变得更为严峻(潘晓 等,2007)。用户在享受 LBS 带来的便捷的同时,需要提供自身所在的位置来获取定制化的服务;而企业为了优化用户服务的质量,也需要持续不断地收集个体的属性和位置信息。

具体到轨迹数据生命周期的各个阶段,涉及的隐私问题重点也有所不同。在用户发送基于位置信息的实时请求时,如何保护个体的位置和属性信息是这一阶段公众所关心的问题。而实际上,企业常常通过 LBS 的使用条款中的有关声明,预先得到了用户对相关信息收集的授权,从而实现用户相关属性和位置信息的收集。对个体的轨迹数据收集完成之后,对个体活动模式以及人群活动特征进行分析,将相关结果进行发布或与第三方机构共享时,需要进一步考虑个体位置信息的隐私泄露问题。

从用户的角度而言,享受基于位置服务所带来的便捷和保护自身的隐私不受侵害这两者之间的平衡,需要政府、企业和学术界的共同参与。对于企业而言,尤其是互联网企业,持续不断地收集用户的数据,深入分析用户的行为习惯是优化用户服务质量的途径。为了降低轨迹数据的隐私敏感程度,数据收集方通常采用严格的数据管理策略,而在数据的分析和共享时,对个体轨迹的信息进行匿名化处理,或是去除个体的属性信息,并对个体的轨迹数据的时空精度进行泛化。然而即便如此,个体的轨迹数据在管理发布过程中仍面临隐私风险的泄露问题(汪伟,2016)。近年来,企业用户信息的监管问题使得用户对个人隐私的关注变得迫切。而在这样的情况下,如何权衡用户的隐私权益和服务质量,吸引了大量学者对此进行讨论。与此同时,相应的分析结论的有效实施,则离不开政府机构的参与。

4.3.2 轨迹数据的隐私风险量化

位置隐私是轨迹数据隐私风险所关注的主要类型,而隐私风险的度量依赖于对位置信息关注的角度。学者结合各类应用场景提出了很多隐私风险度量指标,k-匿名和位置熵是目前被广泛使用的度量指标。其中,k-匿名主要通过与目标对象特征相同个体的集合大小来衡量;位置熵则是借用了信息论中熵的概念,通过量测个体位置信息的随机性来确定相应的风险值;其他的风险量测方式中,比较典型的是扭曲度和差分隐私,所表示的含义是攻击者所推测的个体位置信息与真实信息的接近程度(万盛 等,2016)。在这些方法中,k-匿名的方式具有直观的语义特征,应用最为广泛,下面以此度量方式为代表详细介绍轨迹数据的隐私风险量化方式。

1. 基于 k-匿名的隐私风险量化

k-匿名方式是最早提出而且被广泛使用的隐私风险度量方式之一。k-匿名的核心是依据对象与其他对象之间的差异进行集合划分,如果某个集合(有 k 个对象)中的所有对象标识一样,则对于集合中的任何一个目标都难以与其他 k-1 个对象区分开,即集合中的 k 个对象实现了集合内的匿名;在没有外界信息的辅助下,集合中每个对象的身份被重识别的概率为 $1/k$。不难看出,k 值越大则集合中的对象越难以被唯一识别,k 越小则集合中个体被唯一识别的风险就越高。对象被唯一识别的概率从客观上反映出个体被暴露的风险大小。极端情况下,$k=1$ 时,即集合中只有一个个体对象,则该对象的识别风险(隐私风险)为 100%。

隐私风险的度量直接和隐私的攻击模型有关。具体地,在构建 k-匿名集时,不同的隐私攻击模型会根据数据的特征利用不同的背景知识来构建攻击假设,相应的 k-匿名集的结果也存在差异,用户的风险数值也有所不同。例如在点集攻击模型中,根据点集类型的差异,可以分为频繁活动点攻击模型和随机时空点攻击模型。下面结合具体的实例对两种攻击模型的结果进行说明。

首先,频繁活动点攻击模型假定攻击者知晓个体频繁活动的前 N 个位置信息,因此该攻击模型也称为 Top-N 模型。在现实生活中发现,人们的活动呈现一定的规律性。个体频繁访问的位置,如家或工作地以及经常访问的超市、医院、学校等,同样揭示了个体的职业、经济情况等敏感信息。攻击者可以根据这些位置信息并结合其他少量信息,从而达到识别对象身份的目的。频繁活动点攻击模型有两种情形:①频繁活动点集合,不区分每个点的排序情况,攻击者只知道是哪几个点,但不知道这些点的重要顺序。②频繁活动,这种情况下攻击者知晓个体活动的一个或者多个地点,并且知晓对应地点的频繁活动排序。2011 年在 MobiCom 国际会议上,美国 Sprint 手机运营商使用美国一个城市的手机通话位置数据进行实验,发现利用用户轨迹中出现最频繁的两个或三个地点,能够唯一识别出 $10\%\sim50\%$ 的个体用户(Zang et al.,2011)。

其次,随机时空点攻击模型假定攻击者知晓轨迹数据中若干个时刻下用户的位置信息。在随机时空点攻击模型中,不考虑目标位置点的相对重要程度,各个位置点被作为已知点的概率是相同的。研究人员基于随机时空点模型使用欧洲某国家的手机用户通话数据进行实验,发现在用户轨迹中随机选取 4 个时空点就可以唯一识别 95% 的用户(Montjoye et al.,2013)。

2. 手机定位数据的个体重识别风险

手机定位数据被认为是目前人类移动性研究中十分有效的大规模轨迹数据源,同时由于其涉及隐私问题而在使用上受到了严格的限制。其中,CDR 数据是目前最为广泛使用的一种手机定位数据,该数据通常具有三种方式来降低自身的敏感程度:①用户 ID 匿名化;②空间分辨率仅限于基站覆盖范围;③时间采样间隔较为稀疏而且不规则。然而即使如此,该数据仍存在用户被重识别的风险(汪伟,2016)。Yin 等(2015b)分别采用频繁活动点和随机时空点两种隐私攻击模型对深圳市 CDR 数据进行了风险暴露评估,并与国外城市的结果进行了比较。

对于频繁活动点攻击模型,Yin 等(2015b)计算了每个用户的 k-匿名集规模,并且画出当 $K \leqslant k$ 时匿名集人数的百分比。如图 4.13 所示,匿名集规模随频繁活动点数量 N 的增大而减小,说明增大已知频繁活动点数目 N 会增加重识别风险。如图 4.13 和表 4.7 所示,当最频繁活动点被暴露时,几乎没有用户能够被唯一识别;然而,当前 2 个和前 3 个最频繁活动点被暴露时,能唯一识别的人数分别增加至 17% 和 49%。

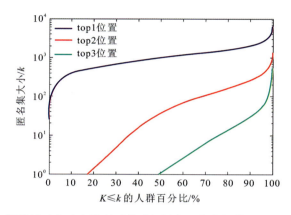

图 4.13　频繁活动点攻击模型下的手机用户匿名集规模(Yin et al.,2015b)

如表 4.7 所示,对于频繁通话用户的重识别风险,深圳与美国的整体情况极其相似。然而,对于所有手机用户,在已知前 2 个频繁活动点的情况下,在深圳能唯一识别的人数仅是美国的一半;在已知前 3 个频繁活动点的情况下,被唯一识别人数低于美国的一半。究其原因,深圳的手机用户中只有 37% 的频繁通话用户,而美国则有 80% 的频繁通话用户。深圳非活跃手机用户的比例如此之高,可能和如下情况相关,比如深圳的手机用户比美国的用户更少打电话,或者深圳许多用户使用多个手机号码导致有的手机号码没有频繁使用。上述的情况有可能是导致深圳手机用户隐私风险低于美国手机用户的原因。

表 4.7　深圳和美国匿名集规模(k)为 1 的人口百分数(Yin et al.,2015b)

用户组	地区	前 1 个频繁活动点/%	前 2 个频繁活动点/%	前 3 个频繁活动点/%
频繁通话用户	深圳	0	17	49
	美国	0	15	50
所有用户	深圳	0	6	18
	美国	0	12	40

而在随机时空点攻击模型中,随着随机时空点个数逐渐增加,被唯一重识别的人口百分比急剧增长(图 4.14)。4 个随机点就可以唯一重识别深圳 75% 左右的手机用户。当时空点的个数增加到 4 个之后,隐私风险的增长幅度变缓,逐渐趋于收敛,唯一重识别人口百分比的最大值在 80% 左右。

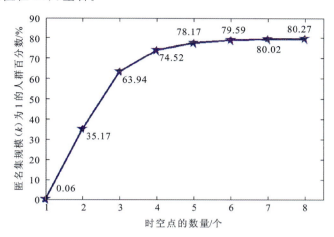

图 4.14　随机时空点攻击模型下被唯一重识别的手机用户规模(Yin et al.,2015b)

Montjoye 等(2013)指出,4 个随机时空点就足以唯一识别欧洲某一小型国家 95% 的手机用户。该研究认为,他们的研究结果可推广到人口密度更高的区域。该推论基于以下两方面考虑:一方面,更高的人口密度可能会增大匿名集,产生保护效应;另一方面,人口密度大的地方会建设更多基站,因此会增加轨迹的空间精度,这将抵消高人口密度带来的影响。然而,图 4.14 的结果显示,基于随机时空点模型,深圳的手机用户隐私风险明显比欧洲区域低,而作为中国人口密度最高的城市,深圳的人口密度应当比小型欧洲国家高。根据本节的结果,高人口密度致使更多基站被设立,一定程度上增加了重识别风险,但这不一定正好抵消高人口密度带来的保护效应。

4.3.3　轨迹数据的隐私保护方法

轨迹数据所涉及的隐私信息中,个体的属性信息有关的隐私风险较为直接,在大规模个体轨迹数据中,为了避免直接的隐私泄露,会选择将敏感的属性信息进行删除或匿名化处理,当然,对于隐私风险相对较低的属性数据,例如性别和年龄等(Yuan et al.,2012),也会有所选择的保留。然而对于位置信息有关的隐私风险,无法通过简单匿名化处理来实现规避,尤其是随着数据挖掘技术的日趋丰富,可以根据用户所在的位置信息较为准确地推测出用户的标识信息。因此,轨迹数据中的位置信息所涉及的隐私风险是轨迹数据中隐私保护方法重点关注所在。

1. 位置信息隐私保护方法

当前轨迹数据的隐私保护方法主要包括以下几种类型:①发布假轨迹,即在发布数据中根据轨迹数据自身的特征生成虚假轨迹信息一起发布,以降低个体重识别的风险(Chen et al.,2013)。②空间泛化,轨迹数据的位置风险与空间分辨率有直接的关系,空间精度越高,隐私暴露度越大,因此,可通过降低位置记录的定位精度实现对个体位置信息的保护(Nergiz et al.,2008)。③抑制法,对数据集中具有高风险的个体进行识别,然后对高风险个体轨迹数据进行迭代替换,直到满足相应的数据发布条件,或者对相应的用户信息不予发布(Domingo-Ferrer et al.,2010)。如上的隐私保护方法存在各自的缺陷,假轨迹方法由于引入了大量的噪声,导致数据严重失真,所以数据的可重用性比较差。空间泛化法容易导致个体活动与实际位置产生巨大偏移。抑制法干扰后的数据可能对居民活动模式分析产生较大的影响。显然,隐私保护和数据可用性是一对矛盾体。降低隐私风险,意味着数据的可用性会有所下降。

利用上节中深圳市 CDR 数据集,分别选用简单常见的空间泛化和更加复杂的点集匹配策略进行隐私保护实验。

1)空间泛化方法

如图 4.15(a)所示,首先将一个基站的服务区域用一个泰森多边形(thiessen polygon)近似表示。然后,创建一个特定空间尺度的网格(图 4.15(b)),将重心点位于同一个网格中的基站服务范围聚合为一个更大的区域(图 4.15(c)),聚合后的区域作为数据发布的新空间单元(图 4.15(d))。如图 4.15,基站 2(lat2,long2,t)处的原始 CDR 记录将会变成({(lat1,long1),(lat2,long2),(lat3,long3)},t)。以更大的空间范围作为分析单元,一个用户则更可能和别的用户共享同一分析单元,由此可降低用户轨迹的独特性。

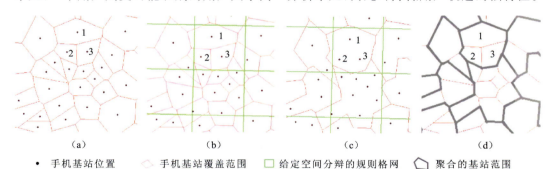

（a） （b） （c） （d）

• 手机基站位置 ◇ 手机基站覆盖范围 □ 给定空间分辨的规则格网 ⬡ 聚合的基站范围

图 4.15 基于基站聚合的手机用户隐私保护方法(Yin et al.,2015b)

图 4.16 显示的是采用空间泛化的隐私保护方法对重识别风险的影响。结果表明相应的方法能有效地降低隐私风险。如图 4.16(a)所示,对于频繁活动点攻击模型,随着空间聚合范围增大,$N=1$ 时隐私风险的变化不明显;当 $N=2$ 时,唯一重识别人口百分比明显下降;$N=3$ 时下降更为显著。当空间分辨率降低到 2 800 m 时,$N=2$ 时唯一重识别人口比例从最开始的 17%下降到 1%;$N=3$ 时则从 49%下降到 12%。对于随机时空点攻击模型,由于时空点个数为 4 和 8 时是图 4.14 曲线上两个重要的转折点,本节选择这两种情况进行探讨。当空间分辨率降低到 2 800 m 时,对于唯一重识别的人口百分比,在 4

个点时从 75％ 下降到 40％，8 个点时从 80％ 下降到 64％。8 个时空点时人口比率下降缓慢，说明当攻击者知道更多轨迹点时，空间泛化方法降低隐私风险的难度增加。

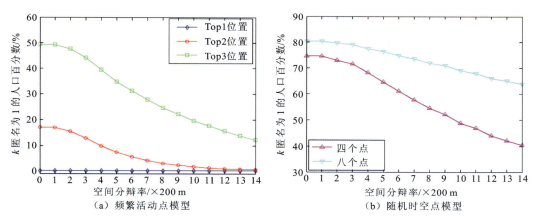

图 4.16　利用空间泛化隐私保护后重识别风险的下降曲线（Yin et al.，2015b）

2）点集匹配方法

上述基于空间泛化思路的保护方法影响到用户的整条轨迹，会对数据可用性造成较大损失，因此可以考虑通过改变部分用户的部分轨迹来降低对原有轨迹数据的改动。本节针对频繁活动点集设计隐私保护方法。其基本思想在于，针对具有高风险频繁活动点集的用户，从数据集中寻找类似的低风险频繁活动点集进行替代，以此降低重识别风险（汪伟 等，2017）。通过这样的方法，对于众多低风险个体的轨迹数据没有造成干扰，因此能够有效地保证数据的可用性。因此该方法主要是由两个步骤组成：识别高风险个体和替换高风险个体的频繁活动点集。

与基于空间泛化的思路不同，基于点集匹配的方法的最终结果可以将所有的高风险个体的轨迹用其他轨迹信息进行替换，因此，在理想的输出的结果中，不存在高风险的个体。然而这样的结果会增加计算的复杂度，考虑到在算法的执行过程中，高风险个体的识别是相对的，在替换的过程中还会涉及不断的迭代过程，迭代次数决定了数据集最终的隐私风险大小。因此可以通过目标隐私风险的阈值来作为迭代终止的条件。

与迭代过程共同影响最终风险大小的还有点集匹配候选集的差异，可以分为两种匹配方式：①只在低风险的个体中寻找用来替代目标对象轨迹数据；②在其他高风险匿名集和低风险个体中寻找。其中，第一种匹配策略的候选集相对较小，找到符合要求的替换轨迹的可能性相对较低；而第二种的候选集相对较大，在迭代时，替换的效率相对较高。

2. 隐私保护与数据可用性分析

1）数据可用性的衡量方法

轨迹数据隐私保护会影响数据的可用性。数据的可用性根据研究目的有多种定义方式,由于人群移动 OD(origin-destination)流是交通分析及城市计算研究领域内重要的输入数据,因此本节选择 OD 流作为衡量数据可用性的指标。

为了评估数据可用性的损失 E,需要对比使用隐私保护方法前后 OD 流的变化。本节使用 T 时段中 OD 流的绝对误差总量占总 OD 流量的百分比表示 E,如下所示。

$$E = \frac{\sum_{i=1}^{N}\sum_{j=1}^{N}|OD_{ij}-OD'_{ij}|}{\sum_{i=1}^{N}\sum_{j=1}^{N}OD_{ij}} \tag{4.15}$$

其中:OD_{ij} 表示根据原始数据统计得到的 T 时段内从区域 i 到区域 j 的 OD 流量;OD'_{ij} 表示由隐私保护后的数据统计得到的相应的值;N 表示区域的总个数。

在利用 CDR 数据提取 OD 信息时,将一次移动中时间点在前的位置视作出发点 (O),时间点在后的位置视作目的地 (D)。考虑到通话事件已经被证明不是随时间均匀分布的(周涛 等,2013;González et al.,2008),并且 CDR 数据集只包含用户通话事件发生时的地理位置,这种稀疏的采样方法极大地影响 OD 流估计的准确性。为了减少此类错误,对每条 OD 记录的时间跨度进行了限制。基于深圳市的出行调查数据,98% 的出行时间在 5~100 min。因此,将有效的 OD 出行时间阈值设定为 5~100 min,排除不满足该时间限制的 OD 出行。

在比较 OD 信息差异时,研究区域空间单元分别用到了两种精细程度的交通分析小区(traffic analysis zones,TAZ),分别是深圳市 1 112 个分区(平均半径 636 m)和 491 个分区(平均半径 994 m)。为了展示对整个数据集的影响,时间段 T 设置为整个 CDR 数据集的时间跨度。

2)隐私保护与数据可用性的关系

通过量化隐私风险降低与数据可用性损失之间的关系,可以为权衡数据的隐私和可用性提供指导。首先,对于空间泛化方法,如图 4.17 和 4.18 所示,两种不同攻击模型下的隐私风险(唯一重识别的人口百分比,用 x 表示)和数据可用性损失(用 y 表示)之间的关系可以用函数 $y=-ax^b+c,(a,b,c>0;0<x<1)$ 表示。上述函数拟合结果的显著性很高($p<0.001$),即该函数对两者关系的拟合效果很好。

拟合函数中的指数 b 影响拟合曲线的形状。当 $0<b<1$ 时,如图 4.17(a)所示,若想降低隐私风险(可以从图的 x 轴从右往左看过去),由此带来的数据可用性损失的代价在开始阶段相对较小,随着风险阈值逐渐减小,数据可用性的损失速度逐渐升高。当 b 接近 1 时,如图 4.17(b)中红色曲线所示,隐私风险和数据可用性损失之间的关系接近于线性的。当 $b>1$ 时,如图 4.18 所示,数据可用性损失的增长幅度一开始是剧烈的,随着聚合程度提高,数据可用性损失的增长幅度变缓。总体而言,较小的指数 b 在空间聚合的初级阶段可以在数据可用性方面提供较好的折衷。从前 2 个频繁点、前 3 个频繁点、4 个随机点到 8 个随机点攻击模型,指数 b 的值逐渐增大,这与攻击者背景知识增多的趋势是一致的,同时表明相应的隐私保护难度也逐渐升高。

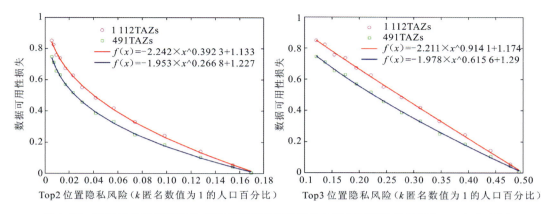

图 4.17　空间泛化后频繁活动点攻击模型下隐私风险与数据可用性关系(Yin et al.,2015b)

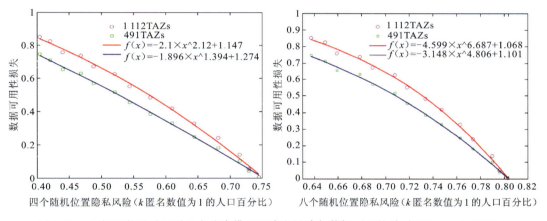

图 4.18　空间泛化后随机时空点攻击模型下隐私风险与数据可用性关系(Yin et al.,2015b)

从图 4.17 和图 4.18 中不难看出,空间泛化的隐私保护方式会对数据的可用性带来显著的影响,例如 OD 信息的损失量显著。对于点集匹配的方式而言,通过 Top-2 的方式来识别高风险个体,并在 1 km 范围内搜索与高风险个体类似的替换估计,相应的 OD 信息损失和隐私风险的可用性之间的关系如图 4.19 所示。显然,基于该隐私保护方法对数据可用性造成的影响显著低于基于空间泛化方法得到的结果。在匹配策略上,单纯的从低风险个体中搜索替代轨迹对数据造成的影响相对更大。

4.4　本　章　小　结

本章首先从定位精度、采样精度、轨迹完整度等 7 个方面构建了轨迹数据的质量评价模型,并利用浮动车的 GPS 轨迹数据进行了说明。其次,依托于质量评价模型定义的维度,分析了不同类型的轨迹数据在时空分辨率、语义属性以及样本代表性方面的适用性,为结合研究目的来选择合适的轨迹数据以及根据既有轨迹数据构建研究问题提供了参

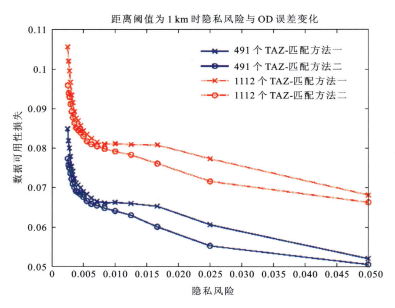

图 4.19　点集匹配后频繁活动点攻击模型下隐私风险与数据可用性关系 (汪伟 等, 2017)

考。最后,针对轨迹数据所涉及的隐私问题展开了讨论,结合手机定位数据,给出了常用的 k-匿名隐私风险量化方法,并讨论了空间泛化和点集匹配的隐私保护方法效果,并以区域之间的 OD 信息构建的数据可用性,分析了隐私保护与数据可用性之间的关系,为权衡隐私风险和数据的可用性提供了决策支持。

参 考 文 献

姜桂艳, 常安德, 张玮, 2009. 基于 GPS 浮动车的路段行程时间估计方法比较. 吉林大学学报(工学版), 39(S2):182-186.

刘成, 2013. LBS 定位技术研究与发展现状. 导航定位学报, 1(1):78-83.

刘瑜, 康朝贵, 王法辉, 2014. 大数据驱动的人类移动模式和模型研究. 武汉大学学报(信息科学版), 39(6):660-666.

刘瑜, 肖昱, 高松, 等, 2011. 基于位置感知设备的人类移动研究综述. 地理与地理信息科学, 27(4):8-13.

龙瀛, 张宇, 崔承印, 2012. 利用公交刷卡数据分析北京职住关系和通勤出行. 地理学报, 67(10):1339-1352.

鲁国珍, 常晓猛, 李清泉, 等, 2015. 基于人类时空活动的城市土地利用分类研究. 地球信息科学学报, 17(12):1497-1505.

鲁仕维, 方志祥, 萧世伦, 等, 2016. 城市群体移动模式研究中空间尺度影响的定量分析. 武汉大学学报(信息科学版), 41(9):1199-1204.

陆锋, 刘康, 陈洁, 2014. 大数据时代的人类移动性研究. 地球信息科学学报, 16(5):665-672.

潘晓, 肖珍, 孟小峰, 2007. 位置隐私研究综述. 计算机科学与探索, 1(3):268-281.

孙巍, 王行刚, 2003. 移动定位技术综述. 电子技术应用, 2003(6):6-9.

万盛,李凤华,牛犇,等,2016.位置隐私保护技术研究进展.通信学报,37(12):124-141.

汪伟,2016.基于频繁活动点集匹配的大规模手机位置数据隐私保护方法.长沙:中南大学.

汪伟,尹凌,2017.基于频繁活动点集的手机位置数据隐私保护方法.计算机应用研究,34(3):867-870.

王利明,1994.人格权法新论.长春:吉林人民出版社.

魏琼,卢炎生,2008.位置隐私保护技术研究进展.计算机科学,35(9):21-25.

许宁,2014.基于手机定位数据的居民职住地分布特征研究.长沙:中南大学.

杨东援,段征宇,2017.透过大数据把脉城市交通.上海:同济大学出版社.

杨喜平,方志祥,萧世伦,等,2017.顾及手机基站分布的核密度估计城市人群时空停留分布.武汉大学学报(信息科学版),42(1):49-55.

姚凯,钮心毅,2016.手机信令数据分析在城镇体系规划中的应用实践:南昌大都市区的案例.上海城市规划,2016(4):91-97.

尹凌,姜仁荣,赵志远,等,2017.手机通话位置数据估计 24 小时人口分布的偏差.地球信息科学学报,19(6):1-9.

周涛,韩筱璞,闫小勇,等,2013.人类行为时空特性的统计力学.电子科技大学学报,42(4):481-540.

朱庆,陈松林,黄铎,2004.关于空间数据质量标准的若干问题.武汉大学学报(信息科学版),29(10):863-867.

Almodfer R,Xiong S W,Fang Z X,et al.,2016. Quantitative analysis of lane-based pedestrian-vehicle conflict at a non-signalized marked crosswalk. Transportation Research Part F: Traffic Psychology and Behaviour,42:468-478.

Becker R,Cáceres R,Hanson K,et al.,2013. Human mobility characterization from cellular network data. Communications of the ACM,56(1):74-82.

Brockmann D,Hufnagel L,Geisel T,2006. The scaling laws of human travel. Nature,439(7075):462-465.

Chen B Y,Yuan H,Li Q,et al.,2014. Map-matching algorithm for large-scale low-frequency floating car data. International Journal of Geographical Information Science,28(1):22-38.

Chen R,Fung B C M,Mohammed N,et al.,2013. Privacy-preserving trajectory data publishing by local suppression. Information Sciences,231(1):83-97.

Cheng T,Adepeju M,2014. Modifiable temporal unit problem (MTUP) and its effect on space-time cluster detection. PLoS ONE,9(6):e100465.

Crang M,Cook I,1984. Concepts and Techniques in Modern Geography. Norwich,UK:Geo Abstracts.

De Fabritiis C,Ragona R,Valenti G,2008. Traffic Estimation and Prediction Based on Real Time Floating Car Data//11th International IEEE Conference on Intelligent Transportation Systems,2008. ITSC 2008. Piscataway,New York:IEEE:197-203.

De Montjoye Y A,Hidalgo C A,Verleysen M,et al.,2013. Unique in the crowd:the privacy bounds of human mobility. Scientific Reports,3(6):1376.

Diao M,Zhu Y,Ferreira J,et al.,2016. Inferring individual daily activities from mobile phone traces:a Boston example. Environment and Planning B:Planning and Design,43(5):920-940.

Domingo-Ferrer J,Sramka M,Trujillo-Rasúa R,2010. Privacy-Preserving Publication of Trajectories Using Microaggregation//Proceedings of the 3rd ACM SIGSPATIAL International Workshop on Security and Privacy in GIS and LBS. New York:ACM:26-33.

Fang Z,Yang X,Xu Y,et al.,2017. Spatiotemporal model for assessing the stability of urban human convergence and divergence patterns. International Journal of Geographical Information Science,31 (11):2119-2141.

Gonzalez M C,Hidalgo C A,Barabasi A L,2008. Understanding individual human mobility patterns. Nature,453(7196):779-782.

Hamilton A,Waterson B,Cherrett T,et al.,2013. The evolution of urban traffic control:changing policy and technology. Transportation planning and technology,36(1):24-43.

Jiang B,Yin J,Zhao S,2009. Characterizing the human mobility pattern in a large street network. Physical Review E,80(2):021136.

Jiang S,Fiore G A,Yang Y,et al.,2013. A Review of Urban Computing for Mobile Phone Traces:Current Methods,Challenges and Opportunities//Proceedings of the 2nd ACM SIGKDD international workshop on Urban Computing. New York:ACM:1-9.

Kang C,Ma X,Tong D,et al.,2012. Intra-urban human mobility patterns:an urban morphology perspective. Physica A:Statistical Mechanics and its Applications,391(4):1702-1717.

Kang C,Sobolevsky S,Liu Y,et al.,2013. Exploring Human Movements in Singapore:a Comparative Analysis Based on Mobile Phone and Taxicab Usages//Proceedings of the 2nd ACM SIGKDD international workshop on urban computing. New York:ACM:1-8.

Kitchin R,2014. Big Data,new epistemologies and paradigm shifts. Big Data & Society,1(1):1-12.

Li W,Cheng X,Duan Z,et al.,2014. A framework for spatial interaction analysis based on large-scale mobile phone data. Computational intelligence and neuroscience.

Liang X,Zheng X,Lv W,et al.,2012. The scaling of human mobility by taxis is exponential. Physica A:Statistical Mechanics and its Applications,391(5):2135-2144.

Liu Y,Kang C,Gao S,et al.,2012. Understanding intra-urban trip patterns from taxi trajectory data. Journal of Geographical Systems,14(4):463-483.

Liu Y,Sui Z,Kang C,et al.,2014. Uncovering patterns of inter-urban trip and spatial interaction from social media check-in data. Plos one,9(1):e86026.

Lu S,Fang Z,Zhang X,et al.,2017. Understanding the Representativeness of Mobile Phone Location Data in Characterizing Human Mobility Indicators. ISPRS International Journal of Geo-Information,6(1):7.

Montjoye Y A D,Quoidbach J,Robic F,et al.,2013. Predicting Personality Using Novel Mobile Phone-based Metrics// Social Computing,Behavioral-Cultural Modeling and Prediction. Berlin:Springer:48-55.

Nergiz M E,Atzori M,Saygin Y,2008. Towards Trajectory Anonymization:A Generalization-Based Approach//Proceedings of the SIGSPATIAL ACM GIS 2008 International Workshop on Security and Privacy in GIS and LBS. New York:ACM:52-61.

Noulas A,Scellato S,Lambiotte R,et al.,2012. A tale of many cities:universal patterns in human urban mobility. Plos one,7(5):e37027.

Openshaw S,1984. The modifiable areal unit problem. Concepts and Techniques in Modern Geography (38):38.

Pei T,Sobolevsky S,Ratti C,et al.,2014a. Uncovering the directional heterogeneity of an aggregated mobile phone network. Transactions in GIS,18:126-142.

Pei T,Sobolevsky S,Ratti C,et al.,2014b. A new insight into land use classification based on aggregated mobile phone data. International Journal of Geographical Information Science,28 (9):1988-2007.

Pei T, Wang W Y, Zhang H, et al., 2015. Density-based clustering for data containing two types of points. International Journal of Geographical Information Science, 29（2）:175-193.

Quddus M A, Ochieng W Y, Noland R B, 2007. Current map-matching algorithms for transport applications: state-of-the art and future research directions. Transportation Research Part C: Emerging Technologies, 15(5):312-328.

Ratti C, Frenchman D, Pulselli R M, et al., 2006. Mobile Landscapes: using location data from cell phones for urban analysis. Environment and Planning B: Planning and Design, 33(5):727-748.

Schneider CM, Belik V, Couronné T, et al., 2013. Unravelling daily human mobility motifs. Journal of The Royal Society Interface, 10(84):20130246.

Shaw S L, Tsou M H, Ye X, 2016. Editorial: human dynamics in the mobile and big data era. International Journal of Geographical Information Science, 30（9）:1687-1693.

Shu H, Song C, Pei T, et al., 2016. Queuing time prediction using WiFi positioning data in an indoor scenario. Sensors, 16(11):1958.

Silm S, Ahas R, 2014. Ethnic differences in activity spaces: a study of out-of-home nonemployment activities with mobile phone data. Annals of the Association of American Geographers, 104（3）:542-559.

Simroth A, Zahle, H, 2011. Travel time prediction using floating car data applied to logistics planning. IEEE Transactions on Intelligent Transportation Systems, 12(1):243-253.

Ulm M, Heilmann B, Asamer J, et al., 2015. Identifying Congestion Patterns in Urban Road Networks Using Floating Car Data//Transportation Research Board 94th Annual Meeting. Washington D C: (15):1231.

Widhalm P, Yang Y, Ulm M, et al., 2015. Discovering urban activity patterns in cell phone data. Transportation, 42(4):597-623.

Xie R, Ji Y, Yue Y, et al., 2011. Mining individual mobility patterns from mobile phone data. Presented at the Proceedings of the 2011 international workshop on Trajectory data mining and analysis, New York: ACM:37-44.

Xie R, Luo J, Yue Y, et al., 2012. Pattern Mining, Semantic Label Identification and Movement Prediction Using Mobile Phone Data. International Conference on Advanced Data Mining and Applications, Berlin: Springer:419-430.

Xie R, Xu H, Yue Y, 2013. Using mobile phone location data for urban activity analysis. SpringerLink, 30-43.

Xie R, Yue Y, Wang Y, 2015. Discovering User's Background Information from Mobile Phone Data// Zhang S, Wirsing M, Zhang Z, eds. Knowledge Science, Engineering and Management. Springer International Publishing, 679-690.

Xu Y, Shaw S L, Zhao Z L, et al., 2015. Understanding aggregate human mobility patterns using passive mobile phone location data: a home-based approach. Transportation, 42(4):625-646.

Xu Y, Shaw S L, Fang Z, et al., 2016a. Estimating potential demand of bicycle trips from mobile phone data: an anchor-point based approach. ISPRS International Journal of Geo-Information, 5(8):131.

Xu Y, Shaw S L, Zhao Z L, et al., 2016b. Another tale of two cities: understanding human activity space using actively tracked cellphone location data. Annals of the American Association of Geographers, 106(2):489-502.

Yang G G, Song C, Shu H, et al., 2016. Assessing patient bypass behavior using taxi trip origin-destination(OD) data. ISPRS International Journal of Geo-Information,5(9):157.

Yang X P,Fang Z X,Xu Y,et al.,2016a. Understanding spatiotemporal patterns of human convergence and divergence using mobile phone location data. ISPRS International Journal of Geo-Information,5 (10):177.

Yang X P,Zhao Z Y,Lu S W,2016b. Exploring Spatial-temporal patterns of urban human mobility hotspots. Sustainability,8(7):674.

Yin L,Hu J,Yu Q,2015a. Accelerating agent-based emergency evacuation planning using a knowledge database based on population distribution regularity. GeoComputation,Shenzhen,China,355-361.

Yin L,Wang Q,Shaw S L,et al.,2015b. Re-identification risk versus data utility for aggregated mobility research using mobile phone location data. PloS one,10(10):e0140589.

Yuan Y,Raubal M,Liu Y,2012. Correlating mobile phone usage and travel behavior-a case study of Harbin,China. Computers,Environment and Urban Systems,36(2):118-130.

Yue Y,Zou H X,Li Q Q,2009. Urban Road Travel Speed Estimation Based on Low Sampling Floating Car Data//ICCTP 2009:Critical Issues In Transportation Systems Planning,Development,and Management. Harbin,China.

Yue Y,Zhuang Y,Yeh A G O,et al.,2017. Measurements of POI-based mixed use and their relationships with neighbourhood vibrancy. International Journal of Geographical Information Science,31(4): 658-675.

Zang H,Bolot J,2011. Anonymization of Location Data Does Not Work:A Large-Scale Measurement Study//Proceedings of the 17th annual international conference on Mobile computing and networking. New York:ACM:145-156.

Zhang D,Huang J,Li Y,et al.,2014. Exploring Human Mobility with Multi-Source Data at Extremely Large Metropolitan Scales//Proceedings of the 20th annual international conference on Mobile computing and networking. New York:ACM:201-212.

Zheng Y,2015. Trajectory data mining:an overview. ACM Transactions on Intelligent Systems and Technology(TIST),6(3):29.

Zhao Z L,Shaw S L,Xu Y,et al.,2016. Understanding the bias of call detail records in human mobility research. International Journal of Geographical Information Science,30(9):1738-1762.

Zhou Y,Fang Z X,Thill J C,et al.,2015. Functionally critical locations in an urban transportation network:Identification and space-time analysis using taxi trajectories. Computers,Environment and Urban Systems,52:34-47.

第 5 章　城市功能区识别

城市功能区研究是城市规划的核心内容之一。以往的实践大多借助已有的城市规划方案或遥感等对地观测数据进行功能区的判别。然而，随着时间的推移以及环境的改变，城市不同区域的大小、位置乃至功能都会随之发生变化。这种静态的研究思路仅仅从"外在"的角度分析城市功能区，忽略了城市内在的动态特征，因此其结果有可能与真实的情况不一致。由于城市大数据蕴含着城市居民的活动信息，可反映城市功能区的内在特征，居民活动信息与城市功能区外在特征的结合，为深入解读城市功能区提供了一种全新的认知方式。基于此，本章将借助城市大数据，从内外结合的角度对城市功能区进行识别。具体地，首先简要介绍城市功能区的基本概念、划分方式，然后主要介绍大数据支持下的城市社会功能区识别方法研究体系，再分析各类城市社会功能区识别的方法特性及应用环境，最后总结当前城市功能区识别研究中存在的问题以及未来发展的趋势。

5.1　城市功能区的定义与划分

5.1.1　城市功能区的定义

城市化是人-地关系的焦点之一，是社会经济发展中地区性的人流、物流、能流、信息流等相互作用流场中的漩涡（陈述彭，1999）。随着我国城市化进程的不断推进与深入，城市内部空间结构正在经历深刻变革，并逐渐分化出具有不同功能的城市区域。这些城市功能区会影响居民活动的时空规律，而居民活动的时空规律反过来又影响着城市功能区的发展与演变。开展城市功能区的识别研究，对评估现有规划方案、制定城市管理政策、优化城市资源配置等方面具有重要作用，同时，对发展城市结构理论、指导未来城市规划、保障城市系统健康有序发展等方面具有重要意义（陈世莉 等，2016）。

城市功能区（urban functional area），又称城市功能分区、城市内部功能分区等。关于城市功能区的概念，中华人民共和国国土资源部 2007 年发布的《城市土地集约利用潜力评价规程（试行）》对其进行了明确的界定，即土地使用功能、使用强度、土地利用方向、基准地价大体一致的区域，其集约利用程度和使用潜力也应基本相同。城市功能区作为城市的有机组成部分，是实现城市生态、经济、社会、文化等各类职能的重要空间载体（颜芳芳，2010）。每个功能区都有自己所承担的主要职能，以确保其所拥有的资源禀赋优势得以充分发挥，同时促使整个城市在多元功能整合的基础上进入更加高效的运行轨道。具体讲，城市功能区具有以下四个方面的特点。

（1）较高的空间集聚效应。某一类社会经济活动的土地利用方式相同，往往决定了其对地理区位、基础设施等城市发展环境的需求相同，因此导致这一类活动在城市空间上的聚集，以及与这一类活动相关的各种要素（例如人才、货物、资本、信息、技术等）在城市功能区内的聚集。城市功能区具有极强的集聚效应,能够有效降低功能区内的产业运行成本,提高产业运营效率,在相对有限的地理空间中创造出巨大的经济效益。

(2)较强的辐射扩散效应。城市功能区的辐射扩散能力,表现为将功能区的优势能力如核心技术、管理理念、金融资本等向周边地区渗透,以带动周边地区的发展。不同类型的功能区,其辐射扩散能力不尽相同。相较于行政区和居住区等非经济功能区,工业区、商务区等经济功能区具有更强的辐射扩散能力,会快速推动周边地区社会经济的发展。

(3)显著的社会经济效益。城市功能区是地区比较优势和核心竞争力的重要体现。经济功能区通常具有较高的经济效益,是城市经济发展的动力源泉,是该地区经济收入的主要来源,对人口就业具有很强的拉动作用。相对而言,非经济功能区通常具有较高的社会效益,如行政区内政府部门分布密集,方便处理各类社会事务,提升城市整体运行效率。

(4)明显的城市名片效应。城市功能区特别是经济功能区,往往是一个城市最具代表性的地区,它象征着一个城市的品牌和现代化,是"城市名片"。成功打造一个典型的城市功能区,对于提高城市的知名度和美誉度、扩大城市的影响力、提升城市的文化品位,具有重要意义。如中国上海的陆家嘴中央商务区,美国纽约的曼哈顿中央商务区,其知名度和影响力均确立了其所在城市的国际大都市形象。

5.1.2　城市功能区的划分

城市功能区为人们的居住、工作、休闲和交通提供便利,同时为城市的运行创造良好的环境和条件。识别城市功能区是认识城市土地利用现状及未来城市规划的基础。传统的城市功能区划分,主要有两种方式。其一是采用城市土地利用分类现状图件、调查问卷等数据,通过建立城市功能区划分指标体系及聚类分析方法,对城市功能区进行划分(李新运,2005)。有研究者进一步融合专家知识进行城市功能区的划分,即在城市功能区划分的基础上,选择若干名对研究城市有一定认识、具有代表性和权威性的专家进行评判(窦智,2010)。该划分方式具有较大的主观性,且数据采集的时间、人力和经费成本较高、即时性较差。其二是采用城市遥感影像数据,通过遥感影像反映的物理特征(例如光谱反射率、纹理等)识别土地利用斑块,进而对城市功能单元进行区分(Lu et al.,2006;Shaban et al.,2001;Fisher,1997;Gong et al.,1990)。然而,由于某些城市功能区在光谱和纹理特征上无法表现出明显差异(如住宅区和商业区),故基于光谱和纹理特征及其衍生信息的传统遥感方法无法对某些类型的功能区进行区分。有研究者通过进一步结合区域背景属性、规模、形状、地块信息和专家知识等进行城市功能区类型的推断(Hu et al.,2013;Wu et al.,2009;Platt et al.,2008;De Wit et al.,2004),但额外的信息采集和加入会带来成本的增加,而且不利于结果的快速更新。鉴于此,虽然遥感技术已相当成熟,但仍然只能关注与城市功能区相关的物理特征,在功能区识别过程中没有充分利用社会功能信息。

随着传感器网络、移动定位、无线通信和移动互联网技术的快速发展和普及,个人移动定位大数据不断涌现,如手机通信信令数据、公交刷卡记录数据、社交网站签到数据、出租车 GPS 轨迹数据、银行卡刷卡消费记录等,为长时间、高精度、高效率地跟踪个人时空活动行为提供可能(Shaw et al.,2016;陆锋 等,2014;刘瑜 等,2014)。当居民在城市不同地区的日常活动信息得以记录时,这些信息可以反映城市功能区的社会功能。换言之,在不同的城市功能区,居民会表现出不同的日常活动行为模式。例如,在住宅区,居民早上离开家去上班,晚上归来;而在商业区,居民活动行为的模式正好相反。基于社会功能信息的城市功能区识别方式,是通过个人移动定位数据获取城市居民的日常活动行为信息,进而推断不同地块单元上表现出的社会功能(例如住宅区的生活功能,商务区的工作功能),并根据其社会功能的差异对城市功能区进行识别。因此,记录城市居民时空活动行为信息的时空大数据可以从社会功能的视角为传统城市功能区识别提供一种新的思路(Pei et al.,2014a)。本章内容聚焦于大数据支持下的城市社会功能识别研究,城市功能与人类行为之间的相互关系是城市功能区识别的核心。

5.2 城市功能与人类行为的相互关系

5.2.1 人类行为-城市功能的互动

城市是人类赖以生存的物质空间基础,人类是城市更新重塑的创意动力源泉。人类行为与城市功能之间彼此影响、相互作用。一方面,将人类行为置于复杂的城市空间之中,人类行为的认知、偏好及选择过程均受到城市空间的制约。例如古代的前朝后市,又如现代的职住分离,均反映出人们受到城市功能区划分的制约,在不同功能区开展不同活动的社会现象。另一方面,由于人类个体的主观能动性,人类行为对城市空间又具有塑造与再造的作用。例如城市中的人与物的不断流动,推动着城市内部新的区域边界的形成以及新的城市功能中心的塑造。从这个意义上说,城市功能区本身并非简单的物质空间,而是物质空间与人类行为相互叠加、相互影响的综合性空间表现。因此,借助人类行为的视角解读城市社会功能是城市功能区识别的新方式,同时是探索人类活动与城市空间之间相互作用的格局、过程与机理的重要前提。

5.2.2 传感器数据-人类行为-城市功能的研究范式

随着社会经济的快速发展,城市的土地功能也在经历着深刻变革。在城市地理研究中,传统的城市规划由于受到信息采集手段的限制,对城市土地利用现状的了解往往滞后于城市土地利用的变化,从而给政府规划与决策带来较大困难。大数据时代下,如何利用城市中"泛在传感器"所产生的个人时空大数据,及时掌握城市土地的实际使用状况和城市功能区的时空分布,将成为改变传统城市规划和地理研究的关键。

在此背景下,提出"传感器数据-人类行为-城市功能"的研究范式。"传感器数据-人类行为-城市功能"研究范式是指从城市泛在传感大数据中反演城市居民的活动行为,进而反推城市土地功能的研究方法。基于该研究范式,目前已在三个方面取得了较为重要的进展。①建立了城市出租车起点和终点数据的双点过程密度聚类模型,实现了从同时包含两种点过程的数据中挖掘丛聚模式的目标(Pei et al.,2015)。通过丛聚模式中不同点过程(起点和终点)"聚集"和"稀疏"的组合反演出城市居民的出行行为模式,从而和不同的城市功能区建立关系。②建立了针对事件序列的半监督-模糊 C 均值聚类模型,并将该模型应用于手机累计通话量序列的模式挖掘,最终将其与城市居民的日常活动行为模式进行关联,反推出城市的功能区类型(Pei et al.,2014a)。③针对手机累计通话网络,应用网络模型分析了通话网络的时空异质性,从而获得了城市功能区及其在时空上的差异(Pei et al.,2014b)。上述三种模型分别从点过程、时间序列、时空网络三个角度分析了城市居民的活动行为模式和城市土地功能的差异。在"传感器数据-人类行为-城市功能"的范式下,可通过设计计算机算法实现城市功能区的识别。

5.3 城市功能区的识别方法

5.3.1 城市功能区划分方法分类及原理简介

大数据支持下的城市功能划分方法体系,可依据研究对象的性质,分为面向单一城市功能划分的方法和面向混合城市功能划分的方法。其中,面向单一城市功能划分的方法为当前城市功能区识别的主流,按照模型构建过程是否有训练样本的参与以及训练样本对模型的贡献程度,又可分为基于监督分类、半监督分类和非监督分类的城市功能划分方法。基于监督分类的城市功能区划分方法(例如特征分解、神经网络、随机森林等)是从研究区选取有代表性的数据作为训练样本,根据训练样本的特征参数建立判别函数,然后基于训练后的模型对非训练样本数据进行划分并判断其归属的城市功能类型;基于半监督分类的城市功能区划分方法(例如半监督支持向量机算法、半监督-模糊 C 均值等)在模型训练的过程中不仅利用了有类别标签的训练样本,而且加入了无类别标签的训练样本;基于非监督分类的城市功能区划分方法(例如 K-均值、DBSCAN 算法等)是在缺乏带有类别标签样本进行模型训练的前提下,先直接依据研究数据某些属性之间的相似性对数据类别进行划分,然后再确定各个类别归属的城市功能区类型。需要说明的是,非监督分类方法在数据特征差异不明显时分类结果不够稳定,因此需要结合更多的专家知识。面向混合城市功能划分的方法是以城市中各区域的功能混合度代替单一功能区划分,进而对城市的混合功能特征进行识别。随着城市功能日益集聚,微观尺度下明确划分城市功能区边界难度增加,面向混合城市功能划分的方法正在越来越多地被研究者所关注。本节选取当前城市功能区划分方法体系中几种典型的划分方法,分别展开介绍。

1. 特征分解方法

城市功能区可通过区域上居民活动的时间变化特征序列进行识别。然而,通常一个区域除了承载某项主要功能,还混合有其他功能,这可能导致居民活动时间序列上的主要特征被掩盖。特征分解方法,又称为谱分解,可以从大量数据中提取主要特征,为解决这一问题提供了思路。从某种意义上说,特征分解过程的输出可以理解为方程的根以及对应的系数。面向城市居民活动时序数据,特征分解方法可将该时序曲线分解成任意数量的成分(特征向量),以表达居民活动数据和城市功能之间相互关系的基本维度。

特征分解方法用于城市功能区识别时,输入数据为研究区内基于空间单元的居民活动时序数据,其中一部分数据带有已知城市功能区类型的标签。这里带有类别标签的活动时序数据的作用在于,通过对带有类别标签的时序数据的分解,构建已知城市功能区类型对应的特征向量原型。然后将无类别标签活动时序数据分解后所得到的主要特征向量与上述特征向量原型进行对比,以推断居民活动时序数据所在空间单元对应的功能区类型。特征分解方法的基本原理如下。

特征分解方法的数学概念表达如式(5.1)所示。用于城市居民活动时序数据分解时,S 表示某一空间单元上居民活动量的时序数据,$V=\{V_1,V_2,\cdots,V_n\}$ 表示分解后的特征向量,$C=\{C_1,C_2,\cdots,C_n\}$ 表示特征向量对应的系数(Reades et al.,2009)。

$$S=C_1V_1+C_2V_2+,\cdots,+C_nV_n \tag{5.1}$$

在居民活动时序数据分解之前,一般先将研究区划分为 p 个规则格网,如图 5.1(a)所示。每个网格单元上对应居民活动时序数据,如图 5.1(b)所示,其中行表示某一天内各时段的居民活动量记录,列表示每天同一时段的居民活动量记录。假设将一天划分成 n 个时段,数据记录 m 天,则每个网格单元的数据构成一个 m 行 n 列的矩阵。据此可计算每个网格单元上数据矩阵不同列之间的协方差矩阵,并对协方差矩阵进行分解,求得特征向量和对应的系数。

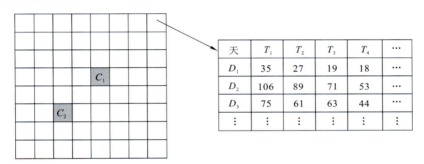

（a）空间单元网格划分　　　　　　　（b）空间单元居民活动时序数据

图 5.1　特征分解方法数据结构示意图

其中 C_1 和 C_2 为功能类型已知且单一的空间单元

通过单独提取每个网格单元的主特征向量,可以抽象出该网格单元上一天及一周的居民活动模式。分解后得到的特征向量中,系数越大的特征向量反映的活动模式越明显,越能代表该网格单元上居民的主要活动模式,进而通过特征向量反映的活动模式对该网格单元的功能类型进行判断。基于特征分解的城市功能区划分一般步骤如下。

如图 5.1(a)所示,$L=\{L_1,L_2,\cdots,L_p\}$ 表示研究区经规则格网划分后的 p 个网格单元的集合;如图 5.1(b)所示,$T=\{T_1,T_2,\cdots,T_n\}$ 表示一天中 n 个时段的集合,$D=\{D_1,D_2,\cdots,D_m\}$ 表示 m 天的集合;三元组 $E(\delta,\lambda,\tau)$ 表示居民活动量,其中时间 $\delta\in D$,位置 $\lambda\in L$,时间 $\tau\in T$。

（1）将所有网格单元上居民活动时序数据按时间进行标准化,即将一个位置上一天不同时段居民活动量的值除以当天所有时段的平均值,以便在不考虑活动量规模的情况下进行不同网格单元之间模式的对比。

$$E_{\text{norm}}(\delta,\lambda,\tau)=\frac{E(\delta,\lambda,\tau)}{\text{mean}_{\tau\in T_n}[E(\delta,\lambda,\tau)]} \tag{5.2}$$

其中：$E_{\text{norm}}(\delta,\lambda,\tau)$ 表示网格单元中标准化后的居民活动量值；$E(\delta,\lambda,\tau)$ 表示居民活动量原始值；$\text{mean}_{\tau\in T_n}[E(\delta,\lambda,\tau)]$ 表示一天内居民活动量的均值。

（2）对于具有单一功能类别标签的网格单元，如图 5.1(a) 中的网格单元 C_1 和 C_2 所示，可以计算一个 $n\times n$ 的相关矩阵：

$$\boldsymbol{C}(\text{loc})=\sum_{\text{day}=1}^{m}\boldsymbol{E}_{\text{norm}}(\delta,\lambda,T)\boldsymbol{E}_{\text{norm}}^{\top}(\delta,\lambda,T) \tag{5.3}$$

其中：$\boldsymbol{C}(\text{loc})$ 表示一个网格单元上各天居民活动序列之间的协方差矩阵；$\boldsymbol{E}_{\text{norm}}(\delta,\lambda,T)$ 表示居民活动量序列向量；$\boldsymbol{E}_{\text{norm}}^{\top}(\delta,\lambda,T)$ 表示居民活动量序列向量的转置。

（3）计算相关矩阵 $\boldsymbol{C}(\text{loc})$ 的特征值和特征向量，并根据特征值从大到小对特征向量进行排序。

（4）从特征值较大的特征向量中选取一个或多个，作为表征单一功能类型网格单元的特征向量原型，并计算所有单一类型网格单元样本上的特征向量原型，构建"特征向量原型—城市功能类型"规则库。

（5）对于研究区任意待分类网格单元，按第（2）到（4）步骤中提到的方法，分别计算每个网格单元居民活动数据的特征向量。

（6）将不同网格单元上的特征向量与"特征向量原型—城市功能类型"规则库中的记录进行对比分析，从而推断任一网格单元上的城市功能类型。

利用特征分解方法进行城市功能区划分的优点在于特征向量能直观反映各类型功能区上居民的活动模式，因而划分过程清晰。缺点是只能区分某些特定的功能区类型（例如商业和居住），而针对居民活动序列模式差异较小的功能区划分效果不理想。

2. 随机森林方法

随机森林方法是由 Leo Breiman 于 2001 年提出的一种集成学习方法（Breiman，2001）。用于分类时，模型在训练中构建包含多个彼此独立的决策树分类器，当输入待分类样本时，每个决策树先单独对样本进行分类，然后所有单个决策树输出结果投票决定最终的分类结果。随机森林克服了决策树方法存在的过拟合问题，对噪声和异常值均有较好的容忍性，对高维数据分类问题具有良好的可扩展性和并行性。此外，随机森林是基于数据驱动的一种非参数分类模型，只需对给定样本进行学习并获得分类规则，并不需要分类的先验知识（董师师 等，2013）。

随机森林方法的核心原理是将自主聚合（bootstrap aggregation）方法用于决策树。假设有训练数据集 X,Y，其中，$X=x_1,x_2,\cdots,x_n$ 为数据实例，$Y=y_1,y_2,\cdots,y_n$ 是实例的隐含标签。在训练过程中，如图 5.2 所示，每次从数据实例中进行有放回抽样并针对每次抽样建立一个独立的决策树，重复 K 次这个过程得到 K 个独立的决策树分类器，由这 K 个独立的决策树分类器组成随机森林分类器。

在利用随机森林方法进行城市功能区划分时，需要有两类数据支撑，一类是空间单元

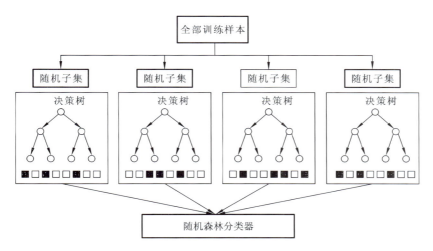

图 5.2　随机森林训练过程示意图

特征数据(如居民活动数据),一类是已有的城市区域功能划分数据(如城市功能区划图)。以基站通话量数据为例,模型训练之前,为了消除不同空间单元之间通话总量差异的影响,需要对数据进行标准化:

$$q_i^{\mathrm{norm}}(t) = \frac{q_i^{\mathrm{abs}}(t) - \mu_{q_i^{\mathrm{abs}}}}{\delta_{q_i^{\mathrm{abs}}}} \tag{5.4}$$

其中:$q_i^{\mathrm{abs}}(t)$ 为 t 时刻空间单元 i 的居民通话量;$\mu_{q_i^{\mathrm{abs}}}$ 为该空间单元采样时段内居民通话量的均值;$\delta_{q_i^{\mathrm{abs}}}$ 为采样时段内居民通话量的标准差。

将居民通话量数据与已有城市功能区划数据进行空间匹配和聚合,可以得到训练数据集 Q,C,其中 $Q = q_1^{\mathrm{norm}}, q_2^{\mathrm{norm}}, \cdots, q_n^{\mathrm{norm}}$ 为选取的 n 个空间单元上的标准化后的居民通话量数据,$C = C_1, C_2, \cdots, C_n$ 为根据功能区划数据得到与 Q 对应的类别标签。对该样本进行有放回的随机采样并根据每次采样数据分别训练得到决策树,从而构建基于居民通话数据的城市功能区划分随机森林模型,进一步对无类别标签的空间单元进行功能划分。

利用随机森林方法进行城市功能区划分的优点在于对特征差异的敏感度高,因而分类精度较高。不足之处在于随机森林方法属于黑箱操作,除了模型训练之外整个分类过程由数据驱动,难以解释其进行功能区划分的机制。

3. 半监督-模糊 C 均值聚类

在训练样本不足或者先验知识不足以支持城市功能区的监督分类时,可以选择半监督方法。半监督分类方法通过引入部分具有类别标签的数据进行监督学习,可有效避免非监督分类的结果误差较大和后期类别归并困难的不足,从而提升分类精度。这里以半监督-模糊 C 均值聚类方法为例进行介绍。

以城市基站通话量数据 CDR(call detailed record)为例,基于此数据,利用半监督-模糊 C 均值方法进行城市功能区划分时,同样需要先对空间单元进行划分,并将基站点位置分配到对应的空间单元。在此基础上，针对每个空间单元，构建基于居民通话活动的特征向量 $Z_i = [X_i\beta \cdot Y_i]$。其中，$Z_i(\{z_{ij}, i=1,2,\cdots,n; j=1,2,\cdots,T\})$ 表示空间单元 i 的组合向量，$X_i(\{x_{ij}, i=1,2,\cdots,n; j=1,2,\cdots,T\})$ 是空间单元 i 的活动模式序列，n 是空间单元的数目，T 是活动序列中时间段（例如 1 h）的数目，Y_i 是活动量。在将 Z_i 作为方法的输入之前，需要结合已有的城市功能区划数据或者实地调查数据获得其中一些空间单元的功能类别标签，对参数 β 进行训练，得到 β 的取值。然后，将特征向量 Z_i 和已有类别标签数据作为半监督-模糊 C 均值方法的输入，得到空间单元居民活动特征向量的模糊聚类结果，并结合专家知识对活动模式对应的城市功能类型进行推断。半监督-模糊 C 均值方法的基本原理如下。

定义 5.1　模糊簇　令 $\chi = \{x_1, x_2, \cdots, x_m\}$ 为基于基站通话量反演的城市居民活动数据集，其中，x_i 表示第 i 个空间单元上 n 个时段居民活动量序列组成的特征时序向量，即 $x_i = \{x_{i1}, x_{i2}, \cdots, x_{im}\}$，同时，$x_i$ 可表达为一个点。设模糊簇集 $C_1, C_2, \cdots, C_k$ 是 χ 所有可能模糊子集的一个子集，也就是说，为每个点 x_i 赋予一个属于每个簇 C_j 的隶属度为 w_{ij}，则 w_{ij} 的值介于 0~1。这里，每个模糊簇 C_j 表现出的数据特征对应一种城市功能区类型。为了确保簇形成模糊伪划分（fuzzy pseudo-partition），必须满足两个条件：① 对于特征向量 x_i，它属于每个簇的隶属度的总和为 1，即 $\sum_{j=1}^{k} w_{ij} = 1$；② 每个簇 C_j 至少包含一个属于该簇的隶属度不为 0 的点（功能区类型不能为空），但一个簇不能以隶属度为 1 包含所有的特征向量（所有空间单元不能同属某一种功能区类型），即 $0 < \sum_{j=1}^{m} w_{ij} < m$。

定义 5.2　模糊 C 均值聚类目标函数　模糊 C 均值聚类是 K 均值聚类的模糊版本。在 K 均值聚类所用目标函数均方误差和（sum of the squared errors，SSE）最小的基础上，模糊 C 均值聚类的目标函数 Q 需要作如下修正：

$$Q(C_1, C_2, \cdots, C_k) = \sum_{j=1}^{k} \sum_{i=1}^{m} w_{ij}^p \, \text{dist}\,(x_i, c_j)^2 \tag{5.5}$$

其中：c_j 是第 j 个特征时序向量簇的中心；p 是确定权重效应的指数，取值在 1 和 ∞ 之间。

定义 5.3　半监督-模糊 C 均值聚类目标函数　半监督-模糊 C 均值（semi-supervised fuzzy c-means clustering algorithm，SS-FCM）是模糊 C 均值方法的一种扩展，它通过具有类别标签的数据提供的先验知识引导无类别标签数据的聚类（Lai et al.，2013）。半监督-模糊 C 均值通过在模糊 C 均值的目标函数后加上监督学习项产生新的目标函数：

$$J = \sum_{i=1}^{m} \sum_{j=1}^{k} w_{ij}^p \, \text{dist}\,(x_i, c_j)^2 + \partial \sum_{i=1}^{m} \sum_{j=1}^{k} (w_{ij} - f_{ij} b_j)^p \, \text{dist}\,(x_i, c_j)^2 \tag{5.6}$$

其中：x_i 表示数据集 χ 中的数据点；c_j 为 j 个簇的中心；m 为研究区空间单元的总数；k 为簇的数目，即划分目标中功能类型的总数；w_{ij} 为点 i 属于簇 j 的隶属度；$\text{dist}(x_i, c_j)$ 为点 i 到簇中心 c_j 的距离；p 是模糊器参数；f_{ij} 是功能类型已知的点 i 属于簇 j 的隶属度；b 是指示数据点所在空间单元是否类型已知的布尔向量；∂ 是平衡监督和非监督成分对分类目标贡献程度的权重参数。

除了需要事先确定参数 ∂ 之外，半监督-模糊 C 均值聚类与 K 均值和模糊 C 均值的聚类思想相同：首先对聚类中心进行初始化，之后重复计算每个簇的中心和模糊伪划分，直到划分结果不再改变。半监督-模糊 C 均值聚类方法的具体步骤如下。

（1）参数初始化。根据经验或数据特征确定模糊簇参数 p 和平衡参数 ∂，并随机初始化模糊簇中心和隶属度权值。设定隶属度权值时，限定条件是每个对象属于不同簇的隶属度权值之和为 1。需要注意的是，与 K 均值一样，随机初始化簇中心虽然简单，但常常会导致聚类结果只是 SSE 的局部最小情形。

（2）计算簇中心。式（5.7）给出的中心定义可以通过半监督-模糊 C 均值的目标函数公式（5.6）推导出来。

$$c_j = \sum_{i=1}^{m} w_{ij}^p \boldsymbol{x}_i \bigg/ \sum_{i=1}^{m} w_{ij}^p + \partial \sum_{i=1}^{m} (w_{ij} - f_{ij}b_j)^p \boldsymbol{x}_i \bigg/ \sum_{i=1}^{m} (w_{ij} - f_{ij}b_j)^p \tag{5.7}$$

模糊中心的定义类似于传统中心的定义，不同之处在于所有对象都要考虑，即任意空间单元至少在某种程度上属于某一城市功能区类型，并且每个点对中心的贡献要根据它的隶属度进行加权。

（3）更新模糊伪划分。由于模糊伪划分由权值定义，这一步涉及更新与第 i 个点和第 j 个簇相关联的隶属度 w_{ij}。式（5.8）给出的权值更新公式可以通过限定隶属度之和为 1，根据式（5.6）给出的目标函数 J 导出。

$$w_{ij} = (1/\operatorname{dist}(\boldsymbol{x}_i, \boldsymbol{c}_j)^2)^{\frac{1}{p-1}} \bigg/ \sum_{q=1}^{k} (1/\operatorname{dist}(\boldsymbol{x}_i, \boldsymbol{c}_q)^2)^{\frac{1}{p-1}} \tag{5.8}$$

当 $p = 2$ 时，可以得到相对简单的隶属度更新公式（5.9）。

$$w_{ij} = 1/\operatorname{dist}(\boldsymbol{x}_i, \boldsymbol{c}_j)^2 \bigg/ \sum_{q=1}^{k} 1/\operatorname{dist}(\boldsymbol{x}_i, \boldsymbol{c}_q)^2 \tag{5.9}$$

对于式（5.9），权值 w_{ij} 指明点 $\boldsymbol{x}_i$ 在簇 C_j 中的隶属度。如果 $\boldsymbol{x}_i$ 靠近中心 $c_j(\operatorname{dist}(\boldsymbol{x}_i, \boldsymbol{c}_j)$ 比较小），则 w_{ij} 应当相对较高；而如果 $\boldsymbol{x}_i$ 远离中心 $c_j(\operatorname{dist}(\boldsymbol{x}_i, \boldsymbol{c}_j)$ 比较大），则 w_{ij} 相对较低。如果 $w_{ij} = 1/\operatorname{dist}(\boldsymbol{x}_i, \boldsymbol{c}_j)^2$，即 w_{ij} 等于式（5.9）的分子，则 w_{ij} 能满足这种需求。然而，为了保证能一个点属于所有簇的隶属度之和等于 1，需要通过除以式（5.9）中的分母对 w_{ij} 进行归一化。

（4）交替更新上述第（2）步中的目标函数和第（3）步中的权重矩阵，当目标函数达到最小值时，聚类过程完成，将活动特征向量划分到不同的簇。进一步结合已有类别标签数据和专家知识，可对空间单元上的空间类型进行划分。

相对于监督分类方法而言，半监督-模糊 C 均值方法用于城市功能区划分其优点在于当先验知识不足时，仍可利用有限的专家知识进行辅助分类。

4. 生态学指数方法

为了满足城市高效运行的需求，城市土地利用集约的趋势越来越明显。城市土地集约利用的一个重要体现是城市区域功能的高度混合，以实现更高的社会经济效益，提升城市活力，实现城市的可持续发展。城市功能混合主要指居住、工业、商业、文化、公共机构等功能用地在空间上的组合（Yue et al.，2017）。从微观尺度上看，用单一功能来体现城市内部区域整体功能变得越来越困难，城市功能区识别相关研究转而通过研究城市区域功能混合情况来认识城市功能区特征，而不是对城市功能区进行明确的划分。这类研究的典型做法是将生态学中的多样性指数方法用于对城市区域功能混合情况的刻画。其中，熵指数是定量衡量城市功能混合最常用的指标，此外，还包括相异指数（不同功能邻接地块的数目）和工作／居住比（Litman，2005）。这里对两种典型的熵指数进行介绍。

1）香农熵

香农熵由美国数学家、信息论创始人 Shannon 提出（Shannon，1948）。熵是衡量状态不可预测性，或者说状态平均信息量的指标。香农将具有概率质量函数 $P(X)$ 的随机样本 $\{X_1, X_2, \cdots X_n\}$ 的熵定义为

$$H(X) = E[I(X)] = E[-\ln(P(X))] \tag{5.10}$$

其中：$I(X)$ 表示 X 的信息量；$E[I(X)]$ 表示 $I(X)$ 的期望值。基于此，熵可以表示为

$$H(X) = \sum_{i=1}^{n} P(x_i) I(x_i) = -\sum_{i=1}^{n} P(x_i) \log_b P(x_i) \tag{5.11}$$

其中：b 为对数的底，常取值 2、自然常数 e 和 10。当 $P(x_i) = 0$ 时，加和项 $0 \log_b 0$ 取值为 0，符合极限：

$$\lim_{p \to 0+} p \log(p) = 0 \tag{5.12}$$

地理学和城市规划研究中，可定义基于香农熵的城市功能混合度衡量指标（Frank et al.，2007）：

$$H = -\sum_{i=1}^{n} \frac{p_i \ln p_i}{\ln n} \tag{5.13}$$

其中：p_i 表示第 i 种功能类型的相对丰度（出现比例）；n 表示空间单元中城市功能类型的总数。

2）希尔数

Yue 等（2017）将生态学中的希尔数（Hill numbers）指标用于衡量城市功能混合情况。该方法的输入为空间单元中不同城市功能类型的相对丰度（比例）和功能类型总数。将空间单元中的 POI 类型数据作为输入，用 POI 的类型代表城市功能类型，从而对特定空间单元的功能混合情况进行定量研究。与常用的香农熵相比，通过对阶数 q 的控制，该指标可以反映多个层面上的混合特征。希尔数指标可以表示为

$$D^{(1)} = \left(\sum_{i=1}^{s} p_i^q \right)^{\frac{1}{1-q}} \tag{5.14}$$

其中：D 是混合度指数；s 表示研究区城市功能类型的数目；第 i 种类型的城市功能的相对丰度为 p_i；参数 q 是多样性的阶数，表示指标对相对丰度的敏感程度。

当 $q = 0$ 时，指标为丰度指数：

$$D = \sum_{i=1}^{s} p_i^0 \tag{5.15}$$

其中：p_i 表示空间单元内第 i 种类型功的相对丰度；s 表示空间单元中城市功能类型的总数。在表达城市功能多样性时，丰度指数 D 可以表示特定区域不同城市功能类型的数目。这个值越大，表明区域城市功能更丰富，该指标只关注不同类型功能之间的相对多少，而对功能区块的数目不敏感。

当 $q = 1$ 时，指标变为香农熵的指数形式，它可以根据不同类型功能区块的频数来衡量类型的权重，而不偏向任何类型：

$$D^{(1)} = \exp\left(-\sum_{i=1}^{s} p_i \ln p_i\right) \tag{5.16}$$

其中：p_i 表示空间单元内第 i 种类型的相对丰度；s 表示空间单元中城市功能类型的总数。在衡量城市区域功能多样性时，$D^{(1)}$ 反映了特定区域城市功能类型以及不同类型数目的有序程度。熵值高意味着有序性减少或者随机，即不同城市功能在同一空间单元中的混合度较高；而熵值低意味着更有序，即空间单元中的城市功能相对单一。

当 $q = 2$ 时，指标为辛普森指数的倒数：

$$D^{(2)} = \frac{1}{\sum_{i=1}^{s} p_i^2} \tag{5.17}$$

其中：p_i 表示空间单元内第 i 种类型的相对丰度；s 表示空间单元中城市功能类型的总数。辛普森指数衡量了从样本中随机选取的两个个体属于同一类的概率，$D^{(2)}$ 可以用来度量特定区域功能区的丰度，也可以反映不同类型功能区的相对丰度，即均衡度。

相对于前面介绍的针对单一类型土地利用功能区划分的方法，基于生态学指数的方法不对特定城市功能类型进行明确划分，而是关注城市功能的混合状况，这对于认识不同城市区域的活力具有重要意义。不足之处是，该方法对空间单元的划分方式和尺度较敏感，使用时需要对可变面积单元问题（MAUP）进行专门探讨。

5.3.2　研究实例

居民的日常活动行为与城市的社会功能区划密切相关。随着手机的广泛使用，大规模的居民通话活动行为得以记录。利用人们的通话模式特征可反映居民日常活动行为的差异，从而为城市社会功能区识别提供新的途径（Andrienko et al.，2013；Soto et al.，2011a，2011b）。基于手机通话数据的城市功能区识别可分为两步，首先利用手机通话数据提取居民通话活动模式，然后基于居民通话活动模式的差异判别城市功能区类型。利用手机数据提取的居民通话模式主要包含两方面的居民通话特征，一是通话模式，其定义为在一定时间段内各小时通话量的时间序列；二是通话量，其定义为在一定时间段内产生的通话总次数。为了将手机通话数据应用到城市功能区识别中，Toole 等（2012）结合手机通话数据中居民的标准化通话模式与通话量提出了一种监督分类方法，即首先将各空间单元内原始通话数据合成为工作日-周末的"两日"时间序列，进行 Z 值标准化，用 Z 值与所有空间单元平均 Z 值的差表示该空间单元的通话活动；然后利用随机森林方法（Breiman，2001）来识别城市功能区类型。该方法虽然显著提升了城市功能区划分的精度,但存在两方面问题(Pei et al.,2014a)。一方面,随机森林与神经网络方法类似,是一个黑箱模型(Berthold,2010),其分类结果难以解释;另一方面,仅用"两日"通话模式来推断城市用地类型,忽略了居民活动行为在工作日之间以及双休日之间所存在的差异(Jia et al.,2012;Liu et al.,2012;Soto et al.,2011a)。基于此,Pei 等(2014a)通过"四日"标准化通话模式与通话量的线性组合建立了一种新的向量来刻画居民通话活动,并提出了一种新的半监督分类方法对该向量进行分类,最终实现城市功能区的识别。该方法不仅使得城市功能区划分结果更容易解释,而且可以反映通话模式和通话量分别对于城市功能区划分结果的影响。以新加坡手机通话数据验证该方法,其城市功能区的识别率达 58.03%。进一步分析结果表明,基于该方法的城市功能区识别率随着土地利用异质性的升高而降低、随着手机基站密度的升高而升高。下面以该方法为例,简要介绍城市功能区识别的关键步骤和主要结果。

1. 研究数据

该实例以新加坡为研究区,研究数据来自新加坡超过 5500 个基站每小时累计通话数据,时间跨度为 2011 年 3 月 28 日至 2011 年 4 月 3 日总共 7 天。各基站每小时累计通话活动通过 Erlang 数据(Reades et al.,2009)表达,其中 1 Erlang 代表"单用户每小时产生的通话量",相当于一个用户 1 小时、或两个用户每人半小时、或三十个用户每人两分钟的通话量等。

将研究区内 7 天的手机通话数据分为普通工作日(周一、周二、周三、周四)、周五、周六与周日共 4 种时间背景,分别考虑 4 种时间背景下居民通话模式与通话量的综合特征。如此处理主要出于两个方面的考虑。一方面,普通工作日(周一至周四)为居民的正常工作时间,各工作日之间的通话模式及通话量差异比较小,因此可将周一至周四的平均通话特征作为同一种时间背景下的通话模式。另一方面,周五、周六、周日的通话特征差异较大,因此视为三种不同的通话模式。由此,该研究考虑"四日"(即普通工作日、周五、周六、周日)时间背景下各基站范围内的居民通话模式,根据通话模式特征差异进行聚类,以获得不同的城市功能区识别结果。

2. 度量指标

为提高聚类精度,需提取出不同用地类型上居民通话模式的时序特征。根据新加坡土地利用规划信息,城市用地类型分为居民区、工业区、商业区、空地及其他用地。综合参考遥感影像、POI 数据(来自 Google Earth)以及数位新加坡当地居民提供的信息,研究从上述 5 种用地类型中共选取 200 个样本(居民区 40 个样本、工业区 40 个样本、商业区 20 个样本、空地 80 个样本、其他用地 20 个样本),分析不同用地类型上居民通话模式的时序特征。为确保样本代表性,样本选取满足三个规则:①样本选自具有单一用地类型的区域;②避免在不同用地类型边界处选取样本;③优先选取离手机基站近的样本。经标准化处理后,基于该样本数据的不同用地类型通话模式其时序特征如图 5.3 所示。

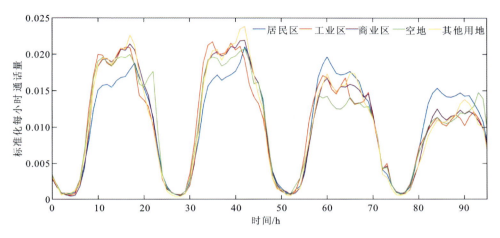

图 5.3　不同用地类型通话模式时序图

（1）居民区。普通工作日时间背景下，居民区通话模式的序列中第一个显著递增状态结束的拐点出现于早上 10 点。即从早上 5 点开始至早上 10 点居民通话量序列呈显著递增状态，反映居民结束夜间睡眠后开始日间活动（该通话量递增状态在每种用地类型中均存在，只是递增状态结束的时间点不同）。10 点后至晚上 6 点呈平缓上升状态，直至晚上 6 点通话量达到峰值，随后开始递减，直至第二天早上 5 点。周五的通话序列与普通工作日类似，但显著递增状态结束的拐点出现在上午 11 点，接着开始缓慢递增直至晚上 6 点达到峰值。周六、周日两天通话序列的递增状态结束的拐点进一步推迟至中午 12 点，且显著递增状态结束后无缓慢递增。其中，周六表现为中午 12 点以后通话量一直递减，直至第二天早上五点；周日则表现为中午 12 点以后通话量呈平缓变化直至晚上 6 点后开始递减。

（2）工业区。普通工作日时间背景下，工业区通话模式的序列中有早上 10 点与晚上 4 点至 5 点两个峰值。即通话量递增的状态持续到早上 10 点后出现下降，至中午 12 点半左右达到低谷，随后开始上升直至晚上 4 点或 5 点再次达到峰值，随后又开始下降。周五只有一个峰值，白天通话量的峰值出现在早上 9 点，随后递减，10 点后处于平稳状态直至下午 5 点后又开始递减。周六、日与工作日的通话模式明显不同，其白天通话量的高峰都持续到晚上 9 点或 10 点才结束。

（3）商业区。从图上看，商业区通话模式呈现出与居民区非常近似的时序特征。二者的相同点在于，商业区通话模式序列曲线拐点出现的时刻与居民区拐点出现的时刻都较为接近，因此其通话模式序列形状与居民区基本相同；不同点在于，居民在普通工作日与周五的标准化每小时通话量都高于商业区，而在周六与周日的标准化每小时通话量都低于商业区；且居民区只在周日时间背景下标准化通话量明显降低，而商业区是在周六、周日时间背景下标准化通话量都明显低于普通工作日和周五的标准化通话量。

（4）空地。与其他用地类型不同，空地白天通话量高峰状态持续时间较长，无论哪种时间背景下其通话量都是到夜间 10 点以后才开始递减。

（5）其他用地。普通工作日及周五时间背景下，其他用地的通话模式序列与居民区相似，只是峰值更高。周六、周日通话量的峰值明显低于普通工作日与周五，且周六中午12 点至下午 5 点之间会出现一个通话量的低谷。

由此可知，除了商业区与居民区间的居民累计通话量序列不容易区分之外，其他的用地类型其通话模式序列间均存在显著差异，因此可通过居民通话模式序列进行城市功能区划分。已有研究正是基于手机通话数据所提取的这种通话模式，即基站范围内通话量时间序列来完城市功能区的识别。例如 Soto 等（2011a，2011b）利用一个工作日与一个双休日两天的标准化通话量序列（48 个时间序列点）进行用地分类；Frias-Martinez 等（2012）用同样的方法处理 Twitter 数据，分别考虑平均工作日与平均双休日下的 Twitter活动状态，对用地类型进行划分。已有研究能在一定程度上识别不同用地类型，但对于具有异质性的用地类型则无法进行区分，如本例中的商业区与居民区，二者标准化后的通话模式序列非常相似，难以区分。这时，需要进一步引入通话总量特征进行用地分类。比较不同用地类型样本通话总量发现，商业区的通话总量明显高于其他类别，这是区分商业区和居民区的重要特征。因此，通话总量可帮助研究者对城市功能区进行更加有效地识别。

3. 研究方法

本例中，首先对研究区进行网格化，提取各网格单元内手机通话活动特征，根据格网单元内通话活动特征差异对格网单元进行聚类，并通过正确划分的网格数量来评估该方法的识别精度。具体地，利用该方法进行城市功能区识别，其主要方法流程包括：手机通话数据网格化、网格单元通话序列特征提取、综合向量聚类、聚类结果后处理四个部分。

（1）手机通话数据格网化。将研究区划分为 200×200 m 的规则格网，共形成完整覆盖新加坡的 20 360 个格网单元。

（2）网格单元通话序列特征提取。包括每小时通话量时间序列与研究时段内的总通话量。其中，每小时手机通话量时间序列的提取由四个步骤完成：首先利用基站位置生成Voronoi 多边形，然后用每个基站多边形的通话量除以该多边形的面积计算通话量密度，接着利用反距离加权法（inverse distance weighted，IDW）得到每小时网格内的通话量，最后在"四日"时间背景下得到所有网格单元 96 个时间点的通话时间序列。结合"四日"的总通话量进行标准化，最终构建各格网单元通话模式综合向量，即包含 96 维每小时通话量序列及 1 维总通话量。

（3）综合向量聚类。利用半监督-模糊 C 均值聚类方法对所有网格单元的综合向量进行聚类。通过每次执行半监督-模糊 C 均值聚类产生的验证指数（类间距与类内距比值）来确定聚类的数目（Ray et al.，1999），该方法可为分类后处理保留聚类类别的自然结构特征，以避免因预先定义聚类个数而将同一种用地类型划分到不同聚类簇中。

（4）聚类结果后处理。将距离聚类中心最近的样本所属用地类型视为该类簇的用地类型。若类簇个数大于实际用地类型个数，则至少有一种用地类型会被分配到多个类簇中；反之，若类簇个数小于实际用地类型个数，则采用用地类型的个数对综合向量进行重聚类。

4．结果分析

利用半监督–模糊 C 均值聚类对手机累计通话序列综合向量进行聚类，经过后处理分配得到 5 种土地利用类别，分别为居民区、工业区、商业区、空地与其他用地，所有用地类型正确识别率为 58.03%。各类用地被正确划分的单元个数及正确率如表 5.1 所示。

表 5.1　用地类型识别结果

	居民区	工业区	商业区	空地	其他用地
被正确划分的单元个数	2 182	2 268	223	6 648	493
正确识别率	0.491 2	0.501 8	0.345 7	0.762 2	0.242 8

由表 5.1 可知，用地类型的识别率由高至低依次为空地、工业区、居民区、商业区及其他用地。只有居民区、工业区及空地的识别率接近或超过 50%，商业区及其他用地识别率低于 50%。究其原因，居民区、工业区及空地的居民活动行为具有较明显的时空变化规律，比如居民在白天上班期间会离开居住地，使得居民区的通话时间序列在每日的早上 9 点至下午 5 点之间产生低谷，而工业区的通话时间序列在此时间段则恰好相反。因此，居民区、工业区及空地的划分受人口密度及流入流出等动态变化的影响，具有较高的识别度。相比之下，商业区的居民活动行为规律则不明显，且商业区的用地类型存在较大异质性。根据 2008 年新加坡总体规划，超过 45% 的商业区被建设为"一楼商铺居住地"或"居住商用两用地"，由此造成商业区难以正确判别。这种结果与 Toole 等（2012）得到的结论一致，即土地利用类型的异质性有可能导致错误的分类结果。

本例中，基于手机通话数据的城市功能区识别结果如图 5.4 所示。其中，对照新加坡实际用地规划图，本例所识别的城市功能区与新加坡实际用地规划图不一致的区域采用斜线阴影纹理进行标识。

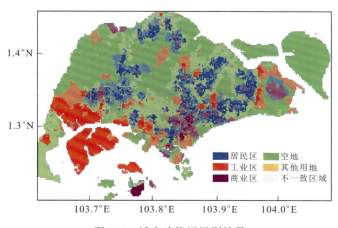

图 5.4　城市功能区识别结果

（1）居民区与商业区的混淆程度较高。例如，图上南部紫色斜线阴影区域，基于手机通话数据被识别为商业区,而用地规划图上显示为居民区。居民区与商业区的混淆程度较高地受到新加坡政府用地规划过程中"商住两用"政策的影响。

(2)居民区、工业区及商业区都容易与空地造成混淆。例如,图上中南部、西南角及北部的绿底斜线阴影区域,基于手机通话数据均被识别为空地,而用地规划图上分别显示为工业区、居民区及商业区。再如,图上东部的橘底、蓝底及紫底斜线阴影区域,基于手机通话数据分别被识别为工业区、居民区与商业区,而用地规划图上却均显示为空地。究其原因,一方面,城市用地类型的定义与基于手机通话数据所识别的城市社会功能区特点本身存在差异。例如,在新加坡 2008 年的用地规划图中,东部机场区域是一个同质的空地,但实际上飞机跑道与机场航站楼在社会功能上应分属于不同的城市功能区。因为航站楼通话量很大、飞机跑道的通话量很小,所以基于手机通话数据,航站楼被识别为商业区、机场跑道被识别为空地。另一方面,不清晰的用地类型可能导致错误的识别结果(Soto et al.,2011a)。例如,新加坡西南部规划为工业区,而基于手机通话数据被识别为空地。实际上这是一块未来用于工业用途的预留空地(通过 Google Earth 的遥感影像确认),而目前还没有成为工业用地。

(3)空地类型的正确识别率显著高于其他用地类型。空地较高的正确识别率与空地区域内基站通信信号的单一性有关。各基站的通话量来自基站所在 Voronoi 多边形内通话量(Okabe et al.,2000),当基站密度很小即 Voronoi 多边形面积很大时,一个基站所在 Voronoi 多边形内可能包含多种用地类型,因而呈现出的通话模式越复杂。相反,当基站密度很大即 Voronoi 多边形面积很小时,一个基站所在 Voronoi 多边形内包含的用地类型更大程度上为单一用地类型,因而呈现出的通话模式越简单。空地由基站密度为 0 的格网单元组成,其基站信号最为单一,因此错误识别的可能性也最低。

5. 主要结论

本例首先建立用来描述网格单元内居民通话活动特征的综合向量,然后利用半监督-模糊 C 均值方法对综合向量进行聚类,从而实现城市社会功能区的识别。本例主要结论如下:①"四日"通话背景下的居民通话模式与通话量可有效地应用于城市功能区识别;②城市规划的用地类型与基于手机通话数据识别的社会功能区存在本质差异;③混合用地区域内其居民通话活动具有异质性,导致功能区识别错误率增加;④基站密度影响识别精度,除基站密度为 0 的空地以外,基站密度越高,识别精度越高。

总体来说,手机数据在城市功能区识别研究中具有良好的适用性。不足之处是,目前总体识别率不高(低于 60%)。未来工作中可从几个方面进行改进。一方面,假设识别误差在一定程度上由方法误差导致,可从两个角度减小方法误差:一是对分类模型进行改进,比如针对各网格单元内通话活动的特征,构造更有效的特征向量;二是可融合更多辅助信息进行分类,例如遥感影像数据和 POI。另一方面,城市功能区识别结果揭示了城市用地所实际承载的社会功能,识别结果与规划用地类型的不一致可能是由于土地的实际用途与政府规划中所定义的用地类型不一致所造成,需要结合实际情况来衡量识别结果的好坏。

5.4　本章小结

城市功能区的识别是掌握城市土地利用现状及规划未来城市土地功能的基础,其对发展城市结构理论、制定城市管理政策、优化城市资源配置等方面具有重要意义。大数据时代下,聚焦城市社会功能的城市功能区识别研究已成功构建了"传感器数据-人类行为-城市功能"研究范式,并在多个方面取得了令人鼓舞的研究进展,但是仍然存在一些薄弱之处,需要在未来的研究工作中进行深入探讨。

(1) 城市泛在传感器产生的个人时空大数据虽克服了之前研究存在的数据匮乏,但研究者转而要面对数据爆炸的困境。精细的个人时空大数据中充满着噪声和数据缺失的问题,如何对此类个人时空大数据进行有效的数据甄别和清洗,以提取个人活动行为特征和活动行为模式有待于深入研究。

(2) 现有的城市功能区识别研究大多采用单一来源的个人时空轨迹数据集(如手机累计通话量数据)或以某一种个人时空轨迹数据集为主辅以城市基础地理信息(如出租车GPS 数据与兴趣点数据相结合),由于单一来源的个人时空轨迹数据集仅反映城市部分人群的时空活动行为特征,往往存在有偏性。如何应用有偏样本的研究方法,以及如何针对多种来源的个人时空大数据进行信息聚合,开展城市功能区识别及其不确定性分析还需要深入研究。

(3) 在"传感器数据-人类行为-城市功能"研究范式之下,现有的人类行为与城市空间互作用研究还处于初级阶段。如何从人类行为的视角解读城市社会功能,以揭示人类活动与城市空间之间相互作用的格局、过程与机理还需要结合基于行为的城市空间研究理论与方法进行深入探索。

参 考 文 献

陈世莉,陶海燕,李旭亮,等,2016.基于潜在语义信息的城市功能区识别:广州市浮动车 GPS 时空数据挖掘.地理学报,71(3):471-483.

陈述彭,1999.城市化与城市地理信息系统.北京:科学出版社.

董师师,黄哲学,2013.随机森林理论浅析.集成技术,2(1):1-7.

窦智,2010.城市功能区划分空间聚类算法研究.成都:四川师范大学.

李新运,2005.城市空间数据挖掘方法与应用.济南:山东大学出版社.

刘瑜,康朝贵,王法辉,2014.大数据驱动的人类移动模式和模型研究.武汉大学学报(信息科学版),39(6):660-666.

陆锋,刘康,陈洁,2014.大数据时代的人类移动性研究.地球信息科学学报,16(5):665-672.

徐超,张培林,任国全,等,2011.基于改进半监督模糊 C-均值聚类的发动机磨损故障诊断.机械工程学报,47(17):55-60.

颜芳芳,2010.城市功能区发展模式研究.经济研究导刊,86(12):134-136.

Andrienko G,Andrienko N,Fuchs G,2013. Multi-Perspective Analysis of D4D Fine Resolution Data//

Blondel V, Cordes N, Decuyper A, et al., eds. Mobile Phone Data for Development (Analysis of Mobile Phone Datasets for the Development of Lvory Coast)37, 1-3 May, Cambridge, MA.

Berthold M R, 2010. Guide to intelligent data analysis. London: Springer. 394.

Bezdek J C, 1981. Pattern Recognition with Fuzzy Objective Function Algorithms. Norwell: Kluwer Academic. 256.

Breiman L, 2001. Random forests. Machine learning, 45(1):5-32.

De Wit A J W, Clevers J, 2004. Efficiency and accuracy of per-field classification for operational crop mapping. International Journal of Remote Sensing, 25(20):4091-4112.

Dunn J C, 1973. A fuzzy relative of the ISODATA process and its use in detecting compact well-separated clusters. Journal of Cybernetics, 3(3):32-57.

Fisher P, 1997. The pixel: a snare and a delusion. International Journal of Remote Sensing, 18(3): 679-685.

Frank L D, Saelens B E, Powell K E, et al., 2007. Stepping towards causation: do built environments or neighborhood and travel preferences explain physical activity, driving, and obesity?. Social science & medicine, 65(9):1898-1914.

Frias-Martinez V, Soto V, Hohwald H, et al., 2012. Characterizing Urban Landscapes Using Geolocated Tweets//Privacy, Security, Risk and Trust (PASSAT), 2012 International Conference on 2012 International Confernece on Social Computing (SocialCom). IEEE:239-248.

Gong P, Howarth P, 1990. The use of structural information for improving land-cover classification accuracies at the rural-urban fringe. Photogrammetric Engineering and Remote Sensing, 56(1): 67-73.

Hu S, Wang L, 2013. Automated urban land-use classification with remote sensing. International Journal of Remote Sensing, 34(3):790-803.

Jia T, Jiang B, 2012. Exploring human activity patterns using taxicab static points. ISPRS International Journal of Geo-Information, 1:89-107.

Lai D T C, Garibaldi J M, 2013. Improving Semi-Supervised Fuzzy C-Means Classification of Breast Cancer Data Using Feature Selection, 2013. IEEE International Conference on Fuzzy Systems (FUZZ), IEEE:1-8.

Litman T, 2005. Land use impacts on transport: how land use factors affect travel behavior. Land Use Planning, 2005.

Liu Y, Wang F, Xiao Y, et al., 2012. Urban land uses and traffic 'source-sink areas': evidence from GPS-enabled taxi data in Shanghai. Landscape and Urban Planning, 106:73-87.

Lu D, Weng Q, 2006. Use of impervious surface in urban land-use classification. Remote Sensing of Environment, 102(1):146-160.

Manaugh K, Kreider T, 2013. What is mixed use? presenting an interaction method for measuring land use mix. Journal of Transport and Land use, 6(1):63-72.

Nock R, Nielsen F, 2006. On weighting clustering. IEEE Transactions on Pattern Analysis and Machine Intelligence, 28(8):1223-1235.

Okabe A, Boots B, Sugihara K, et al., 2000. Spatial Tessellations: Concepts and Applications of Voronoi Diagrams. Chichester: John Wiley and Sons Ltd:671.

Pei T, Sobolevsky S, Ratti C, et al., 2014a. A new insight into land use classification based on aggregated mobile phone data. International Journal of Geographical Information Science，28（9）：1988-2007.

Pei T，Sobolevsky S，Ratti C，et al.，2014b. Uncovering the directional heterogeneity of an aggregated mobile phone network. Transactions in GIS，18：126-142.

Pei T，Wang WY，Zhang HC，et al.，2015. Density-based clustering for data containing two types of points. International Journal of Geographical Information Science，29（2）：175-193.

Platt R V，Rapoza L，2008. An evaluation of an object-oriented paradigm for land use/land cover classification. The Professional Geographer，60（1）：87-100.

Ray S，Turi R H，1999. Determination of number of clusters in k-means clustering and application in color image segmentation//Pal N R，De A K，Das J，eds. Proceedings of the 4th International Conference on Advances in Pattern Recognition and Digital Techniques （ICAPRDT'99），27～29 December，Calcutta，New Delhi：Narosa，137-143.

Reades J，Calabrese F，Ratti C，2009. Eigenplaces：analysing cities using the space-time structure of the mobile phone network. Environment and Planning B：Planning and Design，36（5）：824-836.

Shaban M A，Dikshit O，2001. Improvement of classification in urban areas by the use of textural features：the case study of Lucknow city，Uttar Pradesh. International Journal of Remote Sensing，22（4）：565-593.

Shannon C E，1948. A mathematical theory of communication，Part I，Part II. Bell Syst. Tech. J.，27：623-656.

Shannon C E，2001. A mathematical theory of communication. ACM SIGMOBILE Mobile Computing and Communications Review，5（1）：3-55.

Shaw S L，Tsou M H，Ye X Y，2016. Editorial：human dynamics in the mobile and big data era. International journal of geographical information science，30（9）：1687-1693.

Soto V，Frias-Martinez E，2011a. Automated land use identification using cell-phone records. Proceedings of the 3rd ACM International Workshop on MobiArch，HotPlanet 11～28 June，Bethesda，MD，17-22.

Soto V，Frias-Martinez E，2011b. Robust land use characterization of urban landscapes using cell phone data. First Workshop on Pervasive Urban Applications，12～15 June，San Francisco，1-8.

Toole J L，Ulm M，González M C，et al.，2012. Inferring Land Use from Mobile Phone Activity// Proceedings of the ACM SIGKDD international workshop on urban computing. New York：ACM，1-8.

Wu S S，Qiu X，Usery E L，et al.，2009. Using geometrical，textural，and contextual information of land parcels for classification of detailed urban land use. Annals of the Association of American Geographers，99（1）：76-98.

Yue Y，Zhuang Y，Yeh A G O，et al.，2017. Measurements of POI-based mixed use and their relationships with neighbourhood vibrancy. International Journal of Geographical Information Science，31（4）：658-675.

第6章　城市人群聚集消散特性分析

本章基于手机位置大数据,以人群聚集消散时空特性为主题,介绍人群聚集消散时空模式的提取方法,构建人群聚集消散时空动态稳定性定量评价模型,探索人群时空聚集消散特性与城市空间结构之间的关系。以深圳市为例,得到 8 种主要人群聚集消散时空模式,分析了不同模式与城市土地功能之间的关联关系,进而对城市不同功能区内的人群移动特征进行描述。城市人群聚集消散时空特性可以帮助理解城市人群移动时空动态,对城市的交通管理、城市规划等工作,甚至建立可持续发展、环境友好的宜居城市都具有重要意义。

6.1　城市人群聚集消散时空模式分析

6.1.1　概述

城市是人群生活的主要载体,人群每天要从事不同的活动(如工作、睡觉、学习、购物、娱乐等),以满足自己的生活需求。由于城市规划等原因,导致这些活动的位置并不是分布在同一个地方,而是在空间上出现隔离,所以人群不得不通过移动来克服空间上的隔离,才能到达所要从事的活动的位置,这样在空间上产生了人群移动。在国内城市中,城市规划决定了城市功能区的空间分布,城市功能区决定了城市中大多数不同活动类型位置的空间分布,这些功能区的空间分布决定了人群在城市中移动规律。人群在城市空间中移动会在一些区域出现聚集现象,而在另一些区域会出现人群消散的现象,并且这种聚集消散现象的空间分布会随着时间不断变化(杨喜平 等,2016;Yang et al.,2016)。例如在城市工业功能区,在早上通勤时间会出现大量人群聚集的现象,而在下午通勤时间就会出现人群消散现象。可见,人群聚集消散现象是城市人群移动时空模式的一个很重要的人类动态特征。

传统的调查数据由于样本量少,只能覆盖很少一部分城市居民,因此无法用来研究城市大规模群体的时空活动,轨迹大数据能够覆盖城市大部分的居民,使得研究城市大规模群体移动模式成为可能,可以用来提取城市人群聚集消散的时空特性(杨喜平,2017;杨喜平 等,2016;Shaw et al.,2016;Liu et al.,2015;Yue et al.,2014;Yuan et al.,2012)。如Liu 等(2012)采用上海市出租车轨迹数据,从中提取乘客上车和下车记录,将整个城市分成了 6 种人群移动的"source-sink areas",并结合 POI 来分析了这 6 种区域的土地利用状况,以及城市的空间结构。因此,人群移动轨迹大数据为研究城市人群聚集消散特性,以及与城市空间结构的关系提供了数据基础。

城市不同功能区汇聚了不同类型的活动,人群通过在不同的功能区之间移动来参加不同类型的活动,并且不同类型的活动的发生是与时间密切相关的,例如睡觉一般是在晚上发生的。因此,在城市不同的空间位置可能会产生不同的人群聚集消散模式。那么在城市中到底存在什么样的人群聚集消散时空模式？每种模式人群聚集消散的强度以及持续时间会有什么不同？如何来提取城市人群聚集消散时空模式？由于城市空间功能区与人群聚集消散是密切相关的,那么在城市不同功能区上会出现哪种主要的人群聚集消散模式？探索这些问题可以帮助加深理解人群在城市中移动过程中形成的动态汇聚和扩散现象,帮助理解城市人群聚集消散时空模式与城市空间结构功能区之间的关系。基于这些知识,城市管理者可以用来指导城市规划,分析城市规划对人群移动的影响,以及预测在城市中不同的功能区可能出现的人群聚集消散模式。

6.1.2　人群聚集消散定义

在城市中,某一地方人群聚集表示大量的人群在一定的时间内从其他地方汇聚到此地;相反,人群消散表示在一定的时间内有大量的人群从该地方去往城市中其他地方,人群的这种聚集消散是随着空间和时间不断变化的。人群聚集和消散通过某一地方的人群与城市中不同地方之间的移动量来描述,如图 6.1 所示。给出了某个时段地方 A 人群出去到城市其他地方和从其他地方进入 A 的人群流,则基于该人群移动 OD 矩阵可以计算出该时段该地方的人群进去流和出去流(Yang et al.,2006),计算公式如下:

$$\text{inflow}_p^t = \sum_{q \in \{Q\}} f_{qp}^t \tag{6.1}$$

$$\text{outflow}_p^t = \sum_{q \in \{Q\}} f_{pq}^t \tag{6.2}$$

其中:$\{Q\}$ 代表城市中所有地方编号的集合;f_{qp} 表示从地方 q 移动到地方 p 人群的流量;f_{pq} 表示从地方 p 移动到地方 q 人群的流量;t 代表时段。人群的进去流 inflow 和出去流 outflow 代表了该时段从其他地方流入该地方和从该地方去往其他地方的人数,反映了该地方与其他地方之间的人群移动量。人群的聚集和消散反映的是该地方人群量的变化,因此还需通过人群进去流和出去流来计算该地方人群量的变化。这里采用流入量和流出量的差值来表示该地方人群的变化量,将其标记为净流量 netflow(Yang et al.,2016),计算公式如下:

$$\text{netflow}_p^t = \text{inflow}_p^t - \text{outflow}_p^t \tag{6.3}$$

其中:netflow_p^t 表示地方 p 在时段 t 的人群变化量。基于人群变化的净流量指标,人群聚集消散的定义如下。

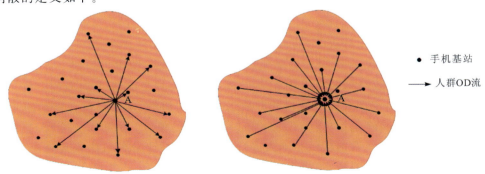

图 6.1　人群出去流和进去流(Fang et al.,2017)

131

（1）人群聚集

当 $netflow_p^t > 0$ 时，表示地方 p 在时段 t 内人群的进去流大于出去流，也就是说该地方的人数在时段 t 内不断增加，将该状态定义为人群聚集状态。$netflow_p^t$ 的值越大表示人群聚集的强度越高。

（2）人群消散

当 $netflow_p^t < 0$ 时，表示地方 p 在时段 t 内人群的进去流小于出去流，也就是说该地方的人数在时段 t 内不断减少，将该状态定义为人群消散状态。$netflow_p^t$ 绝对值越大，表示人群消散的强度越大。

除了上述的人群聚集和消散，还有一种情况：当 $netflow_p^t = 0$ 时，表示地方 p 在时段 t 内人群的进去流等于出去流，也就是说该地方的人数在时段 t 内并没有变化，因此人群变化既不是聚集状态也不是消散状态，将其定义为非聚非散。

由上述定义可以知道，人群聚集消散描述的是某地方在一定时间段内人群变化的状态，与该地方本身的人数没有关系。本节采用人群变化的净流量值 netflow 作为衡量人群聚集消散的指标，净流量指标具有以下两方面的优势：①由于净流量值是通过人群进去流和出去流的差值来计算，这样采用净流量的正负号可以用来区分该地方人群变化是聚集状态还是消散状态；②净流量反映的是人群变化量的大小，因此净流量的绝对值的大小可以用来反映该地方人群聚集或消散的强度。可见，净流量指标不仅可以反映一个地方人群变化的聚集消散状态，还可以反映人群聚集消散的强度，因此，在以后分析中将采用净流量值作为衡量一个地方人群的聚集消散的指标。

6.1.3　人群聚集消散强度等级分类

人群在城市中的移动是随着时间不断变化的，Sevtsuk 等（2010）利用手机数据分析了人群移动每小时、每天和每周的模式，发现人群移动具有显著的时间规律性，这与人群每天的生理作息规律相关。同样地，人群的聚集消散强度在一天中也是随着时间不断变化的，如在晚上由于大部分人群在家休息，城市中人群聚集消散强度会变小，而在通勤时间段，城市中人群的聚集消散强度变大。在进行人群聚集消散时空模式提取之前，首先根据净流量值采用十分位数法对全天所有的时段所有研究单元的人群聚集消散强度进行等级划分，将人群聚集消散的强度划分为不同的等级，使得可以比较不同区域或不同时间段的人群聚集消散强度。

假设城市中一个空间分析单元 i，根据式（6.3）可以计算出其在时段 j 的人群净流量值，将其记为 n_{ij}，城市所有空间分析单元所有时段的净流量值可以组成一个集合 $N = \{n_{i,j}\}$，该集合元素个数为 $M \times T$，其中 M 为空间分析单元的个数，T 为时段的个数。十分位数是将一组数据由小到大排列并将其分成 10 个不同的组，每个组包含相同的元素个数，将采用十分位数将净流量集合 N 划分成 10 个不同的等份。如图 6.2 所示，首先对净流量集合 N 中的所有元素值按从小到大进行排序，然后按十分位数法将其分成 10 个等份，这样将会返回 9 个分割断点，将其记为 $Q = [q_1, q_2, q_3, \cdots, q_9]$，其中 $q_1, q_2, q_3, \cdots, q_9$ 分别为 $10\%, 20\%, 30\%, \cdots, 90\%$ 处的净流量值，如表 3.1 所示，这样利用这 9 个断点的净流量值可以将净流量的集合 $N=\{n_{i,j}\}$ 分成 10 个子集 $[N_1,N_2,\cdots,N_k,\cdots,N_{10}]$。

图 6.2　十分位数法示意图（Yang et al.，2016）

　　由于净流量值 $n_{i,j}$ 不仅能反映人群是聚集状态还是消散状态，同时还可以反映人群聚集或消散的强度，在分类过程中，对每一个类进行人群聚集或消散强度等级划分，认为每个子集中元素具有相同的聚集消散强度等级，如表 6.1 所示，并对每一个类添加一个描述人群聚集或消散强度的等级标签 $[l_1,l_2,\cdots,l_k,\cdots l_{10}]$。对于集合 N 中的任意一个元素 $n_{i,j}$，如果它属于 N 的子集 N_k，即 $n_{i,j}\in N_k$，则对其添加相应的等级标签属性 $l_{i,j}=l_k$，这样可以得到一个描述元素聚集消散强度等级的标签集合 $L=\{l_{i,j}\}$。对于集合 N 中的任意一个元素 $n_{i,j}$，在集合 L 中都有一个元素 $l_{i,j}$ 与其对应，用来表示人群聚集或消散的等级强度。而对于子集 N_k 来说，它里面的所有元素的聚集消散强度的等级是相同的，都为 l_k。

表 6.1　人群聚集消散强度等级划分

子集	分类	等级(l)	子集	分类	等级(l)
N_1	$n_{i,j}<q_1$	l_1	N_6	$q_5\leqslant n_{i,j}<q_6$	l_6
N_2	$q_1\leqslant n_{i,j}<q_2$	l_2	N_7	$q_6\leqslant n_{i,j}<q_7$	l_7
N_3	$q_2\leqslant n_{i,j}<q_3$	l_3	N_8	$q_7\leqslant n_{i,j}<q_8$	l_8
N_4	$q_3\leqslant n_{i,j}<q_4$	l_4	N_9	$q_8\leqslant n_{i,j}<q_9$	l_9
N_5	$q_4\leqslant n_{i,j}<q_5$	l_5	N_{10}	$n_{i,j}\geqslant q_9$	l_{10}

　　人群在城市中的聚集或消散强度是不断变化的，虽然净流量值可以用来反映人群聚集或消散的强度，但净流量值的跨度非常大，例如在一些商业区人群净流量值会非常大，而在一些郊区的村庄人群的净流量又会变得非常小，这种巨大的跨度会给分析人群聚集消散强度随时间的变化带来一些困难。为了克服净流量值的这种跨度，采用十分位数法将净流量值集合等分成 10 个子集，不同的子集人群聚集或消散的强度不同，然后对每个子集中的元素添加等级标签以代表其人群聚集消散的强度，对于处于同一个集合中的元素，认为其人群聚集消散的强度等级是处于同一水平的，因此同一个子集中所有元素的等级标签是相同的，最后得到一个描述人群聚集消散强度的等级标签集合 $L=\{l_{i,j}\}$，这个标签集合中的元素 $l_{i,j}$，表示空间分析单元 i，在时段 j 的人群聚集消散强度的等级。在后面的分析中，描述人群聚集消散强度的等级标签 $l_{i,j}$ 将被用来提取人群聚集消散时空模式。

6.1.4　人群聚集消散时空聚类

　　人群聚集消散时空模式是指城市人群在移动过程中形成的具有典型时间和空间特征的聚集消散现象。Andrienko 等（2006）采用模型 $S\times T=A$ 来表达时空数据集，其中 S 表示空间分析单元集合，T 表示的是时段集合，A 是语义或者属性集合，可以构建一个基于空间分析单元和时段的函数 $a=f(s,t)$，其中 $s\in S,t\in T$，这样对于任意一个空间单元和时段,可以知道其属性值 a。基于该时空数据表达模型,时空分析可以分为以下两个方面。

(1) 当将时段固定为 $t=t_0$ 时,可以得到一个包含所有空间分析单元的属性集合 $A=\{a_i=f(s_i,t_0)\}$,将该分析称为 Space in Time。

(2) 当将空间分析单元固定为 $s=s_0$ 时,可以得到该空间单元所有时段的属性集合 $A=\{a_j=f(s_0,t_j)\}$,将该分析称为 Time in Space。

基于以上理论知识可知,在人群聚集消散时空分析中,同样可以对聚集消散进行以下两方面的分析。

(1) 对同一个时段,城市中不同区域的人群聚集消散强度存在差异,可以用来比较同一时段不同空间分析单元之间人群聚集消散的强度差异。

(2) 对同一个空间分析单元,不同的时段人群聚集消散强度会存在差异,可以比较其在不同时间段人群聚集消散强度变化。

无论是从空间的角度来分析某个时段所有空间分析单元的人群聚集消散的空间模式,还从时间的角度来分析某个空间分析单元中人群聚集消散随时间的变化,首先需要构建一个用于进行时空分析的语义或属性矩阵 $\boldsymbol{A}$。结合上一节内容,首先完成用来描述人群聚集消散强度的等级标签集合 $L=\{l_{i,j}\}$ 的构建,下面将基于该标签集合来构建人群聚集消散时空分析的属性矩阵。

对于一个确定的空间分析单元 i,从标签集合 $L=\{l_{i,j}\}$ 中搜索属于该空间单元的所有标签,得到该空间分析单元所有时段的标签子集,然后将该子集中的元素按时间先后顺序进行排序,得到该空间分析单元人群聚集消散强度的时间序列,记为:$V_i=[l_{i,1},l_{i,2},l_{i,3},\cdots,l_{i,T}]$,$T$ 为时段的个数,这样对于每一个空间分析单元,都会有一个人群聚集消散强度的时间序列,将每个时间序列看作行向量,可以得到一个描述整个城市所有空间单元人群聚集消散强度随时间变化的矩阵(Yang et al.,2016):

$$\boldsymbol{V}=\begin{bmatrix}V_1\\V_2\\V_3\\\vdots\\V_M\end{bmatrix} \tag{6.4}$$

其中:M 为空间分析单元的个数;同样地,对于每个时段 j,也可以从标签集合 $L=\{l_{i,j}\}$ 搜索属于该时段的所有标签,得到该时段所有空间分析单元的标签子集,将子集中的元素按空间单元的编号进行排列,得到该时段所有空间分析单元人群聚集消散强度的向量,记为 $\boldsymbol{U}_j=[u_{1,j},u_{2,j},u_{3,j},\cdots,u_{M,j}]$,将每个时段看作一个列向量,同样可以得到一个描述人群聚集消散强度的时间序列矩阵(Yang et al.,2016):

$$\boldsymbol{U}=[U_1,U_2,U_3,\cdots,U_T] \tag{6.5}$$

其中:T 为时段的个数,在矩阵 $\boldsymbol{V}$ 中,V_i 表示空间分析单元 i 一天中人群聚集消散强度随时间的变化;在矩阵 $\boldsymbol{U}$ 中,U_j 表示在时段 j 城市所有空间分析单元中人群聚集消散强度差异。虽然两个矩阵分别用行向量和列向量构成,但都是由人群聚集消散强度的等级标

签集合构建的,因此两个矩阵是相等的,矩阵中的元素如下(Yang et al.,2006):

$$V=U=\begin{Bmatrix} l_{1,1}, & l_{1,2}, & l_{1,3}, & \cdots, & l_{1,T} \\ l_{2,1}, & l_{2,2}, & l_{2,3}, & \cdots, & l_{2,T} \\ \vdots & & \ddots & & \vdots \\ l_{M,1}, & l_{M,2}, & l_{M,3}, & \cdots, & l_{M,T} \end{Bmatrix} \tag{6.6}$$

基于以上过程,可以将人群聚集消散强度的标签集合转换为人群聚集消散的时空矩阵。针对该矩阵,一方面可以分析某个时段城市不同区域人群的聚集消散差异,另一方面可以分析某个空间单元人群聚集消散强度随时间的变化,这两方面是时空分析中最基本的内容,能够揭示时空数据中隐含的地理模式。也就是说基于该时空矩阵可以回答两方面的问题:①在某个时段,城市中哪些区域人群聚集消散的强度是相同的或者相异的?②城市中哪些区域具有相似的人群聚集消散的时间变化序列? 针对第一个问题,由于上一节已经对人群聚集消散的强度进行了等级划分,在某个时段,处于同一等级水平的空间单元,即认为其人群聚集消散强度相同。而针对第二个问题,需要进一步从矩阵中提取具有相似时间变化的空间分析单元,将采用聚类的方法来识别具有相似人群聚集消散强度变化的空间单元。

需要对人群聚集消散的时间序列(矩阵中的行)进行聚类,得到具有相似时间序列变化的空间分析单元。在这些聚类方法中,K-means 算法是一种基于对象之间距离迭代式方法,常常被用来对时间序列或向量进行聚类(Hartigan et al.,1979),但该方法存在一个大缺点是聚类个数 k 的选择无法确定只能凭经验。为了克服这个缺点,Pelleg 等(2000)提出了一个 X-means 方法,该方法是对 K-means 方法进行扩展,通过采用最小信息准则(AIC)和贝叶斯信息准则(Bayesian information criterion,BIC)来对聚类效果进行评价,最后根据最优效果来选择聚类个数。因此,该方法是一种非监督的聚类方法,会自动地选取聚类个数,已经被集成到许多数据挖掘工具箱。采用一个非常著名的机器学习工具 WEKA 来执行 X-means 方法,该工具是由新西兰怀卡托大学机器学习小组开发的开源的数据挖掘软件,集成了大量的数据挖掘算法,可以用来对数据进行分类、回归分析、关联规则分析和可视化等(Hall et al.,2009)。

在聚类中另一个重要的问题是如何衡量对象之间的相似性,常用的相似性度量方法有欧式距离、曼哈顿距离、余弦距离等,在使用中根据需求选择合适的方法。采用欧氏距离来衡量上述时空矩阵中行向量之间的相似度(Yang et al.,2016),具体计算公式如下:

$$S_{i,e} = \sqrt{\sum_{j=1}^{T} (l_{i,j} - l_{e,j})^2} \tag{6.7}$$

其中:$S_{i,e}$ 表示矩阵中行向量 V_i 和 V_e 之间的相似性;j 表示时段;T 为时段的个数。基于该距离相似性,利用 WEKA 数据挖掘工具对矩阵 V 中的行进行聚类,将具有相似人群聚集消散强度变化的空间分析单元聚成一类,这样就可以将城市中所有的空间分析单元分成不同的类,每一类内的空间分析单元具有相似的人群聚集消散变化模式。

6.1.5　实验结果与分析

1. 数据及预处理

实验数据为深圳市 2012 年 3 月某工作日的手机位置数据,约 1600 万用户,该数据是通信公司为了检测故障或其他目的在一定的时间间隔内主动记录一次用户所在的位置,即无论用户是否进行通信活动都会记录,该数据的时间采样间隔约为 1 h。从中筛选出一天中每个时段都有记录的用户,约 790 万户,如表 6.2 所示,每条记录包括用户的 ID、基站的经纬度以及记录时间,其中为了保护用户隐私,运营商已经对用户的 ID 进行了加密处理。手机数据是通过基站进行定位的,并不是用户在城市中精确位置,因此定位精度与基站在城市的分布有关,在市中心人口密集区域一般为 200~500 m,而在郊区可能达到几千米。本研究从数据中共识别出 5 940 个基站,并对每一基站赋予唯一编号,图 6.3 给出了基站的核密度分布,可以看出在市中心基站的分布较密集,而郊区较稀疏。在所有基站对中,最小的基站间距离为 1.03 m,最大距离为 87 499.87 m,其中距离小于 100 m 的基站对有 1 367 对。

表 6.2　手机数据记录示例(Yang et al.,2016)

用户 ID	记录时间	时间窗	经度/(°)	纬度/(°)
bfa8m7＊＊＊＊＊＊	00:25:36	00:00~01:00	113.＊＊＊	22.＊＊＊
bfa8m7＊＊＊＊＊＊	01:26:40	01:00~02:00	113.＊＊＊	22.＊＊＊
bfa8m7＊＊＊＊＊＊	02:20:53	02:00~03:00	113.＊＊＊	22.＊＊＊
bfa8m7＊＊＊＊＊＊	...	...	...	...
bfa8m7＊＊＊＊＊＊	23:33:50	23:00~24:00	113.＊＊＊	22.＊＊＊

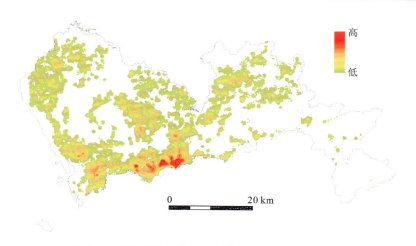

图 6.3　手机基站空间核密度分布(Fang et al.,2017)

基于时间地理学的概念,将每个用户的采样点按时间顺序连接起来构建其时空移动轨迹(图 6.4)。用户时空轨迹的描述如下(Yang et al.,2016)：

$$Tr=\left[p_1(x_1,y_1,t_1,Id_1),\cdots,p_i(x_i,y_i,t_i,Id_i),\cdots,p_n(x_n,y_n,t_n,Id_n)\right] \quad (6.8)$$

其中：x_i、y_i 和 Id_i 分别为记录点 p_i 的基站的经度、纬度和编号；t_i 为记录时间。对于两个相邻的轨迹点 p_i 和 p_{i+1}，如果两个点的记录位置不一样，则可以认为用户发生了移动，如式(6.9)，认为用户在时间 t_i 到 t_{i+1} 期间从基站 Id_i 移动到 Id_{i+1}(Yang et al.,2016)。这样就可以提取出用户在该时段内移动的 OD 对，对所有用户进行相同的处理，可以得到整个城市人群移动的 OD 矩阵。由于实验数据的采样间隔约为 1 h，如表 3.2 所示的时间窗，相邻的两个时间窗可以提取一个城市人群移动的 OD 矩阵，如第一个记录发生在 00:00~01:00，第二个记录发生在 01:00~02:00，这时对于时间窗 00:00~02:00 可以提取一个移动 OD 矩阵，将该时间窗 00:00~02:00 记为 T_1。两个相邻的时间窗可以提取一个移动 OD 矩阵，这样一天可以提取 23 个 OD 矩阵：T_1(00:00~02:00)，T_2(01:00~03:00)，T_3(02:00~04:00)，……，T_{23}(22:00~24:00)。

$$\left[p_i(x_i,y_i,t_i,Id_i),p_{i+1}(x_{i+1},y_{i+1},t_{i+1},Id_{i+1})\right],Id_i\neq Id_{i+1} \quad (6.9)$$

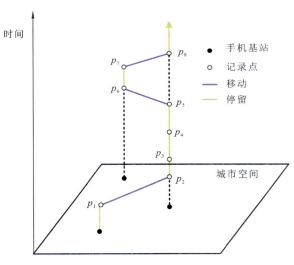

图 6.4　手机用户时空轨迹示意图

2. 人群聚集消散统计分析

目前在手机数据分析中，大多数研究采用手机基站生成的泰森多边形作为空间分析单元，认为泰森多边形为相应基站的服务范围。Yue 等(2017)采用与本章相同的数据，通过进行实地调研，发现使用泰森多边形在估计人群数量的时候会存在误差，尤其是在城市的居民区和工作区可能存在很大的误差，因此采用泰森多边形并不是一种非常可行的方法。此外，通过统计数据中两两基站间的距离，发现有 396 对基站间的距离小于 10 m，例如在商业区的办公大楼上可能建立两个或多个基站，这些近距离的基站可能会造成信号在基站间不断跳动，从而导致误差产生。选择采用 500 m×500 m 的格子来对研究区域进行规则划分,将这些近距离的基站聚合到一个格子单元内。排除掉那些不包含基站的格子,剩下 2 801 个格子,如图 6.5 所示,将这些格子作为空间分析单元,对每个格子赋予唯一编号 Grid ID。

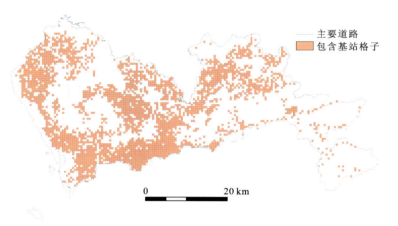

图 6.5　空间格网分析单元(Yang et al.,2016)

在数据预处理部分,已经从手机数据中提取出了每个时段基于基站间的 OD 矩阵,这里采用格子作为空间分析单元,因此需要将基于基站的 OD 矩阵转换为基于格子间的 OD 矩阵。当两个基站位于同一个格子内时,忽略到这两个基站间的人群流,只考虑从该格子出去的人流和从其他格子进入到该格子的人流,这样就可以得到格子之间的人群 OD 矩阵(G_p,G_q,f_{pq}^G,T_j),G_p 和 G_q 为起点和终点的格子编号,f_{pq}^G 为从格子 G_p 到 G_q 的人数,T_j 代表时段。

基于格子之间的人群移动 OD 矩阵,根据式(6.3),提取出每个时段每个格子人群的净流量 $\text{Fnet}_{G_p}^t$,从而得到所有时段净流量的集合 N,该集合包含 2 801×23 个元素,图 6.6 给出了集合 N 中元素净流量值的分布,类似于正态分布,大约 95.4% 的净流量值处于 −1 000∼1 000,只有极少数格子才会出现极大的净流量值。另外其分布是非常对称的,因为在城市中一些地方出现人群聚集现象则在另一些地方肯定会出现人群消散现象,说明城市中人群流动是一个非常平衡的系统(Batty,2010)。

对集合 N 中的元素按净流量值从小到大进行排序,然后按十分位数法对其进行分割,如图 6.7 所示,得到 9 个分割断点处的净流量值为 $Q=[−317,−128,−53,−18,−1,15,51,122,314]$。按照前面所述的方法,基于这 9 个断点处的净流量值,可以对集合 N 中的元素进行等级划分,表 6.3 给出了具体的等级划分规则,在添加等级标签时,对于聚集和消散用正负号对其进行区分,人群聚集消散的强度越大,则标签的绝对值也越大,由于类别 5 和类别 6 中的净流量绝对值较小,人群聚集消散的强度较弱,这两个类的等级标签为 0,这样就得到了人群聚集消散的等级标签集合 L。

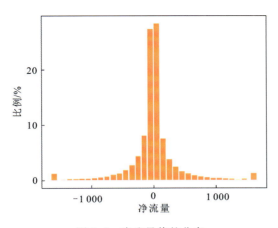

图 6.6　净流量值的分布

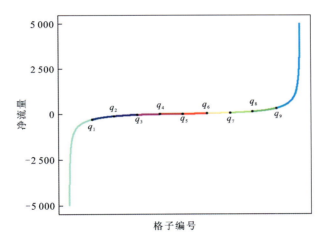

图 6.7　净流量等级分类（Yang et al.，2016）

表 6.3　聚集消散等级划分（Yang et al.，2016）

类别	分类	等级（l）	状态	类别	分类	等级（l）	状态
1	$n_{i,j} < q_1$	−4	消散	6	$q_5 \leqslant n_{i,j} < q_6$	0	No
2	$q_1 \leqslant n_{i,j} < q_2$	−3	消散	7	$q_6 \leqslant n_{i,j} < q_7$	1	聚集
3	$q_2 \leqslant n_{i,j} < q_3$	−2	消散	8	$q_7 \leqslant n_{i,j} < q_8$	2	聚集
4	$q_3 \leqslant n_{i,j} < q_4$	−1	消散	9	$q_8 \leqslant n_{i,j} < q_9$	3	聚集
5	$q_4 \leqslant n_{i,j} < q_5$	0	No	10	$n_{i,j} \geqslant q_9$	4	聚集

3．人群聚集消散的时空模式

基于人群聚集消散强度的等级标签集合 L，构建描述人群聚集消散强度变化的时空矩阵,如表 6.4 所示,矩阵中的每一行表示格子一天中人群聚集消散强度的等级随时间的变化序列。

表 6.4　聚集消散强度等级时间序列(Yang et al.,2016)

GridID	1	2	3	4	5	6	7	……	17	18	19	20	21	22	23
211	2	1	1	0	1	2	4	……	-3	-4	-2	-3	-1	-1	1
1056	-1	0	0	0	1	-3	-3	……	2	3	3	2	1	1	1
⋮								⋮							
2135	1	1	0	0	1	2	2	……	-2	-3	2	-3	-2	-1	1

利用 WEKA 数据挖掘工具中的 X-means 方法对该矩阵进行聚类分析,得到 8 个类,记为 $C1,C2,C3,\cdots C8$,这 8 个类可以看成 8 种人群聚集消散模式。图 6.8 可视化了每种模式人群聚集消散时间变化均值,可以看出不同模式之间人群聚集消散的开始时间、持续时间以及强度有显著差别。下面分析每种模式人群聚集消散的主要时间变化特征。

(1)在模式 C1 中的格子一天中大部分时段都出现高强度的人群聚集现象,而在模式 C8 中,一天中大部分时段出现人群消散的现象,除了在早上通勤时间段(T_6-T_8)。

(2)在模式 C2 中,人群从早上 T_6 时段开始出现聚集现象,一直持续到下午 T_{18},之后出现高强度的人群消散现象持续到凌晨($T_{19}-T_{23}$)。

(3)C3 和 C4 具有相似的人群聚集消散时间变化,都是在早上通勤时间段(T_6-T_{10})出现人群消散现象,而从下午 T_{17} 后,人群开始从这些格子消散,主要差异是模式 C4 的人群移动强度要高于模式 C3,而模式 C3 在中午($T_{11}-T_{14}$)期间会出现人群先聚集后消散的现象。

(4)C5 在早上和下午通勤会出现人群聚集的现象,大约持续两个时段,在其他时间段出现人群消散现象,但人群聚集或消散的强度都较弱。

(5)与模式 C3 相比,C7 展现出了相反的人群聚集消散时间变化,在早上通勤时间(T_7-T_9)出现人群聚集现象,在下午 T_{17} 后,人群开始消散。

(6)与其他模式相比,C6 并没有出现明显的人群聚集消散现象,人群的移动强度非常弱。

从上面的聚类结果可以看出,城市中人群聚集消散具有很强的规律性,这些规律有助于对城市不同地方的人群聚集消散的开始时间、持续时间、强度大小有清晰的认识,这几种典型的聚集消散模式可以帮助理解城市不同区域人群的移动的动态变化。在城市中,人群聚集反映的是一个地方的吸引力,而人群消散反映了该地方辐射力,一个地方人群的聚集消散模式潜在反映了该地方的人群的出行需求的变化模式,因此人群聚集消散时空模式可以帮助城市管理者更好地了解城市不同区域的人群对交通的需求差异以及随时间的变化。

4. 人群聚集消散模式与城市功能区关联分析

由于规划的原因,城市的功能区(工业区、居住区和商业区等)分布在城市的不同区

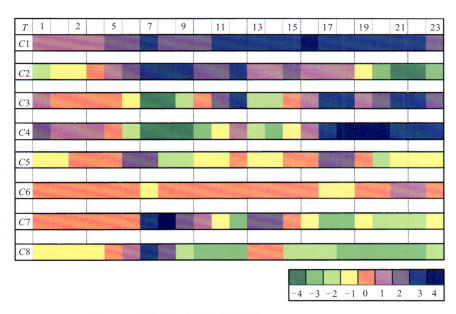

图 6.8　人群聚集消散模式聚类中心（Yang et al.，2016）

域，这些功能区内集中分布了人群每天生活所涉及的大量活动，人群每天在城市中移动，在这些功能区域中时而形成聚集时而消散，在不同的功能区域人群形成的聚集消散的时间特征、强度大小等会存在差异。在城市空间中，人群聚集消散模式的空间分布、时间特征、强度大小与城市不同区域的土地利用状况、社会经济特征等密切相关（Sagl et al.，2012；Ratti et al.，2006）。以上通过聚类分析发现某市存在 8 种人群聚集消散的模式，并分析了每种模式人群聚集消散的时间变化特征，那么在城市不同的功能区是否会有主导的人群聚集消散模式？如哪种人群聚集消散模式主要发生在城市的居住功能区？此处将结合深圳市功能用地来讨论这些人群聚集消散模式的空间分布、时间特征、强度大小与城市空间功能区之间的关系，分析每种模式的土地利用特点。

基于深圳市 2011 年土地利用现状数据和总体规划（2010～2020），如图 6.9 所示，将深圳市分为 10 个功能区，分别为商业（包括零售、餐饮、金融用地等）、工业（工矿仓储用地）、居住（包括城镇住宅、农村宅基地等）、交通（包括铁路、公路、港口和机场用地等）、行政（政府公共用地）、教育（科教用地）、旅游（包括公园、风景名胜用地）、体育（文体娱乐用地）、水系（包括河流、湖泊、水库等）和其他（包括农用地、特殊用地等）功能区。首先将这些功能区与格子单元进行叠加，计算每个格子中这 10 类土地利用的比例，然后对每种模式的格子计算其平均的土地利用，得到该模式格子每种类型土地利用比例的平均值，表 6.5 给出了 8 种人群聚集消散模式的平均土地利用比例。结合每种模式的土地利用比例和空间分布来对其人群聚集消散模式时间特征和强度大小进行解释讨论。为了方便，将具有相似的或相反的人群聚集消散模式放在一起进行讨论。

图 6.10 给出了属于人群聚集消散模式 C1 和 C8 格子的空间分布。从空间的角度，

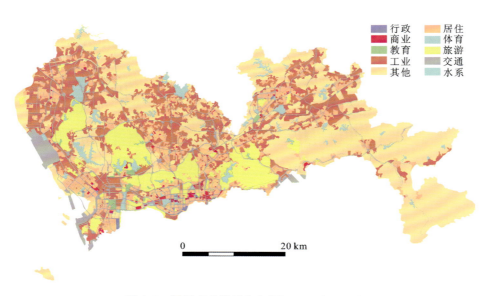

	行政		居住
	商业		体育
	教育		旅游
	工业		交通
	其他		水系

图 6.9　深圳市功能区分布（Yang et al., 2016）

发现这两种模式的大部分格子沿着深圳市的主要道路分布，从表 6.5 可以看出，这两种模式每个格子的交通用地的平均值比例分别为 15.2％ 和 18.4％，比其他的几种模式都高。另外，发现模式 C1 的格子主要分布在工业区和居住区的边界区域，工业用地和居住用地的比例分别为 31.3％ 和 30.3％（表 6.5），模式 C8 的格子主要分布在位于工业区的主干路和市中心区域，因此这些格子在早上通勤时间段（T_6-T_8）会有大量的人群流入该区域出现短暂的人群聚集现象（图 6.10）。将这些格子与谷歌地图进行叠加，分析这些格子覆盖区域的实际土地利用情况，发现这些区域主要覆盖了深圳市与外界相连的几个重要的交通枢纽，包括几个高速路口（广深高速路口、珠三角环线高速路口、深海高速路口）、福田口岸（通往香港）、两个火车站（深圳站和深圳北站），这些都是城市重要的人群聚集消散地方，可见模式 C1 和 C8 可能与城市的交通用地有关。从时间的角度可知，模式 C1 的格子区域一天中大部分时间出现人群聚集现象，而模式 C8 除了早上通勤时间外大部分时间出现人群消散的现象（图 6.10），但是一个地方一天中人群一直聚集或消散是非常奇怪的，一个可能的解释是手机位置数据只包含了深圳市内的人群移动记录，并不包括从深圳出去的人流或者从其他城市进来的人流，这样就导致在提取人群净流量时，这些与外界相连的几个交通枢纽区出现了连续正或负的情况，由此可以看出在使用手机位置数据提取城市人群聚集消散时，可能会在城市边缘的一些交通枢纽区出现人群一直聚集或消散的现象。理解了这些城市交通枢纽区人群的聚集消散变化模式，城市规划师和交通管理者可以以此作为参考来对这些枢纽附近的公交站进行选址和优化，使得交通枢纽处的人群能够被及时地转移到城市其他地方。

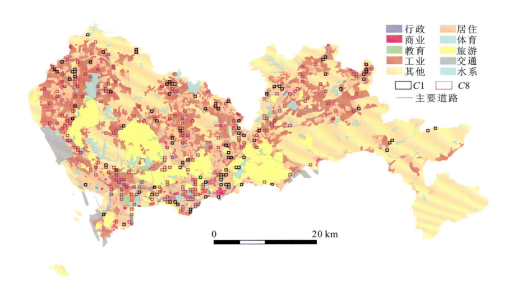

图 6.10　模式 C1 和 C8 的空间分布(Yang et al.,2016)

表 6.5　人群聚集消散模式的土地利用分布(Yang et al.,2016)

模式	商业	工业	居住	交通	行政	教育	旅游	体育	水系	其他
C1	0.3	31.3	30.3	15.2	0.2	0.3	8.0	1.3	0.5	12.6
C2	11.6	36.3	29.4	12.5	1.1	0.7	3.3	2.0	0.3	2.8
C3	0.6	32.0	50.4	6.6	0.0	0.7	3.0	0.4	0.0	6.3
C4	1.6	12.5	67.6	8.8	0.1	0.2	6.4	0.2	0.1	2.5
C5	3.4	31.1	40.1	12.5	0.3	1.0	4.4	0.8	0.1	6.3
C6	1.7	28.8	27.9	8.5	0.4	1.5	9.5	2.7	0.4	18.6
C7	2.4	58.4	11.8	9.8	0.6	1.7	3.5	1.6	0.0	10.2
C8	1.7	41.7	16.5	18.4	1.7	1.1	7.6	1.8	0.1	9.4

　　图 6.11 给出了属于人群聚集消散模式 C2 格子的空间分布。从空间分布角度,模式 C2 的格子主要分布在城市的主要商业区和工业区,其中格子内工业用地平均值为 11.6%,是所有模式中商业用地比例最大的(表 6.5),这些区域位于深圳市罗湖区和福田区的市中心,不仅集聚了大量的工作岗位,同时还包括许多购物广场、餐馆、金融服务机构和娱乐场所(酒吧、KTV 等),因此这些区域不仅会在早上通勤时间吸引大量的工作人群,在其他时间段,同样会吸引大量人群来购物、就餐、娱乐或其他活动等,所以在白天的大部分时间($T_6 - T_{18}$)会出现高强度的人群聚集的现象,在 T_{19} 后出现高强度的人群消散现象并持续到凌晨,可见,模式 C2 倾向于发生在城市市中心的商业功能区。

　　图 6.12 给出了属于人群聚集消散模式 C5 格子的空间分布,可以看到,模式 C5 的格子主要分布在一些小的商业区和大型居住功能区内的工作地,从土地利用统计的角度,该模式格子中商业用地、工业用地和居住用地的平均值分别为 3.4%,31.1% 和 40.1%

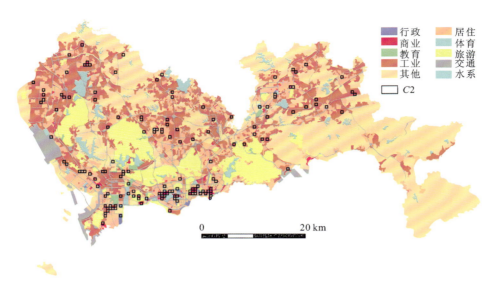

图 6.11　模式 $C2$ 格子的空间分布（Yang et al.，2016）

（表 6.5）。该市的土地利用混合度较高，尤其是在一些大型居住功能区，不仅包括居住用地，还包括一些购物商城、餐馆和娱乐场所等商业用地，其土地利用混合度较高，而不同类型土地对人群的吸引程度和吸引时间是不同的，这导致这些区域并没有出现一致的人群移动模式，并且人群聚散的强度较低，例如在早上通勤时间段，这些地方既从其他地方吸引人群来工作，同时也会有大量的人群从这些地方流出到其他地方。因此，在早上通勤时间段（$T_6 - T_9$）会同时人群聚集和消散现象。综上所述，模式 $C5$ 倾向于发生在城市大型居住区内的工作地和一些小的商业区。

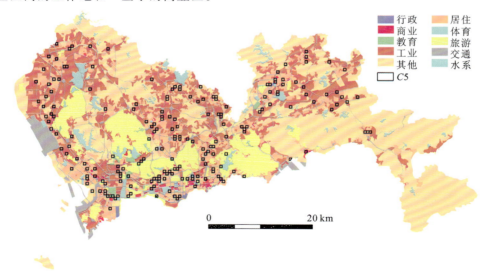

图 6.12　模式 $C5$ 格子的空间分布（Yang et al.，2016）

图 6.13 给出了属于人群聚集消散模式 C3 和 C4 格子的空间分布。从图可以看出这两种模式的格子主要分布在城市的居住功能区,并且模式 C3 的格子大多分布在深圳市的北部区域,而模式 C4 的格子大多分布在深圳市的南部区域。如表 6.5 所示,在这两种模式格子中,居住用地的比例占绝对主导优势,分别为 50.4% 和 67.6%。因此,C3 和 C4 具有相似的人群移动模式,都是在早上通勤时间段(T_6—T_{10})会有大量的人群离开这些地方前往工作地,而从下午 T_{17} 后,人群开始从别的地方涌入到这些区域。如上一节所述,两种模式在人群聚集消散的持续时间和强度大小会存在差异,模式 C4 早上通勤时间人群消散持续的时间要长于模式 C3,并且模式 C4 人群聚集消散的强度要大于模式 C3。这是因为该市南部与北部的经济发展和人群活动空间的差异造成的,南部主要包括南山区、罗湖区和福田区,是改革开放以来最先发展的区域,已成为该市的核心商业区,集聚了大量的办公大楼,而在该市北部,主要分布着大量的工业园,这些区域从全国吸引了大量的务工人群。因此在该市南部区域的人口密度远高于北部区域,这种经济和人口密度的差异导致南部区域人群聚集消散的强度高于北部。此外,在北部,人们为了节省时间和金钱,会选择在工业园内的宿舍或者在工业园附近租房居住,导致北部人群的活动空间小于南部(Xu et al.,2015)。同时由于通勤距离较短,北部人群在中午可能会选择回家就餐或进行短暂休息,所以模式 C3 在中午(T_{11}—T_{14})会出现人群先聚集后消散的现象(图 6.13)。综上所述,模式 C3 和 C4 倾向于分布在城市的居住功能区,模式 C3 可能主要出现在城市的一些郊区居住区或者工业园附近的居住区,而模式 C4 倾向于出现在城市中心区附近的居住区。

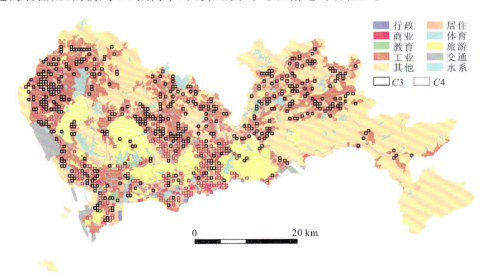

图 6.13　模式 C3 和 C4 的空间分布(Yang et al.,2016)

图 6.14 给出了属于人群聚集消散模式 C7 格子的空间分布,从图可以看到,这些格子主要分布在城市的一些工业区,尤其是位于该市北部的宝安区和龙岗区。从表 6.5 可以看到,工业用地占明显的主导优势,比例为 58.4%。大量的人群在早上通勤时间涌入这些区域开始一天的工作,下午下班后又从这些地方离开回家或到其他地方,因此,模式

C7 和模式 C3 具有相反的人群聚集消散模式,这两种人群移动模式是与城市居民每天的工作韵律密切相关(图 6.14)。可见,模式 C7 倾向于发生在城市的工业功能区。

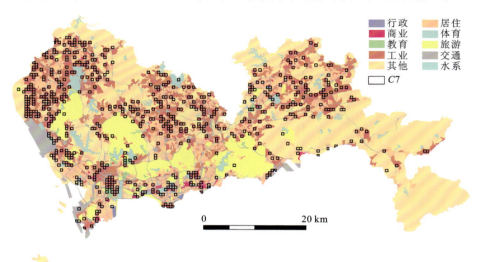

图 6.14 模式 C7 的空间分布(Yang et al.,2016)

从空间分布的角度,发现模式 C6 均匀的分布在深圳市不同的功能区,包括行政区、教育区、体育和旅游区等(图 6.15),对这些功能区而言,居民可以自由选择在其开放时间段来这些区域参加活动,因此在这些地方并没有出现一致的人群聚散模式。从表 6.5 可以看到,这些区域居住用地和工业用地的比例差异较小,分别为 27.9% 和 28.8%,说明两者的混合度较高,一些格子覆盖了居住区和工业区的边界,因此在这些格子可能会出现混合的人群移动模式,例如在早上通勤时间,这些地方既从其他地方吸引人群,同时居住该

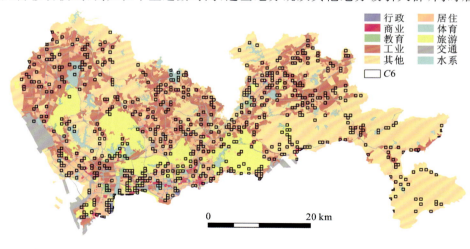

图 6.15 模式 C6 的空间分布(Yang et al.,2016)

地方的人群选择去其他地方去工作,这可能会导致净流量的值很小,从而使整体上人群聚集消散强度较弱。此外,看到一些格子是分布在该市的郊区,这些地方人群密度较低,也会导致人群的移动强度较低。

综上所述,这些人群聚集消散模式帮助理解深圳市不同区域人群的移动动态,以及不同模式潜在的土地利用特点。例如,模式 C1 和 C8 倾向于发生在城市的交通要道为主的区域,模式 C2 和 C5 倾向于发生在城市中心的核心商业主导的区域,模式 C3 和 C4 主要发生在居住功能为主导的区域,模式 C7 主要发生在以工业为主的区域。对于城市的居住功能区,由于经济的发展差异,该市南部和北部的居住区的人群聚集消散模式在持续时间、强度大小方面存在差异,这些发现与 Liu 等(2012)用出租车数据对上海市的土地利用与交通模式的研究发现相似。

6.2　人群聚集消散稳定性定量评价模型

对一个地方而言,一天中人群的聚集和消散不断交替形成人群聚集消散序列,这个序列的稳定性潜在暗示该地方人群出行需求的变化,Fang 等(2017)和杨喜平(2017)提出评价人群聚集消散序列稳定性的定量模型。首先,基于人群移动的净流量构建描述一个地方人群动态的时间序列,通过定义人群聚集过程和消散过程,对人群动态时间序列进行分割,形成人群聚集消散序列;其次,通过分析人群聚集过程和消散过程特点,构建聚集过程和消散过程的稳定性评价模型;最后,基于聚集和消散过程的稳定性,综合建立评价一天人群聚集消散序列的稳定性模型。以我国南部某市手机位置数据为例,采用交通规划小区空间分析单元,利用提出的模型评价交通小区覆盖人群聚集消散的稳定性;此外,还对该市公交站和公交线路覆盖人群聚集消散动态稳定性进行评价,为城市公共交通管理提供参考依据。

6.2.1　人群聚集消散过程及序列的定义

人群聚集或消散状态只是描述该地方人群动态变化在某个时段的状态,而 Scholz 等(2014)认为人群的动态是一个过程,他们将人群动态变化分为 6 个生命周期。同样地,人群的聚集或消散也是一个过程,如图 6.8 所示,人群的聚集或消散状态会持续一段时间,有开始时间、持续时间和结束时间三个时间属性,因此人群的聚集或消散是一个具有生命周期的过程。

轨迹大数据使得描述一个地方人群随时间的动态变化成为可能,如采用手机通话话务量作为指标来描述人群动态(Gao,2015;Calabrese et al.,2011;Liu et al.,2009);从出租车或公交刷卡数据中提取乘客上下车数量(pick-ups 和 drop-offs)作为指标刻画人群动态和关键交通设施(Gong et al.,2017;Zhou et al.,2015;Tao et al.,2014);或者利用社交媒体签到数据来分析城市人群一天的时空活动规律(Li et al.,2015)。在 6.1 节已经提取出净流量作为指标来描述人群聚集或消散状态,这里采用净流量随时间的累计值来刻画人群聚集消散的动态时间序列(Fang et al.,2017),净流量累计值计算公式如下:

$$C_p^t = \sum_{j=1}^{t} \text{netflow}_p^j \tag{6.10}$$

其中:C_p^t 表示地方 p 从时段1到时段 t 净流量的累计值,表示与开始时段相比,该地方在这段时间内人群数的变化量,如果 $C_p^t > 0$,表示该地方人群数的增加量,$C_p^t < 0$,表示该地方人群数的减少量。图 6.16 给出了一个净流量累计值随时间动态变化的示意图,可以看出净流量累计值的时间序列反映了该地方一天中的人群动态变化,基于该时间序列,下面介绍关于人群聚集消散过程和序列的定义。

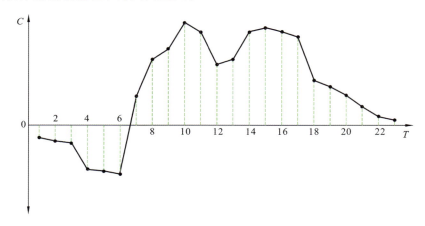

图 6.16　净流量累计值动态变化图(杨喜平,2017)

(1)时间序列。假设用 $C_p = <C_p^1, C_p^2, C_p^3, \cdots, C_p^T>$ 来描述净流量累积值的时间序列,C_p 表示地方 p 一天中净流量的累积值随时间的动态变化序列,该序列的一个连续的子集为其子序列,记为 $C_p' = <C_p^i, C_p^{i+1}, C_p^{i+2}, \cdots, C_p^j>$,其中 $1 \leqslant i \leqslant j \leqslant T$,$T$ 为一天的时段数。

(2)聚集过程。设子序列 $C_p' = <C_p^i, C_p^{i+1}, C_p^{i+2}, \cdots, C_p^j>$,如果 C_p' 满足式(6.11)的三个条件,则将该子序列定义为一个聚集过程,将其记为 HCP,也就是说,该子序列中的元素从时段 i 到时段 j 是单调递增的,说明地方 p 人群数是持续增加的。存在两种特殊情况:①当 $i=1$ 时,表示该子集从第一个时段开始,则忽略第一个条件;②当 $j=T$ 时,说明 j 为最后一个时段,则忽略第三个条件(Fang et al.,2017)。

$$\begin{cases} C_p^i \leqslant C_p^{i-1} \\ C_p^i \leqslant C_p^{i+1} \leqslant C_p^{i+2} \leqslant \cdots \leqslant C_p^j \\ C_p^j \geqslant C_p^{j+1} \end{cases} \tag{6.11}$$

(3)消散过程。设子序列 $C_p' = <C_p^i, C_p^{i+1}, C_p^{i+2}, \cdots, C_p^j>$,如果 C_p' 满足式(6.12)的三个条件,则将该子序列定义为一个消散过程,将其记为 HDP,也就是说,该子序列中的元素从时段 i 到时段 j 是单调递减的,说明地方 p 人群数是持续减少的。存在两种特殊情况:①当 $i=1$ 时,表示该子集从第一个时段开始,则忽略第一个条件;②当 $j=T$ 时,说明 j 为最后一个时段,则忽略第三个条件(Fang et al.,2017)。

$$\begin{cases} C_p^i \geqslant C_p^{i-1} \\ C_p^i \geqslant C_p^{j+1} \geqslant C_p^{j+2} \geqslant \cdots \geqslant C_p^j \\ C_p^j \leqslant C_p^{j+1} \end{cases} \tag{6.12}$$

（4）聚集消散序列。人群聚集过程和消散过程的交替序列，用来描述人群一天中的动态变化，称为聚集消散序列，将其记为 HCDS。

基于上述定义，可以将人群一天的动态分割为聚集过程和消散过程，如图 6.17 所示，黄色背景为人群聚集过程（HCP），蓝色背景为人群消散过程（HDP），这样图 6.17 中的人群动态可以被分割成为两个聚集过程（T_6-T_{10} 和 T_{12}-T_{15}）和三个消散过程（T_1-T_6、T_{10}-T_{12} 和 T_{15}-T_{23}），这样人群一天的动态过程可以被模拟为一个聚集消散序列 HCDS：HDP→HCP→HDP→HCP→HDP。下面将提出一个模型来定量评价该聚集消散序列变化的稳定性。

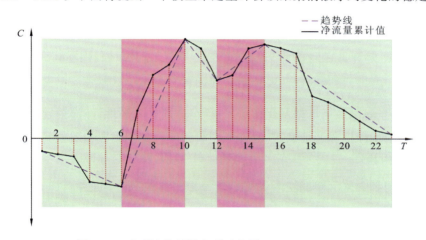

图 6.17　人群聚集消散序列示意图（Fang et al.，2017）

6.2.2　人群聚集消散过程稳定性评价模型

就单个聚集或消散过程而言，如果在一定的时间内人群的变化量越小，则该过程越稳定。以聚集过程为例，将分析比较不同的情形下人群聚集过程的稳定性特性。图 6.18 给出了 a、b、c、d 4 种人群聚集过程，其中 T_a^s 和 T_a^e 分别表示 a 过程的起始时段和结束时段，C_a^s 和 C_a^e 分别表示 a 过程开始时段和结束时段处的人群净流量累计值。假设以下 4 个聚集过程开始时段的人群净流量累计值相同，即 $C_a^s = C_b^s = C_c^s = C_d^s$，则它们之间存在以下差异：

（1）虽然 4 个聚集过程开始时段人群净流量累计值相同，但是 c 过程人群聚集的持续时间比其他三个过程长两个时段；

（2）与其他三个聚集过程相比，a 过程在结束时段处人群净流量累计值较小，即 $C_a^e < C_b^e = C_c^e = C_d^e$；

（3）b 和 d 过程具有相同的持续时间和相同的净流量累计值，但是 d 过程人群聚集的波动比 b 过程大。

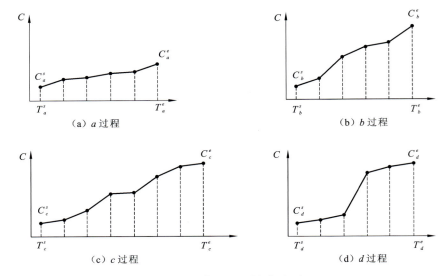

图 6.18　人群聚集过程示例(杨喜平,2017)

由此可知,不同的聚集过程存在着差异,在定量评价聚集过程的稳定性时需要考虑这些差异,通过上面分析,这里将影响聚集过程稳定性的因素归纳为三个:持续时间(ΔT)、净流量累计值变化量(ΔC)和波动(ΔF)。假设 A、B 两个聚集过程:

(1) 如果两个过程具有相同的净流量累计值变化量即 $\Delta C_A = \Delta C_B$,那么持续时间 ΔT 较长的聚集过程较稳定;

(2) 如果两个过程具有相同的持续时间即 $\Delta T_A = \Delta T_B$,那么净流量累计值变化量 ΔC 较小的聚集过程较稳定;

(3) 如果两个过程具有相同的净流量累计值变化量 $\Delta C_A = \Delta C_B$,并且具有相同的持续时间 $\Delta T_A = \Delta T_B$,那么波动幅度 ΔF 较小的聚集过程较稳定。

可见,持续时间(ΔT)、净流量累计值变化量(ΔC)和波动幅度(ΔF)能够表达不同聚集过程之间稳定性的差异,因此,这三个因素将被用来定量评价聚集过程的稳定性。

首先连接聚集过程的起点和终点,如图 6.19 中的红色虚线,将该虚线定义为该聚集过程的趋势线,趋势线可以反映该过程从时段 T^s 到时段 T^e 期间人群的聚集强度,因此,采用趋势线的斜率来定量人群的聚集强度(Fang et al.,2017),计算公式如下:

$$v = \frac{\Delta C}{\Delta T} = \frac{C^e - C^s}{T^e - T^s} \tag{6.13}$$

$$f = e^{-k \cdot |v|} \tag{6.14}$$

其中:v 表示趋势线的斜率;k 是尺度控制参数,指数函数用来对斜率进行标准化,使得 f 的值落在 0~1。当趋势线的斜率 v 越接近 0 时,表示人群移动净流量累计值变化量 ΔC 越小,说明该聚集过程中人群的稳定性越高,此时 f 越接近 1;相反,当趋势线的斜率 v 越大时,表示 ΔC 发生了较大的突变,说明该聚集过程人群越不稳定,f 越接近 0。因此,这里用趋势线的斜率来定量聚集过程中人群移动净流量累计值变化量 ΔC 的稳定性,f 的值越大则聚集过程越稳定。

如图 6.18(b)和(d)所示,虽然两个聚集过程的人群移动净流量累计值变化量 ΔC 和持续时间 ΔT 相同,但它们的波动幅度 ΔF 存在差异。为了定量评价聚集过程中波动的幅度,首先构建趋势线的直线方程(Fang et al.,2017):

$$y = \frac{C^e - C^s}{T^e - T^s} \cdot (x - T^s) + C^s \qquad (6.15)$$

基于该直线方程,每个时段可以计算其在趋势线上对应的值,如图 6.19 中蓝色的点,将其称为人群聚集的趋势值,本节采用真值和趋势值的差来定量评价聚集过程的波动幅度。对于每个时段 i,存在一个真值 C^i 和一个趋势值 y^i,则该时段的波动幅度 ΔF^i 为两者的差值(Fang et al.,2017):

$$\Delta F^i = C^i - y^i \qquad (6.16)$$

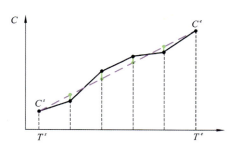

图 6.19　人群聚集过程示例
(杨喜平,2017)

对于整个聚集过程而言,如果每个时段真值和趋势值越接近,则表示整个过程中波动幅度越小,该聚集过程越稳定。采用波动幅度的标准差来衡量整个聚集过程的波动情况(Fang et al.,2017),计算公式如下:

$$\sigma_{\Delta F} = \sqrt{\frac{1}{n} \sum_{i=1}^{n} (\Delta F^i - \overline{\Delta F})^2} \qquad (6.17)$$

$$g = e^{-\frac{\sigma_{\Delta F}}{\Delta T}}, \; \Delta T = T^e - T^s \qquad (6.18)$$

其中:$\overline{\Delta F}$ 为波动幅度 ΔF^i 的均值;ΔT 为聚集过程的持续时段数。类似地,这里采用指数函数对其进行标准化,使得 g 的值落在 $0 \sim 1$。标准差 $\sigma_{\Delta F}$ 越接近 0,表示整个过程波动幅度越小,g 的值越接近 1。这里用标准差来衡量整个聚集过程波动幅度的大小,g 的值越大表示聚集过程的波动幅度越小,稳定性越高。

到此为止,采用趋势线的斜率来定量评价起始点和终止点的净流量累计值变化量 ΔC 的稳定性 f,并且用标准差来定量评价聚集过程中波动幅度的稳定性 g,这两者是相互独立的,最后采用两者的乘积来定量整个聚集过程的稳定性(Fang et al.,2017):

$$s = f \cdot g = e^{-k \cdot |v|} \cdot e^{-\frac{\sigma_{\Delta N}}{\Delta T}} \qquad (6.19)$$

其中:s 表示整个聚集过程的稳定性,取值范围为 $0 \sim 1$,越接近 1,表示该过程越稳定。

综上所述,持续时长、净流量累计值变化量和波动幅度是衡量聚集过程稳定性的三个要素,采用趋势线的斜率来定量评价净流量累计值变化的稳定性,用波动幅度的标准差来衡量整个聚集过程波动的稳定性,最后将两者进行综合得到衡量整个聚集过程稳定性的模型。虽然上面的分析是以聚集过程为例,对于消散过程同样适用,唯一差异是趋势线的斜率是负的,但本节的模型在斜率的使用中采用了绝对值,因此该模型同样适用于评价消散过程的稳定性。

6.2.3 人群聚集消散序列稳定性评价模型

由定义可知,人群一天的动态变化可以用聚集和消散过程的交替序列来描述,即聚集消散序列,如何来定量评价人群聚集消散序列的稳定性?聚集消散序列是由聚集和消散过程交替组合而成,上一节给出了聚集或消散过程的稳定性评价模型,本节将基于聚集消散过程的稳定性来构建聚集消散序列的稳定性评价模型。

对于一个聚集消散序列,首先将其分割成聚集过程和消散过程,采用模型(式(6.19))可以计算出每一个过程的稳定性,这样对于一个聚集或消散过程,有两个属性:稳定性 s 和持续时间 ΔT。如图 6.20 所示,给出了两个聚集消散序列的例子,黄色线填充的矩形代表聚集过程,蓝色线填充的矩形表示消散过程,这些矩形组合形成了聚集消散序列的多边形,s_i 和 ΔT_i 分别表示聚集或消散过程的稳定性和持续时间。通过上一节的内容可以知道 s_i 越大,聚集或消散过程的稳定性越高,同样持续时间 ΔT_i 越长,稳定性越高,可见对一个过程而言,如果矩形的面积 A_i 越大,表示该过程的稳定性越高。采用聚集消散序列多边形的面积来表示聚集消散序列的稳定性程度(Fang et al.,2017),具体计算公式如下:

$$A_i = s_i \cdot \Delta T_i \tag{6.20}$$

$$A = \sum_{i=1}^{m} A_i = \sum_{i=1}^{m} s_i \cdot \Delta T_i \tag{6.21}$$

$$\sum_{i=1}^{m} \Delta T_i = T, 0 \leqslant A \leqslant T \tag{6.22}$$

其中:m 表示聚集和消散过程的总个数;T 表示时段的总数,由于聚集或消散过程的稳定性 s_i 的取值范围是 $0 \sim 1$,所以聚集消散序列多边形的面积取值范围为 $0 \sim T$。

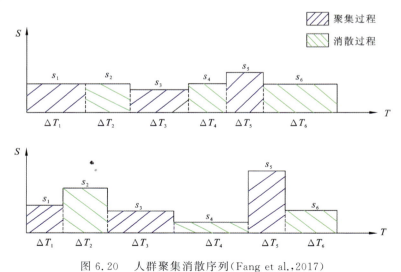

图 6.20　人群聚集消散序列(Fang et al.,2017)

虽然矩形的面积和可以用来衡量聚集消散序列的稳定性,但并不能衡量聚集过程和消散过程交替的波动幅度,如图 6.20 所示,两个聚集消散序列具有相同的面积,但图

6.20(b)的聚集消散序列波动的幅度明显大于图 6.20(a)的聚集消散序列。如果一个聚集消散序列的波动幅度越大,说明聚集过程和消散过程之间的稳定性差异越大,也就是说人群净流量累计值在聚集过程和消散过程交替处发生了较大的突变,表明聚集消散序列越不稳定,因此,在构建稳定性模型时还需要考虑聚集消散序列的波动幅度。为了区分不同聚集消散序列的波动幅度差异,采用聚集消散序列多边形的上边界的长度 P 来衡量其波动幅度的变化,即图 6.20 中红色实线的长度,长度越长,表示聚集过程和消散过程之间的波动越大,则聚集消散序列的稳定性就越小(Fang et al.,2017)。上边界长度的计算公式如下:

$$P = s_1 + \sum_{i=2}^{m} |s_i - s_{i-1}| + s_m + \sum_{i=1}^{m} \Delta T_i, P \geqslant T \tag{6.23}$$

由上述分析可知,聚集消散序列多边形的面积和上边界可以从不同的角度来定量评价该序列的稳定性,其中面积越大越稳定,而上边界越长越不稳定。这里采用两者的比率来定义整个聚集消散序列的稳定性 Q(Fang et al.,2017),具体计算公式如下:

$$Q = \frac{A}{P} = \frac{\sum_{i=1}^{m} s_i \cdot \Delta T_i}{s_1 + \sum_{i=2}^{m} |s_i - s_{i-1}| + s_m + \sum_{i=1}^{m} \Delta T_i}, 0 \leqslant Q \leqslant 1 \tag{6.24}$$

由于 $A \leqslant T, P \geqslant T$,因此聚集消散序列的稳定性取值范围在 $0 \sim 1$。当聚集消散序列多边形的面积越大,上边界越小时,Q 的值越接近于 1,该聚集消散序列的稳定性越高。基于该稳定性模型可以评价任何一个地方人群动态的稳定性,同时可以比较城市不同地方之间人群动态稳定性相对差异,从而为城市的管理提供参考。

6.2.4　实验结果与分析

1. 聚集消散过程稳定性分析

在计算聚集过程和消散过程之前,首先需要确定式(6.14)中参数 k 的取值。如前面所述,参数 k 是一个尺度控制参数用来控制 f 的取值范围,该参数的值取决于净流量 netflow 的数量级,通过对 netflow 进行统计,发现 95% 的值在 $-1\,000 \sim 1\,000$(图 6.6)。选择 $k = 0.01$ 来使得 $k \cdot |v|$ 的值落在 $0 \sim 10$,这样 f 的取值范围能够落在 $0 \sim 1$,而不至于非常小。

以我国南部某市手机位置数据为例,从数据中提取了 22 234 个聚集过程和 21 132 个消散过程,利用所提出的过程稳定性评价模型分别计算了每个聚集过程和消散过程的稳定性。图 6.21 分别给出了聚集过程和消散过程稳定性分布,可以看出超过 42% 的聚集过程和 37.6% 的消散过程的稳定性值是大于 0.75 的,说明大部分的聚集和消散过程是较稳定的。此外,发现聚集过程和消散过程具有相似的稳定性分布,采用皮尔森相关系数来衡量两个分布的相似性为 0.944,表明聚集过程和消散过程的稳定性分布是高度相关的,可见城市中人群聚集和消散是相互对称的,再次说明城市是一个相对平衡的系统。

众所周知,人群每天的移动是具有节奏的,不同的时段人群移动的强度是不同的。为了分析不同时段人群聚集和消散的稳定性差异,选择了三个时段:上午(06:00~12:00)、下午(12:00~17:00)和晚上(17:00~24:00)。对于每个时段,对聚集过程和消散过程进

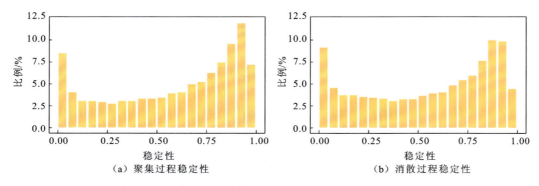

图 6.21　聚集过程和消散过程稳定性分布(Fang et al.,2017)

行提取,并利用所提出的模型计算其稳定性,图 6.22 分别给出了三个时段聚集过程和消散过程稳定性的分布。整体而言,聚集过程和消散过程稳定性的分布都具有较高的相关性,尤其是在上午和晚上,相关系数分别为 0.989 和 0.925,而下午的相关系数为 0.620,说明在下午人群聚集和消散的强度存在较大的差异。

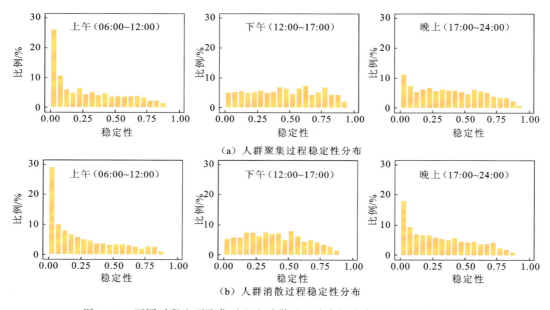

图 6.22　不同时段人群聚集过程和消散过程稳定性分布(Fang et al.,2017)

从图 6.22 中聚集过程和消散过程稳定性分布可以看出一些规律,例如,无论是聚集过程还是消散过程,在三个时段中,上午人群移动的稳定性最低,即不稳定的比例最高,其次是晚上。因为在早上和晚上的通勤时间段,城市中大部分人群在居住地和工作地之间移动,所以在这个时段人群移动的强度非常高,导致人群聚集和消散过程非常不稳定。此外,下午人群聚集和消散过程的分布是比较平均的,说明在下午城市人群移动的强度是比较匀质的。

2. 交通小区稳定性分析

利用提出的稳定性模型来评价城市交通分析小区覆盖人群的聚集消散序列的稳定性。在交通分析中,为了分析城市居民出行的起讫点的分布状况,通常将城市划分成若干个交通小区,交通小区内具有同质性,即交通小区内的经济特征、人口社会经济属性具有相似性。因此交通小区是研究交通的发生、吸引的分布和进行交通调查研究的基本空间分析单元,同时也是居民出行预测的基本空间单元(You et al.,1998)。大数据的兴起为研究城市交通小区提供了新的思路,如 Dong 等(2015)采用手机数据分析居民的出行特征,重新对深圳市进行了交通小区划分,使得同一小区内居民具有相似的出行特征。本节基于深圳市手机位置数据,分析城市交通小区内一天中人群移动聚集消散的稳定性,帮助理解不同交通小区内人群移动的稳定性,从而为城市交通规划和管理提供帮助。

首先从基站的 OD 矩阵提取出交通小区间的 OD 矩阵,在提取时需要注意:忽略掉起点和终点基站位于同一个交通小区 OD 流时,只考虑交通小区间的 OD 流,这样得到交通小区间的 OD 矩阵。基于该矩阵,可以计算出每个交通每个时段的净流量,利用式(6.10)计算每个时段净流量的累计值,从而可以构建每个交通小区的人群聚集消散动态时间序列,然后利用本节所提出的模型评价了每个交通小区的人群聚集消散序列的稳定性。图6.23 给出了交通小区稳定性的统计分布,可以看出超过 85% 的交通小区的稳定性小于0.5,这说明大部分交通小区的人群移动是偏向不稳定的。

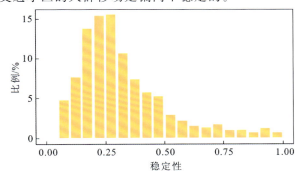

图 6.23　交通小区的稳定性分布(Fang et al.,2017)

将交通小区的稳定性投影到空间上,如图 6.24 给出了交通小区稳定性的空间分布,采用分级着色对其进行可视化,颜色越红表示稳定性越高,越蓝稳定性越低,从中可以看出几个规律。

(1) 整体而言,位于该市东部区域的交通小区稳定性要高于西部区域,因为在东部区域包括一些小的工厂、自然保护风景区和山林等,人群的活动强度较低。

(2) 在该市南部的交通小区人群移动稳定性低于北部区域,因为南部包括福田区、罗湖区和南山区,是该市的经济中心区域,包括大量的公司、居住区、购物商城、金融机构和娱乐场所等,这些地方在白天吸引了大量的人群来工作、购物、就餐、娱乐或进行其他活动等,所以人群的聚集消散会非常不稳定。

(3) 在该市一些重要的交通枢纽(机场、火车站和高铁站)和高速路口,人群聚集消散序列非常不稳定,这些区域是连接深圳市与外界的重要区域,因此这些区域人群聚集消散的波动会非常大。

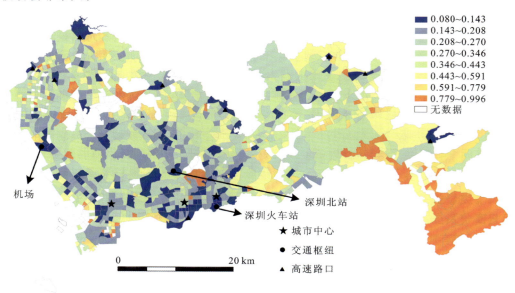

图 6.24　交通小区稳定性空间分布(Fang et al.,2017)

此外,通过分析这些交通小区稳定性的空间分布,发现一些相邻的交通小区具有相似的人群聚集消散稳定性,可以将这些相邻的具有相似稳定性特征的小区合并来分析人群的移动模式,这样城市交通规划者可以针对稳定和不稳定的交通小区来制定相应的政策,从而提高交通运行效率。

3. 公交系统覆盖人群稳定性分析

利用提出的模型来评价城市公交系统覆盖人群聚集消散的稳定性。该市具有完善的公交系统,日均客流量为 618 万人次,常规公交成为居民城市公共交通出行方式的主要选择。评价公交系统覆盖人群的动态稳定性可以帮助城市公共交通管理者理解城市中不同公交站或公交线路附近人群移动需求的不稳定性,从而可以有目标地制定一些公交运营策略。

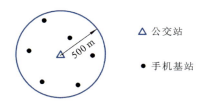

图 6.25　公交覆盖范围示意图(Fang et al.,2017)

根据《城市道路交通规划设计规范 GB 50220-95》中的设计标准,公交站以 500 m 的服务半径计算,不得小于城市面积的 90%,深圳市 2014 年公交站点 500 m 覆盖率已达到整个城市面积的 94.1%。以 500 m 的圆作为公交站点的覆盖范围,如图 6.25 所示,红色三角形为公交站点,以站点为圆心,半径 500 m画圆得到公交站点的服务范围,圆内黑点表示的是手机基站,这里假设这些基站服务的人群即为该公交站覆盖的人群。

同样地,首先需要计算公交站覆盖范围人群的进去流、出去流和净流量。对于单个公交站,忽略其覆盖范围内基站之间的人群流,只考虑该公交站与其覆盖范围之外的人群流,从而提取该公交站每个时段人群的进去流、出去流和净流量,然后计算每个时段净流量的累计值 C_p^i,从而构建公交站覆盖范围内人群聚集消散时间序列。首先将时间序列分割成聚集和消散过程,根据式(6.19)来计算聚集和消散过程的稳定性。图 6.26 给出了该市公交站覆盖范围内人群聚集消散稳定性的空间分布,每个点代表一个公交站,这里将公交站的稳定性以 0.2 为间隔分为 5 个等级水平,等级 A 和 E 分别代表最低和最高水平的稳定性。这里用黑色方框将稳定性较低的公交站进行标记,发现这些公交站站主要分布在城市的一些大的工业区(如 a、b、c 和 f 是宝安区的主要工业园区)、宝安国际机场(如 e)、高新科技园(如 d 和 g 分别为华为科技园和高新科技区)和城市的核心商业区(如 h 和 i 分别为市民中心和华强北商业区)。

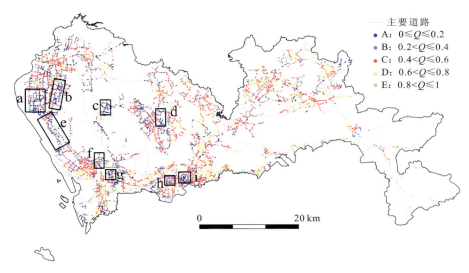

图 6.26　公交站覆盖范围人群聚集消散序列稳定性(Fang et al.,2017)

在 GIS 中,一条公交线路是由许多线路片段组成的,而一个线路片段的两端连接着两个公交站。在上面的分析中,已经计算出来该市每个公交站覆盖范围内人群聚集消散动态稳定性,基于公交站的稳定性,可以评价每个公交线路片段的人群动态稳定性,这里选择采用每个线路片段所连接的两个公交站人群动态稳定性的均值作为该片段的稳定性。图 6.27 给出了该市公交线路的稳定性,以 0.2 为间隔将线路片段的稳定性由低到高分成 A、B、C、D、E 五个等级水平,每个等级公交线路片段所占的比例分别为 1.6%、12.5%、62.4%、22.3%和 1.2%。可以看出,大部分的公交线路片段的稳定性处于等级水平 C,也就是说,该市大部分公交线路片段人群聚集消散处于一个相对稳定的水平,而极少数公交线路片段具有非常高的稳定性,这些片段大多位于该市相对偏远的郊区,这些区域由于地貌(山林地)的原因人群密度较低,人群聚集消散强度较低。类似地,极不稳定的公交线路片段的数量也是非常少,这些片段主要位于该市的核心商业区(如 h 和 i)、一些工业园区(如 a)和高新科技园(如 g)。基于该公交系统覆盖人群的时空动态稳定性,城市公交公司可以将注意力放在人群聚集消散不稳定的公交站或公交线路,重点监测这些地方人群流和出行动态规律,从而可以制定不同的策略来应对这些不稳定的人群流,如动态的调整公交车发车频率和运营时间表、或者根据需求来调整公交车的运营线路,从而提高公交运营的效率和资源合理分配。

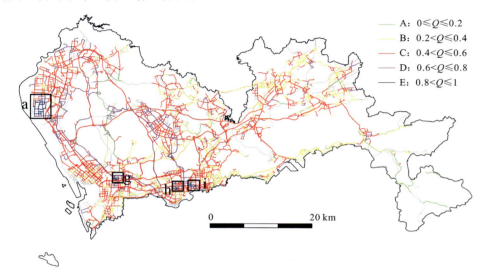

图 6.27　公交线路的稳定性(Fang et al.,2017)

6.3　本 章 小 结

　　人群聚集消散是人群在城市空间中移动形成的典型现象,并且聚集消散的空间分布随时间不断变化,从而形成城市人群移动的动态景观。研究城市人群聚集消散特性帮助理解城市人群移动时空动态,可以用来指导城市的交通管理和城市规划,对建立可持续发展、环境友好的宜居城市具有重要意义。本章以人群聚集消散为主题,研究人群聚集消散时空模式提取和人群聚集消散动态稳定性定量评价模型,以我国南部深圳市手机位置大数据为例,提取了 8 种人群聚集消散时空模式,并与城市土地功能区进行关联分析,识别出每种功能区上最可能发生的人群聚集消散模式,丰富了人群移动模式的知识库,帮助理解城市不同功能区的人群移动特征。利用本章提出的人群聚集消散稳定性定量模型,评价了深圳市交通小区和公交系统覆盖人群的动态稳定性,帮助了解和评估城市不同区域居民出行动态特征和交通需求,进一步揭露人群活动与城市空间的关系,为城市交通管理和规划提供决策支持。

参 考 文 献

杨喜平,2017.基于手机位置大数据的城市人群聚散时空特性研究:以深圳市为例.武汉:武汉大学.

杨喜平,方志祥,赵志远,等,2016.城市人群聚集消散时空模式探索分析:以深圳市为例.地球信息科学学报,18(4):486-492.

Andrienko G,Andrienko N,Bak P,et al.,2010. A framework for using self-organising maps to analyse spatio-temporal patterns,exemplified by analysis of mobile phone usage. Journal of Location Based Services,4(3/4):200-221.

Batty M,2010. Complexity in city systems:understanding,evolution,and design. Complexity in City Systems Understanding Evolution & Design,27(2007):319-341.

Calabrese F,Colonna M,Lovisolo P,et al.,2011. Real-time urban monitoring using cell phones:a case study in Rome. IEEE Transactions onIntelligent Transportation Systems,12(1):141-151.

Dong H,Wu M,Ding X,et al.,2015. Traffic zone division based on big data from mobile phone base stations. Transportation Research Part C Emerging Technologies,58:278-291.

Fang Z,Yang X,Xu Y,et al.,2017. Spatiotemporal model for assessing the stability of urban human convergence and divergence patterns. International Journal of Geographical Information Science,31(11):2119-2141.

Gao S,2015. Spatio-temporal analytics for exploring human mobility patterns and urban dynamics in the mobile age. Spatial Cognition & Computation,15(2):86-114.

Gong Y,Lin Y,Duan Z,2017. Exploring the spatiotemporal structure of dynamic urban space using metro smart card records. Computers,Environment and Urban Systems,64:169-183.

Hall M,Frank E,Holmes G,et al.,2009. The WEKA data mining software:an update. ACM SIGKDD Explorations Newsletter,11(1):10-18.

Hartigan J A,Wong M A,1979. Algorithm AS 136:a k-means clustering algorithm. Journal of the Royal Statistical Society. Series C (Applied Statistics),28(1):100-108.

Li L,Yang L,Zhu H,et al.,2015. Explorative analysis of Wuhan intra-urban human mobility using social media check-in data. PloS One,10(8):e0135286.

Liu L,Biderman A,Ratti C,2009. Urban Mobility Landscape:Real Time Monitoring of Urban Mobility Patterns//Proceedings of the 11th International Conference on Computers in Urban Planning and Urban Management:1-16.

Liu Y,Liu X,Gao S,et al.,2015. Social sensing:a new approach to understanding our socioeconomic environments. Annals of the Association of American Geographers,105(3):512-530.

Liu Y,Wang F,Xiao Y,et al.,2012. Urban land uses and traffic 'source-sink areas':evidence from GPS-enabled taxi data in Shanghai. Landscape & Urban Planning,106:73-87.

Pelleg D,Moore A W,2000. X-means:extending k-means with efficient estimation of the number of clusters. ICML 1:727-734.

Ratti C,Frenchman,2006. Mobile landscapes:using location data from cell phones for urban analysis. Environment and Planning B:Planning and Design,33(5):727-748.

Sagl G,Loidl M,Beinat E,2012. A visual analytics approach for extracting spatio-temporal urban mobility information from mobile network traffic. ISPRS International Journal of Geo-Information,1(3):256-271.

Scholz R W,Lu Y,2014. Detection of dynamic activity patterns at a collective level from large-volume trajectory data. International Journal of Geographical Information Science,28(5):946-963.

Sevtsuk A,Ratti C,2010. Does urban mobility have a daily routine? Learning from the aggregate data of mobile networks. Journal of Urban Technology,17(1):41-60.

Shaw S L,Tsou M H,Ye X,2016. Editorial:human dynamics in the mobile and big data era. International Journal of Geographical Information Science,30(9):1687-1693.

Tao S,Rohde D,Corcoran J,2014. Examining the spatial-temporal dynamics of bus passenger travel behaviour using smart card data and the flow-comap. Journal of Transport Geography,41(41):21-36.

Xu Y,Shaw S L,Zhao Z,et al.,2015. Understanding aggregate human mobility patterns using passive mobile phone location data:a home-based approach. Transportation,42(4):625-646.

Yang X,Fang Z,Xu Y,et al.,2016. Understanding spatiotemporal patterns of human convergence and divergence using mobile phone location data. ISPRS International Journal of Geo-Information,5(10):177.

You J,Nedović-Budić Z,Kim T J,1998. A GIS-based traffic analysis zone design:technique. Transportation Planning & Technology,21(1/2):45-68.

Yuan Y,Raubal M,2012. Extracting Dynamic Urban Mobility Patterns from Mobile Phone Data. Geographic Information Science. Berlin:Springer,354-367.

Yue Y,Lan T,Yeh A G O,et al.,2014. Zooming into individuals to understand the collective:a review of trajectory-based travel behaviour studies. Travel Behaviour and Society,1(2):69-78.

Yue Y,Zhuang Y,Yeh A G O,et al.,2017. Measurements of POI-based mixed use and their relationships with neighbourhood vibrancy. International Journal of Geographical Information Science,31(4):658-675.

Zhou Y,Fang Z,Till J C,et al.,2015. Functionally critical locations in an urban transportation network:identification and space-time analysis using taxi trajectories. Computers,Environment and Urban Systems,52:34-47.

第7章 基于城市空间结构的
人群出行特征分析

城市空间结构在一定程度上决定了人群的出行特征分布,如城市中不同功能区的空间区位分布直接影响着人群聚集消散模式的空间分布特征。反过来,人群在城市中的移动也可以反映出城市空间的结构特征合理性,从而影响城市空间结构的规划,因此两者是相互影响、相互作用的。

本章将利用我国南部深圳市手机位置大数据,基于城市空间结构来对人群出行特征进行可视化,从人群动态变化、人群出行方向分布、人群出行距离分布和空间分布四个维度详细分析城市居住区、工业区、商业区和交通枢纽四大功能区人群的出行特征,具体包括:城市人群出行的骨架结构和中心性、城市多层次结构人群出行的主要流动方向和城市不同功能区人群出行特征等,帮助理解不同空间结构下城市人群出行特征。

7.1 城市空间结构的定义与形式

城市是一个具有动态性的巨型复杂系统,是人群、经济、社会、文化等要素的载体和聚集地,结构是指整体的各部分的组成与相互安排。综合考虑两者,城市空间结构是指城市各个要素通过其内在机制的相互作用而形成的相对区位关系和空间形态,是城市社会经济存在和发展的空间形式,也是长期过程中人类空间活动和区位选择的积累结果(闫梅 等,2013;顾朝林,2000;Duranton,2000)。城市空间结构的形成受到自然环境、社会因素的影响,因此城市结构具有多维性和复杂性。根据所要描述的城市要素,城市空间结构可以分为显性结构和隐形结构。显性结构是指可视的和可以触摸的如城市用地结构、功能结构和路网结构等;而隐形结构指不是以实物的形式表现的如城市的文化结构(段汉明,2000)。

自20世纪60年代以来,不同领域的研究学者从不同的观点开始对城市空间结构进行大量的研究并形成一些重要的理论。如人文地理领域学者发展了城市空间结构的同心环模式(Park et al.,1925)、扇形模式(Hoyt,1939)和多核心模式理论(Harris et al.,1945)等;经济学领域发展了城市土地交易和土地利用理论如土地利用竞标地租模型、居住区位模式;而人口学领域发展了城市人口密度模型如人口密度距离衰减模式;规划和地理学者发展了城市中心地理论和城市空间扩散模型如"核心-边缘"、"点-轴渐进式"扩散模型(周春山 等,2013)。城市的发展是一个动态扩展和内部不断修正的过程,因此城市的空间结构也是不断变化的,同时城市空间结构受到城市管理者的发展政策影响。

近年来,信息技术的发展极大地改变了人们的生活、工作方式,并对城市空间结构产生影响。信息技术通过对人与人的通信交流方式和城市中产业的区位布局产生影响,从而影响城市空间结构(甄峰 等,2002)。信息技术的发展极大地减少了城市中交通运输和信息交流的费用,从而影响城市中经济活动的空间分布,使得城市经济活动更加分散化(Ioannides et al.,2008;张文新,1997)。信息技术影响下城市的功能会发生变迁,结构也会重构,城市功能将由集聚向分散化发展,功能边界模糊化,城市的空间结构将突破原有圈层式组织方式、向网络结构转型,并形成混合多功能社区的网络化城市结构(王颖,1999)。

人群是城市的灵魂主体,城市空间结构影响人群在城市中的移动,而人群的移动模式可以潜在地映射出城市的空间结构合理性,因此两者是相互影响、相互作用的。事实上,信息技术不仅影响城市空间结构模式,同时也影响人们认识和研究城市空间结构的方式,伴随着信息技术的发展,采集人群移动轨迹大数据变得越来越容易,这为研究城市中人群移动和空间结构之间的关系提供了新的机遇和挑战(Fang et al.,2017;Shaw et al.,2016;Zhao et al.,2016;Gao,2015;Calabrese et al.,2011;Gonzalez et al.,2008;Ratti et al.,2006)。

7.2 城市人群出行骨架网络与中心性分析

7.2.1 城市人群出行整体骨架结构及其时空变化

人群出行骨架网络能够从整体上反映人群在城市不同区域之间的流动情况,可以帮助理解城市不同区域之间人群的交互程度以及城市中人群流动的主要交通走廊。人群在城市中不同地方之间进行移动,移动量反映了这些地方之间的联系程度,即空间交互强度,这一直是地理学者研究的焦点课题。传统的研究方法是通过采用调查的数据或人口普查数据来分析城市中不同区域之间的联系或不同城市之间的交互程度(魏冶 等,2014;汪明峰 等,2006;Giuliano et al.,1993),由于数据样本量较小,不易提取城市人群移动的骨架网络结构,信息技术使得获得城市内部或城市之间的大规模交互数据(如人流、通信流)变得容易,给研究人群移动空间交互骨架结构带来了新的机遇(常小猛 等,2014;Liu et al.,2014)。

在提取出行骨架网络之前,首先要确定空间分析单元,如前所述,交通小区是规划者为了分析城市居民出行分布和预测而将城市划分为若干小的空间单元,本章同样采用交通小区作为空间分析单元。在第 6 章中,已经从人群移动时空轨迹中提取出了每个时段城市中基站间的人群移动 OD 矩阵,通过综合生成城市交通小区间人群移动 OD 矩阵,基于这些矩阵,可以通过对 OD 流量进行可视化来提取城市人群出行骨架结构。

首先将所有时段的 OD 矩阵进行合并,生成一个矩阵记为 $\boldsymbol{M}$,得到全天交通小区间人群移动 OD 矩阵,假设两个交通小区 A 和 B,OD_{AB} 表示一天中交通小区 A 流向交通小区 B 的人数,而 OD_{BA} 表示交通小区 B 流向交通小区 A 的人数,不考虑人群的流向,所以两个小区之间的流量为 $L_{AB}=\mathrm{OD}_{AB}+\mathrm{OD}_{AB}$,$L_{AB}$ 反映了一天中两个交通小区人群流的交互程度,通过对 L_{AB} 进行可视化来分析人群移动骨架网络结构。对 L_{AB} 进行排序,然后统计前 5%,10%,15%,……,100% 的 OD 对人群流量占所有流量的比例,如图 7.1 所示,发现城市前 5% 的 OD 对人群移动数占总的人群移动数的 75%,前 10% 的 OD 对人群流量占比达到 85%,这说明在城市中极少数的 OD 对却占了大部分的人群流量,这些 OD 流在城市中起到主导作用。

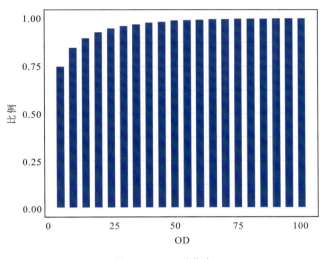

图 7.1　OD 对分布

图 7.2 对该市交通小区间人群移动的 L_{AB} 进行了可视化,为了使效果更加清晰,这里只可视化出 $L_{AB}>1\,000$ 的 OD 对,图中每根线表示连接两个交通小区的 OD 对,线越粗颜色越深表示两个交通小区人群流量越大。从图可以看出城市人群移动出行骨架网络结构有三个特征:①人群移动流量较大的 OD 对的空间距离较短,距离越近的交通小区间人群移动流量可能越大,说明城市人群流的空间交互具有距离衰减效应;②流量较大的 OD 对在城市的多个局部形成了网络结构,说明该市具有多中心结构,人群移动出行具有局部特性;③从空间分布上看,人群移动流量较大的 OD 对主要分布在深圳市南部和西部,这与深圳市的人口分布和经济发展密切相关。

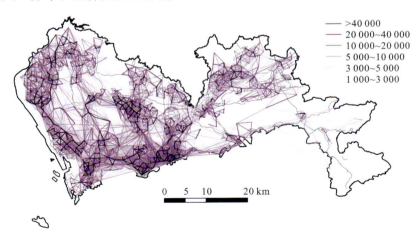

图 7.2　人群移动出行骨架网络结构

在一天中不同的时段城市中人群的移动强度是不同的,分析不同时段人群移动的骨架结构可以帮助分析城市中人群移动骨架结构随时间的动态变化。根据城市居民的生活韵律,将一天分成了 7 个时段,如表 7.1 所示,可以看出每个时段都对应着居民所参与的主要活动。基于第 6 章中每个时段的 OD 矩阵,综合生成这 7 个时段人群移动的 OD 矩阵,将其记为 M_1、M_2、M_3、M_4、M_5、M_6 和 M_7,然后对其进行可视化,分析人群移动骨架网络结构随时间的动态变化。

表 7.1   7 个时段划分

时段	时间窗	主要活动	时段	时间窗	主要活动
T1	00:00～06:00	睡觉时间	T5	14:00～17:00	下午工作时间
T2	06:00～09:00	早上通勤时间	T6	17:00～20:00	下午通勤时间
T3	09:00～12:00	早上工作时间	T7	20:00～24:00	自由时间
T4	12:00～14:00	午餐时间			

图 7.3 给出了一天中不同时段城市人群出行骨架网络结构,为了比较不同时段人群移动的差异,采用相同的图例对其进行可视化。从图可以看出不同时段城市中的人群移动强度存在差异,在 T1 和 T7 时段,城市中大部分人群在家休息,只有少数一些地方出现了较强的短距离的空间交互流,主要分布在市中心的商业区和宝安区的西乡街道和龙华街道,这两个街道分布大量的居民区和工业园,而在该市一些工业园采用的是三班倒的工作制,因此在凌晨同样会出现较强的人群移动;在通勤时间段(T2 和 T6)人群移动强度达到一天中最大,长距离的人群移动出行增强;在工作时间段(T3 和 T5),长距离的移动出行减弱,而短距离的移动出行强度较强,尤其是在福田区和罗湖区的市中心区域,形成密集的网络结构。通过上述分析,可以从整体上理解不同时段城市人群移动强度变化,利用该骨架网络结构,交通管理者可以根据不同时段交通小区间的人群交互强度来调整城市公共交通运营时间或路线,以提高公共交通运营效率。

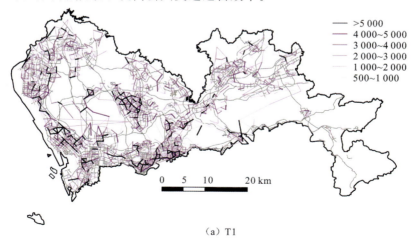

（a）T1

图 7.3   不同时段人群移动出行骨架网络结构

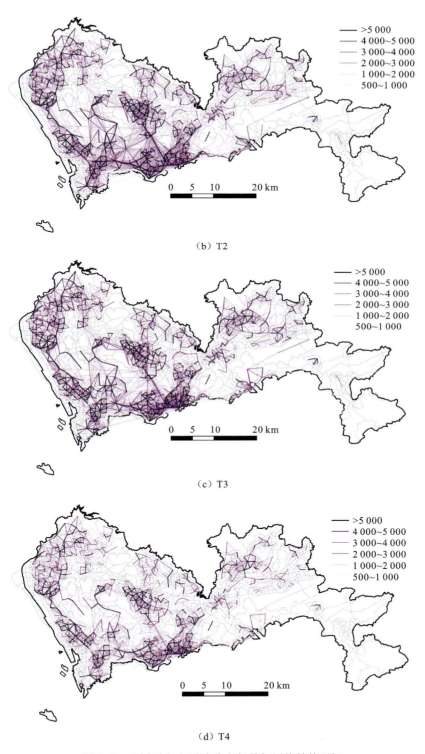

（b）T2

（c）T3

（d）T4

图 7.3　不同时段人群移动出行骨架网络结构（续）

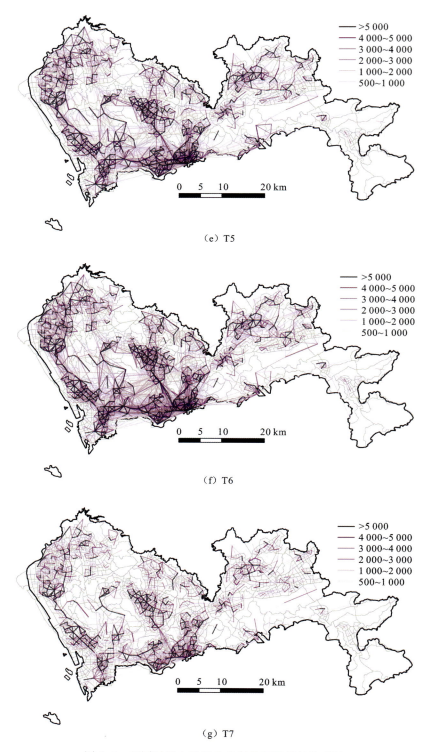

（e）T5

（f）T6

（g）T7

图 7.3　不同时段人群移动出行骨架网络结构（续）

7.2.2　城市人群出行区域中心性及其时空变化

人群在城市不同区域间流动可以反映每个区域在城市中的重要性即中心性,本节基于人群出行网络来分析城市各交通小区的中心性。事实上人群移动 OD 矩阵就是人群在城市不同位置移动所形成的有向赋权的空间网络,基于该网络可以计算每个交通小区在城市的中心性,该中心性值也反映了该交通小区的重要程度。中心性是复杂网络研究的重要方面,中心性分析是指识别网络中节点的重要性,它的测度有几种经典方法,比如度中心性、紧密度中心性、介数中心性和特征向量中心性。其中度中心性和介数中心性在大规模网络当中的计算都相当耗时,这里采用特征向量中心性进行评价,它通过与周边节点的联系强度来测定其自身的重要程度,Larry Page 曾优化了特征向量中心性的计算方法,也就是著名的 PageRank 算法(Page et al.,1999),用于网页搜索结果排名,该算法已经被广泛地用于测度地区的中心性(El-Geneidy et al.,2011)。

区域特征向量中心性主要有两个假设:

(1) 如果往一个区域中心流入的人流越多,那么该区域中心等级越高;

(2) 如果往一个趋于中心流入的另一区域的中心性等级越高,那么该区域中心性等级也越高。

PageRank 具体算法如下。

对于流量矩阵 A_{ij},有

$$A_{ij}x = \lambda x$$

其中:λ 为常数;x 是矩阵 A_{ij} 的特征向量,特征向量中心性的值便是 A_{ij} 的主特征向量。

PageRank 算法算出的评分值也是对应的 A_{ij} 的最大特征值对应的特征向量,它通过幂法迭代计算求得。

首先需要对流量矩阵 A_{ij} 进行规范化:

$$A_{ij}^{\text{norm}} = A_{ij} \Big/ \sum_i A_{ij} \tag{7.1}$$

标准化后的流量矩阵 A_{ij}^{norm} 表明从一个节点 v_i 到另一个节点 v_j 的概率,在这里表示手机用户从一个城市中心运动到另一个城市中心的概率。

接下来进行幂法迭代,将一个非负的向量 x(比如 $x^{(0)} = 1$),重复地左乘流量矩阵 A_{ij}^{norm},然后反复计算 $x^{(1)} \propto A_{ij}^{\text{norm}} x^{(0)}$、$x^{(2)} \propto A_{ij}^{\text{norm}} x^{(1)}$,并在每个过程当中将向量 x 规范化至单位长度,当整个过程的 x 收敛过后,这个 x 向量就是每一个节点在网络中的 PageRank 中心性。

基于 PageRank 算法,首先计算人群移动 OD 矩阵 M 所形成网络的中心性,图 7.4 给出了该市交通小区中心性空间分布,中心性值越高表示交通小区对人群吸引力越大,用黑色方框标记出一些吸引力较大的区域,通过与百度地图进行结合来分析这些区域的功能特征,其中区域 a 包括东门老街、国贸和深圳市火车站,该区域是深圳市核心商业区;b 是华强北商业区,是全国最大的电子交易商业街;c 是车公庙社区,该区域主要以工作用地为主包括大量办公大厦、工业园和科技园等;d、e 和 f 分别是白沙洲、龙华和松岗区域,这三个区域是大型的居住社区。这些区域都是城市的核心功能区，每天都有大量的人群流入流出，因此吸引力比较大。

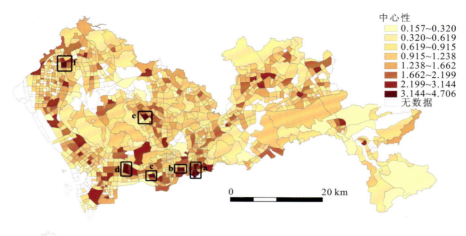

图 7.4　交通小区的中心性空间分布

由上面分析可知，不同时段人群在城市中的移动强度是不同的，即使是同一位置在不同时段对人群的吸引力也是不同的。为了分析交通小区中心性时空变化，这里首先用 PageRank 算法分别计算以上 7 个时段的矩阵 M_1、M_2、M_3、M_4、M_5、M_6 和 M_7 形成的移动网络的中心性，得到不同时段交通小区的吸引力值。假设每个时段可以得到一个交通小区吸引力值的集合 $A_i = \{a_{ij}\}$，其中 a_{ij} 表示第 i 时段交通小区 j 的吸引力值，对每一时段，用该时段吸引力最大值对其进行标准化：

$$N_i = \{n_{ij}\} = \frac{\{a_{ij}\}}{\max(A_i)} \qquad (7.2)$$

标准化后能够帮助理解交通小区在该时段的相对吸引力，同时可以分析交通小区在不同时段相对吸引力的变化，不同时段的吸引力的差值用来分析交通小区中心性的变化，如 T_b 与 T_c 时段吸引力值变化可以表示为

$$N_{b-c} = N_b - N_c \qquad (7.3)$$

当 N_{b-c} 中的元素 $a_{b-c,j}$ 大于 0 时，表示与 T_c 时段相比，交通小区 j 的吸引力增加了，小于 0 时，表示吸引力减小了。通过计算相邻时段间吸引力差值：N_{2-1}、N_{3-2}、N_{4-3}、N_{5-4}、N_{6-5}、N_{7-6}，对交通小区的吸引力在相邻时段间的变化进行分析。这里采用 Geti-Ord Gi* 方法来识别吸引力变化较显著的区域，该方法可以识别出具有显著统计意义的要素变化的热点和冷点区域。图 7.5 给出了相邻时段间交通小区吸引力变化的热点和冷点区域。从图 7.5(a)T2-T1 可以看出，吸引力热点主要集中在福田区、罗湖区和南山区的核心商业区，吸引力冷点主要集中在商业区周围的一些大型居住区，这是由人群通勤行为决定的，人群 T1 时段主要在家休息，T2 时段人群开始从住家位置移动到工作位置，导致商业区的吸引力显著增强，而在下午通勤时段出现相反的现象（图 7.5(e)），同样 T3-T2

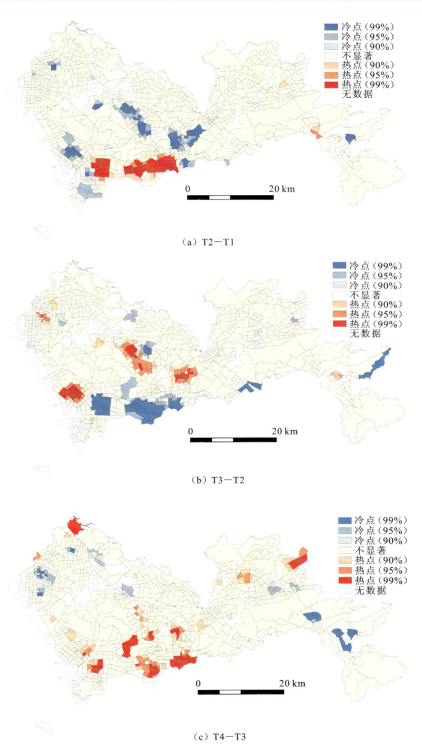

（a）T2－T1

（b）T3－T2

（c）T4－T3

图 7.5　交通小区吸引力时空热点和冷点

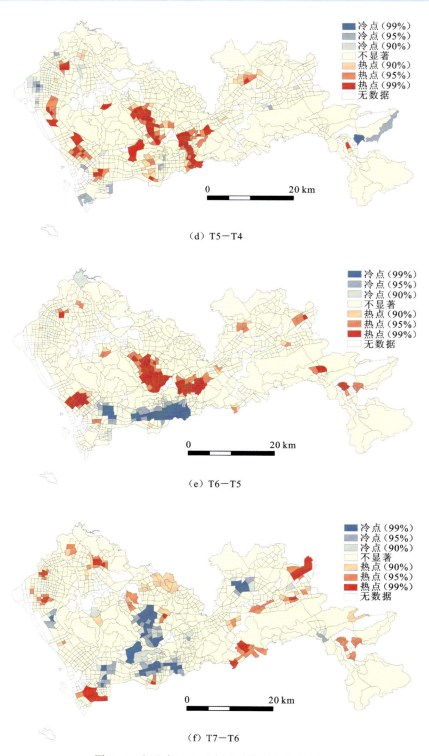

（d）T5－T4

（e）T6－T5

（f）T7－T6

图 7.5　交通小区吸引力时空热点和冷点（续）

的吸引力热点和冷点的空间分布与 T2-T1 相反,表示工作时段 T3 城市商业区的吸引力下降,居住区的吸引力增加。图 7.5(c) 和 7.5(d) 主要以吸引力热点区域为主,其中图 7.5(c) 热点主要集中在商业区而图 7.5(d) 热点主要集中在居住区,这反映了不同时段城市区域对人群吸引力的变化。图 7.5(e) 给出了 T7-T6 吸引力的热点和冷点区域,T7 是晚上 20:00～24:00,大部分人群已经回家休息,可以看出城市商业核心区的吸引力下降,而蛇口和大梅沙等一些居住区出现吸引力热点。

7.3　城市人群出行多层次区域主体流向提取与分析

城市中手机人群的流动是带有目的性的,城市空间结构功能也存在差异,导致城市中不同区域手机人群流向具有一定的方向性。识别城市不同空间尺度区域中的手机用户群体主要流向,可以帮助提取城市人群流动的主要交通廊道,从而帮助城市管理、规划与参与者更好地理解城市中人群的移动,对城市规划、交通管理以及智慧城市的建设等具有重要意义。

借用物理学中矢量场的概念,城市不同区域人群主体流向的生成本质上是人群流矢量场的生成,矢量场的生成方法是由矢量所代表的具体含义决定的(黄国良 等,1993)。传统矢量场如重力场、磁场是靠重力和磁力来生成的;交通流中的矢量场是利用车辆运动的速度、加速度来计算的(邹振宇 等,2007;王华东 等,2003)。此外矢量场的可视化可以帮助直观地了解场的分布与方向(赵安元 等,2011;Cui et al.,2008;李海生 等,2001)。本节以手机基站为基础,对任何一个基站而言,其人群来自于城市其他地方,也会流向城市中多个其他地方,在本节中的矢量代表着一定区域内人群的主要流向,是流入和流出两种状态的一个综合效应,与传统矢量场的单一属性相比截然不同。本节提出一种多层次主体流流向自动生成算法,该算法是通过对单个基站上人群的流入流出双向的流量进行综合,得到该基站上人群的主体流向和流量,即该基站的人群流矢量,从而得到整个城市所有基站所代表的人群流矢量场;进而基于矢量场原理对不同空间尺度上的人群流矢量场进行综合,得到不同空间层次上的城市人群主体流向矢量场。

7.3.1　城市人群主体流向计算方法

手机数据是依靠基站来定位的,对于单个基站而言,它服务范围内的人群会流向城市中许多地方,因此单个 O(起点)来讲会存在多个 D(终点),基于基站间的人群流 OD 矩阵,基站的人群主体流向的计算原理如下:

首先方向的定义是以由正东开始向逆时针的方向计算 0 到 360°。如图 7.6(a) 所示,假设 $O(x_O, y_O)$ 为起点基站,$D(x_D, y_D)$ 为终点基站,可以用公式 $\theta_i = \arctan\left(\dfrac{y_D - y_O}{x_D - x_O}\right)$ 计算出 OD 对的角度,将 OD 对之间的人群流量值记为 w_i,对于单个基站而言存在多个 (θ_i, w_i),由风的方向均值计算原理启发(Liu et al.,2011),对其进行改进将基站间人群流量值作为权重加入得到以下公式:

$$\theta_m = \arctan\left(\frac{\sum \sin\theta_i w_i}{\sum \cos\theta_i w_i}\right), \quad i = 1, 2, \cdots, n \tag{7.4}$$

其中:θ_m 为该基站方向的加权平均值;n 表示该基站 OD 对数量,这样就计算出该基站人群流的主体方向。

得到主体流的流向后,进一步计算主体流的权重大小,主体流的权重同样由每个 OD 对的权重求得,如图 7.6(b) 所示,红色箭头为公式(7.4)计算的基站主体流方向均值 θ_m,θ_i^m 是由 θ_m 和 θ_i 共同求得,即为方向均值与 OD 对方向的夹角,则:$w_i\cos\theta_i^m$ 即为 θ_i 方向对 θ_m 方向的权重贡献值即投影值,将所有的贡献值进行求和,即得到 θ_m 方向的权重,公式如下:

$$w_m = \sum w_i \cos\theta_i^m \tag{7.5}$$

其中:w_m 即为主体流的权重大小,该值可以反映人群主体流向上流量的大小。

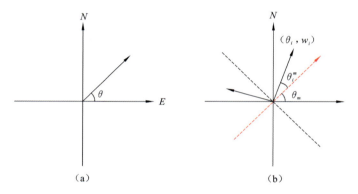

图 7.6 人群流动方向和权重计算示意图

结合式(7.4)和式(7.5),可以得到单个基站的人群主体流向和权重,将城市中所有基站的人群流矢量求出即可得到城市中基站人群的主要流动方向。与传统的矢量场计算不同,人群主体流矢量场的计算是通过对某个地方各个方向(包括流入和流出)上的人群流进行加权平均得到该地方的主体流向和主体流的权重,进而得到整个城市中各个地方人群主体流矢量场。区域主体流矢量场是利用人群主体流矢量场的计算原理在基站主体流矢量场的基础上得到。

7.3.2 多层次人群主体流向的综合

采用格网作为空间分析单元,初始格网边长的大小 k_0 设定为 500 m,此后每一等级格网边长大小是上一等级格网边长的 2 倍,格网边长大小的确定公式如下:

$$k_n = k_0 \cdot 2^{n-1}, \quad n = 1, 2, \cdots, n \tag{7.6}$$

其中:k_n 为第 n 级格网的边长大小。

多层次人群主体流向的综合是指利用不同的空间尺度的格网对整个城市进行划分,从细到粗构建多层次的城市格网,然后对每一层格网区域之间的人群流矢量场进行综合,最后得到每个格网区域人群主体流向。格网区域人群流是指该格网流向其他格网区域的人群流,需排除该格网内部人群的流动,其实质是对人群流量的 OD 对进行综合得到每一层次格网区域间人群流量 OD,这里的综合是指在上一层次人群移动 OD 矩阵的基础上综合格网内部人群流动,得到该层次格网之间的人群流动 OD 矩阵。综合公式如下:

$$S_{OD}^n = S_{OD}^{n-1} - OD^n \tag{7.7}$$

其中:S_{OD}^n 为第 n 级人群流 OD 集合;S_{OD}^{n-1} 为 $n-1$ 人群流 OD 集合;OD^n 为在第 n 级尺度增大后人群流的起点和终点在同一格网区域内的 OD 集合,这样就排除了空间尺度增大后在同一区域内部的人群流动,随着空间尺度的不断增大,被综合掉的人群流增多,只剩移动距离比较大的格网区域之间的人群流,下面将具体介绍人群流 OD 矩阵的综合过程。

设 S_{OD}^0 为基站间 OD 对集合,而 $S_{OD}^i (i=1,2,\cdots,m)$ 为第 i 层的基站 OD 对集合,是需要进行综合才能得到,其中 m 为层数,$s_o^i s_d^i$ 为集合 S_{OD}^i 的元素;R^i 为第 i 层的区域集合,$r_j^i (j=1,2,\cdots,n)$ 为 R^i 的元素,n 为区域数,为已知的区域约束条件;R_{OD}^i 为第 i 层区域间流量 OD,S_{OD}^i 是由上一层的 OD 集合 S_{OD}^{i-1} 和约束条件 R^i 进行综合得到,R_{OD}^i 由 S_{OD}^i 综合得到,具体过程如下:

(1) 从 S_{OD}^{i-1} 中提取一个 OD 对 $s_o^{i-1} s_d^{i-1}$,并将其从 S_{OD}^{i-1} 移除,即 $S_{OD}^{i-1} = S_{OD}^{i-1} - s_o^{i-1} s_d^{i-1}$;

(2) 遍历集合 R^i 中区域,如果存在区域 r_j^i 满足 $s_o^{i-1} \in r_j^i$ 且 $s_d^{i-1} \in r_j^i$,说明 OD 的起点终点在同一区域内,则返回步骤(1)继续执行;

(3) 如果步骤(2)为 false,则将 $s_o^{i-1} s_d^{i-1}$ 添加到集合 S_{OD}^i 中,继续执行步骤(1)直到 S_{OD}^{i-1} 中元素都被遍历,这样就得到集合 S_{OD}^i;

(4) S_{OD}^i 为第 i 层的基站 OD 对,需要综合成格网间流量 OD 对,设 r_j^i 和 r_k^i 为该层两个不同的格网,只需从 S_{OD}^i 中挑选出 $s_o^i \in r_j^i$ 且 $s_d^i \in r_k^i$ 的 OD 对,对其流量求和即可得到格网 r_j^i 到 r_k^i 的人群流量 $s_j^i s_k^i$,将其添加到集合 R_{OD}^i;

(5) 得到区域流集合 R_{OD}^i 后,利用式(7.4)和式(7.5)的主体流向计算原理即可求出第 i 层的每个格网内人群的主体流向。

7.3.3　区域主体流向的表达

这一部分主要介绍区域人群主体流矢量的表示方法,这里采用箭头来表示区域人群的主体流向,下面给出箭头起点和终点的坐标计算方法:

(1) 起点坐标:起点也是区域内的平均几何中心点 s_r,假设某区域 r,区域 r 内的基站 $s_1, s_2, \cdots s_n$,则 s_r 的坐标:$x_r = \dfrac{\sum x_i}{n}, y_r = \dfrac{\sum y_i}{n}$;

(2) 终点坐标:终点坐标是根据主体流的方向 θ 和权重 w 来计算的,权重 w 是由式(7.5)确定的,即 $x_d = x_r + \dfrac{w}{k}\cos\theta, y_d = y_r + \dfrac{w}{k}\sin\theta, k$ 为常数参数,主要是为了控制箭头的长度;由于在求终点时考虑了主体流权重 w,方向箭头的长短可以代表人群流量的大小。

7.3.4　实验结果与分析

实验采用我国南部某市手机位置数据,以第 7 章计算出来的基站人群流 OD 矩阵作为输入数据,选择早上 7:00～9:00 人群移动的 OD 来分析早上通勤时段城市人群的主要流向。首先计算了每个基站上人群主体流向,如图 7.7 所示,由于该基站的分布较密集,尤其是在市中心区域,流向的分布比较密集导致无法分辨人流的主要方向,需要在空间上对其进行综合生成区域人群主要流向。

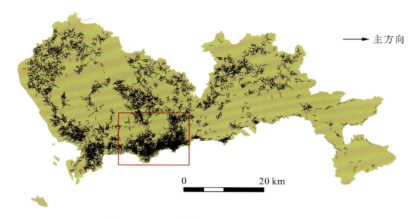

图 7.7　人群主体流向(07:00～09:00)

采用 4 个等级的格网来分别对整个城市进行划分,初始格网大小为 500 m×500 m,然后通过 7.2.2 部分方法对人群移动 OD 矩阵进行综合,得到不用尺度格网人群移动 OD 矩阵。对不同空间尺度格网的 OD 对数 N_{OD}、格网间人群流量 $N_{interflow}$ 和格网内部人群流量 $N_{intrflow}$ 进行了统计,如表 7.2 所示,可以看出随着空间尺度增大,N_{OD}、$N_{interflow}$ 在减少,而格网内部的人流 $N_{intrflow}$ 在增加,如在 4 000 m×4 000 m 尺度格网内部的人群流量约 500 万,这说明人群更愿意在其所在位置附近移动的范围内移动,从而在城市中形成了不同的空间社区。

表 7.2　不同等级格网人群移动 OD 和人群流量

格网尺寸	基站	Grid1 (500 m×500 m)	Grid2 1 000 m×1 000 m	Grid3 2 000 m×2 000 m	Grid4 4 000 m×4 000 m
N_{OD}	803 412	412 625	149 392	35 905	6 757
$N_{interflow}$	8 101 401	7 141 444	5 852 728	4 304 396	3 096 589
$N_{intrflow}$	0	959 957	2 248 673	3 797 005	5 004 812

以不同尺度格网间人群移动 OD 为基础,利用 7.2.1 的方法分别计算每个等级格网人群的主要流动方向,图 7.8(a)、(b)、(c)、(d)给出了 4 个等级格网人群的主要流向,从微观到宏观反映了城市不同空间区域人群的流动特征,如从图 7.8(c)可以清晰地看出城市边缘区域人群向城市内部流动。图中红色框区域为该市福田区和罗湖区的市中心,可以看出在早上通勤时间周围区域的人群大都流向市中心区域,因为该区域是深圳市市区繁华区域,聚集了深圳大量的写字楼、金融服务机构、购物广场等。

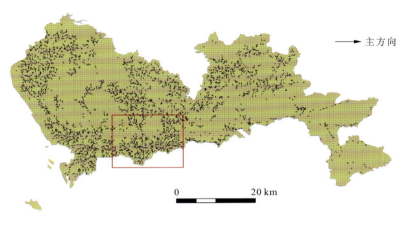

（a）500 m×500 m

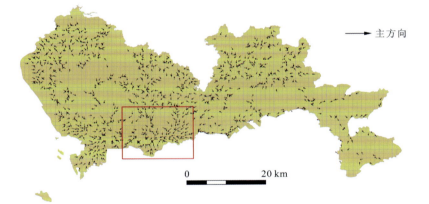

（b）1 000 m×1 000 m

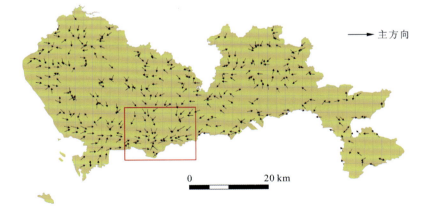

（c）2 000 m×2 000 m

图 7.8　多层次格网人群主体流向（07：00～09：00）

175

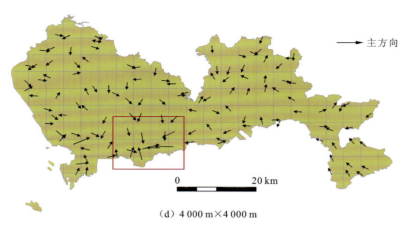

（d）4 000 m×4 000 m

图 7.8　多层次格网人群主体流向（07：00～09：00）（续）

　　人群在城市中流动是非常复杂的，由于城市空间区域功能的不同人群的流动又具有一定的规律，所以在城市中人群的流动具有方向性。本节提出了一种多层次空间区域人群主体流向的方法，通过借助物理学中矢量场和风向的计算原理，以人群移动的 OD 矩阵为基础，通过每个 OD 对的流量加权得到每个位置人群流动的主要方向，选择 4 个不同等级格网来对深圳市进行划分，得到不同空间尺度上城市人群流动方向，帮助深刻理解城市中不同区域人群的流动趋势如人群流动的主要通道，这对于城市的规划和交通管理等具有重要参考意义。此外该方法还可以分析不同空间单元（交通小区、街道）人群的主要流动方向。

7.4　城市不同功能区人群出行特征提取与分析

　　城市功能区是指同种土地利用类型在空间上进行集中分布，从而使同一类型的活动在空间上出现集聚效应。城市功能区的空间分布直接影响城市人群的出行分布特征，不同功能区上人群的移动模式也会存在差异，如在第 6 章发现不同功能区上人群聚集消散模式存在差异，主要表现在人群聚集消散开始时间、持续时间的差异，学者们可以根据不同功能区上人群活动差异，利用轨迹大数据来推测城市的土地功能分布（Tu et al.，2017；Pei et al.，2014；Toole et al.，2012；Yuan et al.，2012）。由于功能区间的区位和组合差异，即使同一种类型的功能区，受空间位置、建成环境、个人收入水平等因素的影响，人群的出行也存在差异（Xu et al.，2016，2015；张艳 等，2014；Feng et al.，2013；Ewing et al.，2010；Boarnet et al.，2001）。本节将利用手机位置大数据，来分析深圳市几种不同功能区（居住区、工业区、商业区和交通枢纽区）人群的出行特征，研究城市功能区人群的出行特征可以帮助了解城市不同功能区人群出行特征差异，另外，由于空间区位的分布和社会经济发展水平的不同，即使是同一种功能区，因在城市中的空间位置不同，人群的出行也会存在差异。本节以交通小区为空间分析单元，从 4 个维度来分析每个功能区人群出行特征，分别是人群动态变化、人群出行方向分布、人群出行距离分布和空间分布。

　　（1）人群动态变化。用来反映各功能区人群流随时间的变化，这里采用净流量指标来描述其人群动态,该指标是每个时段功能区人群进去流和出去流的差值,潜在反映了功能区人群数量的变化。

（2）人群出行方向分布。对单个功能区而言,既有人群出行到城市不同的地方,同时也会从其他地方吸引人群。人群出行方向分布是指每个功能区上出行人群在不同方向上的人数占该功能区出行总人数的比例,反映了该功能区人群出行在方向上的偏好,采用每隔10°来统计人群出行方向分布。

（3）人群出行距离分布。城市居民出行是随距离增加而衰减的,人群出行距离分布反映了人群在不同距离范围内分布,是不同距离范围内人群出行量与出行总人数的比例,采用 1 000 m 为间隔来统计每个功能区居民出行距离分布。

（4）人群出行空间分布。对每个功能区而言,居民出行分布在城市不同的空间位置,但在每个空间位置出行人数是存在差异的,采用核密度方法来可视化每个功能区人群出行在空间上的分布,从而比较各功能区人群出行的空间分布差异。

基于以上 4 个维度,本节研究了居住区、工业区、商业区和交通枢纽区 4 种功能区人群出行的特征,帮助理解城市每个功能区人群随时间的动态变化、出行的方向分布特征、距离衰减规律以及在空间上的分布特征,为城市的规划管理提供参考。

7.4.1　居住区人群出行特征分布

结合深圳市土地利用数据和规划图,选取了 10 个大型的居住区,如图 7.9 所示,并提取了每个居住区人群移动的 OD 流,其中以居民区的中心点代表其位置,以交通小区作为空间分析单元,下面从 4 个维度来分析这 10 个居住区人群出行特征及其差异。

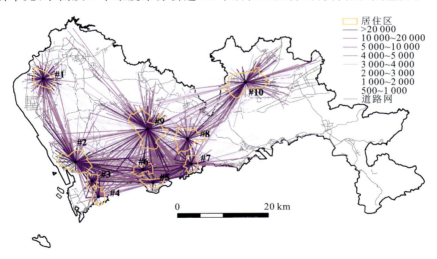

图 7.9　深圳市大型居住区及其人群出行 OD

图 7.10 给出了 10 个大型居住区人群移动净流量随时间的变化,可以看出:①各居住区出行人数的差异,居民区♯9 人群出行总数明显高于其他几个居住区,而♯7 居民出行的强度最小。②整体而言,除居住区♯6 外,其他居住区人群动态变化相似,在早上通勤时段有

大量的人群离开,下午下班后大量人群涌入,这是与居民日常通勤密切相关。居民区♯6 位于深圳市中心区域,该区域聚集了大量的工作岗位,因此在早上会有大量人群涌入该区域,导致该居住区在早上通勤时间人群进入流大于出去流。③各居住区在中午 12:00 左右出现人群波动,即出现人群涌入的现象,这是因为中午人群可能回家就餐或休息。

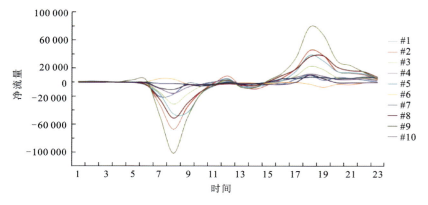

图 7.10　居民区人群出行动态变化

　　图 7.11 给出了每个居住区人群出行在方向上的分布,图中箭头距离居民区中心点越远则表示该方向上人群出行的比例越大。从图中可以清晰地看出每个居住区人群出行的主方向,如居民区♯9 人群出行主要分布在三个方向。大多数居住区人群出行的主要方向在三个左右,这与居住区在城市的空间位置,以及各居住区附近的工业区和商业区的空间位置有关,因为这两个功能区是人群出行的主要目的地,如居住区♯5 的上方主要是城市中心商业区,包括华强北、市民中心、老街等大型商业区,因此该居住区的人群出行方向主要在这几个商业区位置。

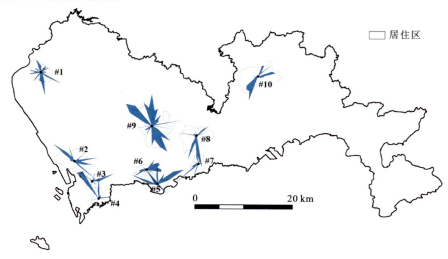

图 7.11　居住区人群出行方向分布

图 7.12 给出了居住区人群出行的距离分布和空间位置分布,从图中可以看出人群出行活动的距离范围。从人群出行距离分布的角度,人群出行随距离出现锯齿波动变化,根据锯齿波动的情况,这里将这 10 个居住区分为三个类别。

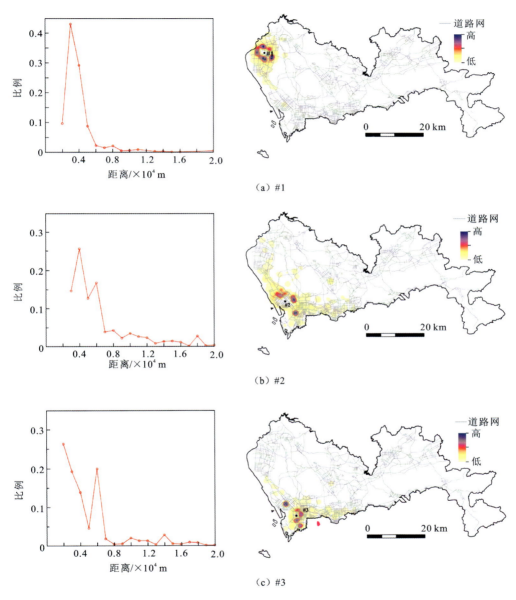

图 7.12　不同居住区人群出行的距离分布(左)和空间分布(右)

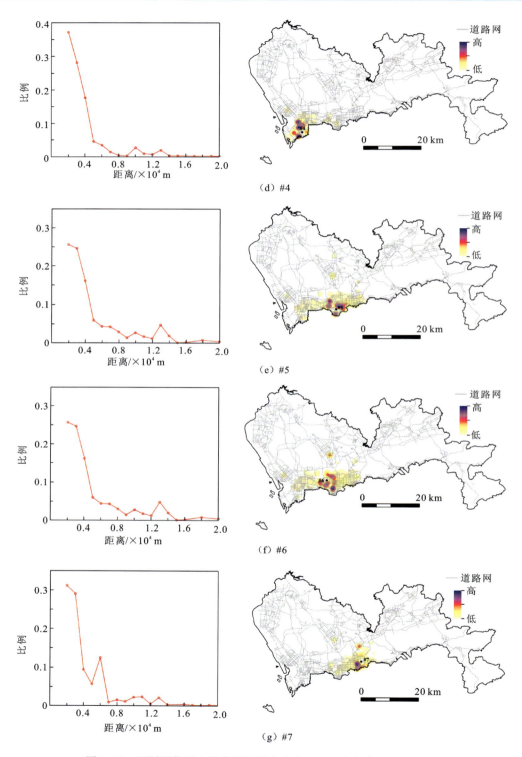

图 7.12　不同居住区人群出行的距离分布（左）和空间分布（右）（续）

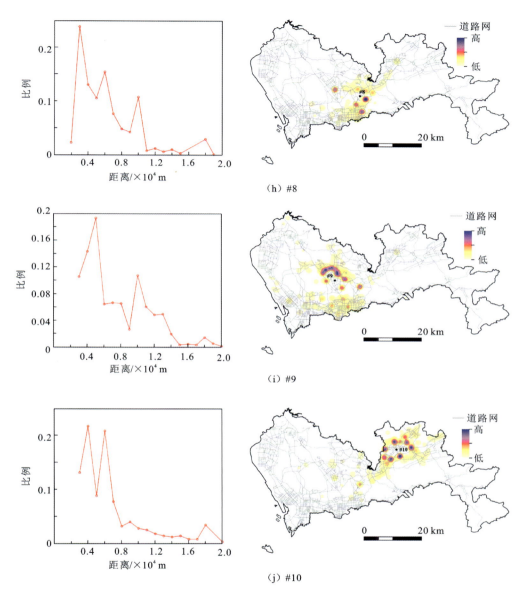

（h）#8

（i）#9

（j）#10

图 7.12　不同居住区人群出行的距离分布（左）和空间分布（右）（续）

（1）单个大型锯齿状：包括居住区♯1和♯6。这两个居住区的人群出行随距离先增后降出现一个大型锯齿状，并且都是在3 km范围出现锯齿，说明这两个居住区人群出行在3 km分布较多，在6 km之后人群分布较小。

（2）整体衰减锯齿状：包括居住区♯3、♯4、♯5和♯7。这4个居住区人群出行在整体上出现随距离衰减的情况，尤其是♯4和♯5，而♯3和♯7在6 km处出现锯齿状波动，表面这两个居住区人群出行在6 km处出现增加现象。

（3）多个大型锯齿状：包括居住区♯2、♯8、♯9和♯10。这4个居住区人群出行随距

181

离出现多个大的波动,其中♯2、♯10 在 4 km 和 6 km 处人群分布出现增加,♯8 在 3 km、6 km 和 10 km 出人群出现增加,♯9 在 5 km 和 10 km 处出现人群分布出现增加现象。

上述从距离衰减的角度来分析各居住区人群出行分布特征,从中可以看出居住区人群出行并不是随距离严格衰减,而是在一定的距离范围内出现明显的波动情况,这与居住区人群的工作目的、空间位置密切相关。上面分析可以帮助认识每个居住区人群出行的距离特性,并且根据核密度图可以看出每个居住区人群出行的主要空间位置分布,帮助理解每个居住区人群出行的活动范围。

7.4.2 工业区人群出行特征分布

这里选取了深圳市 10 个大型工业区,提取其人群出行的 OD 流,如图 7.13 所示,深圳市大型工业区主要分布在深圳北部的宝安区。图 7.14 给出了各工业区人群动态变化,可以看出与居住区相反,工业区在早上通勤时间大量人群涌入,在下午下班后人群出去流大于进去流,尤其是工业区♯1 和♯3,这两个工业区人群出行总数明显大于其他工业区,其中♯1 包括一些大型的科技工业园如 TCL 和中兴科技园,而♯3 包括华为科技园,这些地方聚集了大量的工作岗位,因此人群出行的总数较多。

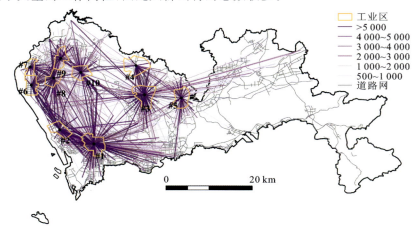

图 7.13 深圳市大型工业区和人群出行 OD 流

图 7.15 给出了工业区人群出行的方向分布,可以看出工业区人群出行的主要方向集中在 5 个左右,在城市边缘的工业区人群出行主要向城市内部流动,如♯4、♯6 和♯7。工业区人群主要来自居住区,因此每个工业区人群出行的分布与其周围居住区的空间位置有关,因为每个工业区主要吸引它附近的居住区的人群。

图 7.16 给出了工业区人群出行的距离分布和空间分布,从整体上看工业区人群出行距离集中在 10 km 范围内,只有少数人群大于 10 km。从空间分布可以看出每个工业区人群出行的主要空间范围,即其吸引力辐射范围。工业区人群出行距离分布同样出现锯齿状,这里将这 10 个工业区分为三个类别。

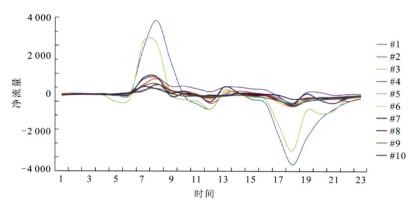

图 7.14　工业区人群动态变化

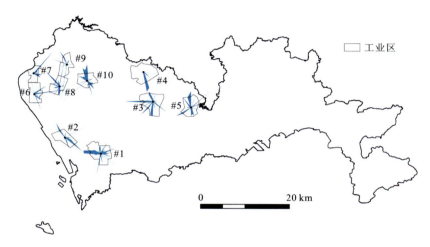

图 7.15　工业区人群出行方向分布

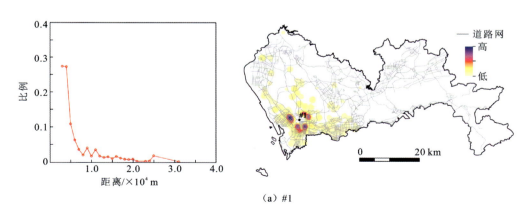

（a）#1

图 7.16　不同工业区人群出行距离分布（左）和空间分布（右）

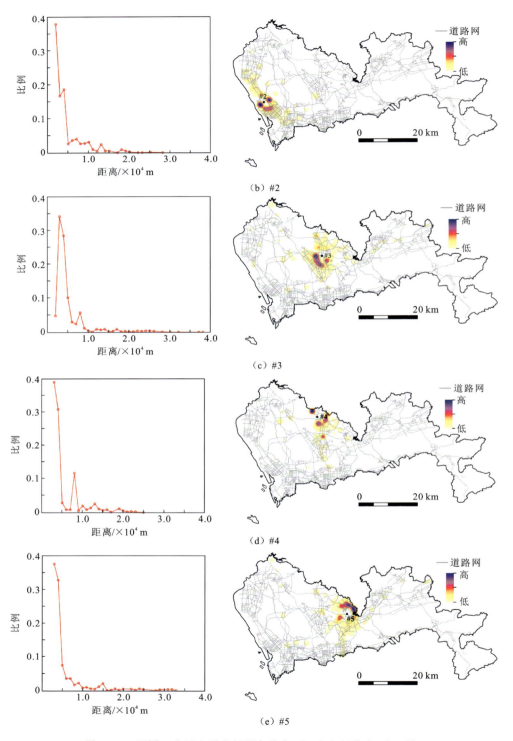

图 7.16　不同工业区人群出行距离分布（左）和空间分布（右）（续）

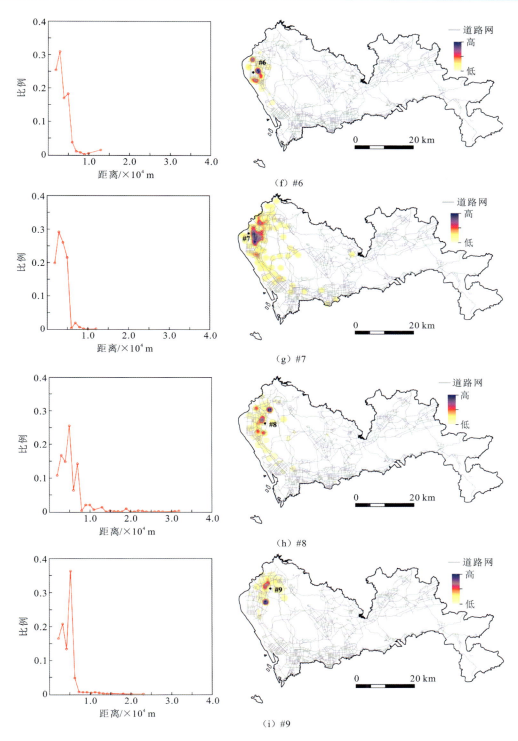

图 7.16　不同工业区人群出行距离分布(左)和空间分布(右)(续)

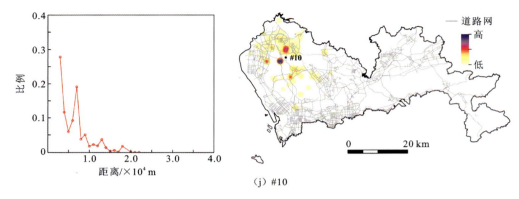

(j) #10

图 7.16　不同工业区人群出行距离分布(左)和空间分布(右)(续)

（1）单个大型锯齿：包括♯3 和♯7 两个工业区。这两个工业区人群出行都先随距离增加出现一个大型锯齿状然后迅速随距离减小，♯3 和♯7 都是在 3 km 处出现锯齿状，表面这两个工业区人群出行在 3 km 范围分布较多。

（2）整体衰减锯齿：包括♯1、♯2、♯4、♯5 和♯10 5 个工业区。这几个工业区人群出行先出现距离衰减，之后在某一距离处出现增加的锯齿状分布，如♯4 在 7 km 处出现锯齿，♯10 在 6 km 处出现大的锯齿，♯1、♯2 和♯5 工业区人群出行整体处于距离衰减分布，没有出现大型锯齿状分布。

（3）多个锯齿：包括♯6、♯8 和♯9 3 个工业区。这 3 个工业区人群出行随距离出现两个锯齿，♯6、♯9 在 3 km 和 5 km 处出现锯齿，但♯3 的锯齿较小；♯8 在 3 km、5 km 和 7 km 处出现锯齿分布，其中在 5 km 处的人数分布较多。

7.4.3　商业区人群出行特征分布

图 7.17 给出了深圳市大型商业区和人群出行分布，深圳市大型商业区主要分布在福田区、罗湖区和南山区，从出行 OD 分布来看商业区主要吸引其附近的人群，这些人群主

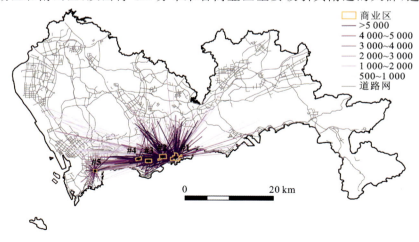

图 7.17　深圳市大型商业区和人群出行 OD 流

要集中在深圳市南部,而北部宝安区和龙岗区人群分布较少。图 7.18 给出商业区人群动态变化,可以看出商业区从早上 06:00 到下午 16:00 人群移动净流量大于零,表示在该时间段内人群的进去流一直大于出去流,一直有大量人群涌入该区域,这些商业区聚集了城市主要的金融服务机构、商业购物中心和娱乐场所,因此在白天会吸引大量的人群。从图中可以看出♯2 商业区人群出行总数明显大于其他几个商业区,♯2 是华强北商业区,是中国最大的电子交易市场,约几十万从业人员,同时每天存在大量的流动人群。

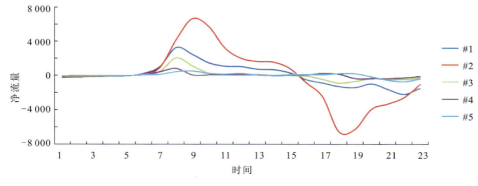

图 7.18　商业区人群动态变化

图 7.19 给出了商业区人群出行方向分布,商业区人群出行方向主要由其周围的居住区位置决定,同时人群也在几个商业区之间相互流动,尤其是♯1、♯2、♯3 和♯4,这 4 个商业区的距离较近,相互之间有较强的人群流动。

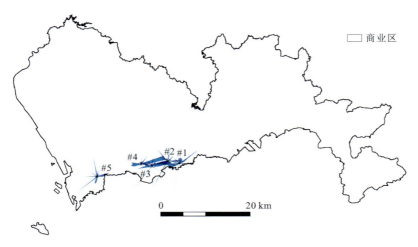

图 7.19　商业区人群出行方向分布

图 7.20 给出了商业区人群出行的距离分布和空间分布。从空间分布可以看出商业区人群出行主要分布在商业区的附近,每个商业区人群出行主要分布在各自商业区 5km 范围内,商业区人群出行随距离分布主要分为以下 3 类:

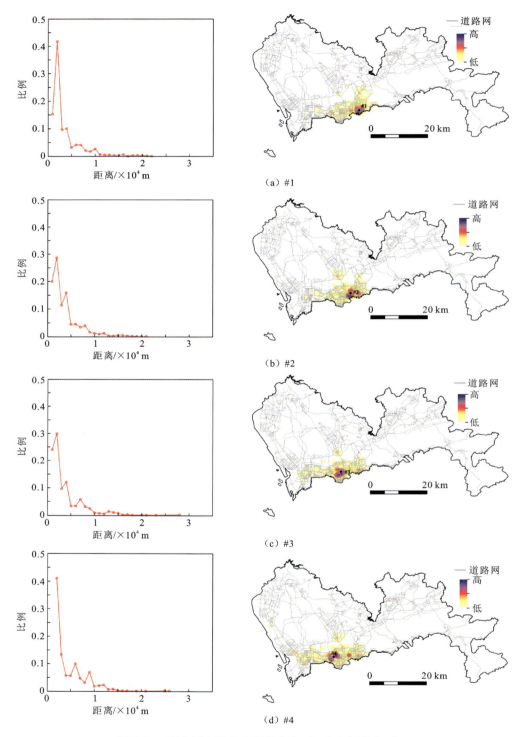

图 7.20　商业区人群出行距离分布(左)和空间分布(右)

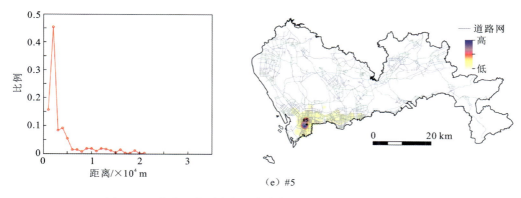

(e) #5

图 7.20　商业区人群出行距离分布(左)和空间分布(右)(续)

（1）距离衰减锯齿：包括#4商业区。该商业区40%的人群出行分布在2 km范围内，然后随着距离减小，在6 km和9 km处出现小的增加，而商业区#1和#2与商业区#4的距离正是6 km和9 km。

（2）单个大型锯齿：包括#1和#5商业区。这两个商业区人群出行随距离先出现增加后迅速减少，#1和#5都是在2 km范围处出现大的锯齿状，表明这两个商业区人群出行在2 km处分布较多。

（3）多个锯齿状：包括#2和#3商业区。这两个商业区人群出行随距离出现两个明显的锯齿形状，并且都是在2 km和4 km处出现锯齿，这两个商业区相距较近约4 km左右，人群在商业区之间移动，因此在4 km处出现小的锯齿分布。

7.4.4　交通枢纽区人群出行特征分布

图 7.21 给出了深圳市交通枢纽区的人群出行 OD 分布，这里选取了 4 个交通枢纽区，分别是深圳北站(#1)、机场(#2)、福田口岸(#3)和深圳火车站(#4)，它们是深圳市连接外界的主要交通枢纽。图 7.22 给出各交通枢纽区人群动态变化，可以看出这 4 个交

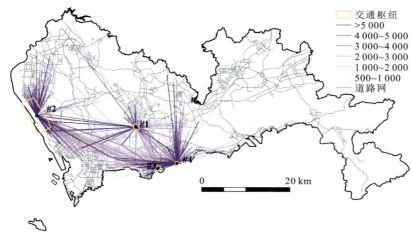

图 7.21　深圳市交通枢纽区和人群出行 OD 流

189

通枢纽区并没有出现一致的人群动态变化,♯4 交通枢纽区人群出行总数最大,并且从早上通勤时间人群就开始涌入,直到下午 15:00 后人群开始消散,♯4 交通纽区在商业区附近,该区域分布大量的工作岗位,因此该区域人群动态变化类似于商业区。♯1 交通枢纽区周围是大型居住区,因此在早上 08:00 左右大量的人群离开,而在下午 17:00 后人群进去流大于出去流,该区域人群动态变化与居住区相似。♯2 交通枢纽区出现与工业区相似的人群动态变化,因为该交通枢纽区分布大量的工作岗位。♯3 交通枢纽区是福田口岸,是深圳通往香港的重要关口,在早上大量的人群涌入该区域然后从该区离开,因此该区域人群在早上出现波动。

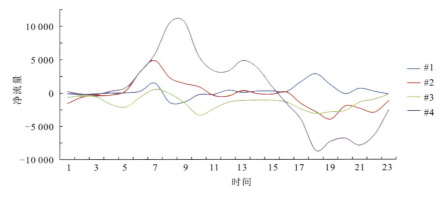

图 7.22　交通枢纽区人群动态变化

图 7.23 给出了各交通枢纽区人群出行的方向分布,可以看出交通枢纽区 ♯1 人群出行方向比较分散,其中人群出行量最大的方向是 ♯4 位置的方向,而 ♯2 人群出行主要分布在西北和东南方向,♯3 人群出行主要分布在正西的方向,♯4 人群出行主要分布在东北方向。

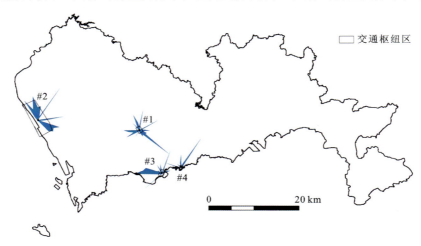

图 7.23　交通枢纽区人群出行方向分布

图 7.24 给出了交通枢纽区人群出行距离分布和空间分布,可以看出交通枢纽区人群的出行主要在 10 km 范围内,从距离衰减的角度,可以将这 4 个交通枢纽区分为两个类。

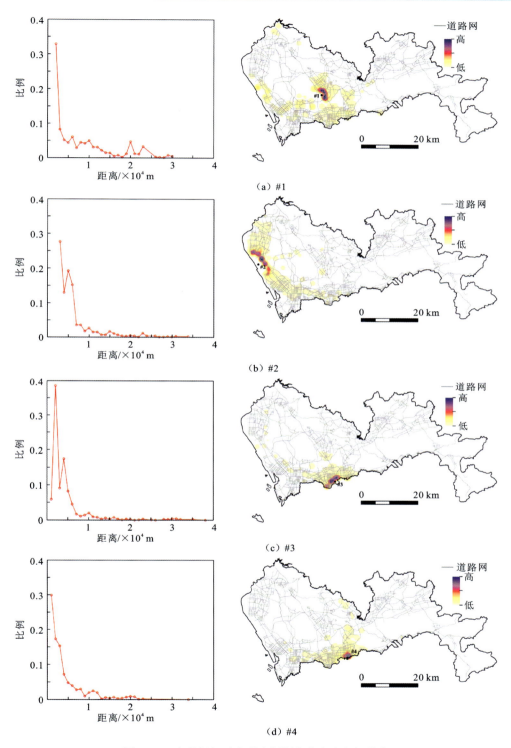

图 7.24　交通枢纽区人群出行距离分布和空间分布

（1）整体衰减锯齿：包括♯1、♯2 和♯4 共 3 个交通枢纽区。这 3 个枢纽区整体上人群出行随距离衰减，♯1 在 20 km 和 23 km 处出现小的锯齿，从人群出行空间分布可以看出该交通枢纽区人群出行的范围较大；♯2 是在 5 km 处出现锯齿形状，♯4 整体上呈距离衰减分布，只出现微小的波动。

（2）多个大型锯齿：♯3 交通枢纽区。人群出行随距离出现两个大型锯齿，其中在 2 km 处出现大的锯齿，该交通枢纽区约 40％的人群出行在 2 km 范围左右，另一个人群出行锯齿出现在 4 km 处，占总出行人数的比例约为 17％。

7.5　本章小结

人群出行特征与城市空间结构具有密切的关系，轨迹大数据为研究空间结构和人群出行特征提供了数据基础，本章以深圳市为例，采用手机位置大数据，首先提取城市人群出行的骨架网络及其时空变化，在此基础上利用 PageRank 算法识别人群出行网络的中心性，从而分析城市交通小区的吸引力及其时空变化；其次，提出了一种多层次区域人群主体流向的方法，分析了不同空间尺度下城市不同区域人群的主要流动方向；最后从人群动态变化、人群出行方向分布、人群出行距离分布和空间分布 4 个维度分析了城市居住区、工业区、商业区和交通枢纽区 4 大功能区人群的出行特征。本章详细分析了不同空间结构人群出行的特征，帮助理解城市人群出行规律，为城市的交通规划、管理提供参考。

参 考 文 献

常晓猛,乐阳,李清泉,等,2014.利用位置的虚拟社交网络地理骨干网提取.武汉大学学报（信息科学版）,39(6):706-710.

段汉明,2000.城市结构的多维性和复杂性.陕西理工学院学报（自科版）,16(3):45-49.

顾朝林,2000.集聚与扩散：城市空间结构新论.南京:东南大学出版社.

黄国良,王瑞平,舒秦,1993.矢量场散度和旋度的物理意义.西安科技大学学报(1):71-77.

李海生,牛文杰,杨钦,等,2001.矢量场可视化的研究现状与发展趋势.计算机应用研究,18(8):11-14.

汪明峰,宁越敏,2006.城市的网络优势：中国互联网骨干网络结构与节点可达性分析.地理研究,25(2):193-203.

王颖,1999.信息网络革命影响下的城市：城市功能的变迁与城市结构的重构.城市规划(cs):24-27.

王华东,吴铁军,2003.一种新的交通流矢量场微观模型.中国公路学报,16(2):99-102.

魏冶,修春亮,王绮,2014.空间联系视角的沈阳市多中心城市结构研究.人文地理(3):83-88.

闫梅,黄金川,2013.国内外城市空间扩展研究评析.地理科学进展,32(7):1039-1050.

张艳,柴彦威,郭文伯,2014.北京城市居民日常活动空间的社区分异.地域研究与开发,33(5):65-71.

张文新,1997.信息技术对城市结构的影响分析.城市发展研究(cs):33-36.

赵安元,任杰,刘东权,2011.二维和三维矢量场的可视化.计算机应用研究,28(4):1592-1597.

甄峰,顾朝林,2002.信息时代空间结构研究新进展.地理研究,21(2):316-321.

周春山,叶昌东,2013.中国城市空间结构研究评述.地理科学进展,32(7):1030-1038.

邹振宇,王慧,2007.非机动车流矢量场模型及其参数变化规律研究.计算机测量与控制,15(6):

763-766.

Boarnet M，Crane R，2001. The influence of land use on travel behavior：specification and estimation strategies. Transportation Research Part A：Policy and Practice，35(9)：823-845.

Calabrese F，Colonna M，Lovisolo P，et al.，2011. Real-time urban monitoring using cell phones：a case study in Rome. IEEE Transactions onIntelligent Transportation Systems，12(1)：141-151.

Cui W，Zhou H，Qu H，et al.，2008. Geometry-based edge clustering for graph visualization. IEEE Transactions on Visualization and Computer Graphics，14(6)：1277-1284.

Duranton G，2000. Urbanization，Urban Structure and Growth. New York：Cambridge University Press.

El-Geneidy A，Levinson D，2011. Place Kank：valuing spatial interactions. Networks and Spatial Economics，11(4)：643-659.

Ewing R，Cervero R，2010. Travel and the built environment：a Meta-Analysis. Journal of the American Planning Association，76(3)：265-294.

Fang Z，Yang X，Xu Y，et al.，2017. Spatiotemporal model for assessing the stability of urban human convergence and divergence patterns. International Journal of Geographical Information Science，31(11)：2119-2141.

Feng J，Dijst M，Wissink B，et al.，2013. The impacts of household structure on the travel behaviour of seniors and young parents in China. Journal of Transport Geography，30(30)：117-126.

Gao S，2015. Spatio-temporal analytics for exploring human mobility patterns and urban dynamics in the mobile age. Spatial Cognition & Computation，15(2)：86-114.

Giuliano G，Small K A，1993. Is the journey to work explained by urban structure? Urban Studies，30(9)：1485-1500.

Gonzalez M C，Hidalgo C A，Barabasi A L，2008. Understanding individual human mobility patterns. Nature，453(7196)：779-782.

Harris C D，Ullman E L，1945. The nature of cities. The Annals of the American Academy of Political and Social Science，242(1)：7-17.

Hoyt H，1939. The structure and growth of residential neighborhoods in American cities. U. S. Government Printing Office，7(2)：217-218.

Ioannides Y M，Overman H G，Rossi-Hansberg E，et al.，2008. The effect of information and communication technologies on urban structure. Economic Policy，23(54)：202-242.

Liu Y，Sui Z，Kang C，et al.，2014. Uncovering patterns of inter-urban trip and spatial interaction from social media check-in data. PloS one，9(1)：e86026.

Page L，Brin S，Motwani R，et al，1999. The PageRank citation ranking：bringing order to the web. Stanford InfoLab. http：//ilpubs. stanford. edu：8090/422/1/1999-66. pdf.

Park R E，Burgess E W，McKenzie R D，1925. The City. Chicago：University of Chicago Press.

Pei T，Sobolevsky S，Ratti C，et al.，2014. A new insight into land use classification based on aggregated mobile phone data. International Journal of Geographical Information Science，28(9)：1988-2007.

Ratti C，Frenchman D，et al.，2006. Mobile landscapes：using location data from cell phones for urban analysis. Environment and Planning B：Planning and Design，33(5)：727-748.

Shaw S L，Tsou M H，Ye X，2016. Human dynamics in the mobile and big data era. International Journal of Geographical Information Science，30(9)：1687-1693.

Toole J L，Ulm M，González M C，et al.，2012. Inferring Land Use from Mobile Phone Activity// Proceedings of the ACM SIGKDD international workshop on urban computing，1-8.

Tu W，Cao J，Yue Y，et al.，2017. Coupling mobile phone and social media data：a new approach to understanding urban functions and diurnal patterns. International Journal of Geographical Information Science，1-28.

Xu Y，Shaw S L，Zhao Z，et al.，2015. Understanding aggregate human mobility patterns using passive mobile phone location data：a home-based approach. Transportation，42(4)：625-646.

Xu Y，Shaw S L，Zhao Z，et al.，2016. Another tale of two cities：understanding human activity space using actively tracked cellphone location data. Annals of the American Association of Geographers，106 (2)：489-502.

Yang X，Fang Z，Xu Y，et al.，2016. Understanding spatiotemporal patterns of human convergence and divergence using mobile phone location data. ISPRS International Journal of Geo-Information，5(10)：177.

Yuan Y，Raubal M，2012. Extracting dynamic urban mobility patterns from mobile phone data. Geographic Information Science. Springer，354-367.

Zhao Z，Shaw S L，Xu Y，et al.，2016. Understanding the bias of call detail records in human mobility research. International Journal of Geographical Information Science，30(9)：1738-1762.

第8章 城市时空可达性

可达性是城市地理学、交通规划等领域的重要内容。传统的可达性研究中,交通路网中道路的行程时间一般被假定为确定的;然而在实际应用中,由于交通供应和需求波动变化,交通路网行程时间是高度随机的;传统的可达性分析方法无法满足行程时间不确定性环境下的时空可达性分析需求。本章将首先介绍时空可达性概念和方法,然后介绍不确定性环境下的地点可达性评价模型和基于空间设施选择行为的可达性分析方法。

8.1 可达性概念及其度量方法

8.1.1 可达性概念

可达性的概念一直受到交通、地理等领域的工作者和研究人员的重视。可达性的概念最早由 Hansen 在 1959 年正式提出,Hansen 将其定义为交通网络中各个节点进行活动机会的多少(Hansen,1959)。许多学者基于自己的研究方向和已有的数据类型等,对可达性有着不同的定义,并给出了相应的评价模型和方法,如:Dalvi 等(1976)认为可达性是在给定的交通系统下到达活动地点的难易程度;Ben-Akiva 等(1979)将其表示为出行产生的效用等。目前,可达性概念已被广泛应用于许多领域,如设施选址、评估城市交通系统性能、评估城市工作机会、公共服务设施分布的公平性分析以及城市规划等方面。

根据不同应用,文献中的可达性度量方法大致分为基于地点的(place-based)可达性方法和基于个人的(personal-based)可达性方法(Yang et al.,2017;Miller,2007;Dijst,2002;Kwan 1999,1998)。基于地点的可达性表达能表达某一地点的难易程度,其优点是计算简单、计算量小,缺点为缺少对微观个体行为的关注。基于个人的可达性以时间地理学为基础,研究个人在各种时空限制下到达活动地点的能力;其优点为能够表达个体在移动性和时空约束方面上的差异性,其缺点为个人数据多以问卷调查的方式获取,耗时耗力,且样本量较少(大多在几十个到几百个之间),难以获取大规模的个体数据。除了基于地点的和基于个人的区分方法,还可以根据度量方法的复杂程度进行区分,从简单的表达两个地点之间的物理关联或物理隔阻的度量方法,到更复杂的由城市环境和特定人群的时空自主权共同决定的度量方法。

8.1.2 基于地点的可达性度量方法

基于地点的可达性度量方法包括三个共同的要素(Miller,2007;Hanson,1987):一个要被其他地点接近的基准地点、一系列从事某种活动的机会(如工作、购物、服务)、表达基准地点和机会之间的物理分隔的阻抗函数。比较著名的基于地点的可达性度量方法包括:距离度量法、机会累积法、重力度量法、两步搜索法。

1. 距离度量法

距离度量法是所有度量方法中较为简单的一种（Ingram，1971）。这种方法用两个地点之间的自然隔阻来度量它们之间的可达性，即用空间距离、时间距离（跨越空间距离所需的时间）、经济距离（为跨越空间距离所支付的费用）或拓扑距离来度量。在两点之间的可达性的基础上，又定义了总体可达性，即某地到所有其他地点的相对可达性的总和。这类方法可以用以下公式来表示：

$$\text{MINT}_i = \sum_{j=1}^{n} f(c_{ij}) \tag{8.1}$$

其中：c_{ij} 表示区域 i 到达机会 j 的旅行代价；$f(c_{ij})$ 是一个阻抗函数，通常是反幂函数或负指数函数，MINT_i 代表区域 i 到所有潜在机会活动的效用之和。在实际应用中，根据资料的可得性和研究问题的需要，旅行代价 c_{ij} 可分别以直线距离、网络距离、行程时间、旅行费用或其他一些相关的耗费来衡量。距离度量法固然简洁，却过于简化。Baxter（1975）和 Kirby（1976）对距离度量法，尤其是总体可达性的度量进行了修正，以加强距离度量法的适用性。

2. 机会累积法

机会累积法是在任意指定的距离范围或时间范围内，用某一点可以获得的机会的多少来衡量可达性。这里的机会可以视情况来定义，如就业机会、就医机会、就餐机会、购物机会、休闲娱乐机会等。这类方法可以用以下公式表示：

$$\text{CUM}_i = \sum_{j=1}^{n} \delta_j \tag{8.2}$$

其中：CUM_i 表示区域 i 能够获得的机会总数；$\delta_j = 1$ 表示机会 j 是否落在指定的距离或时间范围内，反之 $\delta_j = 0$ 表示机会 j 在可达范围之外。Wachs（1973）、Mitchell（1977）和 Breheny（1978）在他们的研究中使用了这一方法。这一方法的缺陷是所有在给定范围内的可以获得的机会都被视为同等重要，并不考虑各机会目的地到起始点的距离之间存在的差异，即不考虑距离衰减效应。另外，对距离或时间范围阈值的设定不可避免地带有主观因素。

3. 重力度量法

相对于机会累积法，重力度量法引入了目的地的距离衰减效应（Hansen，1959），同时还考虑各个机会自身属性特点（Hansen，1959；Stewart，1958）。用重力度量法度量所得的可达性通常也称为潜能。这类方法可以用以下公式表示：

$$\text{GRAV}_i = \sum_{j=1}^{n} W_j f(c_{ij}) \tag{8.3}$$

其中：GRAV_i 表示区域 i 处的可达性值；c_{ij} 表示区域 i 到达机会 j 的旅行代价；$f(c_{ij})$ 表示距离衰减函数，如负指数函数；W_j 表示机会的吸引度，由机会的属性决定（如：设施大小、规模）。重力度量法使用范围较广泛，但也存在大多数地点可达性度量方法都存在的一些问题（Kwan et al.，2003）。重力度量法由于忽视个人的移动性和时空约束，仍不能体现可达性在个人层面上的差异。Kwan（1998）实证发现了地点可达性度量方法应用于男性比应用于女性更为合适,因为它没有考虑到女性在日常生活中某些方面的时空限制。此外,单一的位置参照意味着出行点和活动之间的相互作用都没有被充分考虑(Kitamura,2001;Kwan,1999;Hanson,1987)。

4. 两步搜索法

两步移动搜索法(two-step floating catchment area,2FCA)是从重力模型发展而来,考虑了需求端之间的竞争,包含以下两步移动搜索过程:

第一步:对于每个设施点 j,生成阈值为 d_0 行程时间的搜索区域,在搜索区域内的需求点为 k。然后,可计算出在 d_0 范围内供应量和需求人口量的比率关系,即每个设施点的供应量 - 需求量比率 R_j 为

$$R_j = \frac{S_j}{\sum_{k \in D_0} P_k} \tag{8.4}$$

其中:R_j 为设施点 j 的提供量-需求量比率;S_j 是在设施点 j 的供应量;D_0 是设施点 j 在一定行程时间阈值内的搜索区域;P_k 是在设施点 j 搜索区域 D_0 内搜索到的需求点 k 的人口数量。

第二步:对每个需求点 i,生成一个与第一步相同时间阈值的搜索区域,每个需求点的可达性值则是该搜索区内所有设施点的提供量-需求量比率的总和:

$$A_i^F = \sum_{j \in D_0} R_j \tag{8.5}$$

其中:A_i^F 是需求点 i 的可达性值。

8.1.3 基于个人的可达性度量方法

基于个人的可达性度量方法可以克服地点可达性度量法的一些局限。随着地理位置相关的个体数据获取性以及地理计算能力的增强,基于个人的可达性度量方法在诸多地理学应用中变得愈发重要(Miller,2007;Kwan,2003)。

基于个人的方法主要可以分为两类:一是源于时间地理学的时空可达性方法(space-time accessibility,STA);二是以效用理论为基础的效用法(utility-based measures,UB)。效用法与时空法不仅考虑了交通因素和社会经济因素,还将可达性水平与个体出行行为直接建立起联系。

1. 时空法

时空可达性方法是在时间地理学理论基础上形成的考虑个体时空约束的可达性度量方法。时间地理学在可达性研究中的应用主要有两个方面:其一,基于 GIS 建立时空可达性模型,并且在此基础上解释地理背景和尺度对于个体可达性的影响。其二,建立行为空间模型,研究可获得机会的空间分布对个体活动选择的影响。

时空可达性通过度量个体在特定的时空约束下,能够到达的时间-空间区域的大小以及相应活动的机会多少,来表达可达性水平的高低;通常是利用个体时空棱镜的大小和包含的机会数来进行计算。

2. 效用法

效用法是在当时已有的可达性度量方法均不同程度带有主观或者经验主义色彩、缺乏理论支撑的背景下,借用微观经济学中消费者理论发展而成的(Koenig,1980)。这种方法从经济学的角度出发,将个体的出行行为看作一种消费行为,假设个体出行选择效用最优的出行终点(或出行模式),并以这种消费行为在交通-土地系统中获得的最终效益作为该个体的可达性水平的评价标准(Manski,1977)。以 logit 模型为例,个体 i 获得机会 j 的效用 $u_{ij} = v_{ij} - \beta c_{ij}$,其中:$v_{ij}$ 为个体 i 到达机会 j 所产生的出行价值;c_{ij} 为出行费用;β 为费用敏感系数。假设 O_i 是个体 i 的选择集合,个体 i 的可达性可以被表示为(Ben-Akiva,1979)

$$\text{UTI}_i = \ln \sum_{j \in O_i} e^{u_{ij}} \tag{8.6}$$

Miller(1999)将时空法与效用法进行结合,提出了时空效用度量方法,在时间地理学框架下将 u_{ij} 表达为

$$u_{ij} = A_j D_j f(c_{ij}) \tag{8.7}$$

其中:A_j 为机会 j 的吸引度;D_j 为机会 j 处活动的最大时长;c_{ij} 为个体 i 到达机会 j 的旅行代价。

8.2 行程时间不确定性环境下的时空可达性度量方法

8.1 节介绍的大多数可达性度量方法中,交通路网中的行程时间通常被假定为确定的,一般采用路段的自由流速度或平均速度计算行程时间。然而,在实际交通路网中,由于交通供应和需求波动变化,行程时间是高度随机的,直接影响个体到达机会进行时空活动的可靠度。大量实证研究表明,可靠度约束(即保证一定概率情况下完成时空活动)是个体在行程时间不确定环境下进行时空活动规划过程中首要考虑因素。个体往往会预留一定的时间来保证时空活动的可靠度约束,进而导致个体活动时空范围的缩小,可选设施机会的减少。从设施的角度看,将可选设施的服务范围缩小,进而导致地点可达性的下降。针对以上问题,本节将定量研究行程时间不确定环境下的地点可达性度量方法,考虑个体到达设施进行时空活动的可靠度约束。

8.2.1 不确定性环境下地点可达性评价模型

通常,设施的服务区域被定义为:在给定一个时间(距离)阈值内,能够到达该设施的地理范围(例如:一个设施 15 min 的服务区域)。该服务区域概念已经由 ArcGIS 网络分析模块中的服务区域分析工具实现,并且广泛应用于可达性研究中(Wan et al.,2012;Kim et al.,2003)。然而,这种基于行程时间确定性假设的服务区域概念,不能很好地描述行程时间不确定环境下的设施服务区域。

基于可靠时空棱镜概念(Chen et al.,2013),本研究提出了一个可靠时空服务区域模型,用于表达一定可靠度约束条件下的设施服务区域。可靠服务区域模型的示意图如图8.1 所示,其中 z 轴代表时间,x 轴和 y 轴代表二维的地理空间。如图所示,设施 f_i 在从 t_p 到 t_q 的营业时间段内为客户提供特定的服务;它为客户服务的最小活动持续时间表示

为 $c_{f_i}^{\min} \geqslant 0$。假设客户位于 x，该客户可用的时间资源是从瞬时时间 t_r 到瞬时时间 t_s。行程时间预算表示为 b，计算如下：

$$b = t_s - t_r - c_{f_i}^{\min} \tag{8.8}$$

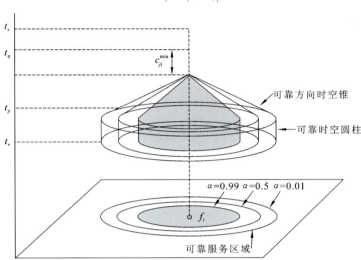

图 8.1　可靠服务设施模型示意图（Chen et al.，2017）

令 T^{xf_i} 表示位置 x 到该设施的随机行程时间。由于行程时间 T^{xf_i} 是一个随机变量，个体只是可能，并不一定能够准时到达设施处参加活动。准时到达设施的概率（α）可以表示为下列的累积分布函数（cumulative distribution function，CDF）：

$$\alpha = \Phi_{T^{xf_i}}(b) = \int_0^b f(t) \mathrm{d}t \tag{8.9}$$

其中：$\Phi_{T^{xf_i}}(b)$ 和 $f(t)$ 分别表示为行程时间 T^{xf_i} 的累积分布函数和概率密度函数（probability dentisty function，PDF）。这个 α 参数代表客户行程活动安排中的行程时间可靠度约束，并且能够基于个体的活动目的以及社会经济特征预先确定。

为了实现准时到达设施的概率，所需的有效行程时间可以表示为置信水平 α 下，行程时间 T^{xf_i} 累积分布函数的反函数 $\Phi_{T^{xf_i}}^{-1}(\alpha)$。因此，准时到达概率为 α 时到达设施的最早时间可以计算为 $t_r + \Phi_{T^{xf_i}}^{-1}(\alpha)$。通过考虑设施的营业时间，活动参与的最大持续时间 $C_{f_i}^x(\alpha)$ 可以表示为

$$C_{f_i}^x(\alpha) = \mathrm{Min}(t_q, t_s) - \mathrm{Max}(t_p, t_r + \Phi_{T^{xf_i}}^{-1}(\alpha)) \tag{8.10}$$

其中：$\mathrm{Min}(t_q, t_s)$ 代表最晚活动完成时间；$\mathrm{Max}(t_p, t_r + \Phi_{T^{xf_i}}^{-1}(\alpha))$ 代表准时到达概率为 α 时最早开始活动的时间。为了保证能够以概率 α 在设施处成功完成活动，最大的活动持续时间必须满足以下限制：

$$C_{f_i}^x(\alpha) = \mathrm{Min}(t_q, t_s) - \mathrm{Max}(t_p, t_r + \Phi_{T^{xf_i}}^{-1}(\alpha)) \geqslant c_{f_i}^{\min} \tag{8.11}$$

其中：$c_{f_i}^{\min}$ 是所需的最小活动持续时间。因此，所有满足这个约束的地理位置构成了设施的可靠服务区域模型（即 $\mathrm{RSA}(f_i, \alpha)$），计算如下：

$$\mathrm{RSA}(f_i, \alpha) = \{x \mid \mathrm{Min}(t_q, t_s) - \mathrm{Max}(t_p, t_r + \Phi_{T^{xf_i}}^{-1}(\alpha)) \geqslant c_{f_i}^{\min}\} \tag{8.12}$$

因此,这个可靠的时空服务区域包含了客户能够访问设施并且保证以 α 的概率在设施处成功完成活动的所有空间点。它可以被定义为

$$\mathrm{RSTR}(f_i,\alpha) = \mathrm{RBC}(f_i,\alpha) \bigcap \mathrm{RC}(f_i,\alpha) \tag{8.13}$$

$$\mathrm{RBC}(f_i,\alpha) = \{(x,t) \mid \Phi_{T^{xf_i}}^{-1}(\alpha) \leqslant \mathrm{Min}(t_q,t_s) - c_{\min} - t, t \geqslant t_r\} \tag{8.14}$$

$$\mathrm{RC}(f_i,\alpha) = \{(x,t) \mid \mathrm{Min}(t_q,t_s) - \mathrm{Max}(t_p,t_r + \Phi_{T^{xf_i}}^{-1}(\alpha)) \geqslant c_{f_i}^{\min}, t_r \leqslant t \leqslant t_s\} \tag{8.15}$$

其中:$\mathrm{RBC}(f_i,\alpha)$ 是包含客户以准时到达概率 α,在剩余时间预算 $\mathrm{Min}(t_q,t_s) - c_{\min} - t$ 内到达设施处的所有空间点的可靠倒立圆锥;$\mathrm{RC}(f_i,\alpha)$ 是可靠服务范围内,包含所有空间位置的可靠圆柱。可靠时空服务区域在二维地理空间的投影就是可靠的服务区域(即 $\mathrm{RSA}(f_i,\alpha)$)。

如图 8.1 所示,可靠时空服务区域的大小不仅由可用的时间预算 b 决定,同时也受到客户行程时间可靠性的约束(即 α 参数)。随着 α 参数的增大,可靠时空服务区域减小,因为一个较高的概率能够保证客户成功地完成设施处的活动。这个经典的服务区域模型可以看作是风险中立情况下(即 $\alpha = 0.5$),忽视行程时间变化只考虑平均行程时间时可靠时空服务区域模型的一个特例。因此,这个可靠时空服务区域模型通过明确考虑客户的各种行程时间可靠性约束,$\forall \alpha \in (0,1)$,拓展了经典的服务区域模型。同时,该模型明确地考虑了设施时空约束,比如营业时间以及最小活动时间。

与可靠时空棱镜模型相比,该可靠时空服务区域模型立足于设施而不是个人的锚点。这使得该模型适用大规模地点可达性分析,不需要详细的个人活动行程日志数据。

在可靠服务设施模型基础上,提出了 5 种可靠地点的可达性模型,评价行程时间不确定性下的地点可达性。$F = \{f_1, f_2, \cdots, f_n\}$ 表示一系列城市服务设施,$\mathrm{RSTR}(f_i,\alpha)$ 表示在准点到达概率(可靠度)为 α 时设施 f_i 的可靠服务区域。因此,在准点到达概率为 α 时位置 x 能够访问到的设施集合表示为

$$F_x(\alpha) = \{x \in \mathrm{RSTR}(f_i,\alpha), \forall f_i \in F\} \tag{8.16}$$

第一种方法(用 $\mathrm{MINT}(\alpha,x)$ 表示)采用从位置 x 到达设施 f_i 所需的最短有效行程时间来度量可达性:

$$\mathrm{MINT}(\alpha,x) = \min_{(\forall f_i \in F_x(\alpha))} \Phi_{T^{xf_i}}^{-1}(\alpha) \tag{8.17}$$

$\Phi_{T^{xf_i}}^{-1}(\alpha)$ 是在准点到达概率为 α 条件下,从位置 x 到设施 f_i 所需的有效行程时间。这种 $\mathrm{MINT}(\alpha,x)$ 度量方法是对经典距离度量法的扩展(Kirby,1976;Ingram,1971)。

第二种方法(用 $\mathrm{CUM}(\alpha,x)$ 表示)采用在准点到达率为 α 条件下可到达的设施累积数量来度量可达性:

$$\mathrm{CUM}(\alpha,x) = \sum_{(\forall f_i \in F_x(\alpha))} 1 \tag{8.18}$$

$\mathrm{CUM}(\alpha,x)$ 方法是经典机会累积法(Breheny,1978)的扩展。

第三种方法(用 $(\mathrm{DUR}(\alpha,x))$ 表示)采用可到达设施的累积活动时间来度量可达性:

$$\mathrm{DUR}(\alpha,x) = \sum_{(\forall f_i \in F_x(\alpha))} C_{f_i}^x(\alpha) \tag{8.19}$$

其中:$C_{f_i}^x(\alpha)$ 是在准点到达概率为 α 时在设施 f_i 的可活动时间。

第四种方法(用 $\mathrm{GRAV}(\alpha,x)$ 表示)是一个重力式模型:

$$\mathrm{GRAV}(\alpha,x) = \sum_{(\forall f_i \in F_x(\alpha))} (W_{f_i})^\lambda \exp(-\beta \Phi_{T^{xf_i}}^{-1}(\alpha)) \tag{8.20}$$

其中：W_{f_i} 是设施 f_i 的吸引度，由设施本身属性决定。λ 和 β 分别是设施吸引度和距离衰减效应的敏感参数。$\mathrm{GRAV}(\alpha, x)$ 方法扩展了经典重力可达性模型（Hansen，1959），明确考虑了活动的可靠度约束。

第五种方法是基于可靠服务区域模型，改进了传统两步移动搜索法：

第一步：对于每个设施点 j，生成阈值为行程时间 d_0 的搜索区域，在搜索区域内的需求点为 k。然后，可计算出在 d_0 范围内服务供应量和需求人口的比率关系，即每个设施点的供应量 - 需求量比率 R_j 为

$$R_j = \frac{S_j}{\sum_{(\forall k \in D_j(\alpha))} P_k} \tag{8.21}$$

其中：R_j 为设施点 j 的供应量-需求量比率；S_j 是在设施点 j 的供应量；$D_j(\alpha)$ 是设施点 j 在准点到达率为 α 条件下行程时间阈值内的搜索区域；P_k 是需求点 k 的人口数量。

第二步：对每个需求点 i，生成一个与第一步相同时间阈值的搜索区域，每个需求点的可达性值则是该搜索区内所有设施点的供应量-需求量比率的总和：

$$A_i^F = \sum_{(\forall j \in D_i(\alpha))} R_j \tag{8.22}$$

其中：A_i^F 是需求点 i 的可达性值；搜索区域 $D_i(\alpha)$ 表达为可靠性约束为 α 条件下从需求点一定时间阈值内的潜在服务区域。

8.2.2　不确定性对地点可达性影响的实证分析

本节以城市医疗可达性为例，验证提出的可靠地点可达性评价模型。实验中，以深圳市二级、三级医院为服务设施点。深圳市交通网络行程时间分布信息采用实际出租车轨迹进行推测。个人计划活动时间为早高峰时间 07：00 ～ 08：00 点，不同可靠度下的医疗服务区域如图 8.2 所示。图 8.2(a) 所示为选取的深圳市人民医院在行程时间可靠度 $\alpha = 0.9$ 的可靠设施服务范围。从图 8.1(a) 可知，可靠时空活动范围限制了设施的时空服务区域，在这个时空服务区域的居民可以 90% 的准时到达率成功到达位置。图 8.2(b) 在二维空间中显示了不同的行程时间可靠度 α 下设施的可靠服务范围。在图中，可靠度分别为 $\alpha = 0.3$、$\alpha = 0.5$、$\alpha = 0.9$ 的可靠服务区域分别表示为绿色、蓝色和红色。当 $\alpha = 0.5$ 时，可靠服务区域（蓝色边）是基于平均行程时间建立的，没有考虑行程时间不确定性。可靠度 $\alpha = 0.5$ 的可靠服务区域包含了 11 906 条边，当行程时间可靠度 α 减少到 0.3 时，该设施的可靠服务区域范围（绿色边）增加了 10.2%，边增加到了 12 087 条，这种情况下说明有更远距离的患者可以到达该医院就医，但准时到达概率只有 30%。当 $\alpha = 0.9$ 时，该医院的可靠服务区域（红色边）减少了 10.4%，只有 11 423 条边，而患者可以 90% 的概率准时到达设施获得医疗服务。可以看出，随着行程时间可靠度的增加，医院的可靠服务区域相应减少。

为了研究不同可靠度对医疗可达性的影响，研究选用了 0.3、0.5、0.9 三种不同可靠度，使用可靠两步移动搜索法进行实证分析，结果如图 8.3 所示。图 8.3(b) 中 $\alpha = 0.5$ 时，可达性计算中行程时间不确定的影响被忽略，用平均行程时间构建医院设施的服务区域，也用平均行程时间计算患者到达医院的时间。当 $\alpha = 0.5$ 时，07：00 ～ 08：00 点深圳市医疗可达性平均值为 0.009 044；图 8.3(c) 为当行程时间可靠度约束增加到 0.9，可达性的平均值降低到了 0.009 034。

（a）三维空间表达

（b）二维空间表达

图例
深圳市路网
α=0.9
α=0.5
α=0.3
深圳市人民医院
其他医院

图 8.2　不同行程时间可靠性约束下的可靠时空服务区域

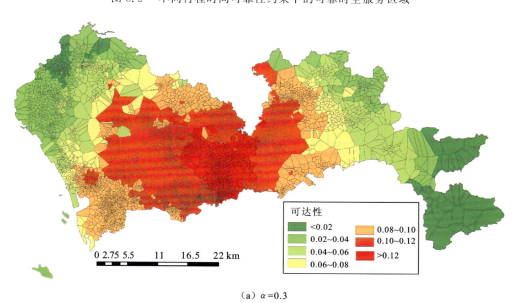

可达性
<0.02
0.02~0.04
0.04~0.06
0.06~0.08
0.08~0.10
0.10~0.12
>0.12

0 2.75 5.5　11　16.5　22 km

（a）α=0.3

图 8.3　不同时间可靠性约束条件下深圳市可达性分布图

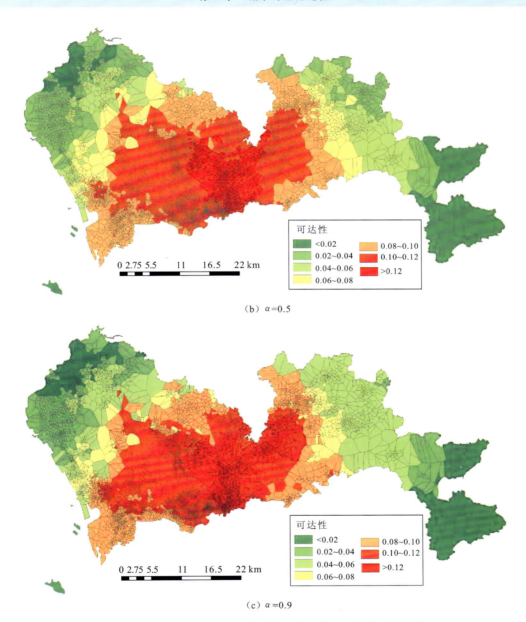

（b）α=0.5

（c）α=0.9

图 8.3　不同时间可靠性约束条件下深圳市可达性分布图（续）

可达性值降低主要由于以下两个原因：

（1）随着 α 参数的增加，医院的时空服务区域相应减小，在搜索范围内可到达的医院的数量明显减少，导致了可达性值减小。

（2）行程时间从 $\Phi_{T^{ij}_j}^{-1}(0.5)$ 增加到 $\Phi_{T^{ij}_j}^{-1}(0.9)$，患者与医院距离阻隔增加，导致了可达性水平降低。如图 8.3（a），当患者行程时间可靠性约束降至 0.3 时，算出可达性值增加到 0.009 049。这一结果符合预期效果，当行程时间可靠性约束减少，医疗服务设施的时空服务区域也将扩大,因此患者能到达更多的医疗设施。除此之外,当行程时间可靠性约束减少,患者预算的行程时间就减少到 $\Phi_{T^{ij}}^{-1}(0.3)$,这也导致了可达性的增加。因此,行程时间可靠度 α 对具有行程时间不确定性的城市区域可达性研究具有一定影响。

考虑行程时间可靠性不仅降低了平均可达性水平,还产生了一个非常不同的可达性区位格局。图 8.4 为在考虑了行程时间可靠性之后,可达性减少的程度(即 $1 - A_i^F(0.9)/A_i^F(0.5)$),值越高说明可达性值减少的程度越高。从图中可以看出,行程时间可靠性对可达性的影响在空间上是高度不平衡的。当 α 从 0.5 增加到 0.9 时,罗湖区和龙华新区的可达性值略有减少,低于平均降幅。可达性值下降更加明显的是郊区地区和医疗可达性本来就不高的地区,例如宝安区和大鹏新区。这样的结果将是符合预期的,因为这些地区的医院分布较少,患者必须经过长途到城市中心就医。随着行程时间可靠性约束的增加,设施的空间时间服务区域显著减少,因此有些医院不再是可以到达的,导致了可达性值的减少。

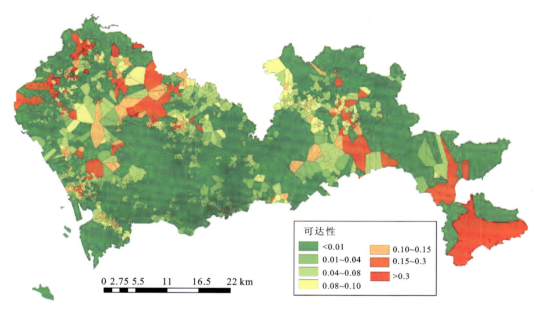

图 8.4　行程时间可靠性对深圳市可达性的影响

8.3　基于空间设施选择行为的可达性评价

8.3.1　空间设施选择行为分析

在传统可达性研究中,距离衰减效应等时空行为因子常采用调查数据进行分析;然而问卷调查数据的抽样规模较小,且效率低、需耗费大量时间、人力资源。此外,问卷调查数据的质量也存在一些局限性,如空间精度低、时间粒度大等。近年来,随着无线通信技术和移动定位技术的发展,车辆轨迹数据的采集变得方便。出租车轨迹数据具有样本规模大、表征性强等优点。轨迹大数据的出现为研究个体的时空行为提供了前所未有的机会。本节将介绍如何利用出租车轨迹大数据分析居民的空间设施选择行为。

已有研究中(Yue,2012),居民的空间设施选择行为通常用空间交互模型(如:$Huff$ 模型)来表达。$Huff$ 模型可以较好地表达个体选择空间设施的较多因素,包括设施本身的属性(如:规模、大小)、居民与设施间的距离、多个设施间的竞争。本研究中采用 $Huff$ 模型,将居民点 i 选择空间设施 j 进行时空活动的效用建模为

$$u_{ij} = W_j \cdot \exp(-\beta\Phi_{T^{ij}_j}^{-1}(\alpha)) \tag{8.23}$$

其中:$\Phi_{T^{ij}_j}^{-1}(\alpha)$ 为居民点 i 到设施 j 之间满足可靠度 α 约束下的行程时间;β 为行程时间敏感参数。W_j 为设施吸引度取决于设施属性的函数,例如线性函数如下:

$$W_j = \gamma_1 x_1 + \gamma_2 x_2 + \gamma_3 x_3 + \gamma_4 x_4 + \gamma_5 x_5 \tag{8.24}$$

其中:x_1、x_2、x_3、x_4、x_5 ⋯ 分别为设施一系列属性(如:大小、等级、服务质量等);γ_1、γ_2、γ_3、γ_4、γ_5 ⋯ 为对应参数。基于 Huff 模型,居民选择某一设施 j 的概率(用Prob$_{ij}$ 表示)与其效用成正比:

$$\text{Prob}_{ij} = \frac{W_j \cdot \exp(-\beta\Phi_{T^{ij}_j}^{-1}(\alpha))}{\sum_{(\forall j \in D_i(\alpha))} W_j \cdot \exp(-\beta\Phi_{T^{ij}_j}^{-1}(\alpha))} \tag{8.25}$$

其中:$D_i(\alpha)$ 为一定可靠行程时间阈值的搜索区域;j 为在搜索区域 $D_i(\alpha)$ 内的某一设施。

本研究采用浮动车数据提取到观测设施选择概率,从而定量分析居民的空间设施选择行为,实现 β、γ_1、γ_2、γ_3、γ_4、γ_5 等系列参数的有效标定。浮动车数据集有乘客上车和下车记录,通过识别乘客上车和下车点提取出空间设施选择行为数据。通常定义一个缓冲半径,来考虑 GPS 定位误差。利用浮动车数据获取观测设施选择概率过程可以归纳为三个步骤,如图 8.5 所示。

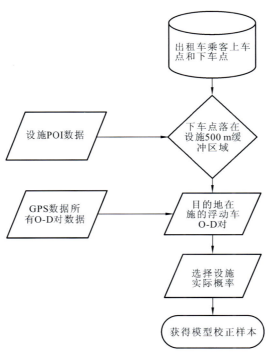

图 8.5　获取空间设施选择行为样本数据流程

（1）选出数据中到达设施的点。对每一个设施点 j 构造一个半径为 r_{f_j} 的缓冲区，提取下车位置位于缓冲区内的出租车数据。

（2）从设施点得到出发点。通过出租车轨迹，获取该轨迹的起点 i，计算行程时间。

（3）计算观测设施选择概率。利用出租车轨迹 OD 数据生成一个出租车设施选择行为样本数据。样本需要有三个明确的要素，包括到设施的出行者是从哪里来的、到哪个设施、从设施需求点选择该设施的概率。

居民在设施需求点 i 选择设施 j 的实际概率（P_{ij}）为

$$P_{ij} = \frac{q_{ij}}{\sum_{j=1}^{m} q_{ij}} \tag{8.26}$$

式中：q_{ij} 为从位置 i 出发在设施 j 下车次数；m 为从居民点 i 出发可选择的设施总数量。

利用实际观测设施选择概率，采用普通最小二乘法（ordinary least square，OLS），对 Huff 模型进行参数标定：

$$\min \sum_{\forall i, \forall f_j} z = (P_{ij} - \text{Prob}_{ij})^2 \tag{8.27}$$

首先将 Huff 模型的非线性形式转换为线性。对式（8.26）取对数：

$$\ln(\text{Prob}_{ij}) = \ln(A_j) - \beta \Phi_{T^{if_j}}^{-1}(\alpha) - \ln\left[\sum_{(\forall j \in D_i(a))} A_j \exp(-\beta \Phi_{T^{if_j}}^{-1}(\alpha))\right] \tag{8.28}$$

针对每个居民点 i，将式（8.28）从 $j(1,2,\cdots,m)$ 的值相加，并除以 m（m 为可达设施个数）得

$$\frac{1}{m}\left[\sum_{(\forall j \in D_i(a))} \ln(\text{Prob}_{ij})\right] = \frac{1}{m}\left[\sum_{(\forall j \in D_i(a))} W_j\right] - \beta \frac{1}{m}\left[\sum_{(\forall j \in D_i(a))} \Phi_{T^{if_j}}^{-1}(\alpha)\right] -$$
$$\ln\left[\sum_{(\forall j \in D_i(a))} W_j \exp(-\beta \Phi_{T^{if_j}}^{-1}(\alpha))\right] \tag{8.29}$$

代入式（8.29）得

$$\ln(\text{Prob}_{ij}) - \frac{1}{m}\left[\sum_{(\forall j \in D_i(a))} \ln(\text{Prob}_{ij})\right] = \ln(W_j) - \frac{1}{m}\left[\sum_{(\forall j \in D_i(a))} \ln(W_j)\right] -$$
$$\beta\left(\Phi_{T^{if_j}}^{-1}(\alpha) - \frac{1}{m}\left[\sum_{(\forall j \in D_i(a))} \Phi_{T^{if_j}}^{-1}(\alpha)\right]\right) \tag{8.30}$$

令 $\widetilde{\text{Prob}_i} = \left(\prod_{\forall j \in D_i(a)} \text{Prob}_{ij}\right)^{\frac{1}{m}}$，$\overline{\Phi_{T^i}^{-1}(\alpha)} = \frac{1}{m}\sum_{(\forall j \in D_i(a))} \Phi_{T^{if_j}}^{-1}(\alpha)$ 得

$$\left(1 - \frac{1}{m}\right)\ln(W_j) - \frac{1}{m}\left[\sum_{(\forall k \neq j \in D_i(a))} \ln(W_k)\right] - \beta(\Phi_{T^{if_j}}^{-1}(\alpha) - \overline{\Phi_{T^i}^{-1}(\alpha)}) = \ln\left(\frac{\text{Prob}_{ij}}{\widetilde{\text{Prob}_i}}\right) \tag{8.31}$$

令 $\ln(W_j) = b_j$ 为线性回归系数，得

$$b_j x_j + \sum_{(\forall k \neq j \in D_i(a))} b_k x_k + \sum_{(\forall e \in D_i(a))} b_e x_e - \beta x_i - \ln\left(\frac{\text{Prob}_{ij}}{\widetilde{\text{Prob}_i}}\right) = 0 \tag{8.32}$$

其中：$x_j = 1 - \frac{1}{m}$，$x_k = -\frac{1}{m}$，$x_e = 0$，$x_i = \Phi_{T^{ij}}^{-1}(\alpha) - \overline{\Phi_{T^i}^{-1}(\alpha)}$。该公式已经是线性的，可以采用多元线性回归分析技术估计 β 和 b_j 的值。

在获得 $W_j = \exp(b_j)$ 的估值之后，接着采用多元线性回归分析估计式（8.24）中 γ_1、γ_2、γ_3、γ_4、γ_5 等参数。

8.3.2　基于设施选择行为的可靠地点可达性评价模型

在 8.2.1 节中,可靠两步移动搜索法中未考虑居民的空间设施选择行为。本节将结合 Huff 模型,改进可靠两步移动搜索法,考虑居民的设施选择行为,共分为三个步骤(如图 8.6 所示)。

第一步:对每一个居民需求点 i,生成一定可靠行程时间阈值的搜索区域 $D_i(\alpha)$(如图 8.6 绿色圆圈区域)。不同的行程时间可靠度 α 值下有不同的潜在活动区域 $D_i(\alpha)$,当 α 值越大,相同行程时间内的潜在活动区域就越小。接着利用 Huff 模型,计算居民点 i 选择设施 j 的概率为

$$\mathrm{Prob}_{ij} = \frac{W_j \cdot \exp(-\beta \Phi_{T^{ij}_j}^{-1}(\alpha))}{\sum_{(\forall j \in D_i(\alpha))} W_j \cdot \exp(-\beta \Phi_{T^{ij}_j}^{-1}(\alpha))} \tag{8.33}$$

第二步:对每个设施点 j 生成和可靠行程时间阈值内的潜在服务区域 $D_j(\alpha)$(如图 8.6 红色圆圈区域),再搜索潜在服务区域内的居民需求点 i,并计算出服务设施 j 对应的容量-人口比率为

$$R_j = \frac{S_j}{\sum_{(\forall i \in D_j(\alpha))} P_i \, \mathrm{Prob}_{ij}} \tag{8.34}$$

其中:S_j 是设施 j 的容量;P_i 是居民点 i 的人口数;$D_j(\alpha)$ 为医疗设施点 j 在可靠度为 α 的条件下一定时间阈值内的潜在服务区域。

第三步:从医疗需求点 i 搜索 $D_i(\alpha)$ 范围内的医院设施点 j,计算可达性:

$$A_i^F = \sum_{(\forall j \in D_i(\alpha))} \mathrm{Prob}_{ij} R_j \tag{8.35}$$

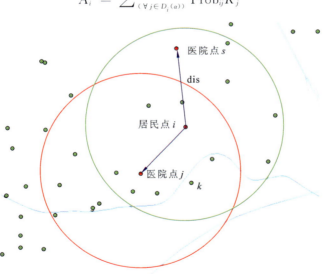

图 8.6　基于结合 Huff 模型可靠可达性方法搜索空间示意图

8.3.3　居民设施选择行为的实证分析

以深圳市医疗服务为例,验证提出的设施选择行为分析方法的有效性。实验采用与

8.2.2 节相同的医疗设施空间分布与浮动车数据。首先利用浮动车轨迹数据,提取深圳市医院患者需求点空间分布,分析医院的服务区域。如图 8.7 所示,选取深圳市宝安区中心医院、深圳市安保区妇幼保健院为例子,得到该医院的患者需求空间分布。

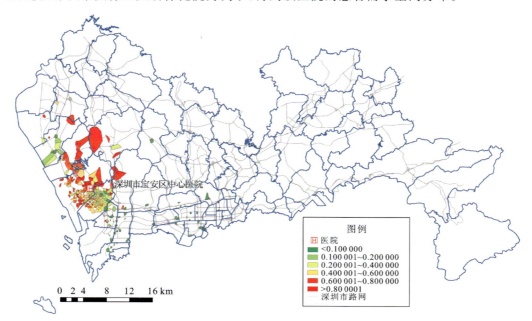

（a）深圳市宝安区中心医院需求点分布图

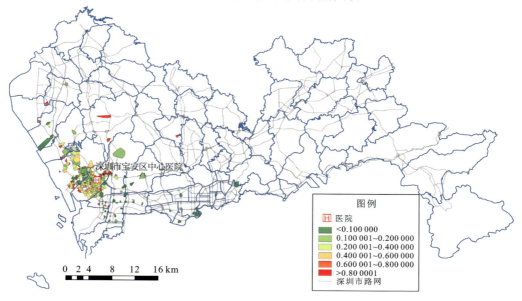

（b）深圳市安保区妇幼保健院需求点分布图

图 8.7 医院的需求点实际概率分布图

将深圳市所有二级和三级医院的需求点进行汇总,并提取每一个出发点所选择概率最高的医院。图 8.8 显示了每个医院的实际服务范围,图中每个需求点区域颜色设置为该需求点选择概率最高的医院的颜色。从图 8.7、图 8.8 中可以看出各个医院的需求点分布情况,可以发现居民医院选择行为是复杂的,不是简单选择最近的医院就医。

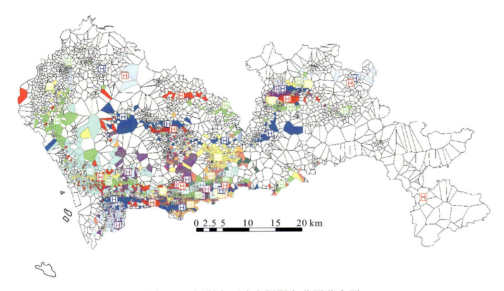

图 8.8　深圳市医院实际服务范围分布图

将上节提出的方法,通过提取出来的就医浮动车数据,标定每个医院的吸引度对数 b_j（条件令 $b_j = \ln(W_j)$）和距离阻隔参数 β。令 $W_j = \exp(b_j)$,得到每个医院的吸引力大小,如表 8.1 所示。

表 8.1　不同医院吸引度参数校正结果

医院 id	医院名称	线性回归标准参数 b_j	吸引度 $A_j = \exp(b_j)$	t 值	Sig
*0	深圳市蛇口人民医院	−0.35	0.70	−8.651	0.00
*1	深圳市宝安区妇幼保健院	−0.443	0.64	−10.133	0.00
*2	深圳市南山区西丽人民医院西丽社区健康服务中心	−0.622	0.54	−9.019	0.00
*3	深圳市龙岗区人民医院	−0.288	0.75	−3.485	0.00
4	深圳市宝安区松岗人民医院	−0.641	0.53	−1.122	0.262
*5	深圳市眼科医院	−0.631	0.53	−16.584	0.00
*6	深圳市宝安区中心医院	−0.268	0.76	−6.457	0.00
7	深圳市宝安区沙井人民医院	−0.409	0.66	−2.068	0.039
*8	广州中医药大学深圳医院	−0.496	0.61	−16.135	0.00
*9	深圳市福田区妇幼保健院	−0.546	0.58	−17.942	0.00
10	深圳市坪山新区人民医院	−0.622	0.54	−2.068	0.039

医院 id	医院名称	线性回归标准参数 b_j	吸引度 $A_j = \exp(b_j)$	t 值	Sig
*11	深圳市盐田区人民医院	−0.336	0.71	−3.621	0.00
*12	深圳市南山区妇幼保健院	−0.528	0.59	−11.598	0.00
*13	深圳市龙岗区第二人民医院	−0.399	0.67	−9.100	0.00
*14	西丽人民医院	−0.599	0.55	−11.893	0.00
*15	深圳市宝安区石岩人民医院	−0.523	0.59	−3.747	0.00
*16	深圳市罗湖区中医院	−0.513	0.60	−16.480	0.00
*17	深圳市罗湖区妇幼保健院	−0.698	0.50	−16.975	0.00
*18	深圳市宝安区福永人民医院	−0.401	0.67	−5.061	0.00
*19	龙岗区第三人民医院	−0.562	0.57	−3.483	0.00
*20	深圳市职业病防治院	−0.559	0.57	−18.073	0.00
21	深圳市龙岗区平湖人民医院	−0.323	0.72	−1.501	0.133
22	深圳平乐骨伤科医院坪山院区	−0.193	0.82	−0.569	0.569
*23	深圳流花医院	−0.311	0.73	−10.825	0.00
*24	广东省公安边防总医院	−0.788	0.45	−16.490	0.00
25	深圳市光明新区人民医院	−0.366	0.69	−1.116	0.264
26	深圳市坪山新区妇幼保健院	−0.336	0.71	−0.538	0.59
27	深圳市光明新区中心医院	−0.413	0.66	−0.820	0.412
*28	深圳市福田区第二人民医院	−0.669	0.51	−18.581	0.00
29	深圳市龙岗区南澳人民医院	−0.788	0.45	−1.233	0.218
30	深圳市龙岗区骨科医院	−0.494	0.61	−2.647	0.008
*31	深圳市第二人民医院	−0.316	0.73	−5.906	0.00
*32	深圳市儿童医院	−0.373	0.69	−7.945	0.00
*33	深圳市妇幼保健院	−0.27	0.76	−5.603	0.00
*34	深圳市中医院	−0.146	0.86	−3.837	0.00
35	深圳市南山区人民医院	−0.123	0.88	−2.617	0.009
36	深圳市第三人民医院	−0.164	0.85	−1.120	0.263
37	宝安中医院	−0.142	0.87	−1.938	0.053
*38	深圳市宝安区人民医院	−0.246	0.78	−3.834	0.00
39	深圳市罗湖区人民医院	−0.048	0.95	−1.233	0.218
40	深圳市妇幼保健院保健部	−0.002	1.00	−0.037	0.97
41	深圳市龙华新区中心医院	0.103	1.04	0.953	0.341
*42	深圳市第四人民医院福田医院	−0.115	0.89	−3.091	0.002
*43	深圳市龙岗中心医院	−1.785	0.17	−7.131	0.00

续表

医院 id	医院名称	线性回归标准参数 b_j	吸引度 $A_j = \exp(b_j)$	t 值	Sig
44	深圳平乐骨伤科医院	−0.046	0.96	−1.203	0.229
45	深圳市人民医院龙华分院	−0.131	0.88	−.658	0.511
*46	深圳市龙岗区中医院	−0.389	0.68	−2.984	0.003
*47	深圳市中医院第一门诊部	0.135	1.14	3.255	0.001
*48	深圳市孙逸仙心血管医院	−0.233	0.79	−4.172	0.00
49	深圳市人民医院第一门诊部	0.076	1.08	1.874	0.061
50	中国医学科学院肿瘤医院深圳医院	0.104	1.11	0.465	0.642
51	深圳市康宁医院	−0.154	0.86	−2.237	0.025
*52	深圳市龙岗区妇幼保健院	−0.424	0.65	−3.004	0.003
53	深圳市龙华新区人民医院	−0.259	0.77	−1.296	0.195
54	深圳市龙岗中心医院耳鼻咽喉科医院	−0.08	0.92	−0.678	0.498
*55	罗湖区人民医院东门门诊部	−0.151	0.86	−3.275	0.001
*56	北京大学深圳医院	−0.285	0.75	−5.688	0.00
*57	深圳市人民医院	−0.212	0.81	−3.826	0.00
*58	香港大学深圳医院	−0.459	0.63	−7.251	0.00

注：医院 id 前面标有 * 的项，表示该医院吸引度变量参数在 0.01 显著性水平上显著。

将表 8.1 中不同医院吸引度参数校正结果进行统计得到图 8.9。

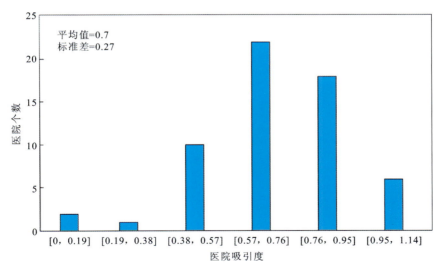

图 8.9　医院吸引度分布图

从图 8.9 中可以看出医院吸引度在 0.57～0.76 范围的医院个数最多，0.19～0.38

范围内的医院最少。深圳市二级医院和三级医院吸引度平均值为 0.7,其中二级医院的吸引度平均值为 0.60,三级医院的吸引度平均值为 0.82;因此,三级医院的吸引度总体上远高于二级医院。其中吸引度最高的是深圳市中医院第一门诊部(三级医院),吸引度较高的医院还包括深圳市龙华新区中心医院、深圳市人民医院第一门诊部、深圳市罗湖区人民医院、深圳平乐骨伤科医院等。

表 8.2 为 β 的校正结果,通过浮动车数据对就医行为进行分析,距离阻隔参数 β 为 0.022,并在 0.01 显著性水平上显著。对比 Chen 等(2017)研究购物行为的距离阻隔参数 β 为 0.2,本研究距离阻隔参数值较小,说明距离对于患者选择医院影响相对较小,可能不是影响居民就医行为最重要的决定因素。

表 8.2 距离阻隔参数 β 参数校正结果

变量	标准系数	t 值	Sig
* β	0.022	34.566	0.000

注:变量前面标有 * ,表示在 0.01 显著性水平上显著

将校正出来的各个医院吸引度和距离阻隔参数带入 Huff 模型,基于 Huff 模型计算各个基站对医院的选择概率,并将每个基站选择医院概率最高的医院记录下来,如图 8.10 所示。图 8.11 为深圳市的二级、三级医院 Voronoi 图,每个医院对应的泰森多边形内的区域位置表示范围内的区域距离该医院距离最近。从图 8.10 所示的 Huff 模型医疗需求点分布图和图 8.11 所示的深圳市医院 Voronoi 图对比可以看出,患者对医院的选择不局限于距离的阻隔,还取决于医院的性质、规模质量等,这些医院本身特征综合表达为吸引度。

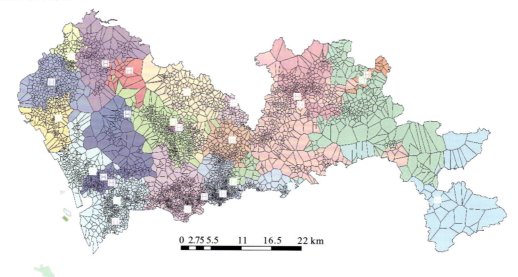

图 8.10 Huff 模型医疗需求点分布图

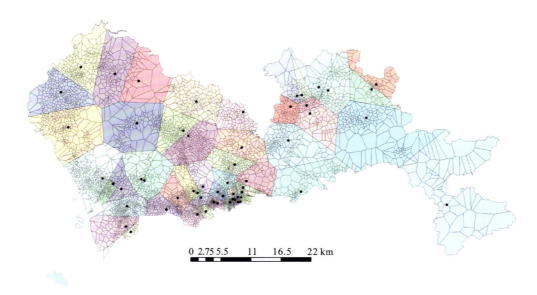

图 8.11　深圳市医院 Voronoi 图

接着,进一步分析医院属性对居民就医行为的影响。利用 min-max 标准化方法将医院床位数、医生人数、医院等级、科室数等属性进行归一化处理,将数据值转换为[0,1]的值。其中:如果医院为三级医院将属性项"是否为三级医院"设置为 1,不是三级医院则设置为 0。回归分析中应变量 y 为医院吸引度,因变量 x 为归一化后的医院属性,回归分析结果如下表 8.3 所示。

表 8.3　医院属性参数估计结果

变量	标准系数	Sig
床位数	1.230	0.224
科室数	−0.880	0.383
医生数	0.744	0.460
* 是否是三级医院	3.160	0.003
SCI 论文数量	1.244	0.219

注:变量前面标有 * ,表示在 0.01 显著性水平上显著

从表 8.2 可以得出,是否为三级医院参数为显著正相关;表明医院等级是患者就医选择行为中最为重要的考虑因素。从表中还可以发现,床位数、医生数量、SCI 论文数参数均为正数,说明医院的吸引度随着上述几个参数的值增大而变大,床位数体现了医院对病人的容量水平,医生数体现了医院的医疗服务供应数,而 SCI 论文数量体现了该医院的科研水平。

最后,分析居民空间选择行为对可达性分析的影响。选取了两组医院的吸引度值来计算可达性:①从浮动车数据实际矫正得到的每一个医院吸引度;②将每个医院的吸引度

设置为固定的吸引度平均值 0.71,计算出来的医院可达性结果如图 8.12 和图 8.13 所示:

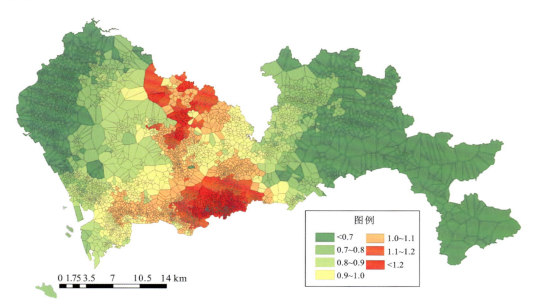

图 8.12　深圳市 07:00~08:00(α＝0.9)用行为分析医院吸引度的可达性分布图

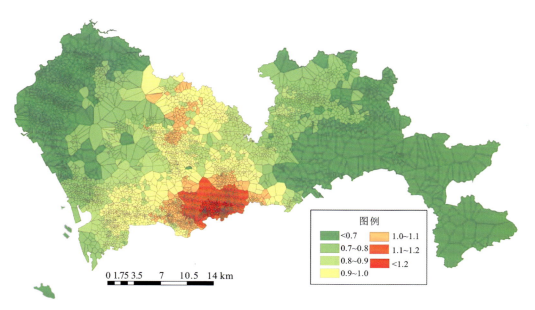

图 8.13　深圳市 07:00~08:00(α＝0.9)用平均吸引度表达的可达性分布图

　　对比图 8.12 和图 8.13,发现两组可达性值具有显著性差异。图 8.12 所示,不考虑就医行为分析,可达性值的结果只与医院的分布情况有关,与医院的医疗服务质量、等级规模等情况无关,与现实不相符合。例如在龙华新区与旁边的龙岗新区西部的医疗可达性值处于同一水平,两个区域都有三个医院。但是,龙华新区中三个医院都是三级医院且医院吸引度更高。在龙岗区西部区域中两个医院是二级医院吸引度明显较低,龙岗区西部区域居民更多选择更远的龙华新区三级医院就医。因此,忽略居民设施选择行为将造成医院患者需求分布的估计严重偏差,进而导致居民医疗可达性评价的显著偏差,可能导致城市医疗设施空间布局的错位。

8.4　本章小结

由于交通供应和需求波动变化,城市网络中的行程时间是高度随机的,直接影响设施的可靠服务范围和居民的空间设施选择行为。然而,现有的可达性指标忽略了行程时间不确定性和居民的设施选择行为,不能充分考虑城市交通网络和居民时空行为的复杂性,导致服务可达性评价的严重偏差。本章主要介绍了行程时间不确定条件下地点可达性评价模型,结合 Huff 模型考虑了居民在行程时间不确定性环境下的空间设施行为。然后,利用深圳市实际数据验证了提出的模型和方法的有效性,实证分析了深圳市医疗可达性的时空分异。实验结果表明深圳市医疗服务空间分布存在显著的时空差异;行程时间可靠度和医院选择行为对医疗可达性评价具有重要作用,忽略其影响将造成医疗可达性评价的显著偏差。

参 考 文 献

Baxter R S,Lenzi G,1975. The measurement of relative accessibility,Regional Studies,9(1):15-26.

Ben-Akiva M E,Lerman S R,1979. Disaggregate travel and mobility choice models and measures of accessibility. Behavioural travel modelling:654-679.

Breheny M J,1978. The measurement of spatial opportunity in strategic planning. Regional Studies,12 (4):463-479.

Chen B Y,Li Q Q,Wang D G,et al.,2013. Reliable space-time prisms under travel time uncertainty. Annals of the Association of American Geographers,103:1502-1521.

Chen B Y,Yuan H,Li Q Q,et al.,2017. Measuring place-based accessibility under travel time uncertainty. International Journal of Geographical Information Science,31:783-804.

Dalvi M Q,Martin K M,1976. The measurement of accessibility:some preliminary results. Transportation,5(1):17-42.

Dijst M,Jong T D,Eck J R V,2002. Opportunities for transport mode change:an exploration of a disaggregated approach. Environment and Planning B:Planning and Design,29(3):413-430.

Hansen W G,1959. How accessibility shapes land use. Journal of the American Institute of Planners,25 (2):73-76.

Hanson S,Schwab M,1987. Accessibility andintraurban travel. Environment and Planning A,19: 735-748.

Ingram D R,1971. The concept of accessibility:a search for an operational form. Regional Studies,5(2):101-107.

Kim H M,Kwan M P,2003. Space-time accessibility measures:a geocomputational algorithm with a focus on the feasible opportunity set and possible activity duration. Journal of Geographical Systems,5:71-91.

Kirby H R,1976. Accessibility indices for abstract road networks. Regional Studies,10(4):479-482.

Kitamura R,Akiyama T,Yamamoto T,et al.,2001. Accessibility in a metropolis:toward a better understanding of land use andtravel. Transportation Research Record Journal of the Transportation Research Board:1780.

Koenig J G,1980. Indicators of urban accessibility:theory and application. Transportation,9(2):145-172.

Kwan M P,1998. Space-time and integral measures of individual accessibility:a comparative analysis using a point-based framework. Geographical Analysis,30(3):191-216.

Kwan Mei-Po,1999. Gender and individual access to urban opportunities:a study using space-time measures. Professional Geographer,51(2):210-227.

Kwan M P,Weber J,2003. Individual accessibility revisited:implications for geographical analysis in the twenty-first century. Geographical Analysis,35(4):341-353.

Manski C F,1977. The structure of random utility models. Theory and Decision,8:29-254.

Miller H,1999. Measuring space-time accessibility benefits within transportation networks:Basic theory and computational procedures. Geographical Analysis,31:187-212.

Miller H,2007. Place-based versus people-based geographic information science. Geography Compass,1(3):503-535.

Mitchell C,Town S W,1977. Accessibility of various social groups to different activities. Crowthorne Berks,24(5):29-35.

Wan N,Zou B,Sternberg T,2012. A three-step floating catchment area method for analyzing spatial access to health services. International Journal of Geographical Information Science,26:1073-1089.

Stewart J Q,Warntz W,1958. Macrogeography and social science. Geographical Review,48(2):167-184.

Wachs M,Kumagai T G,1973. Physical accessibility as a social indicator. Socio-Economic Planning Sciences,7(5):437-456.

Yang W,Chen B Y,Cao X,et al.,2017. The spatial characteristics and influencing factors of modal accessibility gaps:a case study for Guangzhou,China. Journal of Transport Geography,60:21-32.

Yue Y,Wang H,Hu B,et al.,2012. Exploratory calibration of a spatial interaction model using taxi GPS trajectories. Computers,Environment and Urban Systems,36(2):140-153.

第9章 城市人群活动与空间结构适应性分析

本章围绕城市人群活动与空间结构的适应性分析,从人群活动模式与城市可达性的适应性、人群聚集消散模式与城市关键节点的适应性和人群交互模式与城市多中心结构的适应性三个角度切入,结合深圳市手机大数据,对人群活动与城市结构的适应性进行定量分析。通过这些角度的分析,能够量化评价城市空间结构对人群活动的适应程度,为城市的规划管理等提供帮助。

9.1 城市人群活动与空间结构适应性概念与分析框架

9.1.1 适应性概念

城市空间结构是城市进行各种活动的场所,是城市内部物质环境与功能活动的有机结合。人群的各种行为活动常常受到城市空间结构的约束,城市空间结构也受到人群活动的影响。城市人群活动与空间结构不断交互,相互作用,因而两者之间的适应性可定义为城市人群活动与空间结构相互作用下所呈现的时空规律、综合功能与交互能力的匹配程度,其研究能够为人类行为学(Anastasios et al.,2011)、城市空间区域规划(Zhong et al.,2014)、交通系统优化(Fang et al.,2012)等方面的研究提供帮助,也能为促进城市合理均衡布局,精细化管理,城市空间模式可持续发展提供坚实的理论基础。

下面将从人群移动模式、人群聚集消散模式和人群交互模式三个角度对城市内部人群活动特征进行描述;从空间可达性、关键节点的分布和活动功能区三个角度对城市空间结构进行刻画,通过构建两者之间的适应性指标,对城市人群活动和空间结构的适应性进行定量分析。

9.1.2 分析框架

首先介绍三个角度的适应性性能界定思路。①第一个角度:通过提取个人的出行网络(motif)作为人群移动模式的表达方法,结合出现网络中停留地点的可达性指标,通过分析其出行过程中所经过的各个节点的可达性跨度的均值,分析城市移动模式与城市空间之间的适应性,跨度越大表示该个体出行经过的地点可达性差异越大,移动个体的客观选择范围越受到城市空间结构的限制,两者的适应度越差。②第二个角度,人群聚集消散模式与城市关键节点之间的适应性方面,以一天当中人群进出总量作为节点关键程度的评价标准,提取城市内部的关键节点,再结合城市内部所有关键节点的人群聚集消散模式,搜索与关键节点存在拓扑关系的节点集合,以此作为关键节点的周边环境,分析关键节点与其周边环境聚散模式的互补程度,互补程度越好,说明关键节点能够更好地适应人群活动的特征,两者的适应性越好;相反,如果关键节点的周边环境与关键节点上的聚集消散模式类似,环境就难以缓解关键节点上人群活动的压力,可能会出现以关键节点为中心的大范围区域的交通拥挤,说明两者的适应性较差。③第三个角度,对人群交互模式和城市多中心结构的适应程度进行分析。计算城市内的区域间人口流动矩阵描述人群交互模式,从"点-轴-片区"三个角度,根据城市交互模式所体现出的城市功能分区与规划时期所设计的分区进行比较,制定相对应的适应性指标,对城市人群交互模式与城市多中心结构之间的适应程度进行分析。

综合上述三个角度,形成城市人群活动与空间结构的适应性分析的基本框架(图 9.1),当然,在具体的评价时,还需要结合其他的因素(如:空间经济布局、效益与效用等)一起来进行适应性分析,为城市规划与管理提供决策依据。

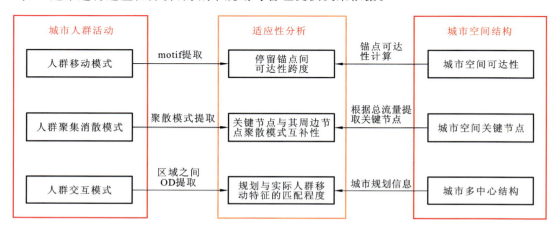

图 9.1　城市人群活动与空间结构适应性分析框架

9.2　人群移动模式与城市空间可达性的适应性分析

城市空间结构是人类长期空间活动和区位选择的积累结果(邓智团 等,2004;顾朝林等,2000),因而城市空间结构与人群移动息息相关,对人群的出行选择和移动模式存在重要的影响。如何达到人群移动与城市结构的合理均衡,是在快速城市化进程中的一个关键科学问题,也是制约城市科学发展的交叉学科瓶颈理论问题。可达性从空间配置的角度出发,以人流、物流、信息流的便利程度来衡量,是分析和评价城市空间布局的有效工具,是度量城市空间结构均衡程度的重要指标。

因此,本节通过分析人群移动模式与城市空间可达性的关系,提出相应的适应性指标,来描述和度量人群活动与城市空间结构之间的适应程度。

9.2.1　基于出行网络的人群移动模式表达

基于活动的模型认为在现实场景下,活动的展开需要在静止的空间内进行,而出行则是人们为了满足活动的空间位置需求而进行的位置转移(Davidson et al.,2007;Arentze et al.,2002)。因此通过人们在现实空间中的时空轨迹数据,结合停留与移动模型(stop and move of trajectory,SMoT),识别并提取个体停留分段与移动分段,进而构建个体出行网络(motif)(Schneider et al.,2013),能够有效提炼出人们的出行活动特征。因此,这里采用个体出行网络对人群移动模式进行描述。

出行网络在人群分类和基于活动的交通需求分析方面应用广泛,而通过手机定位数据,能够大规模采集城市居民出行轨迹,对城市居民出行网络进行构建。接下来,将对出行网络的构建过程进行详细说明。

(1) 提取所有用户的住家(home)位置。根据当地居民的日常生活习惯,00:00 到 06:00 是人们在家休息的时段,结合不同生活工作需要,这里设定如果手机用户于 00:00 到 06:00 时段内,在同一个基站位置上停留时长大于 4 个小时,则将该基站设定为该个体住家的所在位置。在出行网络的构建中,住家位置在出行网络中扮演着非常重要的作用,人们在一天的出行都是以从住家位置出发为开始,以回到住家位置为终结。因此,住家位置是出行网络中最为关键的节点。

(2) 提取个体移动停留点。个体出行网络是由一系列活动节点连接而成,由于活动的展开常常需要在静止的空间内进行,因而需要对出行链中的停留信息进行提取,以得到出行网络中的节点。在提取出行网络节点的过程中,这里设定如果用户在一个手机基站停留超过两个小时,则将该基站作为活动节点进行存储。

(3) 出行网络的构建。完成活动节点的提取后,采用有向图的方式,对节点之间的关联关系进行描述。整个出行结构由节点和有向线的组合进行表示。其中节点使用空间位置进行表示,分为家的位置和其他位置两个类型;有向线表示个体在空间中由一个位置移动向另一个位置移动的过程。这里设定居民的出行都是由家的位置开始,以家的位置结束。例如,某人早上从 A 位置(家)出发,前往工作地点 B;下午下班后从工作地点 B 出发,前往地点 C 购物;完成购物后从地点 C 返回家中休息。这样就能够构建出该用户这一天中的出行网络,如图 9.2 所示。

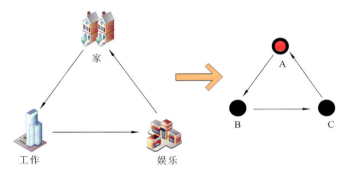

图 9.2　手机用户出行网络构建

出行网络的构建较好地抽象了人群移动空间模式及其时序关系,依据出行网络结构对人群移动模式进行划分(Schneider et al.,2013),既可以方便了解不同职住点之外的出行停留位置时空规律,这些停留之间的拓扑连接部分还可以直接表达人群移动的起始位置与方向,反映出行的起止需求。

9.2.2 城市空间可达性

可达性研究最早起源于古典区位论,旨在对空间上某一要素实体(点、线或区域)的位置优劣程度进行度量。随着自然科学和社会科学的不断发展和细化,可达性的研究范围及其应用也越来越广泛,在与地理空间分布相关的自然科学领域都有着广泛的研究和应用,比如:人文地理学、城乡规划、地球信息科学、交通运输经济学等科学研究。城市空间可达性是从网络的空间配置角度考虑,以人流、物流、信息流的便利程度来度量某一点位的可达性大小,不同网络设施或网络目标对于待度量的点而言可能具有不同的权重。此时,网络形态、密度、结构等与可达性度量密切相关。针对点或区域可达性的计算,可以得到有量纲的绝对数值。由于网络特性、影响因素以及空间尺度等的纷繁复杂,可达性度量方法表现出多样性。就已有的文献资料来看,目前常用的可达性度量方法主要包括:距离法、累积机会法、等值线法、重力模型法、概率法、频率法、平衡系数法、时空法、效用法、基于矩阵的拓扑法、基于空间句法的拓扑法等(陈洁 等,2007)。

城市空间可达性是以交通网络为基础,几何网络是交通网络的几何表现(陈洁 等,2007),基于几何网络的可达性度量方法使用空间距离、时间距离(跨越空间距离所需的时间)、经济距离(跨越空间距离所支付的费用)作为基本因子来度量可达性(杨家文 等,1999)。建立在几何网络上的可达性度量方法主要包括距离法、累积机会法、等值线法、重力模型法、平衡系数法、时空法以及效用法等多种方法。其中,距离法(Howard et al.,1976;Baxter et al.,1975;Ingram,1971)是最为简单、直观的可达性度量方法。广泛用于各种尺度的可达性度量,其中,空间距离法常作为基础可达性指标参与路网空间格局研究;费用距离法常用于个体出行、物流运输等预算规划;时间距离法则非常适用于最近吸引点具有绝对优先权的应急响应服务(陈述彭,2006)等应用领域。距离法具有直观、简洁的特点,适合于宏观层面的可达性评价。其度量方式主要包括相对可达性和总体可达性两种,前者采用两点之间的距离来度量它们之间的可达性水平,后者采用某点到其兴趣点集的距离之和来度量该点的可达性水平。距离法考虑了个体在交通网络中流动的耗费,但没有考虑距离的衰减以及各点的作用力规模等因素。

本节使用距离法来度量城市空间的整体可达性,利用点与其余点之间的最短路径的距离作为可达性指标,距离越小,可达性水平越高。具体构建城市空间可达性的过程如下。

1. 城市空间区域划分、选取

为了与之前使用的数据保持一致,这里采用手机基站对城市进行区域划分,CELL ID是移动运营商最常见的定位方式,其位置并非其实际所在的位置,而是为其所服务的CELL 中基站天线所在的位置,所以对研究区域也是按照 CELL 进行相应的划分。通常来说,对于区域的划分会采用以下几种方式:①基于手机基站的 Voronoi 图;②移动运营商为每个基站提供的最佳服务区域图;③对研究区域进行栅格化。最佳服务区域图一般比较难获取,这时使用手机基站的 Voronoi 图会较好地模拟城市空间区域划分。在本研究范围内的手机基站之间的平均最小距离约为 375.5 m,但城市和城郊的基站密度差距较大,其中城市的中心区平均距离小于 200 m,以手机基站点为基础生成 Voronoi 多边形,记录多边形集合为 V,面积最小的为 0.33 hm²,最大为 264.24 hm²,平均为 8.2 hm²,将手机基站位置视为 Voronoi 多边形的中心位置,图 9.3 给出了手机基站密度分布图。

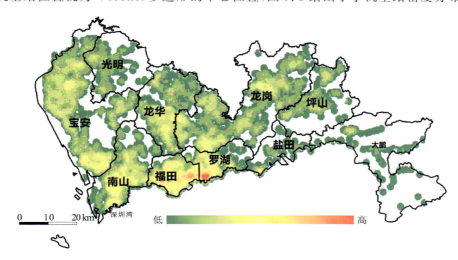

图 9.3　手机基站密度分布图

2. 计算空间点的最短路径距离矩阵

手机基站的 Voronoi 图对城市空间进行城市区域划分,手机基站位置表示区域的中心。基于城市基础路网数据,利用 ArcGIS 网络分析工具,计算得到基站点之间的最短路径距离矩阵 C,即:ODCostMatrix,其中 C_{ij} 表示区域 i 到区域 j 的最短路径距离。

3. 构建城市区域可达性

城市区域可达性是指其中一个区域到其他所有区域的空间阻隔,可计算其空间距离的总和或者均值:

$$A_i = \sum_{\substack{i=1 \\ i \neq j}}^{n} C_{ij} \text{ 或者 } A_i = \frac{1}{n} \sum_{\substack{i=1 \\ i \neq j}}^{n} C_{ij} \tag{9.1}$$

其中:$i, j = 1, 2, 3, \cdots, n$;$C_{ij}$ 为城市中区域 i 到区域 j 的空间阻隔(最短路径距离);A_i 采用均值作为 i 区域的综合可达性。

4. 归一化

为了将可达性进行统一,如式(9.2)所示,首先将 A 的值标准化,得到 0~1 的可达性值:

$$A_i = \frac{A_i}{\text{Max}A} \tag{9.2}$$

将归一化后的值进行分级,以 0.1 为间隔将其划分为 10 个等级,分别为:$[0,0.1)$ 为 1,$[0.1,0.2)$ 为 2,$[0.2,0.3)$ 为 3,$[0.3,0.4)$ 为 4,$[0.4,0.5)$ 为 5,$[0.5,0.6)$ 为 6,$[0.6,0.7)$ 为 7,$[0.7,0.8)$ 为 8,$[0.8,0.9)$ 为 9,$[0.9,1]$ 为 10。

9.2.3 适应性度量与分析依据

为了更好地理解人群空间移动模式与城市空间可达性的适应程度,提出构建城市人群空间移动模式与城市空间可达性的适应指标。

(1)构建个体移动模式与城市空间可达性的适应度模型,依据个体的出行网络提取节点所在区域的可达性,构建与之相对应的可达性序列 $SA = (A_1, A_2, A_3, \cdots, A_n)$ 计算序列相邻两个可达性之间的跨度的均值,如式(9.3),计算得到其适应度,这里除以 10(即为这里采用的可达性值等级个数),是为了将其标准化到 $0 \sim 1$,并将其与 1 相减,得到的适应度值越大表示其越适应,如:出行模式 1 中其值为 1,表示只有一个停留点的人群的城市可达性适应度最高。

$$FMA_j = 1 - \left[\left(\frac{1}{n-1} \sum_{i=1}^{n-1} |A_i - A_{i+1}| \right) / 10 \right] \tag{9.3}$$

(2)构建人群移动模式与城市空间可达性的适应度模型,计算具有相同出行网络的人群的适应性均值,表示此类人群的移动模式与城市空间适应度。

$$FMA_k = \frac{1}{n} \sum_{i=1}^{n} FMA_i \tag{9.4}$$

(3)计算城市人类移动模式与城市空间可达性适应度,计算适应度的均值,表示这个城市的人群移动模式与城市空间可达性的适应度。

9.2.4 适应性分析实验

1. 人群移动模式构建

根据 9.2.1 小节中人群移动模式构建方法,对深圳市居民出行网络进行构建,经过计算发现在深圳市内,以下 9 种出行网络结构能够包含约 95% 的人口出行特征,将剩余的 5% 的人口出行网络结构视为第 10 种结构。这 9 种出行网络结构如图 9.4 所示。

图 9.4 中,红色节点表示住家的位置,黑色节点表示除家以外,其他的停留节点,黑色箭头表示个体移动方向。其中结构 1 表示用户只在一个停留点活动,结构 2 表示用户在两个停留点之间移动;同理其余的结构表示用户在有限的停留点之间的移动模式。用户出行网络结构图表示用户的出行网络结构特征,但用户可能在其结构图中重复移动,比如:结构 2 的用户可能在两个节点来回移动具有 $n (n >= 1)$ 次的从家到节点 A 再回到家这种出行行为。

经过统计,人群在这 9 种出行网络所占比例如图 9.5 所示。

这 10 种出行网络结构的人数最多的为结构 2,占到总人数的 46%,这部分人在两个地点移动,例如:家与学校、家与工作地等。同样,只有三个停留点的出行结构人群分别占

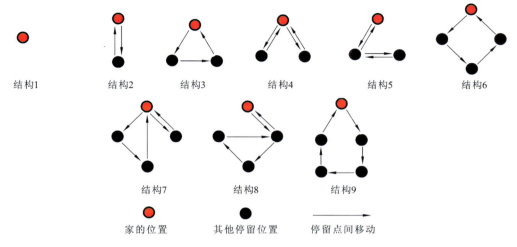

图 9.4　深圳市居民主要出行网络结构

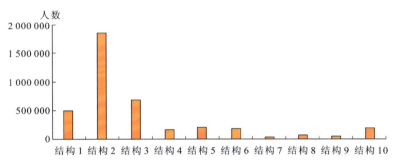

图 9.5　深圳市居民 9 种出行网络所占比例

总人数的 85％，说明城市中大部分的人群遵循着几种简单的出行模式。结构 7、结构 8、结构 9 共占总人数的 4.5％，说明移动模式较为复杂的人群较少。

2．城市可达性计算

根据 9.2.2 小节利用 Voronoi 多边形将深圳市划分为多个小区域，以手机基站点中心代表区域的位置，计算得到每一个点的可达性，如图 9.6 所示。

从图 9.6 可以明显地看出南山区中心、福田中心、罗湖区中心、盐田区中心可达性较高，其城市的基础交通路网结构完善，路网结构较其他地区更为合理，其他地区到这些区域更加方便。而新的 4 个功能区：光明新区、坪山新区、龙华新区和大鹏新区的可达性普遍较低，说明其基础路网结构有待完善，其交通的便利度有待提高，这些区域的可达性也制约着区域内的人群流动，但其中也有可达性突出的地方，比如：龙华中心。龙华新城位于深圳的地理中心，在过去与福田隔关相望，2000 年后，大批量的住宅供应和配套设施的完善使得龙华成为了深圳的"中央居住区"，而随着中国高铁的迅速发展，新建的深圳北站

223

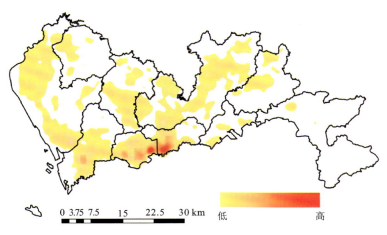

图 9.6　深圳市手机基站可达性分布

就位于龙华核心区,成为中国高铁网络的一个重要节点,而富士康和华为等科技企业则撑起了龙华的经济,在规划的 5 个城市副中心中,龙华新城评价最高,所以其基础设施发展较好。而宝安区的可达性处于中等水平,其中在其航空城附近的可达性较高,说明在机场附近的道路建设比较完善,给区域内部带来较好的可达性。

3. 适应性分析

根据 9.2.3 小节计算个体移动模式与城市空间可达性的适应度,在这里探索分析城市居民与城市可达性之间的适应性;利用其移动链节点生成的可达性链,计算出其适应性指标,其具体的分布如图 9.7 所示。

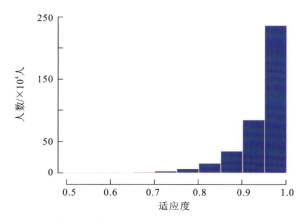

图 9.7　深圳市人群移动模式与城市空间可达性适应度分布

根据人群在 9 种出行网络所占比例分析,85% 的人群只有三个停留点的简单出行网络结构模式,其出行点较少,所以其跨度总值较小。其中 45% 的人群的出行网络为结构 1,只有一个停留点,其移动的较少,对城市交通设施要求不高,与城市可达性的适应度为

1,也就是说这种人群移动模式的人无论在哪种可达性的区域其适应性都是最高的。根据地理学第一定律,地理临近的区域,其相似性越高,如:可达性分布图,临近的区域处于相近的可达性等级。所以,当人群在临近的区域移动时,其可达性的波动幅度较小,人群移动模式与空间可达性适应度较高。结构 7、结构 8、结构 9 出行点较多,出行的距离较远,其适应性可能较低,但是出行结构较为复杂的人群占总人数的 4.5%,所以他们对整体的影响较小。

深圳市人群的移动模式与城市空间可达性的适应度整体较高,达到 0.9 以上,一方面是城市布局较为合理,职住周边的配套设施较为齐全,能够满足人们的日常需求,所以,人们的出行结构简单,同时城市空间可达性的分布表现出区域性,使得人群移动模式与城市可达性的适应程度较高。但是,也存在一部分人的出行模式与空间可达性的适应性较低,说明城市的基础路网建设和城市功能区的布局有待进一步的提高。

9.3　人群聚集消散模式与城市关键节点适应性分析

人们在城市空间中进行着各种各样不同类型的活动,这些活动与时间和空间密切相关,从而引导人们在城市内不同位置之间往来,进行生活所需要的各类活动。而在人群移动过程中,不同的空间位置往往扮演着不同的角色,比如某些区域是人们在移动过程中必须经过的区域,扮演着关键节点的作用。如何从轨迹数据中提取这些节点区域?这些节点在人群聚集消散模式方面具有哪些特征?这些特征与城市空间结构的适应性如何度量?如何更好地提升这些关键节点区域空间对人群移动过程的适应性?探索这些问题能够有效地理解城市空间中关键节点上人群活动特征及其与空间结构之间的耦合程度,帮助城市管理者进一步改进城市空间结构设施布局,以适应关键节点上人群活动特征,为城市的科学化、精细化管理提供帮助。

本节通过提取城市内关键节点信息,结合前面不同网格内人群聚集消散模式,分析城市内部关键节点的特征,设计城市关键节点的适应性度量指标,对城市关键节点的适应性进行度量和评价。

9.3.1　人群聚集消散模式

人群聚集消散模式的相关分析在本书第 6 章的内容中有详细的介绍,这里不再进行详细的说明。为了对城市空间结构中关键节点对城市人群活动的适应性进行度量,这里使用人群聚集消散模式对城市人群活动进行描述。根据第 6 章的相关内容,可以得到深圳市内的人群聚集消散模式共有 8 种(采用 $C1,C2,C3,C4,C5,C6,C7,C8$ 对 8 种模式进行描述)。其特征如下所示。

(1) $C1$:一天中大部分时段都出现高强度的人群聚集现象;

(2) $C2$:从早上 T_6 时段开始出现聚集现象,一直持续到下午 T_{18},之后出现高强度的人群消散现象持续到凌晨($T_{19}-T_{23}$);

(3) $C3$:在早上通勤时间段(T_6-T_{10})出现人群消散现象,在中午($T_{11}-T_{14}$)期间会

出现人群先聚集后消散的现象,而从下午 T_{17} 后,人群开始聚集;

(4) $C4$:在早上通勤时间段($T_6 - T_{10}$)出现人群消散现象,从下午 T_{17} 后,人群开始聚集;

(5) $C5$:在早上和下午通勤会出现人群聚集的现象,大约持续两个时段,在其他时间段出现人群消散现象,但人群聚集或消散的强度都较弱;

(6) $C6$:没有出现明显的人群聚集和消散现象,人群的移动强度非常弱;

(7) $C7$:在早上通勤时间($T_7 - T_9$)出现人群聚集现象,在下午 T_{17} 后,人群开始消散。

(8) $C8$:除了在早上通勤时间段($T_6 - T_8$),一天中大部分时段出现人群消散的现象。

9.3.2 城市关键节点提取

城市结构中的关键节点常常采用图形理论的相关指标进行描述。在复杂网络理论中,节点度、拓扑距离、最短路径、中心度、邻近度等(Duan,2013;Demsar et al.,2008;Porta et al.,2006;Jiang et al.,2004;Freeman,1979)都能够用来对城市区域的关键程度进行度量。但是,这些从空间结构出发的关键节点提取方法只是关注了城市网络的物理结构,而忽略了网络节点之间的交互以及人类活动的需求。因而本章从人群活动规模出发,通过计算城市各个区域内人群移动总量,对城市区域的关键程度进行度量。

在城市中,某一区域人群移动总量较大表示在一天当中该区域人口流入量和人口流出量都很大,人群大量通过该区域,或者在该区域内进行活动;相反,某一区域人口的流入流出量都很小,则人群只是将这些点作为移动的起点和终点,则说明该区域人群移动过总量较小。

这里,首先基于人群移动 OD 矩阵,使用式(6.1)和式(6.2)的计算方法,计算每个时段每个人群的流入量(inflow_p^t)和流出量(outflow_p^t)。根据前面的定义,采用流入量和流出量的总和,通过计算每个区域一天当中的总流量来表示该区域人群的移动总量,并将其标记为净流量 totalflow,计算公式如下:

$$\text{totalflow}_p = \sum_{t=T}(\text{inflow}_p^t + \text{outflow}_p^t) \tag{9.5}$$

其中:totalflow_p 表示区域 p 在一天当中人群移动总量。移动总量越大,表示该区域在城市结构中的节点作用越明显。对城市内所有区域移动总量进行计算的结果如图 9.8 所示。

如图 9.8 所示,横坐标表示区域内人群移动总数,纵坐标表示人群移动总数在横坐标区间范围内的区域总数量。这里根据 2-8 原则提取前 20%(totalflow_p 大于 132 070)作为关键节点,如上图红线右侧所示。对部分节点进行处理,分析其聚散模式,而该区域在空间中的分布如图 9.9 所示。

9.3.3 适应性度量与分析依据

人群聚集消散现象是人群移动模式的一个重要特征,而城市关键节点往往承载着大量居民日常出行活动,其聚集消散模式往往会对整个城市的人群流动产生重要影响,因此关键节点上的聚集消散模式是否适应人群移动特征是衡量城市布局合理性的重要方面。

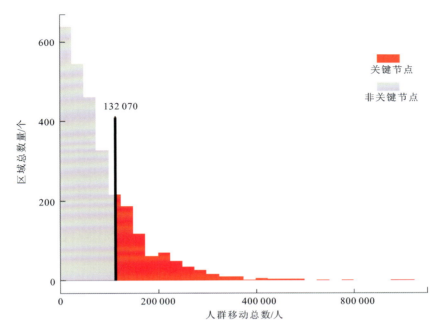

图 9.8　深圳市交通节点总流量分布

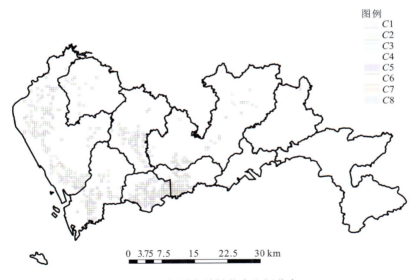

图 9.9　深圳市关键节点空间分布

　　城市关键节点上的聚集消散规模较大,如果其周边节点的聚集消散模式与其相同,则容易出现大范围的拥堵。比如某一关键节点上人群在某时间段上出现了强聚集现象,而其周边节点如果也出现聚集现象,则会造成该关键节点一定范围内的人数骤增,严重影响人群在关键节点上的活动;而如果该节点周边能够出现与关节节点互补的聚散模式,则能够有效缓解关键节点上的交通压力,分担关键节点上的活动人群。因此,城市关键节点的适应程度可通过关键节点上人群聚集消散模式与其周边节点的互补性来对该节点对人群移动特征的适应性进行度量,互补性越好,适应性越高。

关键节点的周边环境是与关键节点存在拓扑关联的节点集。因此,这里选择关键节点周边一定范围内节点的聚集消散模式作为周边环境特征进行描述。如果其周边环境的人群聚集消散特征能够对关键节点上人群的活动特征产生互补作用,则说明这个关键节点能够使用人群移动模式特征;如果聚集消散特征与关键节点相似,则说明关键节点周边区域难以缓解关键节点上人群活动的压力,阻碍该关键节点及其周边区域内人们的正常活动。为了描述关键节点周边环境人群聚集消散特征,这里采用各个时段周边节点集合的聚集消散等级的平均值,作为周边环境的人群聚集消散特征,与关键节点特征进行对比,从而对关键节点的适应程度进行度量。

最后,对适应性程度进行标准化,就得到了城市内关键节点的适应性指数。指数越高说明适应程度越差。计算方法如下。

(1) 首先,根据前面得到的每个关键节点 i,得到其每个时间段上的人群聚集消散等级,形成关键节点上的聚集消散序列,$S_i = \{l_i^1, l_i^2, l_i^3, \cdots, l_i^{22}, l_i^{23}\}$。

(2) 根据关键节点的空间位置,搜索其周边一定范围内的节点,得到由 n 个节点构成的周边环境节点集合,提取每个节点上的聚集消散序列 S_i,通过计算每个时间段内周边环境节点集合上所有节点的人群聚集消散模式的均值来描述该时段内周边环境的聚集消散特征,即:$l_{\text{Nearby}}^t = \dfrac{1}{n} \sum_{i=1}^{n} l_i^t$,从而得到 23 个 l_{Nearby}^t 聚集消散等级,构成周边环境的人群聚集消散序列 S_{Nearby}。

(3) 关键节点适应程度的计算。结合前文所述,即周边节点与关键节点的聚集消散模式越匹配,关键节点越适应城市人群活动。所以,这里首先计算每个时间段上匹配程度。通过计算关键节点与其周边环境聚散等级之和的绝对值($l_{\text{Key}}^t + l_{\text{Nearby}}^t$),对关键节点在该时刻的适应性程度进行评价,其结果越接近 0,说明该关键节点在该时刻与周边环境越匹配,对城市人群移动的适应性越好。对每个时间度上得到的适应性程度指标相加,就能够得到该关键节点的适应性。其计算公式如下:

$$F_{\text{Key}} = \sum_{t=T}^{24} |(l_{\text{Key}}^t + l_{\text{Nearby}}^t)| \tag{9.6}$$

其中:F_{Key} 表示该关键节点的适应性程度,由每个时段内该节点的聚集消散等级与其周边范围内的节点的聚集消散等级的匹配程度进行描述;l_{Key}^t 描述关键节点在 t 时间段内的人群聚集消散等级;l_{Nearby}^t 表示该节点周边环境在 t 时间段内的人群聚集消散等级,两者之间的互补程度越高,适应性程度就越高。

9.3.4 适应性分析实验

深圳市关键节点上的适应性指数分布如图 9.10 所示。从整体上看,类似正态分布,大部分节点的适应性指数都位于 25～80。

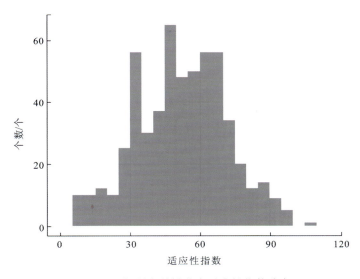

图 9.10　深圳市关键节点适应性指数分布

　　通过格网的 ID 标号,将每个关键节点上人群聚集消散模式进行匹配,进而得到关键节点上各个人群聚集消散模式。接下来,将结合上面所描述的特征对关键节点进行分析。

　　如图 9.11 所示,计算得到关键节点上 8 种人群聚集消散模式的比例,8 种模式所占比例分别为 6.07%,14.64%,13.04%,21.79%,11.61%,6.79%,13.75%,12.32%。首先从整体上看,关键节点上各种人群聚集消散模式的分布较为分散,没有一种主要的聚散模式能够对城市内部关键节点上的特征进行描述;其次,从分布上看,C4 模式和 C2 模式所占的比重最大,结合 C4 模式和 C2 模式的特征,即在通勤时间段上出现人群消散现象,

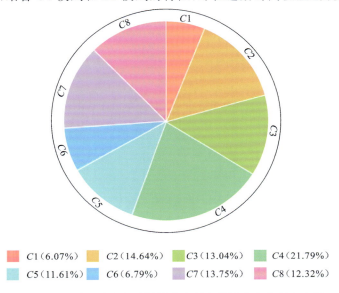

■ C1(6.07%)	■ C2(14.64%)	■ C3(13.04%)	■ C4(21.79%)
■ C5(11.61%)	■ C6(6.79%)	■ C7(13.75%)	■ C8(12.32%)

图 9.11　不同人群聚集消散模式在所有关键节点中所占比例

229

下班时间后人群开始聚集,和从早上通勤时段开始出现聚集现象,一直持续到下午下班时间,之后出现高强度的人群消散现象持续到凌晨,可以推断出关键节点往往出现在人们的工作地点和居住地点,人们进行各项活动往往都是围绕这两个节点进行的;最后,C1 模式和 C6 模式所占比重最小,这两种模式所表现出的人群聚集消散模式相对比较稳定,从而可以推理得到关键节点上所表现出的聚集消散特征往往会出现较大的起伏,稳定性较差。综上所述,城市内关键节点的各个时间段内人群聚集消散十分不稳定,即某个时间段内出现大规模聚集或在某个时间段内出现大规模消散现象,需要城市相关管理部门加强管理。

具有不同聚集消散模式的关键节点,其适应性指数分布往往存在明显的差异,图 9.12 表示的是关键节点在 8 种模式上适应性指数的分布特征。

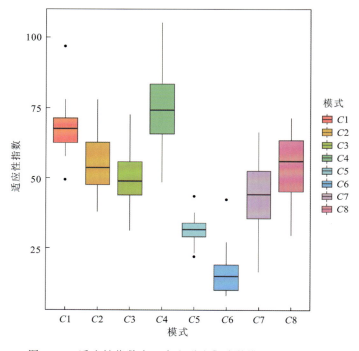

图 9.12　适应性指数在 8 中人群聚集消散模式下的箱线图

图 9.12 为 8 种不同模式下适应性指数的箱线图。从各种模式的适应性指数均值上看($\overline{F_{C6}}<\overline{F_{C5}}<\overline{F_{C7}}<\overline{F_{C3}}<\overline{F_{C2}}<\overline{F_{C8}}<\overline{F_{C1}}<\overline{F_{C4}}$),C6 模式下关键节点的适应性最好,C4 最差。结合不同模式所代表的人群聚集消散特征,可知人群聚散相对平缓节点往往能够与周边的环境进行协调互补,C6 模式下的关键节点没有出现大强度的聚集消散现象,因而能够很好地适应各种特征的人群活动;与此同时,C5 模式下的关键节点的适应性也相对较好,C5 所在的区域往往处在城市内核心枢纽区域,其在上午和下午的通勤时段内会出现高强度的人群聚集现象,是人们上下班进行通勤的区域,该区域适应性良好说明深圳市内关键交通节点能够较好适应人群的移动需求。相反,C4 模式下的关键节点表现出的适应性很差,其所处的位置主要是城市的高密度住宅区,区域内含有大量的居民需要进行

生活必需的活动,但是这些居民很难在附近完成这些日常必需的活动,且进行活动的时间比较集中,从而造成了处在该模式下的关键节点适应性较差的结果。

根据适应性结果采用四分位数将每个区域的适应性程度进行划分,适应性指数小于第一个四分位数的节点为适应性良好的节点;在第一个四分位数和中位数之间的节点为较适应的节点;中位数到第三个四分位数之间的节点为较不适应的节点;大于第三个四分位数的节点为适应性差的节点。各个节点区间具体范围如表9.1所示。

表9.1　适应性等级划分

适应性良好	比较适应	较不适应	适应性差
(0,37.73]	(37.73,52.83]	(52.83,66.18]	(66.18,∞]

图9.13显示的是深圳市所有关键节点上的适应性程度,红色代表适应性差,绿色代表适应性良好。从空间分布上看,不同适应性的关键节点存在集中分布的现象。这里,将某种适应性较好和适应性较差的区域进行提取,结合其空间所在位置的区域特征对适应性的成因进行分析和说明。

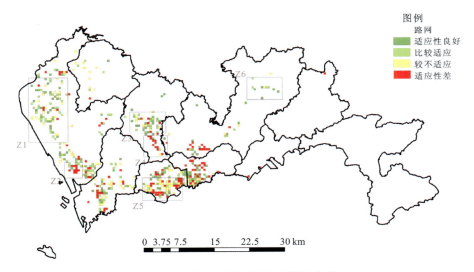

图9.13　深圳市不同适应性等级分布

根据不同适应程度的关键节点在空间中的分布,这里提取分布特征较为集中的6个区域(Z1到Z6)进行分析。

对于区域Z1,该区域内的关键节点适应性较好。区域Z1位于沙井区,作为功能较为完善的城市组团分区,其居住、工作和娱乐等功能的混合程度较好。因而该区域内的关键节点的配置能够较为适应人群的移动特征。与区域Z1类似,Z6处于龙岗区,功能完善,关键节点的聚集消散模式也能够适应人群活动特征。区域Z3是大型企业较为集中的区域。区域Z3位于龙华区,很多大型企业,如华为、富士康等,都位于该区域内,区域内大部分居民都是就近前往附近的企业进行工作,因而区域内的关键节点能够较好地适应人群活动特征。

接下来,对几个适应性较差的区域进行分析。首先,区域 Z2 位于宝安区,该区域内包含大量的住宅区域,功能比较单一,从而造成关键节点周边环境的人群聚集消散特征难以与关键节点形成互补,造成适应性较差。而区域 Z4 位于龙华区与福田区的连接部分,是交通要道,同时,该区域内业存在有大量的住宅区域,缺乏其他配套设施对关键节点的人群聚集消散模式进行互补,因而出现了关键节点适用性较差的现象。最后,区域 Z5 位于福田区,该区域是深圳市商业金融中心,人流量巨大,活动复杂,使得该区域内的关键节点适应性较差。

综上所述,从人群聚集消散模式上看,没有出现明显的人群聚集和消散现象的关键节点能够较好地适应人群活动,此外,在通勤时段内存在大强度人群聚集消散现象的节点也能够较好地适应人群活动,由此可以说明深圳市位于交通枢纽上的关键节点能够较好地适应人群活动;与此同时,在高密度住宅区域附近的关键节点适应性较差,说明这些区域配套设施难以满足人群活动的日常需求,造成某些特定时间段内出现大面积人群聚集或消散现象,容易造成交通拥堵,阻碍人们的日常行为活动。

9.4 人群交互模式与城市多中心结构适应性分析

当今中国面临着最重要的变革——城市化,而在城市化的过程当中,也涌现了各种城市弊病:日益加剧的交通拥堵,基础设施承载能力不足,空气质量的下降等问题。城市群体活动与城市空间结构之间能否相互适应,是产生这些城市问题的一个基础科学问题。而对于城市管理和规划者来说,则是需要去制定一个适应人群活动的城市规划方案,让城市形态的外在和城市活动的内在相互协调,这对城市空间的可持续发展具有重大意义。

城市的空间结构规划反映的是政策制定者对于城市结构的预期目标,是一种静态的形式。现代城市已经成为了"流的空间"(Castells,1996),各种交通流、物流、信息流、能量流构成了一个动态的城市,著名城市规划学家 Batty(2013)也提出,"要理解城市,先要理解流",而在目前这个"大数据"时代,通过信息通信技术获取多种多样的流数据已经不是一件困难的事情,比如手机通话记录,GPS 数据,智能交通卡数据以及社交网络数据等。大数据收集大多是关于人的数据,有效地应用信息科学技术来分析大数据,体现的也是以人为本的科学实践,而利用这类数据去指导城市建设进程,更体现了科学的城市发展模式。

将大数据技术用于规划效果评价当中,也是智慧城市建设研究中的重要进程。①对于城市地理研究者来说,城市居民流对城市空间结构的合理利用,是研究人地关系的重要内容,ICT 为获取海量居民出行数据提供了方便的技术手段,但如何通过研究海量个体的行为去评价城市结构对于群体活动的包容性,是面临的重大挑战。②城市规划的空间发展策略不只是一个方面,存在着中心体系、发展轴带、组团分区等多个层面的宏观布置,这些布置之间并非独立,而是有相互依存的关联关系,如果通过信息与通信技术获取的海量信息去评价发展策略各个层面的联系,是城市规划与城市空间研究者需要关心的重要问题。③在应用层面来说,分析城市结构与群体活动的适应性,有助于及时发现城市发展过程中存在的结构性问题,从而优化交通规划和城市规划,发挥大数据工具在规划中的辅助性作用(刘立寒,2016)。

9.4.1　人群空间交互

Lynch 在其著作中描述:城市中的移动要素,特别是居民和他们的活动,和静态物质部分一样重要(Lynch,1960)。城市像是生命体,也有代谢和血液,城市中居民每天从一个地方迁移到另一个地方,从事学习、生活、工作等社会活动,让城市变得更加有活力。人在城市中的移动伴随着物质、思想、信息的交换,是这个社会生活中最重要的部分。

居民的每一次出行离不开起点和终点,也就是 O-D。当研究一个区域的 OD 时,需要先将这个区域分为一个个小的子区域。对出发点,会有出发区域集 $o_i \in O, i = 1, 2, \cdots, I$,其中 I 是出发区域总数;对到达区域,有 $d_j \in D, j = 1, 2, \cdots, J$,其中 J 是到达区域总数。一般情况下来说,为了研究的方便,会将出发区域和到达区域进行相同的划分,这种情况下 $I = J$。

手机通话数据中,每一名手机用户的通话记录都会通过日志的方式被移动运营商记录下来,具体格式为 (p, t, c),p 为用户的 ID,t 为通话时间,c 为 Cell ID,对每一个用户 p 的通话记录按照时间序列 $t_1, t_2, \cdots, t_n$ 进行排列,得到对应的 Cell 序列 $c_1, c_2, \cdots, c_n$,当序列中相邻的两个 Cell,$c_k \neq c_{k+1}$ 时,记录为一次移动 $T = (c_k, c_{k+1})$,其中 $c_k, c_{k+1} \in V$。这样,可以得到每一位用户基于手机基站的移动轨迹(图 9.14),这也是构成人群空间交互的基础。

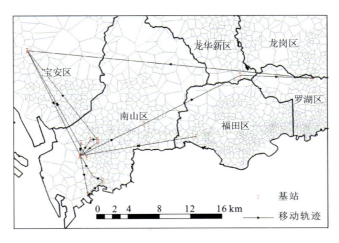

图 9.14　一名手机用户基于手机基站的移动轨迹(刘立寒,2016)

流和空间网络是不可分割的两个部分,不同的是流着重于居民作为个体在不同空间之间的交互,而空间网络着重于不同的节点或者区域之间的联系。城市本身是一个复杂系统,城市的各个部分之间有各种联系和连接,所以,可以将城市系统视为复杂空间网络。

将手机用户的每一次移动进行汇总,得到了矩阵 T_{ij},记录了从基站区域 v_i 到 v_j 的流量。两个区域之间的人群交互,于是将两基站区域之间的往返流量相加,形成一个对称的无向有权网络 F,其中对于 F 中的每一个元素 F_{ij} 有

$$F_{ij} = T_{ij} + T_{ji} \tag{9.7}$$

为了得到空间区域与区域之间的人群交互,将手机基站和区域划分方案进行叠加,得到分类矩阵 $S = (s_1, s_2, \cdots, s_b)^T$,其中

$$s_{nk} = \begin{cases} 1, k \text{ 为基站所在区域} \\ 0, \text{其他} \end{cases}, 1 \leqslant k \leqslant r, 1 \leqslant n \leqslant b \tag{9.8}$$

其中:b 表示基站总数;r 为划分的区域总数。

区域间的流量矩阵

$$A = S^T F S \tag{9.9}$$

由于不考虑区域内部流量,对 A 矩阵的对角元素进行归零,有

$$A_{ij} = 0, i = j \tag{9.10}$$

以流量矩阵 A 表示城市中区域之间的人群交互结果,人群空间交互描述的区域之间的人群交互,与该区域的本身人数没有关系。使用区域之间往返流量总和描述其交互模式,其大小可以直接反应区域之间的交互强度和联系。

9.4.2　城市多中心结构

在我国,城市总体布局是总体规划的重要组成内容,它将城市发展目标空间实际化,也是城市控制规划和详细规划的基础(吴志强 等,2010)。在改革开放初期,我国城市化率仅为 17.8%,城市规模小,绝大多数地方中心城市都采用了单中心的发展模式(叶昌东等,2014),而随着改革开放的进行,城市化建设和城市扩张都在加速,在起初阶段,这些城市大多选择了蔓延式的扩张,也就是俗说的"摊大饼"模式,这种发展也造成了诸如交通拥堵,房价高企的一系列城市问题。于是,网络化、多中心成了大城市发展布局的普遍趋势,将城市功能和产业外移,减轻原城市中心的压力,成为了规划的目标。

目前来说,多中心城市的扩张主要有两种渠道:①新建新区或者新城,转移城市的部分行政职能或者产业,比如各地新建的政务新区、高新技术开发区,经济开发区和高铁新城、产业新城等。②撤县设区,这是城市发展到一定阶段的必然结果,随着中心城的扩大,原来离城市还有一定距离的县城、乡镇渐渐被纳入了城市发展边界内,通过设区的方式,将这些地区纳入了城市的管理范围,为城市统筹发展解决了行政权不清的问题。

多中心城市的布局主要由以下几个方面组成,也就是通常所说的"轴-点-片区":①城市的中心体系;②城市发展空间策略;③城市发展分区与功能组团。

1. 城市中心体系

这一说法最早来自于克里斯塔勒的中心地理论(Baskin,1966),将城镇体系看作是等级

结构,单个中心城市对一个区域的支配性是很明显的,这也影响了当时的城市规划和城市研究(Berry et al.,1988)。而随着近年来越来越多的研究发现:无论是在欧洲(Meijers et al.,2003),美洲(Fernández-Maldonado et al.,2014)还是亚洲(Batten,1995),特大城市以及都市区的多中心化现象十分广泛。而这种多中心不仅存在于形态上,也存在于功能上。虽然城镇中心也还存在一定的等级结构,但随着城市职能分化,还会像网络化转变(Meijers,2006)。而 2006 年的耗资 220 万欧元的 POLYNET(sustainable management of European polycentric mega-city regions)项目表明(Hall et al.,2006),在欧洲多个国家即使存在规划体系和历史沿革的差异,但都能形成成熟的多中心城市区。

按照 2010~2020 年深圳市总体规划(深圳市人民政府,2010),深圳市建立了三级城市中心体系,其中包括了 2 个城市中心,5 个城市副中心和 8 个组团级的城市中心(表 9.2)。城市中心为原深圳特区成立之初最早发展的城市区域以及重点打造的前海中心,目前也是深圳市的核心区域;城市副中心分布于主中心之外的各个行政辖区,并对其承担城市综合服务的职能,发展部分市级和区级的专项服务职能以带动该区域的综合发展;而组团中心也将用于分担一部分城市副中心的服务职能。

表 9.2　深圳市城市中心体系

中心等级	名称	功能
城市主中心	福田-罗湖中心	市级行政、文化、商业、商务综合职能
	前海中心	现代服务业、总部经济,深港合作和国际合作核心区
城市副中心	龙岗中心	东部分区综合服务,文化体育及会展服务
	龙华中心	中部分区综合服务,综合交通枢纽
	光明新城中心	西部高新技术产业服务
	坪山新城中心	东部高新技术产业服务
	盐田中心	旅游综合服务,港口与物流配套服务
组团中心	航空城、沙井、松岗、观澜、平湖、布吉、横岗、葵涌	

资料来源:深圳市人民政府

2. 发展轴

城市空间的发展轴策略为协调各中心发展速度和相互联系提供了支持。最典型的就是"点-轴"式发展结构(Hall,2002),设定城市的发展轴,或者又叫发展走廊,此概念最早来自于 1972 年英格兰地区的南汉普夏尔地区结构规划,沿一条主干道设置了一系列的新城作为增长极。这种模式曾被应用在不同的空间尺度上,甚至成为了欧盟区域规划的重要概念(Albrechts et al.,2003)。近年来,在西澳大利亚的柏斯市,地方城市活动走廊对整合土地规划和交通规划进行了尝试,并且有效地增加了公共交通出行比例(Curtis,2002)。发展走廊也是交通规划的重要基础,随着私人汽车和轨道交通的快速发展,居民通勤范围增大不少,加速了城市不同区域之间的交流,发展走廊的利用程度也是城市中心网络化的一个重要方面。

深圳市在 2010 年城市布局规划中,一共设定了 5 条发展轴带,其中包括 3 条南北向的发展轴和 2 条横向的发展带(表 9.3,图 9.15),将除了观澜和平湖之外的所有城市中心联系在一起。轴带的设置有深圳市早期城市规划的痕迹:在深圳特区发展之初,采用的就是带状城市的结构,即沿深南大道进行多个节点同时开发,形成了如今的城市核心区,如今南部发展带在保留了原有基础上向南延伸到盐田港。而其余轴带的设置主要是将几个城市中心的功能向外进行扩展,形成了以关内区域为核心的圈层结构,其中西部,中部,东部三条发展轴分别对应着前海,福田,罗湖的功能延伸,在组建第二圈层中心航空城,龙华,龙岗基本成型后,又设置了北部发展轴,依托高速公路加强这些区域之间的联系。

表 9.3　城市发展轴带(走廊)列表

发展轴带	连接中心	沿线主要交通干道
西部发展轴	前海中心、航空城、沙井、松岗	1 号罗宝线,广深高速
中部发展轴	福田中心、龙华中心、光明新城中心	4 号龙华线,梅观高速
东部发展轴	罗湖中心、布吉、横岗、龙岗中心	3 号龙岗线
北部发展带	坪山新城中心、龙岗中心、龙华新城、航空城	机荷高速,沈海高速,惠盐高速
南部发展带	前海中心、福田中心、罗湖中心、盐田中心、葵涌	深南大道,1 号罗宝线,广深、盐坝高速

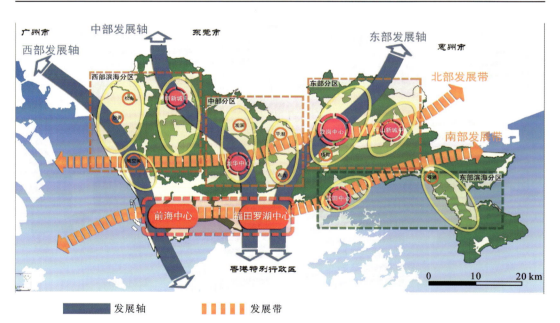

图 9.15　城市发展轴带设置

资料来源:深圳市人民政府网 http://www.sz.gov.cn/cn/

3. 功能组团

城市的分区是城市面积变大时的必然现象,由于各种因素,比如产业的聚集,自然地形的限制,居民的生活习惯等,也会将城市无形地划分成不同的区域(Madrazo et al.,

2012)。研究表明:居民在日常的通信和出行当中,都会具有社区化的特性,比如比利时布鲁塞尔市区会形成说不同语言的人群社区(Blondel et al.,2010),意大利比萨市会有较为固定的通勤盆地(Rinzivillo et al.,2012)。而在目前的城市规划管理当中,越来越多的城市开始提出了组团发展的概念,充分考虑区域、资源、发展模式、生态条件等各方面因素,将城市进行分区管理,这种管理打破了以往的行政边界约束,通常是将几个城镇或者街道进行组合。而如何在规划分区中考虑社区化的特性,是需要研究的内容。而随着 ICT 的发展,传统数据和大数据相结合,我国城市规划方法也遇到了新的机遇和挑战。大数据让学者们可以更容易地去揭示一些位于城市表层之下的流动要素,比如人流、车流、信息流、经济流等,去解决规划中存在的问题,即所说的以"流"定"形"的城市规划新理论(吴志强,2015)。

按照深圳市宝安龙岗八大组团分区规划和布局规划中城市分区与功能组团部分,将全市范围一共划分为五大分区,11 组团,如表 9.4 所示。其中原特区外划分为四个大区,八个组团,原特区内为中心城区(不含盐田区)。

表 9.4　分区组团规划

城市分区	功能组团	包含城市中心	定位
中心城区	福田区	福田中心	全市行政中心
	罗湖区	罗湖中心	金融、商服中心
	南山区	前海中心	新中央商务区
西部滨海分区	宝安中心组团	航空城	物流业,国际供应链基地
	西部工业组团	沙井、松岗	高端制造业基地
	西部高新组团	光明新城中心	高新技术产业、生态农业基地
中部分区	中部综合组团	龙华中心、观澜	综合服务
	中部物流组团	布吉、平湖	铁路枢纽,物流业
东部分区	龙岗中心组团	龙岗、横岗	先进制造业、高新技术基地
	东部工业组团	坪山新城中心	新型工业基地
东部滨海分区	盐田区	盐田中心	港口物流业
	东部生态组团	葵涌	滨海旅游度假区

资料来源:深圳市人民政府

9.4.3　适应性度量与分析依据

本节针对人群空间交互与多中心城市的"点-轴-片区"的三种典型布局的适应性,提出构建规划中心体系结构与人群交互适应性指标、城市发展轴带与城市人群交互适应性度量指标、城市组团结构与人群交互适应性度量指标,用以评价人群空间交互规律得到的城市空间结构与规划的城市空间结构的一致性程度(刘立寒,2016)。

1. 规划中心体系结构与人群交互适应性指标

各城市中心所对应的区域之间具有流量交换,形成了以各个城市中心为节点的有向赋权的空间网络,各个节点在网络中便具有等级,即中心性。这里采用特征向量中心性进行评价,Page 曾优化了特征向量中心性的计算算法,也就是著名的 PageRank 算法(Page et al.,1999),用于网页搜索结果排名。之后此算法或者基于此的修改算法也被用于测度地区的中心性(El-Geneidy et al.,2011)。

PageRank 评分在这里代表了城市中各个区域的居民通过自由流动选择出城市中心的吸引力排名。依据各个城市中心之间的流量网络 A_{ij},按照 PageRank 算法计算了各个中心的特征向量中心性值,并按照从大到小的顺序进行了排列。由于在城市规划中心体系中将城市中心分为了三级,于是在这里也对这些中心按照 PageRank 评分进行聚类,在一维数据聚类当中,K-means 是一种常用的有效方法,将中心按照 K-means 方法聚为三类,并将评分最高的一级划分为城市主中心,中等的一级划分为副中心,其余的为组团中心。

将人群交互模式划分的城市中心与城市规划的中心进行对比,同为主中心的个数记为 C_{main},同为副中心的个数记为 C_{sub},同为组团中心的个数记为 C_{cluster},这里初步把三者之和与城市规划的中心个数 n 的比值作为适应性度量指标:

$$\mathrm{FCI}=\frac{C_{\mathrm{main}}+C_{\mathrm{sub}}+C_{\mathrm{cluster}}}{n} \tag{9.10}$$

2. 城市发展轴带与城市人群交互适应性度量指标

根据各个城市中心之间的流量网络 A_{ij},全部城市中心之间均存在着人群的交互,将任意两城市中心之间的双向流量相加,形成了一个连接的空间网络。按照规划的发展轴带,计算每条发展轴带上的流量与城市总流量之比,这里初步把发展轴带的流量比值之和占城市总流量的比值作为适应性度量指标:

$$\mathrm{FBI}=\sum_{i=1}^{k}\frac{\mathrm{Beltflow}_{i}}{\mathrm{Totalflow}} \tag{9.11}$$

3. 城市组团结构与人群交互适应性

利用人群交互发现的城市组团,与规划的城市组团结构进行对比,分析其组团边界与规划边界之间的异同程度,来分析城市组团结构与人群交互间的适应性。

9.4.4　适应性分析实验

1. 规划中心体系结构与人群流向中心性适应性分析

结合深圳市布局规划,将城市分为了 11 大组团,其中每个组团由一个或者两个中心服务,在此次分析实验中,将具有两个规划中心的区域按照其对应的城镇级行政边界分开,分别对应各自的发展中心,其中福田-罗湖中心由于分属于不同的行政区域,将其划分为两个中心服务区域,最后将深圳市分为了 16 个中心服务区域(图 9.16)。将之前统计的 2841 个手机基站按照地理位置分别划分到不同的城市中心区域(表 9.5),并对各中心间的手机基站流量数据进行集合,得到了各中心之间人群交互模式。

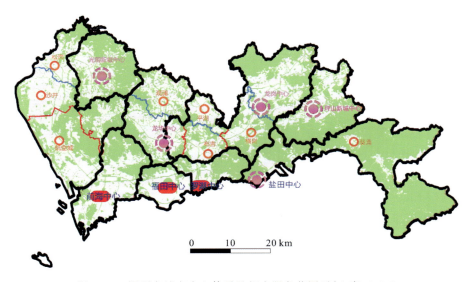

图 9.16　深圳市城市中心体系及相应服务范围(刘立寒，2016)

表 9.5　城市中心以及对应服务区域

中心名称	对应服务区域	基站数目
福田中心	福田区	400
罗湖中心	罗湖区	263
前海中心	南山区	381
盐田中心	盐田区	52
龙岗中心	龙岗、龙城、坪地街道	205
龙华中心	龙华、大浪、民治、坂田街道	245
光明新城中心	光明、公明、石岩街道	180
坪山新城中心	坪山、坑梓街道	132
航空城中心	西乡、新安、福永(南)街道	245
沙井中心	沙井、福永(北)街道	188
松岗中心	松岗街道	92
观澜中心	观澜街道	106
平湖中心	平湖街道	73
布吉中心	布吉、南湾街道	127
横岗中心	横岗街道	90
葵涌中心	葵涌、大鹏、南澳街道	62

统计得矩阵 **A** 的基本信息如表 9.6 所示。

表 9.6 流量网络基本属性

网络名称	节点数 N	连接数 E	连接度 C	平均节点度 $\overline{D}$
基于基站的流量网络 F	2 841	652 097	0.161 6	6 382
基于城市中心的流量网络 A	16	120	1	21 959

PageRank 评分在这里代表了城市中各个区域的居民通过自由流动选择出城市中心的吸引力排名。依据各个城市中心之间的流量网络 A_{ij}，按照 PageRank 算法计算了各个中心的特征向量中心性值，并按照从大到小的顺序进行了排列（表 9.7）。由于在城市规划中心体系中将城市中心分为了三级，于是在这里也对这些中心按照 PageRank 评分进行聚类，在一维数据聚类当中，K-means 是一种常用的有效方法，将 16 个中心按照 K-means 方法聚为三类，并将评分最高的一级划分为城市主中心，中等的一级划分为副中心，其余的为组团中心（图 9.17）。

表 9.7 基于流量网络的城市中心等级评定（刘立寒，2016）

中心名称	PageRank 分值	规划中心等级	K-means 分类等级
罗湖中心	0.893	主中心	主中心
福田中心	0.886	主中心	主中心
前海中心	0.884	主中心	主中心
布吉中心	0.800	组团中心	主中心
龙华中心	0.725	副中心	主中心
航空城中心	0.545	组团中心	副中心
龙岗中心	0.463	副中心	副中心
坪山新城中心	0.425	副中心	副中心
光明新城中心	0.418	副中心	副中心
沙井中心	0.391	组团中心	组团中心
观澜中心	0.375	组团中心	组团中心
葵涌中心	0.349	组团中心	组团中心
盐田中心	0.349	副中心	组团中心
横岗中心	0.345	组团中心	组团中心
平湖中心	0.325	组团中心	组团中心
松岗中心	0.312	组团中心	组团中心

将通过手机数据分析得到的城市中心体系与城市规划预定的中心体系作对比分析。在 16 个中心中，有 12 个符合城市规划所预定的中心等级，适应性达到 0.75。以下分析

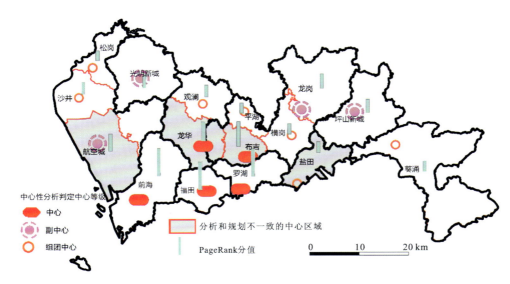

图 9.17　PageRank 值评定城市中心性(刘立寒, 2016)

评价结果的特点：

第一、评价排名中，最高的是罗湖、福田和前海，这也是城市规划中重点打造的城市主中心，作为深圳发展早和最重要的区域，有效地发挥了其综合职能。

第二、在评价等级与规划等级相比得到提升的区域当中，布吉和航空城靠近城市主中心，收到了中心城市区的辐射效应较强。而龙华是在规划设定的几个副中心中发展最为迅速的区域，被称为深圳的"中央居住区"，而在最新的区域规划中，更是将龙华中心与福田、前海并列，提升为了城市中心区，这一点在前面的分析当中已有展现。

第三、唯一和规划等级相比有所下降的是盐田，这和其作为港务区的特殊性有关，盐田在上一轮规划中曾被设定为城市主中心，但在规划末期并没达到其预定目标，在此次评价当中更是落后于大部分组团中心，若要发展成为副中心，还欠缺一定的人气和城市功能。

2. 城市发展轴带与城市人群流向趋势的适应性分析

利用之前生成的居民出行流动数据，从全区流量发生的情况来看，全部 16 个城市中心之间均存在着流的交互，将两中心之间的双向流量相加，形成了一个具有 120 条连接的空间网络(图 9.18(a))。

其中有 31 条连接位于规划中设定的某一条发展轴带上，占到总连接数的 25.8%(图 9.18、表 9.8)。而发生在发展走廊上的流量却占到了所有城市中心之间总流量的 66.8%(表 9.9)，即其适应性达到 0.668。按照流量发生的数量对连接进行排名，可以发现，排名靠前的连接大多位于发展轴带上，而排名前 5% 的连接均发生在发展走廊上(表 9.10)，并均与城市主中心有关，说明其具有很强的辐射效应。

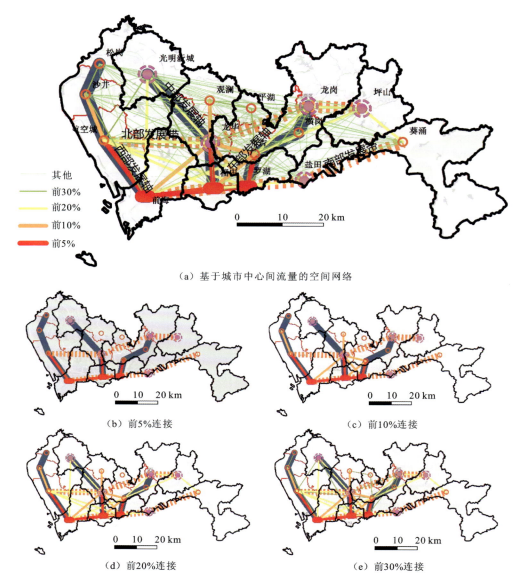

（a）基于城市中心间流量的空间网络

（b）前5%连接

（c）前10%连接

（d）前20%连接

（e）前30%连接

图 9.18　城市发展轴带与连接（刘立寒，2016）

表 9.8　主要连接排名（前 5%）（刘立寒，2016）

排名	连接	轴带上连接	比率
前 5%	6	6	100.0%
前 10%	12	7	58.3%
前 20%	24	13	54.2%
前 30%	36	21	58.3%
总计	120	31	25.8%

表 9.9　各城市发展走廊流量分析(刘立寒,2016)

各发展走廊	占总流量比值
南部发展带	30.3%
东部发展轴	19.0%
西部发展轴	7.7%
中部发展轴	6.6%
北部发展带	3.2%
合计	66.8%

表 9.10　主要连接排名(前 5%)(刘立寒,2016)

排名	连接	所处发展走廊
1	罗湖——布吉	东部发展轴
2	福田——南山	南部发展带
3	福田——罗湖	南部发展带
4	福田——龙华	中部发展轴
5	前海——航空城	西部发展轴
6	前海——罗湖	南部发展带

但各城市发展走廊的发展程度差距较大,从数据(表 9.10)看来,深圳市的城市发展更倾向于沿南部发展带和东部发展轴(流量占总中心间流量的比值分别为 30.3% 和 19.0%)。

最多的流量发生在南部发展带,其由深圳特区规划中的带状中心组团结构发展而来,在 90 年代的深圳市快速发展中已经成型,以深南大道,北环大道,滨海大道,地铁罗宝线为交通干道,前海,福田,罗湖三城市中心的联系相当紧密,占到了整个南部发展带 88% 的流量。不过,东面的盐田和葵涌,与城市中心的联系明显不足,发展速度也明显落后。

3. 城市组团结构与人群流量网络社区适应性性分析

这里将采用社区发现算法对城市的区域进行重新划分,这样更能够反映居民通过自己在城市里的流动形成的区域特征。在这里选用了 Newman 贪婪算法(Clauset et al.,2004)、Louvain(Blondel et al.,2008)和 Combo(Sobolevsky et al.,2014)等算法,它们都是以模块度最大化为目标的启发性算法,具有高效率、高质量等特性。

运用这些算法将流量网络中的基站节点划分到了不同的社区,用基于每个基站节点生成的 Voronoi 多边形代表基站的覆盖范围,虽然社区发现算法并不含有空间约束,可以看出社区发现的结果具有明显的空间特征(图 9.19),当然,在其中也可以发现一些具有"飞地"属性的区块,这是由于一些地区之间具有一些较强的跨区域联系,这一点与 Ratti 等(2010)和高松(2012)的研究中发现的情况一致。

为了和城市组团规划进行对比,按照社区发现的分类结果对 Voronoi 多边形进行归并,为了方便可视化,并对一些零星飞地进行了处理,将其归并到坐落所在的社区中。但值得注意的是,一个比较大的飞地——宝安国际机场所在区域,被保留了下来,其和城市

243

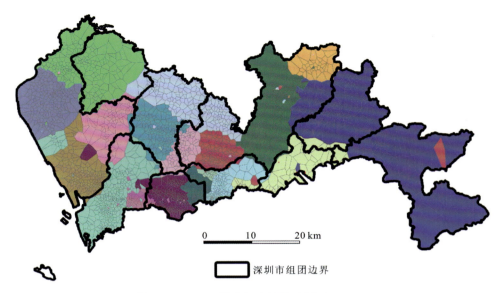

图 9.19　CNM 算法初步结果（刘立寒，2016）

的主中心区域有很强的联系。

　　通过社区发现算法划分的结果与原有的城市功能组团规划相比，整体模块度均提升到大于 0.7 的值（表 9.11），根据居民的流动来优化城市的组团划分方式是可行的。三种算法的划分结果大体相似，有细微的差别，从边界的拟合程度来看，部分区域能拟合城市组团边界，但是，对于三种算法的分区结果都能拟合特区界线，这也说明深圳市经过多年的发展，在城市分区上还是能够体现特区设定的影响（刘立寒，2016）。

表 9.11　社区发现算法结果统计

社区发现算法	分区数目	模块度
城市功能组团划分	11	0.680 0
CNM	18	0.719 8
Louvain	19	0.718 5
Combo	18	0.720 7

9.5　本章小结

　　城市空间结构是城市内地理要素的相对区位关系和分布形式，是人群活动和区位选择的长期积累结果。研究人群活动与空间结构适应性，能够有效分析城市空间布局的合理性，指导城市规划建设，对缓解交通拥堵、城市热岛效应、提升城市居民的幸福感具有重要的意义。以城市人群活动与空间结构的适应性为主题，本章从人群活动模式与城市可达性的适应性、人群聚集消散模式与城市关键节点的适应性和人群交互模式与城市多中心结构的适应性三个角度,以深圳市手机数据为例,对人群活动与城市结构的适应性进行了定量分析,发现深圳市居民出行网络结构比较简单,与可达性的适应性较好,基本能够满足人群的日常活动。同时,由于区域功能、混合程度以及周边设施配套程度的不同,位于不同分区内的关键节点对人群活动的适应性也存在明显差异。最后,与初期规划相比,城市分区在建设过程中基本能够体现特区设定的影响。利用本章提出的人群活动适应性定量模型,从不同角度评价了深圳市空间结构对人群活动的适应程度,为城市交通管理、规划提供决策支持。

当然,这里的适应性评价仅仅是初步的思考,后续还需要从城市功能、城市中心体系、城市生活效率与质量等诸多方面进行深入思考,继续做出科学的实证研究。

参 考 文 献

陈洁,陆锋,程昌秀,2007.可达性度量方法及应用研究进展评述.地理科学进展,26(5):100-110.

陈述彭,2006.台风防灾减灾信息系统.地球信息科学学报,8(4):1-3.

邓智团,唐秀敏,但涛波,2004.城市空间扩展战略研究:以上海市为例.城市开发:物业管理(5):17-20.

高松,2012.基于手机通话数据的城市空间结构与空间相互作用研究.北京:北京大学.

顾朝林,2000.集聚与扩散:城市空间结构新论.南京:东南大学出版社.

刘立寒,2016.基于手机数据的人群移动与多中心城市规划布局的一致性分析:以深圳市为例.武汉:武汉大学.

吴志强,2015.以流定形的理性城市规划方法.北京:中国城市规划网.http://www.planning.org.cn/report/view?id=54.

吴志强,李德华,2010.城市规划原理.北京:中国建筑工业出版社.

杨家文,周一星,1999.通达性:概念,度量及应用.地理与地理信息科学(dl):61-66.

叶昌东,周春山,2014.近20年中国特大城市空间结构演变.城市发展研究,21(3):28-34.

Albrechts L,Coppens T,2003. Megacorridors:striking a balance between the space of flows and the space of places. Journal of Transport Geography,11(3):215-224.

Anastasios N,Salvatore S,Renaud L,et al.,2012. Correction:a tale of many cities:universal patterns in human urban mobility. Plos One,7(9):e37027.

Arentze T,Timmermans H,Joh C,2002. Analysing space-time behaviour:new approaches to old problems. Progress in Human Geography,26(2):175-190.

Baskin C W,1966. Central places in southern Germany. Trans. of Christaller(1933). Englewood Cliffs,NJ:Prentice-Hall.

Batten D F,1995. Network cities:creative urban agglomerations for the 21st century. Urban studies,32(2):313-327.

Batty M,2013. The New Science of Cities. Boston:Mit Press.

Baxter R S,Lenzi G,1975. The measurement of relative accessibility. Regional Studies,9(1):15-26.

Berry B J L,Parr J B,1988. Market Centers and Retail Location. Upper Saddle River:Prentice Hall.

Blondel V D,Guillaume J L,Lambiotte R,et al.,2008. Fast unfolding of communities in large networks. Journal of Statistical Mechanics:Theory and Experiment,2008(10):P10008.

Blondel V,Krings G,Thomas I,2010. Regions and borders of mobile telephony in Belgium and in the Brussels metropolitan zone. Brussels Studies,42(4):1-12.

Castells M,1996. The Information Age:Economy,Society and Culture. Vol. 1,The Rise of the Network Society. Oxford:Blackwell Oxford.

Clauset A,Newman M,Moore C,2004. Finding community structure in very large networks. Physical Review E,70(6):066111.

Curtis C,2002. Local urban activity corridors:an effective approach towards the realIntegration of land-use planning and transport planning? Urban Planning Overseas,6:5.

Ingram D R,1971. The concept of accessibility:a search for an operational form. Regional Studies the Journal of the Regional Studies Association,5(2):101-107.

Davidson W,Donnelly R,Vovsha P,et al.,2007. Synthesis of first practices and operational research approaches in activity-based travel demand modeling. Transportation Research Part A Policy & Practice,41(5):464-488.

Demsar U,Spatenkova O,Virrantaus K,2008. Identifying critical locations in a spatial network with graph theory. Transactions in GIS,12(1):61-82.

Duan Y,Lu F,2013. Structural robustness of city road networks based on community. Computers,Environment and Urban Systems,41(9):75-87.

El-Geneidy A,Levinson D,2011. Place rank:valuing spatial interactions. Networks and Spatial Economics,11(4):643-659.

Fang Z,Shaw S L,Tu W,et al.,2012. Spatiotemporal analysis of critical transportation links based on time geographic concepts:a case study of critical bridges in Wuhan,China. Journal of Transport Geography,23(3):44-59.

Fernández-Maldonado A M,Romein A,Verkoren O,et al.,2014. Polycentric structures in Latin American metropolitan areas:identifying employment sub-centres. Regional Studies,48(12):1954-1971.

Freeman L C,1979. Centrality in social networks:Conceptual clarification. Social Networks,1(3):215-239.

Hall P G,Pain K,2006. The polycentric metropolis:learning from mega-city regions inEurope. London:Routledge.

Hall P,2002. Urban and regional planning. London:Routledge.

Howard R. Kirby,1976. Accessibility indices for abstract road networks. Regional Studies,10(4):479-482.

Jiang B,Claramunt C,2004. Topological analysis of urban street networks. Environment and Planning B,31(1):151-162.

Lynch K,1960. The image of the city. Boston:MIT press.

Madrazo B,Van Kempen R,2012. Explaining divided cities in China. Geoforum,43(1):158-168.

Meijers E,Romein A,2003. Realizing potential:building regional organizing capacity in polycentric urban regions. European Urban and Regional Studies,10(2):173-186.

Meijers E,2007. From central place to network model:theory and evidence of a paradigm change. Tijdschrift Voor Economische En Sociale Geografie,98(2):245-259.

Page L,Brin S,Motwani R,et al.,1999. The PageRank citation ranking:bringing order to the web. Stanford InfoLab.

Porta S,Crucitti P,Latora V,2006. The network analysis of urban streets:a dual approach. Physica A:Statistical Mechanics and its Applications,2(369):853-866.

Ratti C,Sobolevsky S,Calabrese F,et al.,2010. Redrawing the map of Great Britain from a network of human interactions. PLoS One,5(12):e14248.

Rinzivillo S,Mainardi S,Pezzoni F,et al.,2012. Discovering the geographical borders of human mobility. KI-Künstliche Intelligenz,26(3):253-260.

Schneider C M,Belik V,Couronné T,et al.,2013. Unravelling daily human mobility motifs. Journal of the Royal Society Interface,10(84):20130246.

Sobolevsky S,Campari R,Belyi A,et al.,2014. General optimization technique for high-quality community detection in complex networks. Physical Review E,90(1):012811.

Zhong C,Huang X,Batty M,et al.,2014. Detecting the dynamics of urban structure through spatial network analysis. International Journal of Geographical Information Science,28(11):2178-2199.

第 10 章　面向时空需求的城市设施选址与优化服务

随着大数据时代的到来,海量的时空轨迹数据中蕴含着丰富的语义信息和知识,分析这些数据可以为出行者提供出行活动规划服务,也能为城市管理者提供设施选择、交通规划等决策支持。本章将首先介绍基于大数据的交通设施空间布局优化,然后介绍基于大数据的设施服务推荐及路径优化。

10.1　基于大数据的交通设施空间布局优化

10.1.1　基于手机数据的自行车站点布局优化

自行车共享系统在过去几十年中受到越来越多的关注。世界上许多城市都在推广自行车的使用,以缓解与城市交通有关的问题,包括交通拥挤、能源消耗和空气污染。自行车共享系统为用户点到点的旅行提供短期自行车出租服务。然而,在实施这些自行车共享系统时,如何确定自行车资源的分配位置是一个难题。在众多影响因素中,自行车需求位置和时间是最重要的。

在过去的研究中,旅游调查和人口普查数据已被广泛应用于自行车需求估计,并为定位新的自行车设施(如自行车共享站)提供决策支持(Cervero et al.,2003)。然而,收集这样的数据耗时耗力。此外,通过常规方法收集到的信息量会受到可用资源的很大限制。位置感知技术的最新进展提供了许多新的数据源(例如,智能卡数据和移动电话数据),用于了解人们在日常生活中如何活动(Tu et al.,2017)。通过这些新的数据集可以获得人类旅游模式的详细时空信息。然而,虽然这一信息对规划自行车共享系统很有价值,但很少有研究利用这些数据来估计潜在自行车旅行的需求。

规划自行车共享系统最重要的任务之一是确定自行车站的空间布局。良好的自行车共享站将确保系统满足当前的需求,并刺激人们在日后对自行车的使用。许多学者对研究在特定情况下自行车站如何进行选址优化的问题,已经提出了相关的思路。一些研究采用设施选址模型,为与潜在需求分配有关的自行车站最佳位置提供建议。这些设施选址模型旨在确定设施的数量或位置,在满足需求点要求的同时,达到某些预定目标。设施选址模式可能因具体目标而异。例如,P-中位问题和 P-中心问题是位置分配模型的两种典型形式(Hakimi et al.,1965)。P-中位问题的目的是选址 p 个设施的空间位置,以最小化从需求点到设施的总加权旅行成本。P-中心问题旨在提供 p 设施最优选址,以最小化从需求点到其最近设施的最大距离。通过位置集覆盖问题(Toregas et al.,1971),确定设施的最小数量,并使得所有需求点落在设施的最大服务距离内。基于这个模型制定了最大覆盖位置问题(maximal covering location problems,MCLP),通过定位固定数量的设施,使设施服务距离内的人口(或需求)达到最大化(Church et al.,1974)。但是,现有文献中较少基于实际大规模自行车需求研究自行车车站空间布局优化问题。

针对以上问题,本章首先从个人手机轨迹中生成重要的活动锚点。接下来,基于锚点的轨迹分割方法,将手机轨迹划分为出行链段。然后,分析这些出行链段,以获得自行车旅行的潜在需求。最后,使用最大覆盖位置分配模型,对自行车共享站空间布局进行优化配置。

1. 个人手机轨迹的活动锚点提取方法

如表 10.1 所示,个人的手机轨迹 T 可以表示如下:

$$T = \{P_1(x_1,y_1,t_1),P_2(x_2,y_2,t_2),\cdots,P_i(x_i,y_i,t_i)\} \tag{10.1}$$

其中:P_i 表示 $i=1,2,\cdots,23$;的手机位置记录;x_i 和 y_i 表示手机服务基站的坐标;t_i 表示被记录位置的一小时时间段。

表 10.1　个人手机位置记录示例(Xu et al.,2016b)

用户标识符	记录标识符	报告位置的时间窗口(t)	手机塔的经度(x)/(°)	手机塔的纬度(y)/(°)
86 * * * * *	1	(00:00~01:00)	113. * * * * *	22. * * * * *
86 * * * * *	2	(01:00~02:00)	113. * * * * *	22. * * * * *
86 * * * * *	3	(02:00~03:00)	113. * * * * *	22. * * * * *
…	…	…	…	…
86 * * * * *	23	(22:00~23:00)	113. * * * * *	22. * * * * *

活动锚点在过去的研究中经常被使用,它们表示一个人的主要活动地点,如家庭,工作场所,喜爱的餐馆等。这些活动锚点是人们日常旅行的重要活动起点和目的地。使用手机数据来确定个人活动锚点会遇到一些问题,由于手机负载平衡或信号强度变化,个人的手机位置记录可能会在相邻的手机基站之间切换。因此,在估计个人的活动锚点时,有必要考虑这些问题。将活动锚点(activity anchor point,AAP)作为一组地理位置集中的手机基站,用户在此处花费了一定的时间。为了导出手机轨迹 T 的 AAP,首先,计算由 T 所穿过的每个手机基站的频率(时间窗口的数量);其次,选择被访问次数最多的手机基站,并将选定基站 0.5 km 范围内的所有手机基站分为一组;再次,选择下一个访问最多的基站,并执行相同的分组过程,直到 T 中的所有手机基站都被处理完毕;最后,计算分配给每个集群的手机位置记录数(观察值)。具有两个或以上手机位置的集群被标识为AAP。剩余的群集(孤立的手机基站)被定义为随机手机基站。选择 0.5 km 的恒定阈值有两个原因:①虽然知道手机基站密度可能会在城市内变化,但选择一个固定值可以持续地评估城市内的个人手机轨迹;②由于手机基站的最近平均距离为 0.19 km,选择0.5 km的阈值来处理附近手机基站之间信号交换的问题,并且可以保存在不同活动群(即 AAP)中发生的个人活动。

图 10.1 显示了 Hägerstrand(1970)提出的在三维时空系统中的个人手机轨迹,该用户的手机基站位置分为 4 个群集,其中包括三个 AAP(群 A,B 和 C)和一个随机手机基站(群 D)。红线表示在群集内发生的运动(群内移动),绿线表示群间移动。

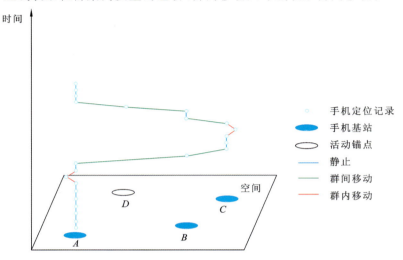

图 10.1 个人手机轨迹 T 和活动锚点(AAP)、手机基站、群间运动、群内移动示意图(Xu et al.,2016b)

集群内移动可能是由手机信号切换或个人移动距离非常短(在步行距离内)的问题引起的。这些群内移动不会引起自行车旅行的潜在需求。因此,将 T 中的每个群的手机基站合并,以得到广义的手机轨迹 T1。选择每个群集中频率最高的手机基站作为代表。如图 10.2 所示,给出手机轨迹 T,与 4 个群集相对应的 4 个代表性手机基站(A,B,C 和 D)则用来导出广义的手机轨迹 T1。然后,利用手机数据集中的广义手机轨迹,导出个人出行链段。

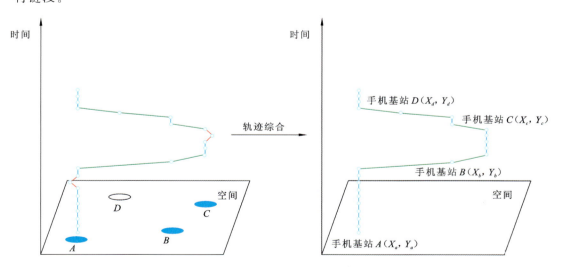

图 10.2 个人原始手机轨迹 T 推导广义手机轨迹 T' 示意图(Xu et al.,2016b)

2. 基于旅行链分析的轨迹分割方法

旅行链通常描述为个人可能的活动锚点(例如家庭和工作场所)之间有中间停留的旅行。旅行链行为反映了人类旅游模式的复杂性,是推测个人模式选择的重要因素。估计两个重要的活动锚点,夜间锚点(night-time anchor point,NTA)和日间锚点(day-time anchor point,DTA),这两点近似认为是个人的居住地点和工作场所。用这两个锚点将个人的手机轨迹划分为出行链段。

在中国的大多数大城市,人们正常的上班时间分别为 00:00～07:00 和 09:00～18:00。在这两个时间段内,对于每个手机轨迹 T' 来说,不同手机基站代表的停留时间是用来识别个人 NTA 和 DTA 的。考虑到人们的日常生活,采取由 Long(2012)提出的方法来推导两个活动锚点。将在 00:00～07:00 至少停留 4 小时的代表性手机基站定义为 NTA,在09:00～18:00 至少停留 6 个小时的作为 DTA。没有两个锚点的个人被认为不会产生潜在的自行车旅行需求。

使用 NTA 和 DTA 将手机轨迹划分为出行链段。对于轨迹 $T1$,分割之后的出行链段是一个以 NTA 或 DTA 为起点和终点的连续手机记录列表。表 10.2 显示了本研究推导出的 4 种出行链段。ND 是指以 NTA 为起点,以 DTA 为终点的出行链段。在旅途中的位置(InTransit)是指由出行链段穿过的其他手机基站。这些位置(InTransit)可以指行程的中间停靠点,也可以指手机数据集捕获的随机手机基站。类似地,NN 是以 NTA 为起点和终点的出行链段。DD 表示以 DTA 为起点和终点的出行链段,ND 是以 DTA 为起点以 NTA 为终点的出行链段。然而,旅途中的位置(InTransit)并不总是存在于 ND 或 DN 跳闸链段中。例如,一个人可能在当前时间窗口内位于 NTA,在下一个时间窗口内位于 NTA。

表 10.2　从个人手机轨迹中得到的 4 种出行链段(Xu et al.,2016b)

类型	出行链段	典型的活动模式
ND	NTA-旅途中-DTA	家-(将邮件发送到 FedEx)-工作场所
NN	NTA-旅途中-NTA	家-(在杂物店停留)-家
DN	DTA-旅途中-NTA	工作场所-(在餐厅用餐)-家
DD	DTA-旅途中-DTA	工作场所-(在星巴克与他人见面)-工作场所

3. 自行车旅行的潜在需求估计

通过分析 4 种出行链段,可以获得自行车旅行的潜在需求。先计算每个出行链段的范围,其范围被定义为该段所经过的所有蜂窝电话对之间的(沿着路网的最短路径距离)最大距离。1～5 km 的出行链段将会产生潜在需求。使用这种过滤策略来排除在合理步行距离内或超出自行车正常行驶距离的出行链段。之所以使用地理范围来过滤每个链段,是因为人们在出行链段中可能会有停靠。如果在①这个行程链的起点和目的地之间;或②在中间停靠点(InTransit)和起点(或目的地)之间的距离,超过自行车正常的行驶距离，则这个用户不太可能在这段行程中使用自行车。

由于在手机基站级别记录了个人的手机轨迹，所以潜在需求将被个人手机基站聚合。在研究当日的不同时间段，利用每个手机基站 p 来提取 inflow_p 和 outflow_p 中的两种需求的基本类型：

$$\text{inflow}_p = (I_1^p, I_2^p, I_3^p, \cdots, I_{22}^p) \tag{10.2}$$

$$\text{outflow}_p = (O_1^p, O_2^p, O_3^p, \cdots, O_{22}^p) \tag{10.3}$$

$$\text{total_inflow}_p = \sum_{i=1}^{22} I_i^p \tag{10.4}$$

$$\text{total_outflow}_p = \sum_{i=1}^{22} O_i^p \tag{10.5}$$

其中：I_i^p 和O_i^p 分别指在特定时间间隔 i 期间，在手机基站 p 处的进出的旅行量(例如，$i=1$ 表示时间窗口 t_1 之间的时间间隔（00:00～01:00）和 t_2(01:00～02:00))。如表10.1 所示，每个手机基站轨迹覆盖了研究当天的 23 个时间窗口。因此，每个 inflow_p 和 outflow_p 都有 22 个观察结果。如式(10.4)和式(10.5)所示，total_inflow_p 和 total_outflow_p 分别是指手机基站 p 一天内的入/出总量。这两个量用作最大覆盖位置分配模型的输入，用来为自行车共享站的选址提供数据基础。

inflow_p 和 outflow_p 可以双旅行链段中提取。出行链段 TS 可以表示一系列的手机基站位置：

$$TS = \{P_1(x_1, y_1, t_1), P_2(x_2, y_2, t_2), \cdots, P_i(x_i, y_i, t_i)\} \tag{10.6}$$

其中：P_i 表示时间间隔 i 处的单个手机基站；x_i 和 y_i 表示 P_i 的坐标(x, y)，t_i 表示被记录的手机位置的第 i 个一小时时间窗口。通过比较 TS 中的每对连续手机基站(P_i 和 P_{i+1})，如果 P_i 和 P_{i+1} 指代不同的代表性手机基站，分别将一个单位的需求分配给$O_i^{p_i}$(在时间间隔 i 内，向手机基站 P_i 流出的一个单位)和 $I_i^{p_{i+1}}$(在时间间隔 i 内，流入手机基站 P_{i+1} 的单位)：

$$x_i \neq x_{i+1} \text{ 或 } y_i \neq y_{i+1} \tag{10.7}$$

不断重复此过程，直到处理完所有的出行链段(ND，NN，DN，DD)。

4. 基于最大覆盖位置分配模型的自行车站点选址

最常用的自行车站点选址模型是最大覆盖位置分配模型。该模型的目的是定位一定数量的设施(自行车站)，使设施的指定阻抗截止(即服务半径)内的总需求最大化。在配置最大覆盖模块时，主动跟踪的手机数据集中的个人手机基站被作为需求点和设施的候选位置。每个需求点(手机基站)p 的权重为 total_inflow 和 total_outflow 的总和，因为它们分别对应潜在自行车旅行中下车和上车的次数。在城市规划自行车共享站时，这两种活动都被视为出行需求。阻抗截止值定为 500 m(公路网络距离)，作为从自行车上/下车行为中，从活动起点/终点到最近自行车共享站的合理步行距离，以接近自行车共享站的服务半径。对于要设置的设施数量(N)，定义 4 种不同的场景，并比较 4 种情景的结果(例如，可以涵盖的潜在需求的百分比)。一旦确定了设施位置，位置分配模型将把需求点分配给设施。在一个设施的阻抗截止值内的需求点将被分配给该设施，落在两个或多个设施的阻抗截止值内的需求点被分配到距离最近的设施。超出所有设施阻抗截止值的需求点,则不会被分配给任何设施。

当自行车站的选址被确定后,引入两项指标对自行车站空间配置进行评估。首先,引入可达性测度,评估车站如何为自行车使用者提供其他潜在活动目的地。然后,探究分配给每个自行车站的进出旅行之间的动态关系。为了测量自行车站的这两个特征,首先检索分配给每个自行车站的需求点,并计算分配给每个车站的总需求。对于每个自行车站 q,引入 inflow_C_q 和 outflow_C_q 来分别表示分配给该站的进出次数:

$$\text{inflow\_}C_q = (J_1^q, J_2^q, J_3^q, \cdots, J_{22}^q) \tag{10.8}$$

$$\text{outflow\_}C_q = (K_1^q, K_2^q, K_3^q, \cdots, K_{22}^q) \tag{10.9}$$

其中:J_i^q 和 K_i^q 分别表示在时间间隔 i(例如,1,2,3,$\cdots$,22)内分配给 q 的进出旅行次数:

$$J_1^q = \sum_{m=1}^{n} I_i^m \cdot C_{qn} \tag{10.10}$$

$$K_1^q = \sum_{m=1}^{n} O_i^m \cdot C_{qn} \tag{10.11}$$

其中:n 表示研究区域中的需求点总数(手机基站)。如果需求点 m 分配给自行车站 q,则 C_{qn} 取值 1,否则为 0。注意:

$$\text{total\_inflow\_}C_q = \sum_{i=1}^{22} J_i^q \tag{10.12}$$

$$\text{total\_outflow\_}C_q = \sum_{i=1}^{22} K_i^q \tag{10.13}$$

在一天的不同时间间隔内,通过这种方法能够将来自需求点的出入旅行汇总到每个自行车共享站。

可达性的概念已广泛应用于交通研究,用来描述如何从一个位置到达其他的潜在活动目的地。为了表示每个自行车站的可达性,采用基于重力的量度来量化自行车的可达性。对于每个自行车站 q,可达性 A_q 的计算如下:

$$A_q = \sum_{k=1}^{n-1} \frac{\text{total\_inflow\_}C_k \cdot M_{qk}}{(D_{qk})^\alpha} \tag{10.14}$$

其中:n 表示自行车站的总数(例如,300 600 900 和 1 200)。如果车站 q 和车站 k 之间的道路网距离小于 5 km,则 M_{qk} 的值为 1,否则为 0;D_{qk} 是站 q 和站 k 之间的道路网距离,α 取值 2(这是基于重力度量的默认值)以反映距离衰减效应。注意,使用 total_inflow_C_k(分配给每个站的入站次数)来估计在站 k 处的总机会(活动)。

5. 实验分析

采用收集的深圳市手机数据验证提出方法的有效性。深圳市有 6 个行政区,4 个管理新区(光明和龙华两个管理新区隶属于宝安区;坪山和大鹏两个管理新区隶属于龙岗区)。根据最近的旅游调查,非机动旅行在深圳总旅行中占很大比例(步行:50.0%;自行车/轻便摩托车:6.2%)。深圳市政府认为自行车是一种有效的交通工具,并计划在未来几年改善相应的设施。

采用主动追踪的手机数据集(使用的手机数据集是通过与中国科学院深圳先进技术研究院的研究合作获得的,研究由机构审查委员会(Institutional Review Board,IRB)批准)是 2012 年 3 月 23 日在深圳收集的。数据集在研究之前已经被移动电话运营商匿名。因此,数据集只包含不显示其身份(例如,电话号码)的移动用户的任意唯一 ID。每个行政区域的移动用户数量与人口普查数据记录的人口分布一致,Pearson 相关系数为 0.99(Xu et al.,2016a)。在研究期间已经去除了移动用户开机或关机时的活动,因为当手机与蜂窝网络断开连接时,很难推断出它们的位置。过滤之后的数据集包括 580 万部手机,其位置每小时报告一次,作为服务手机基站的坐标。数据集不包括 23:00~24:00 时间段的位置记录。因此在研究中,每个用户的手机当天有 23 次观察记录。手机基站的空间配置在研究区域的不同区域可能有所不同,人口稠密的地区,手机基站的密度普遍较高。该数据集中,手机基站之间的平均最近距离为 0.19 km。

通过分析数据集中 580 万个人的广义手机轨迹,可以得到 7 086 241 个旅程链段,其范围为 1~5 km。如表 10.3 所示,有 1 636 494 个 ND 分段(24.33%)和 1 480 342 个 DN 分段(22.00%)。ND 和 DN 段的百分比接近,这反映了在白天 NTA 和 DTA 之间人类旅行模式的规律性。NN 段的数量为 3 159 753(46.98%),这反映了在个人 NTA 周围的出行比例很大。还识别出了 449 652 个 DD 段,仅占旅行链段总数的 6.69%。

表 10.3　个人手机位置记录示例(Xu et al.,2016b)

类型	数量	百分数
ND	1 636 494	24.33
NN	3 159 753	46.98
DN	1 480 342	22.00
DD	449 652	6.69

图 10.3 展示了不同类型的出行链段的时间分布。如图 10.3(a)所示,大部分 ND 段发生在早晨高峰时段,因为 ND 段主要对应该时间段内的通勤活动(时间窗口 7,8 和 9)。还观察到时间窗口 13 的当地高峰期,可以用在午餐时间从工作场所回家的人们来解释。对于 DN 段,观察到了相似的时间模式(图 10.3(c))。DN 段的数量在下午高峰时段达到峰值,但在夜间缓慢衰减。导致这一模式可能有以下两个原因。①人们选择不同的时间下班,以避免交通挤塞;②有些人可能需要加班,晚上才离开工作场所。夜间 DN 段的集中表明,自行车共享站的运行时间应包括此时间段以满足人们的出行需求。如图 10.3(c)所示,随着时间的推移,NN 段的数量保持相对一致。DD 段主要集中在正常工作时间,其峰值在第 12 个时间间隔附近(图 10.3(d))。

潜在需求的时空动态是规划和运行自行车共享站的关键信息。由于 $outflow_q$ 和 $inflow_q$ 在手机基站级产生,使用核密度图来说明在当天的不同时间,潜在需求的地理分布。由于一个自行车共享站只能为附近的需求点提供服务,因此应使用小的搜索半径来适应密度表面以反映需求的地理格局,选择 1 km 作为搜索半径来生成密度图。

数据集中的 5 928 个不同的手机基站用作需求点和候选设施位置。每个蜂窝电话基

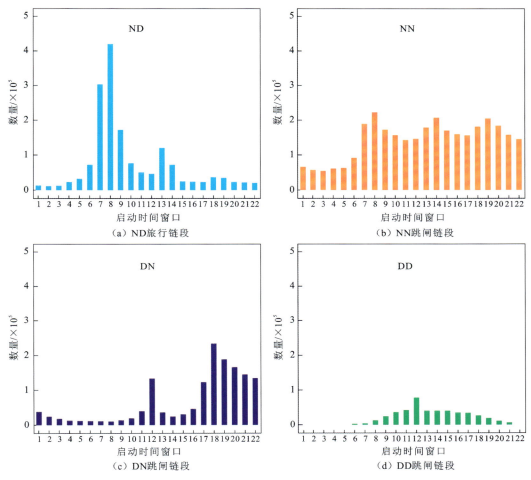

图 10.3　出行链段的时间分布类型（Xu et al.，2016b）

站 p 处的总需求（权重）是出入旅行活动（total_outflow$_q$ 和 total_inflow$_q$）的总和。图 10.4 显示的是这些手机基站的总需求密度（使用 1 km 的搜索半径）。总需求密集较高的地区主要位于龙华中心，宝安西南部，南山南部，罗湖西南部和福田等地。

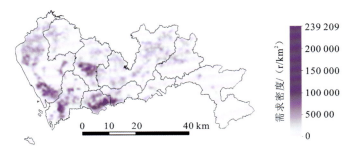

图 10.4　手机基站的总需求密度（Xu et al.，2016b）

255

图 10.5 显示了从位置分配模型得到的自行车共享站的位置。当设施数量(N)等于 300(图 10.5(a))时,大多数自行车站位于总需求密度较高的地区(如龙华中心,宝安西南部,南山西南部,罗湖西南部和福田)。当 N 设定为 600(图 10.5(b))时,这些地区的自行车站的密度开始增加。随着 N 增加到 900 和 1 200(图 10.5(c)和(d))时,自行车站逐渐覆盖深圳北部的某些地区(如光明,龙岗和坪山区)。而在这 4 种情况下($N=300$,$N=600$,$N=900$,$N=1 200$)下,位置分配模型推导出了一些孤立于大多数自行车共享站的站点。在实际的规划阶段,这些自行车站的位置应不予考虑。

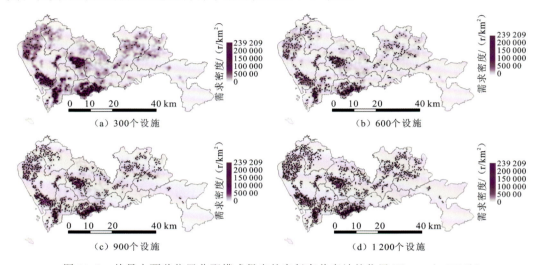

（a）300个设施　　　　　　　　　　　　　（b）600个设施

（c）900个设施　　　　　　　　　　　　　（d）1 200个设施

图 10.5　从最大覆盖位置分配模式得出的自行车共享站的位置(Xu et al.,2016b)

表 10.4 总结了 4 种不同情景下自行车共享站可以涵盖的总需求。$N=300$ 的解决方案覆盖了总需求的很大一部分(40.2%),因为大多数站点都位于需求密度很高的地区。随着 N 从 300 增加到 1200,需求占比逐渐从 40.2% 上升到 84.6%,随着自行车站的增加收益递减。

表 10.4　总需求被自行车共享站覆盖的百分数(Xu et al.,2016b)

基站数	总需求被覆盖量	总需求被覆盖百分数	增量	增量百分数
300	9 888 085	40.20	—	—
600	14 860 322	60.40	4 972 237	20.20
900	18 325 887	74.50	3 456 565	14.10
1 200	20 829 777	84.60	2 503 890	10.10

图 10.6 显示了 4 种不同场景下自行车站的可达性。当 $N=300$ 时,可达性高的自行车站主要位于总需求量较大的地区(龙华,宝安,南山西南,罗湖,福田西南部等地区)(图 10.4(b))。当 N 为 600 时,这些地区的自行车站的总体可达性有所增加,然而深圳北部的大部分自行车站的可达性仍然较低。当 N 为 900 和 1 200 时,发现深圳北部自行车站的可达性略有增加,但趋势并不明显。

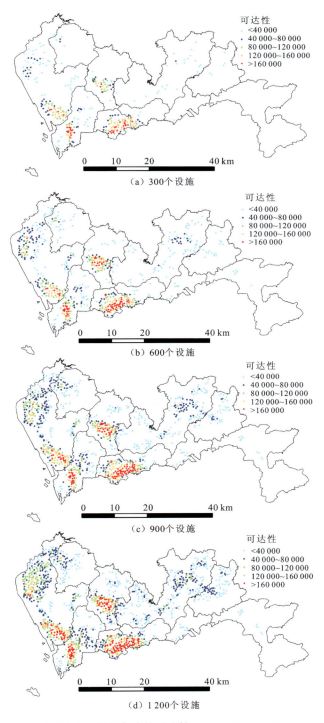

图 10.6　自行车站的可达性(Xu et al.,2016b)

图 10.7 显示了每个行政区的自行车站的平均可达性(由于大鹏和盐田的自行车站极少,因此不包括在这一分析中)。总体而言,在 4 种情况下,福田的自行车站平均可达性最高,其次是宝安、龙华、罗湖和南山。在光明,龙岗和坪山的自行车站的可达性较低。随着 N 从 300 增加到 1 200,观察到大多数地区的自行车站的总体平均可达性都在增长。但是,随着 N 从 900 变化到 1 200,一些特定地区(如福田,龙华,南山等)的平均可达性依然不变甚至下降。这是因为当 N 变得非常大时,这些区域的新增自行车站往往位于需求密度相对较低的周边地区。一方面,这些自行车站周围的潜在活动目的地(机会)较少,导致其可达性较低。另一方面,由于这些新增的自行车站的可用机会较少(total_inflow$_c$),并没有明显改善附近自行车站的可达性。分析结果表明,对于潜在需求集中在特定地区的区域,在刚开始增加更多的自行车站时,可能可以明显改善(平均可达性);但随着 N 变大,收益将会递减。然而,对于潜在需求在空间上比较均匀的地区(如龙岗和坪山),增加更多的自行车站将会更加一致地提高站点的整体可达性。

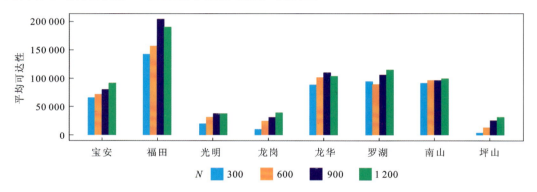

图 10.7 4 种不同场景和行政区域的自行车站平均可达性(Xu et al.,2016b)

10.1.2 基于浮动车数据的出租车充电站布局优化

本节介绍一种面向出租车充电站布局优化的空间-时序需求覆盖方法。该方法基于实际出租车 GPS 数据,采用时空路径建模方法,提取出具有空间和时间属性的出租车充电需求。在此基础上,建立设施选址模型,在满足空间和时间约束条件下(如出租车范围、充电时间和充电站的容量),最大化提升出租车服务水平和充电站点效益。

充足的出租车充电站是保障电动汽车系统正常运转的前提;然而,建设充电站需要巨额投资,特别是前期回报非常微薄。因此,电动汽车市场正在陷入一种"蛋-鸡"悖论。如何优化充电站的空间布局是破解电动出租车系统建设和运营难题的关键问题。充电站设施布局优化方法通常由两个主要部分组成:充电需求表示和设施选址模型。设施需求在空间中表示为点、多边形或流;需求的大小是通过基于人口或行程调查的综合方法产生的。设施选址模型用来选择达到系统效用最大、成本最小等目标的最佳设施位置。目前已有大量设施选址模型,比如 p 中值,p 中心,最大覆盖问题,以及基于流捕捉的设施选址模型。

对于出租车充电站选址问题,考虑时间维度是一个挑战。首先,城市内出租车的分布是高度动态的,造成对时变出租车充电需求表达和估计的困难。其次,出租车在充电站充电所需的持续时间可能相当长,根据充电模式,充电时间可以为 5 分钟至数小时。如此长的时间将严重影响出租车运营和充电需求的满足。此外,充电站的容量是有限的,只能满足有限数量的出租车在一个充电站同时充电。任何超过充电站容量的出租车都必须排队等待,这也将严重影响城市中的出租车服务水平。然而,传统的设施选址模型没有有效考虑到有时变特征需求和约束。因此,需要扩展常规的设施选址模型,以解决出租车充电站选址优化问题。

近年来,充电站选址问题已经引起了国内外学者的大量关注。Frade 等(2011)利用最大覆盖模型,使用葡萄牙里斯本的家庭行程调查数据对公共充电站进行了最佳选址。基于流捕捉的设施选址模型,Cruz-Zambrano 等(2013)研究了西班牙巴塞罗那的快速充电站选址优化。Xi 等(2013)根据人口统计数据确定了充电需求,采用模拟优化方法优化公共电动车充电候选场所的充电数量。然而,在这些设施选址模型中充电需求的确定仍然是静态的,未考虑时间维度。You 等(2014)根据公共电动汽车充电站选址的往返行程,提出了一个设施选址模型,以提供最大的行程次数。然而,该模型中未考虑充电排队等待时间等因素。Jung 等(2014)基于随机需求信息对出租车的潜在充电等待时间进行了建模,以优化出租车充电站的空间配置。然而,该研究中随机需求数据采用交通规划软件进行综合分析,与实际情况有很大的偏差。

针对以上问题,本研究基于出租车的实际 GPS 轨迹数据,提取了实际的出租车出行需求,以模拟电动出租车和充电站之间的时空交互作用。在时空 GIS 环境下,提出了一种时空需求覆盖选址模型,实现充电站空间布局优化。

图 10.8 说明了该方法的工作流程。首先,结合交通网络数据,从原始 GPS 数据中提取动态出租车需求。在时空环境下,根据出租车需求,电动出租车和充电站之间的周期性交互作用,使用时空路径工具(Hägerstrand,1970)进行建模。其次,提出了一种时空需求覆盖选址模型(spatial-temporal demand coverage location model,STDCLM),以最大限度地为电动出租车提供充电服务。然后,使用遗传算法求解 STDCLM。最后,对所获得的结果进行了分析,包括覆盖需求的空间模式、需求服务的时间模式、充电和等待行为、充电速度的影响。

关于电动出租车和充电站的基本假设为:①所有的电动出租车都有相同的电容量 E;②在全容量电力的情况下,所有的电动出租车都有一样的最大行程距离,D_{max};③所有电动出租车的充电速度都是一样的。④一旦充电过程开始,它就不能被中断或停止,直到充电需求完全完成;⑤旅行距离 d 与剩余电量 $e(0<=e<=E)$ 成比例,由式(10.15)给出。换句话说,剩余电量是随旅行距离线性减少的。

$$d = D_{max}e/E \tag{10.15}$$

1. 出租出行需求表达及提取

针对出租车时变需求进行表达和估计。出租车的需求是基于客户在某个时间从某些起点到某一特定的目的地。从形式上来说,出租车的需求可以定义为三元组 $TD-(t_0,$

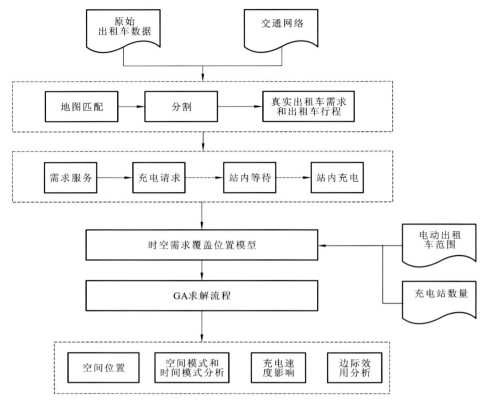

图 10.8　时空需求覆盖方法流程图(Tu et al.,2016)

$(x_0,y_0),(x_d,y_d))$,其中 t_0 表示需求的起始时间,(x_0,y_0) 表示原点的空间位置,(x_d,y_d) 表示目的地的空间位置。为了满足行程的需求,一辆出租车在起点上接一个乘客,专程到达目的地,然后放下乘客。因此,一次出租车出行可以通过将出租车需求扩展到五元组来表示,TD$-(t_0,(x_0,y_0),path,t_d,(x_d,y_d))$,path 表示从原点到目的地的行驶路线,而 t_d 表示到达目的地的时间。基于以上表达方法,从实际的出租车 GPS 轨迹中提取出租车需求和出租车出行数据。为此,首先利用 Chen 等(2014)提出的地图匹配算法对时空轨迹进行还原。然后,根据出租车载客状况的变化,确定出租车需求的来源和目的地。在处理了所有的原始 GPS 数据之后,所有提取的时空信息的出租车需求和出租车行程数据都被存储在一个数据库中,用于充电站的选址。

　　利用时间地理学方法建模表达出租车和充电站之间的空间互作用。当用一些电动出租车替换当前的基于燃油出租车系统时,电动出租车司机和传统基于汽油的出租车司机都在探索动态变化的需求,为公众提供良好的出租车服务。如果出租车的需求是由电动出租车服务的,就定义了由电动出租车实现出行需求。为了识别电动出租车所覆盖的出租车需求,利用时空路径工具对每天电动出租车时空路径进行建模,说明了出租车需求、电动出租车和充电站之间的空间时间交互作用。图 10.9 给出了电动出租车时空路径的例子。按照电动出租车司机的活动顺序,当剩余的电力足够时(例如:在图 10.9 服务 TD_i 后),电动出租车继续满足出租车的需求(图 10.11 中的 $TD_1\cdots,TD_n$)。否则,电动出租车将会去充电站充电。根据到达时间的充电站状态,电动出租车将进行立即充电(图 10.11 中的 l_1)或进行排队等待后完成充电(图 10.11 中的 l_3)。

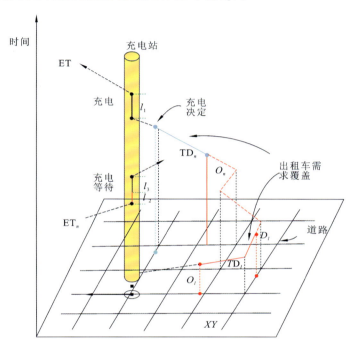

图 10.9　出租车需求、电动出租车(ETs)和充电站在时空背景下的交互作用(Tu et al.,2016)

2. 时空交互建模

有了足够的电力,电动出租车就能满足公众对出租车的需求。在 t 时刻,在位置(x,y)上的一辆闲置电动出租车合理地从附近的需求中寻找出租车请求。为了模拟出租车之间的竞争,通过一系列空间上的需求来确定覆盖需求。利用轮盘赌选择规则来确定由电动出租车提供的需求,以模拟实际出租车服务中的不确定性。根据距离标准,在时间 t 之后的未覆盖的需求邻居列表(x,y)首先被填充。然后,在 0,1 中生成一个随机值 d,以从列表中选择第 i 个最接近的需求 TD_i,a_i 是在历史的出租车服务中,第 i 个最接近的需求的累积概率 $a_i<\delta\leqslant a_{i+1}$。目前的充电状态是否足以满足选定的需求,在出租车行驶前就已经检查过了。如果电动出租车的当前充电状态 e_{t0} 超过了在 TD_i 之后到达最近的充电站所需要的阈值,那么需求将会被覆盖。通过在相应的(x_0,y_0)和 TD_i 上接客户来覆盖需求,通过路径 path,并在 t_d 时刻到达(x_d,y_d)。之后,用 TD_i 的(t_d,x_d,y_d)来更新电动出租车的时空位置。根据式(10.16)更新剩余的电荷容量 e_{t0},d_{td} 是相应的行驶路径的长度。否则,出租车的需求就会被拒绝,电动出租车会到最近的充电站充电。到达充电站

后的剩余电量将根据前往充电站的行程进行更新。

$$e_{t_d} = e_{t_0} - d_{ud}E/D_{\max} \tag{10.16}$$

电动出租车的充电是由到达时间和充电站的当前充电状态决定的。如果在充电站有闲置的充电桩，ET_v 在 T_v^a 时刻到达后充电操作将会立刻开始。充电时长由剩余的电容量 e_v、预期的充电容量 e'_v 和充电速度 CS 决定。将 e'_v 设置为 $[0.95E, E]$ 中的一个随机值，来模拟充电决策的多样性。v 的充电时长 tc_v 在式(10.17)中给出。v 的充电将在 $T_v^e - T_v^a + tc_v$ 时刻结束。最后，电动出租车的充电状态 e_v 更新为 e'_v。充电后，电动出租车会继续为城市提供出租车需求服务。

$$tc_v = (e'_v - e_v)/\mathrm{CS} \tag{10.17}$$

在充电站没有闲置的充电桩的情况下，ET_v 必须等到充电站的一辆正在充电的电动出租车完成它的充电动作时释放一根充电桩。在这种情况下，v 的等待时间为在充电站最早完成充电的时间 $\min\limits_{u \in V_s} T_u^a$ 和到达时间 T_v^a 之间的差值，在式(10.18)中给出，其中 u 代表在充电站 s 的一辆正在充电的电动出租车，V_s 代表 T_v^a 时刻在充电站 s 正在充电的所有电动出租车的集合。基于式(10.17)和式(10.18)，ET_v 将在 $T_v^e - T_v^a + tw_v + tc_v$ 时刻完成充电。在充电后，电动出租车离开了充电站，并继续在道路上提供出租车需求服务。

$$tw_v = \min_{u \in V_s}(T_u^e) - T_v^a \tag{10.18}$$

由于周期性的需求服务、车辆充电和等待时间，充电站的选址将严重影响公共服务质量和电动出租车司机的收入。

3. 时空需求覆盖选址模型

STDCLM 的目标是放置一组电动出租车充电站，以最大限度地提高电动出租车服务水平和充电服务水平。电动出租车服务水平由电动出租车覆盖的出租车需求衡量，根据所有电动出租车覆盖的出租车需求总距离来量化。总距离越长，电动出租车服务的水平越好。充电服务水平是指在充电站的充电时间内，司机必须等待充电的程度，根据所有充电站的总等待时间来进行衡量。总等待时间越低，充电服务的水平越好。应该提到的是，在 STDCLM 中没有显式地包含行程距离/时间。有两个方面的原因。①一项针对中国深圳出租车司机的调查显示，由于充电过程需要很长一段时间，司机们更关心的是车站的等待时间，而不是到充电站的时间。②为了计算所有电动出租车覆盖需求的总出租车行程距离，到充电站的行程距离已从总行程距离中扣除。

STDCLM 的数学公式如下所示。

最大化：
$$F = \sum_{t \in T} \sum_{v \in V} \sum_{q \in Q} x_{vqt}d_q - \lambda \sum_{t \in T} \sum_{v \in V} tw_{vt} \tag{10.19}$$

满足

$$\sum_{t \in T} \sum_{v \in V} x_{vqt} \leqslant 1, \quad \forall q \in Q \tag{10.20}$$

$$\sum_{t \in T} y_{vst} \leqslant n, \quad \forall s \in S, \quad \forall t \in T \tag{10.21}$$

$$\max(y_{vst}) = Z_s, \quad \forall s \in S \tag{10.22}$$

$$\sum_{s \in S} Z_s = M \tag{10.23}$$

$$d_v^{t,t'} = (e_v^{t'} - e_v^{t})D_{\max}/E, \quad \forall v \in V, t < t' \tag{10.24}$$

$$e_v^t \geqslant E_{\min}, \quad e_v^{t'} \geqslant E_{\min} \tag{10.25}$$

$$x_{vqt} \in \{0,1\}, \quad \forall v \in V, \quad \forall q \in Q, \quad \forall t \in T \tag{10.26}$$

$$y_{vst} \in \{0,1\}, \quad \forall v \in V, \quad \forall s \in S, \quad \forall t \in T \tag{10.27}$$

$$w_{vt} \in \{0,1\}, \quad \forall v \in V, \quad \forall t \in T \tag{10.28}$$

$$Z_s \in \{0,1\}, \quad \forall s \in S \tag{10.29}$$

其中:S 是充电站选址的候选位置集合;Q 是时变出租车需求集合;V 是电动出租车集合;T 是时间段;n 是充电站的桩数;M 是充电站的数量;q 是一个出租车需求;d_q 是出租车从起点到目的地的行程距离 /km,λ 为权重系数。此外,x_{vqt}、y_{vst} 和 Z_s 为二元变量,其中如果 q 在时间 t 被 v 覆盖,则 x_{vqt} 为 1,否则为 0;如果 v 在时间 t 在充电站 s 充电,则 y_{vst} 为 1,否则为 0;如果 v 在时间 t 在充电站 s 等待,则 w_{vt} 为 1,否则为 0;如果 s 被放置,则 Z_s 为 1,否则为 0。此外,$d_v^{t,t'}$ 是时间窗口 $[t,t']$ 的累积行程距离,其中 t 是第 i 次充电后离开充电站的时间,t' 表示第 $(i+1)$ 次充电事件的到达时间。

该函数的目标是最大限度地提高出租车服务水平和充电服务水平。表达式 $\sum_{t \in T} \sum_{v \in V} \sum_{q \in Q} x_{vqt} d_q$ (km) 是所有出租车覆盖需求的出租车行程距离,表明出租车服务水平,$\sum_{t \in T} \sum_{v \in V} t w_{vt}$ (h) 是所有出租车的总等待时间,表明充电服务水平。在 $\sum_{t \in T} \sum_{v \in V} t w_{vt}$ 前使用负标志和权重系数来调整出租车服务和充电服务的关系。

约束(式(10.20))表明每辆出租车需求只能由一辆出租车来覆盖。约束(式(10.21))要求在一个给定的充电站和时间内的总充电次数不能超过该站的桩数。这种约束引入了出租车充电行为之间的时间竞争。约束(式(10.22))规定,仅当选择该充电站时,充电站的充电服务才可用。约束条件(式(10.23))要求所设的充电站的数量等于 m。约束(式(10.24))表明,ET_v 行程距离与在时间段 $[t,t']$ 上花费的电力 $e_t^v - e_v^t$ 成正比。因为 e_t^v 和 e_v^t 在 $[0,E]$ 的范围内,还指定了出租车范围的限制。约束式(10.25)~式(10.29)在决策变量上加了完整性条件。

由于 STDCLM 模型固有的复杂性,很难采用精确算法求解。启发式算法是解决复杂设施选址问题的一种有效的方法。遗传算法通过模拟自然行为演变成为复杂优化问题的最优解(Mitchell et al.,1996)。因此,该方法已成功地应用于许多设施选址问题(Church et al.,2009;Xiao et al.,2008)。采用遗传算法求解提出的 STDCLM 模型。

遗传算法涉及几个组成部分,即个体编码、种群初始化、适应度计算和选择,交叉,变异和终止规则。对于 STDCLM,使用整数表示法将设施的位置编码为染色体。基因组的编码长度等于放置充电站的数量。位值表示候选设施被放置充电站。STDCLM(式(10.19))的目标函数作为每个个体的适应性函数。选定设施位置的初始种群是随机生成的。在每一代,轮盘赌轮选择根据适应度值进行。交叉是由单点交叉操作符完成的。变异是在一些随机的位上使用的。重复模拟演化,直到达到最大迭代次数 $N_{\max}^1$,或者在固定数量的迭代次数 $N_{\max}^2$ 下没有改善目标(式(10.19))。最后,报告最佳结果,显示相应的充电站。还可以获得有关需求覆盖、出租车充电以及所在车站基本等待的细节。

在优化 STDCLM 之前，使用 Coy（2001）等的参数调整方法进行了密集实验，建立了遗传算法的参数，如群体大小 p，选择率 a，突变率 b，N_{max}^1 和 N_{max}^2。出租车需求最高的 k 个地点是作为候选地点产生的。

4. 实验分析

最后，以深圳市为例验证模型算法的有效性。为减少交通运输行业的碳排放，深圳地方政府计划实施电动出租车的使用，预计将建造大量的电动出租车充电站。采用出租车实际 GPS 数据。在深圳，每天约有 1.5 万辆出租车积极地在不同地点，如家庭、工作场所、购物中心、机场和公园之间提供服务。据交通统计数据显示，每天约有 42 万～46 万次的出行是由出租车进行的，约占深圳出行的 5%。每辆出租车都安装了一个智能终端，连接着一个 GPS 接收器，它记录了关于车辆 id、时间、位置、速度和载客状态的数据，采样间隔为 40～80 s。实验收集了从 2013 年 10 月 12 日到 2013 年 10 月 18 日的原始出租车 GPS 数据，以提取历史上的时空动态出租车需求。

深圳采用的电动出租车是比亚迪汽车有限公司生产的 E6 型汽车。满容量的比亚迪 E6 电池，可以行驶 250 km。根据充电模式，E6 的充电时间从 1 h 到 3 h 不等。深圳市充电站有多个充电桩，根据深圳交通局的指导，设定了每个充电站的充电桩数量为 50 个，电动出租车的充电桩设置如表 10.5 所示。

图 10.10 显示了从实际出租车轨迹中提取的出租车需求的时空分布。图 10.13（a）显示，每小时出租车的需求量从 5:00～6:00 的 4 260 辆变化为 22:00～23:00 的 25 660 辆。3 个出租车需求高峰在上午 9:00～11:00，傍晚 14:00～16:00，晚上 22:00～23:00。

（a）出租车需求量时变特征

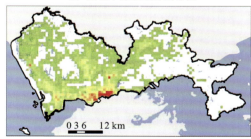

（b）日出租需求的空间分布

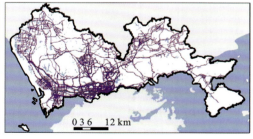

（c）出租车OD流量空间分布

图 10.10　深圳市出租车需求的时空分布特征（Tu et al.，2016）

图 10.10(b)显示出租车需求在空间上也是不均匀的。大部分的出租车需求都集中在深圳的南部和西部,如市区,机场,火车站和去香港的港口。北部地区的需求很低,深圳东部几乎没有出现需求,这是一个自然保护区。图 10.10(c)说明了出租车行程流。这种时间和空间的动态导致了城市中不均衡的出租车服务请求。图 10.11 显示了充电站选址出租车需求最高的候选节点。

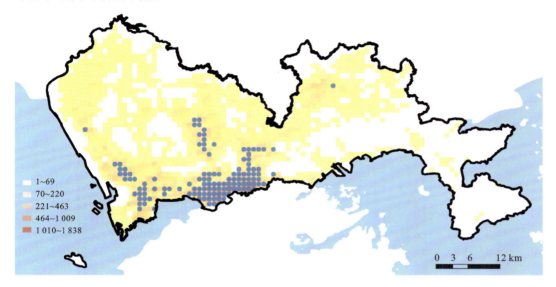

图 10.11　充电站选址候选点(Tu et al.,2016)

表 10.5　电动出租汽车充电站的设置(Tu et al.,2016)

场景	ET 数量	充电站数量	充电桩数量	比率(ET:充电桩)
S0	2 000	12	600	10:3
S1	2 000	4	200	10:1
S2	2 000	8	400	10:2
S3	2 000	16	800	10:4
S4	2 000	20	1 000	10:5

将从场景 S0 得到的结果汇总于表 10.6,表中 2 000 辆电动出租车满足了 69 151 个出租车需求,约占每天出租车总需求 443 201 的 15.6%,每天总行程为 928 240.7 km。具体覆盖需求的总路程为 642 300.3 km,约占电动出租车的总日行程距离的 69.2%(即 642 300.3/928 240.7)。电动出租车的限制范围很明显,总共有 5 530 个充电行为,每天需要 9 382.4 h。平均每辆 ET 每天充电 2.76 次(即 5 530/2 000 次),平均充电时间为 1.70 h(即 9 382.4/5 530),这显然是电动出租车充电站选址的关键问题。由于大量的电动出租车同时前往充电站,在这个场景中使用的 12 个车站,2 033 次的等待行为总共有 1 193.9 h 的等待时间,约占所有日常充电行动的 36.8%(即 2 033/5 530)。平均等待时间为 0.59 h(即 1 193.9/2 033)。

表 10.6　电动出租车（ET）充电站的设置和结果（Tu et al.,2016）

场景设置		结果	
场景	S0	所有 ET 每天总行程距离/km	928 240.7
ET 数量	2 000	每天需求覆盖总行程距离/km	642 300.3
充电站数量	12	每天 ET 需求覆盖总数	69.151
一个充电站的桩数	50	每天站内总充电时间/h	9 382.4
充电桩总数	600	每天充电行为总数	5 530
比率（ET∶桩）	10∶3	每天站内总等待时间（小时）	1 193.9
		每天等待行为总数	2 033

　　图 10.12 显示 12 个充电站的优化位置。5 个充电站（s1～s5）位于出租车需求密度最高的市中心；3 个充电站（s6～s8）位于西部高新技术创新区，需求密度较高；3 个充电站（s9～s11）位于深圳市分中心布吉；只有一个单站（s12）位于深圳北部龙华，为出租车需求提供基本的充电服务。

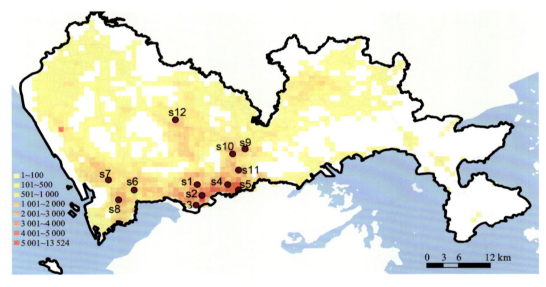

图 10.12　12 个充电站的优化位置（Tu et al.,2016）

　　图 10.13 显示了电动出租车所覆盖的出租车需求的空间分布。结果表明，相对较少的充电站可以支持整个城市的电动出租车服务。这些需求大多集中在市中心地区。有些地方，如机场，火车站，以及去香港的港口也有密集的需求。然而，在深圳北部和东部等其他地区也能注意到分散的覆盖需求。图 10.14 显示了电动出租车覆盖率的空间分布，该覆盖率是通过将电动出租车覆盖出租车需求的数量除以城市同一地点的总需求而得到。与被观测到的出租车要求的空间聚集相比，比例分布在空间上是均匀的。全市大部分地区的比率都在 10%～20%。在深圳东北部的一个小区域观察到的比例低于 10%。在覆盖

区域的边界只有几个地区观察到比例大于 20%,出租车的需求很少,如图 10.13(b)所示。因此,在电动出租车覆盖 2 个或者 3 个需求的地方展现的需求比率将会较高(图 10.14)。

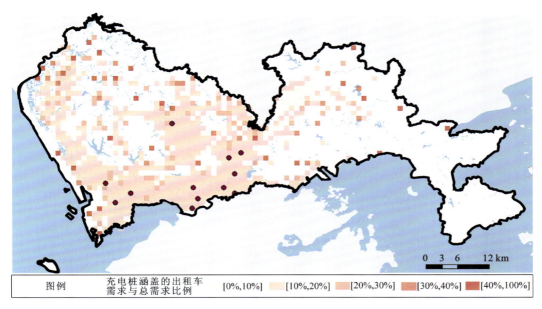

图 10.13　电动出租车的空间分布涵盖了出租车需求(Tu et al.,2016)

(覆盖需求在 1 km×1 km 单元)

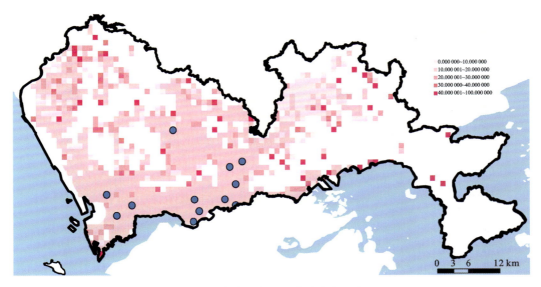

图 10.14　电动出租车需求占所有出租车需求的比率(Tu et al.,2016)

除了空间动态性之外,道路上的电动出租车服务和充电站的充电服务也表现出高度的时间动态性。图 10.15(a)说明了电动出租车服务在道路上的时间变化。

　　根据出租车的需求规律,电动出租车的覆盖高峰在 8:00~10:00 和 15:00~22:00。但是,在 11:00~13:00 这段时间内,由于大量的电动出租车在充电站充电,导致了在路上的电动出租车服务减少,所以需求覆盖较低。图 10.15(b)显示了在充电站的不同充电行为。与图 10.15(a)所示的需求服务正好相反,在[11:00,14:00]和[21:00,1:00]期间出现两个充电峰值,比在路上的高峰时间晚了几个小时。这种时间动态特征验证了 STDCLM 中提出的包括时间维度的必要性。

　　电动出租车等待的时间动态性与充电类似,如图 10.15(c)所示,在每天的电动出租车周期中观察到两个等待高峰。第一个峰值发生在 12:00~14:00,比第一个充电峰值晚一个小时,而另一个峰值发生在晚上 22:00~3:00,即在夜间充电高峰之后。因此,道路上的出租车需求覆盖率,电动出租车充电和充电站等待都可能受到城市出租车需求的时间变化的显著影响,在点需求或流需求位置方法中都不能考虑或分析。

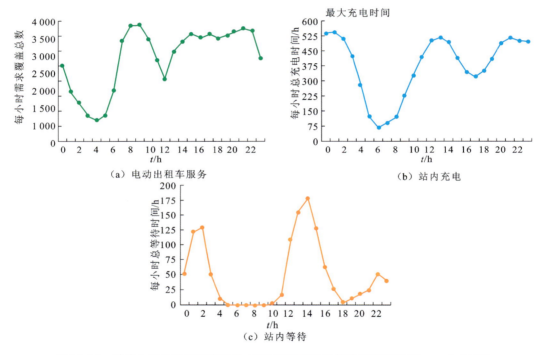

图 10.15　道路上的电动出租车服务、充电和在充电站等待情况统计(Tu et al.,2016)

　　表 10.7 给出了具有不同充电速度的情景 S0 的获得结果。结果表明,充电速度越快,取得的效果越好。随着充电速度从 E/240 $\min^{-1}$ 提高到 E/60 $\min^{-1}$,4 个充电站的 2 000 辆电动出租车的总充电动作从 4 390 个增加到 6 146 个,而每天的总充电时间从 11 768.3 h 降低到 4 172.5 h,总等候时间由 4 507.7 h 急剧下降至 17.8 h。随着电动出租车在道路上花费更多的时间,充电站的充电服务的改善在道路上产生更好的电动出租车服务。覆盖需求的总行程距离从 476 469.7 km 增加到 662 930.8 km。

表 10.7　目标充电速度的变化（Tu et al.，2016）

结果	充电速度 CS(E/min^{-1})			
	E/240	E/180	E/120	E/60
需求覆盖总行程距离/km	476 469.7	542 849.3	642 300.3	662 930.8
站内总充电时间/h	11 768.3	10 379.1	9 382.4	4 172.5
每天充电行为总数	4 390	5 137	5 530	6 146
站内总等待时间/h	4 507.7	2 682.0	1 193.9	17.8
每天等待行为总数	2 229	2 466	2 033	97

图 10.16 和表 10.8 描述了每个场景的目标及其作为放置站的功能趋势。随着充电服务供应量从 S1 增加到 S4，所获得的解决方案在道路上的 ET 服务和充电站的充电服务都得到了统一的改善。ET 服务的总长度从 403 707.3 km（S1）增加到 659 167.1 km（S4）。对于充电服务，总等待时间从 8 930.3 小时，1 939 次等待动作（S1）降低到 121.1 h，498 次动作（S4）。与此同时，总充电时间从 4 448.4 h（S1）增加到 9 836.6 h（S4）。充电行动总数由 2 733（S1）增至 5 777（S4）。充电站的平均充电时间也从 1.63 h 增加至 1.70 h。

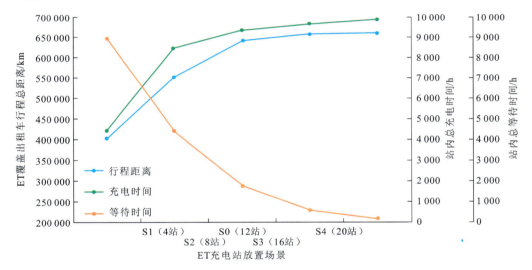

图 10.16　不同数量充电站情景下 STDCLM 的目标（Tu et al.，2016）

表 10.8　电动出租车在充电站每天的充电和等待情况统计（Tu et al.，2016）

场景	车数量	充电站数量	充电行为数量	平均充电时间/h	等待次数	平均等待时间/h
S1	2 000	4	2 733	1.63	1 939	4.61
S2	2 000	8	5 040	1.68	3 619	1.21
S0	2 000	12	5 530	1.69	2 033	0.59
S3	2 000	16	5 665	1.70	1 068	0.51
S4	2 000	20	5 777	1.70	498	0.24

值得注意的是,新站可能会导致等待行为数量的增加。如表 10.8 所示,在场景 S1(1 939次等待行为)和 S2(3 619 次待行为)之间,站内等待行为的数量几乎增加了一倍。这主要是由于 S1 的条件下充电服务供应不足,其中在 4 个充电站情况下每个 ET 平均充电 1.367 次(即 2 733/2 000)。在 S2 中增加了 4 个站点之后,充电服务的供应增加了,并且每个 ET 的平均充电为 2.52 次(即 5 040/2 000),这也会增加车站的等待行为数量。尽管如此,总等待时间仍然从 8 930 h(S1)下降到 4 379 h(S2),如图 10.16 所示。在场景 S1 和 S2 之间平均等待时间也从 4.61 h(即 8 930.3/1 939)显著提升到 1.21 h(即:4 379/3 619)。这一事实验证了更多充电站的改进目标。

然而,放置更多充电站的边际效用减少了。在场景 S1(4 个站点)和 S2(8 个站点)之间,路上的 ET 服务和站点的充电服务都有很大的改进。在 S1 和 S2 之间 ET 覆盖行程增加的总距离为 147 481.6 km(即 551 188.8−403 707.2)。充电站增加的总充电时间为 3 984.8 h(即 8 469.2−44 484.4)。总的等待时间减少了 4 551.3 h(即 8 930.3−4 379)。但是,考虑到场景 S3(16 个站点)和 S4(20 个站点)之间的差异,对 ET 覆盖行程改进的总距离仅为 14 937.6 km(即 657 263.0−642 325.4)。总的充电时间仅仅增加了 263 h(即 9 615.4−9 351.4)。总等待时间减少了 1 078.4 小时(即 1 199.5−121.1)。

图 10.17 说明了所考虑的 5 种情形的放置充电站的位置。观测到放置的充电站的分布与不同数量的选址站是非常不同的。充电站最初出现在 S1 的主要道路上(图 10.17(a))。随着充电站数量的增加,新的充电站往往位于 S2(图 10.17(b))和 S0(图 10.17(c))的出租车需求高密度区域。最后,在 S3(图 10.17(d))和 S4(图 10.17(e))场景下,在深圳北部的机场或低密度出租车需求区设置新站。

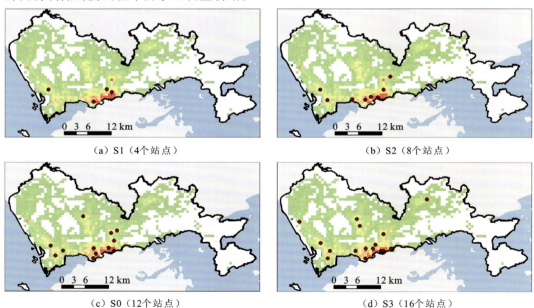

(a) S1(4 个站点)　　　　　　　　　　(b) S2(8 个站点)

(c) S0(12 个站点)　　　　　　　　　　(d) S3(16 个站点)

图 10.17　表 10.5 中给出的场景的优化位置(Tu et al.,2016)

（e）S4（20个站点）

图 10.17　表 10.5 中给出的场景的优化位置(Tu et al.,2016)(续)

10.2　基于大数据分析的设施服务推荐及出行路径优化

采用大数据技术进行设施服务推荐和路径优化,可以为社会公众提供个性化和精准化服务,有助于公共服务提供者降低成本,从而更好地实现公共服务自身的经济和社会特性并存的要求。本节将介绍基于大数据分析的设施推荐服务方法和可靠路径规划服务方法。

10.2.1　基于个体时空约束的设施推荐服务

随着城市社会生活的不断丰富和发展,居民为了满足生理、经济、社交等各类生活需求,需要在不同时间、地点规划各种不同的活动。如何克服时间及空间的制约,合理、高效地安排个人的活动与出行成为当今社会的迫切需求。个人活动地点推荐方法服务于个人时空活动规划与个人出行行为引导,是现代社会中个人日常工作和生活的迫切需求,也是交通运输、人文地理、区域经济、城市规划等领域的研究热点。随着空间感知及移动定位技术的快速发展及广泛应用,个人活动地点推荐方法因其方法灵活性、服务个性化特征,在公众位置信息服务及位置社交网络内容服务等方面极具应用价值。

个人活动地点推荐方法通过个人时空可达性度量实现。个人时空可达性度量源于20 世纪 70 年代瑞典地理学家 Torsten Hägerstrand 提出的时间地理学。时间地理学研究人类在时空中的活动与出行行为,强调客观制约,通过能力制约、权力制约及结伴制约将复杂的人类活动限定在一个可表达、可度量、可预测的时空可达范围之内,而个人时空可达性度量用于衡量个人在时空条件下开展各种活动的自由度。然而,已有的个人时空可达性度量在针对个人活动推荐应用方面还存在若干不足之处:①将地理空间上的活动地点视为均质点,缺乏对活动地点开放时间的考虑;②将社会中的人视为自然人,缺乏对个人偏好的考虑;③往往考虑个人活动地点的推荐,缺乏对群体联合活动地点推荐的考虑。

针对以上不足,首先提出了一种顾及个人时空约束及活动偏好的个人活动地点推荐方法,兼顾活动地点开放时间、最短活动时长等时空约束,同时考虑个人活动偏好。在此基础上,提出一种顾及群体时空约束和活动偏好的联合活动地点推荐方法。结合多人联合活动的时空约束和活动偏好,实现朋友聚会等联合活动的个性化推荐服务。

1. 顾及个人时空约束及活动偏好的个人活动地点推荐方法

面向活动地点推荐的应用需求,提出顾及个人时空约束及活动偏好的个人活动地点推荐方法。该方法采用重力模型度量方法,针对每一处个人可能访问的活动地点,度量每个活动地点相对于个人的时空可达性,最终将 N 个可达性最大的活动地点作为候选活动地点推送给个人。令 A_{ik} 为活动地点 k 相对于个人 i 的可达性度量值,它综合考虑了该活动地点对个人吸引力的大小 a_{ik}、个人出行意愿随出行时间的增加而减弱的程度 T_{ik}、个人活动与出行行为的时空制约 D_{ik},具体度量模型表达如下:

$$A_{ik} = D_{ik} \cdot a_{ik} \cdot T_{ik} \tag{10.30}$$

其中

$$T_{ik} = e^{-\lambda t_{ik}} \tag{10.31}$$

$$D_{ik} = \begin{cases} 0, & t(\mathrm{DT}_{ik} \bigcap \mathrm{OT}_k) < d_{\min} \\ 1, & t(\mathrm{DT}_{ik} \bigcap \mathrm{OT}_k) \geqslant d_{\min} \end{cases}, t_{ik} = t(\mathrm{BT}_i - \mathrm{DT}_{ik}) \tag{10.32}$$

$$a_{ik} = P_{ik} \cdot r_k \tag{10.33}$$

$$P_{ik} = \begin{cases} 0, & \mathrm{type}_k \notin \mathrm{Pre}_i \\ 1, & \mathrm{type}_k \in \mathrm{Pre}_i \end{cases} \tag{10.34}$$

在式(10.31)中,距离衰减函数 T_{ik} 表示个人 i 的出行意愿随出行时间的增加而减弱的程度,此处采用常用的负指数型函数衰减 $e^{-\lambda t_{ik}}$,能较好地模拟个人出行意愿会随着出行时间的增加而减弱;在式(10.32)中,t_{ik} 为出行时间,如图 10.18 所示,由个人时空棱柱的时间预算区间 BT_i 减去其在活动地点 k 停留时间区间 DT_{ik} 后生成,包括个人由出发地点前往活动地点的出行时间与个人由活动地点前往返回地点的出行时间之和;λ 表示距离衰减系数,表示个人出发地点与活动地点之间距离衰减的敏感度,考虑到距离衰减系数在实际应用中可能因为交通运行条件变化而具有不同参数取值,λ 取值由经验数据中相关出行时间距离累积分布函数评价生成。

式(10.32)中,D_{ik} 为时空制约的判断条件,用于判断个人 i 在活动地点 k 的停留时间区间 DT_{ik} 是否达到个人要求的最短活动时长 $d_{\min}$。如图 10.18 所示,当 d_{ik} 与活动地点 k 的开放时间区间 OT_k 的重叠部分所对应的时长 $t(\mathrm{DT}_{ik} \bigcap \mathrm{OT}_k)$ 小于 $d_{\min}$ 时,D_{ik} 取 0;当重叠部分大于或等于 $d_{\min}$ 时,D_{ik} 取 1。

式(10.33)中,a_{ik} 为活动地点 k 相对于个人 i 的吸引力因子,表示活动地点 k 相对于个人 i 的吸引程度,它由活动地点属性特征 r_{ik} 和个人偏好 P_{ik} 两个方面特征决定。r_k 为活动地点 k 的属性,以活动地点的综合等级为例进行表达。个人偏好 P_{ik} 以活动地点类型为例,进一步表达于在式(10.33)中,P_{ik} 用于判断活动地点 k 的类型 type_k 是否属于个人偏好的活动地点类型集合 Pre_i,当 type_k 不属于 Pre_i,P_{ik} 取 0,当 type_k 属于 Pre_i,P_{ik} 取 1。

基于上述个人时空可达性度量,个人时空可达性最大度量 $A_i^{\max}$ 表达为

$$A_i^{\max} = \max_{\forall k}(A_{ik}) \tag{10.35}$$

其中:$A_i^{\max}$ 可用于个性化活动地点推荐,具有个人时空可达性最大度量值的活动地点可

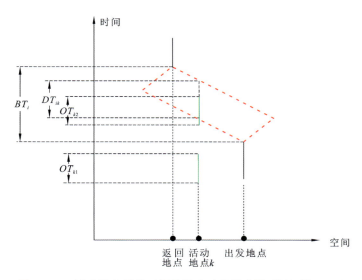

图 10.18　活动地点开放时间及活动时长示意图(陈洁 等,2015)

作为最佳候选活动地点推送给个人。此外,也可以将个人时空可达性度量值排名靠前的 N 个地点作为最优活动地点待选集合推送给个人以便其自主选择。顾及时空约束及个人活动偏好的个人活动地点推荐方法的具体流程步骤如图 10.19 所示。

2. 顾及群体时空约束和活动偏好的联合活动地点推荐方法

在个体活动地点推荐方法的基础上,提出了顾及群体时空约束和活动偏好的联合活动地点推荐方法。该方法针对群体可能访问的联合活动地点,度量每个地点相对于群体联合活动的时空可达性,最终将 N 个可达性最大的活动地点作为候选活动地点推送给待活动群体。令 A_k^g 为活动地点 k 相对于群体 g 的可达性度量值,它综合考虑了该活动地点对群体吸引力的大小 a_k^g、出行意愿随出行时间的增加而减弱的程度 T_k^g、群体联合活动的时空制约 D_k^g,具体度量模型表达如下:

$$A_k^g = D_k^g \cdot a_k^g \cdot T_k^g \tag{10.36}$$

其中

$$T_k^g = \frac{1}{n} \sum_{i=1}^{n} e^{-\lambda t_{ik}} \tag{10.37}$$

$$a_{ik} = P_k^g \cdot r_k \tag{10.38}$$

$$P_k^g = P_{1k} \cdot \cdots \cdot P_{ik} \cdot \cdots \cdot P_{nk} \tag{10.39}$$

$$P_{ik} = \begin{cases} 0, & \text{type}_k \notin \text{Pre}_i \\ 1, & \text{type}_k \in \text{Pre}_i \end{cases} \tag{10.40}$$

$$D_k^g = \begin{cases} 0, & IT_k^g < d_{\min} \\ 1, & IT_k^g \geqslant d_{\min} \end{cases} \tag{10.41}$$

273

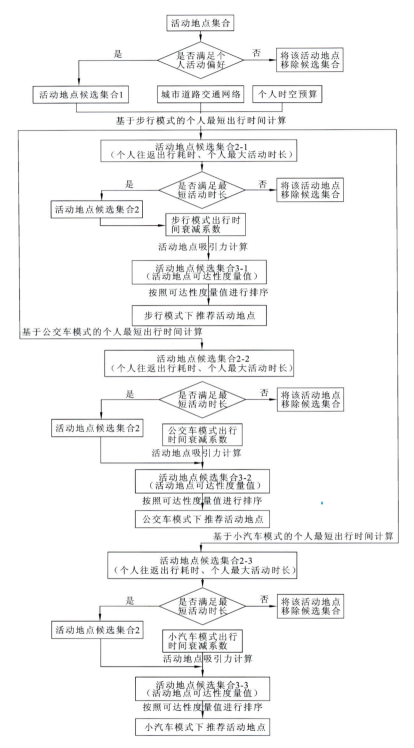

图 10.19　顾及时空约束及个人活动偏好的个人活动地点推荐方法流程图（陈洁 等,2015）

在式(10.37)中,距离衰减函数 T_k^g 表示群体 g 的平均出行距离负效应。群体 g 中个体 i 的出行距离负效应 $e^{-\lambda t_{ik}}$ 与个体活动地点推荐方法一致(式(10.31)),t_{ik} 由个人时空棱柱的时间预算区间 BT_i 减去其在活动地点 k 停留时间区间 DT_{ik} 后生成,包括个人由出发地点前往活动地点的出行时间与个人由活动地点前往返回地点的出行时间之和,λ 表示距离衰减系数,表示个人出发地点与活动地点之间距离衰减的敏感度。

式(10.38)中,a_k^g 为活动地点 k 相对于群体 g 的吸引力因子,它由活动地点属性特征 r_k 和群体偏好 P_k^g 两个方面特征决定。如式(10.39)所示,群体偏好 P_k^g 表示为群体 g 中每个个体 i 的活动偏好 P_{ik} 的交集;其中个体偏好 P_{ik} 如式(10.41)所示,用于判断活动地点 k 的类型 $type_k$ 是否属于个人偏好的活动地点类型集合 Pre_i,当 $type_k$ 不属于 Pre_i,P_{ik} 取 0,当 $type_k$ 属于 Pre_i,P_{ik} 取 1。

式(10.41)中,D_k^g 为群体活动时空制约的判断条件,用于判断群体 g 在活动地点 k 的停留时间区间 IT_k^g 是否达到最短活动时长 d_{min} 的要求;当 IT_k^g 大于或等于 d_{min},其取值为 1,否则,取值为 0。以图 10.20 为例说明,群体互动时长 IT_k^g 的计算过程:首先,依据活动参与者 a、b 的时空预算,以最短时间距离计算,分别生成 a 的最小出行时段 $[t_{a1}, t_{a2}]$、$[t_{a3}, t_{a4}]$ 及其在活动地点 k 的最大停留时段 $[t_{a2}, t_{a3}]$;b 的最小出行时段 $[t_{b1}, t_{b2}]$、$[t_{b3}, t_{b4}]$ 及其在活动地点 k 的最大停留时段 $[t_{b2}, t_{b3}]$;然后,结合活动地点 k 的开放时段 $[t_{k1}, t_{k2}]$ 与 $[t_{k3}, t_{k4}]$,分别计算 a、b 在活动地点 k 开放时段内的最大活动时段 $[t_{k3}, t_{a3}]$、$[t_{k3}, t_{b3}]$;将二者求交生成 $[t_{k3}, t_{b3}]$,交集内最大连续活动时长 $t(t_{k3}, t_{b3})$ 即为群体互动时长 IT_k^g。

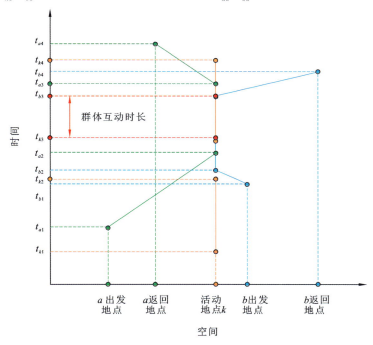

图 10.20　群体互动时长示意图(翟瀚 等,2014)

基于上述群体活动可达性度量，个人时空可达性最大度量 A_g^{max} 表达为

$$A_{max}^g = \max_{\forall k}(A_k^g) \qquad (10.42)$$

其中：A_{max}^g 可用于群体个性化活动地点推荐，具有群体时空可达性最大度量值的活动地点可作为最佳候选活动地点推送给待活动群体。此外，也可以将群体时空可达性度量值排名靠前的 N 个地点作为最优活动地点待选集合推送给待活动群体以便其自主选择。

3. 朋友聚会联合活动个性化推荐服务实例分析

以北京城区（五环内）为应用研究区域，以朋友聚餐为例，进行群体时空可达性分析及就餐活动地点推荐。研究数据由地理空间背景数据和个人活动计划数据构成。地理空间背景数据包括北京城区道路网络和北京城区餐饮类丰富兴趣点数据（图 10.21）。道路网络包含环路/快速路、主干路、次干路/支路等多个道路等级，以"基本畅通"路况条件下各级路段平均通行速度为基准（环路/快速路 60 km/h、主干路 40 km/h、次干路/支路 30 km/h）。研究区内道路网络及各级路段平均通行速度用于计算群体活动时空棱柱。

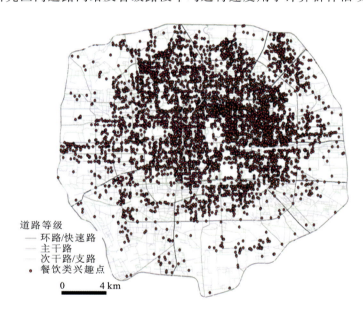

图 10.21　北京城区（五环内）交通网络及餐饮类设施丰富兴趣点分布图（陈洁 等，2015）

餐饮类丰富兴趣点数据来自国内当前最流行的生活服务类门户网站——大众点评网。北京城区大众评级三星以上的餐饮类商户共 15 969 个，包括 3 个层次共 73 个类型，如湘菜、粤菜、西餐、料理等，能较为全面地覆盖北京城区地理空间上真实存在并被大众普遍认可的餐饮类活动地点。餐饮类丰富兴趣点数据除具备传统的餐饮类兴趣点信息如餐厅位置、餐厅类型等，还包括餐厅开放时间、来自大众的餐厅综合评级信息（3 星、3.5 星、4 星、4.5 星、5 星）等。各餐厅的开放时间参照网站提供的各商户营业时间进行设定，主要包括白天长时段营业如 10:00～22:00、白天分时段营业如 10:00～14:00、18:00～22:00 以及 24 小时营业三种类型。研究区内餐饮类丰富兴趣点数据用于判断活动地点是否可

达以及计算各活动地点吸引力。

　　个人活动计划数据包括个人时空预算、最短互动时间及个人活动偏好。其中，个人时空预算是指个人为了顺利开展某项活动所能够自由支配的时空范围，由时空点对（出发时间，出发地点）与（返回时间，返回地点）表达。最短互动时间是指个人所要求的群体共同停留的时间范围。本例中，个人活动偏好由餐厅类型进行表达。个人活动计划数据由用户指定并生成，并用于计算活动地点是否可达。距离衰减系数的确定，应用北京大学时空行为研究组 2007 年实施并完成的北京市居民日常活动与出行行为问卷调查一手数据，步行模式出行时间衰减系数 λ 取值为 0.08；公交模式出行时间衰减系数 λ 取值为 0.02；小汽车模式出行时间衰减系数 λ 取值为 0.03。

　　假设同学三人，分别来自中国科学院地理科学与资源研究所、对外经济贸易大学及北京师范大学，采用自驾方式，分别设置 3 个聚餐地点推荐场景，个人时空预算及个人偏好设置如表 10.9 所示。利用提出的顾及群体时空约束和活动偏好的联合活动地点推荐方法，场景一、二、三的群体活动地点推荐情况如图 10.22 所示，每个可访问的餐厅其可达性度量值由是否满足群体活动偏好及最短互动时间、餐厅吸引力大小及出行时间衰减程度等多个因素共同决定。

表 10.9　个人活动偏好及时空预算（陈洁 等，2015）

场景	个人	出发和返回地点	出发时间	返回时间	最短互动时间/min	个人偏好
场景一	①	中国科学院地理科学与资源研究所	18:00	20:00	60	无
	②	对外经济贸易大学	17:30	20:00	60	无
	③	北京师范大学	18:00	20:30	60	无
场景二	①	中国科学院地理科学与资源研究所	18:00	20:00	60	海鲜、烤鱼
	②	对外经济贸易大学	17:30	20:00	60	火锅、烤鱼
	③	北京师范大学	18:00	20:30	60	牛排、烤鱼
场景三	①	中国科学院地理科学与资源研究所	21:00	23:00	60	无
	②	对外经济贸易大学	21:00	23:00	60	无
	③	北京师范大学	21:00	23:00	60	无

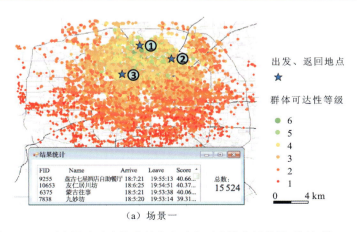

（a）场景一

图 10.22　面向活动地点推荐的个人时空可达性分析结果（陈洁 等，2015）

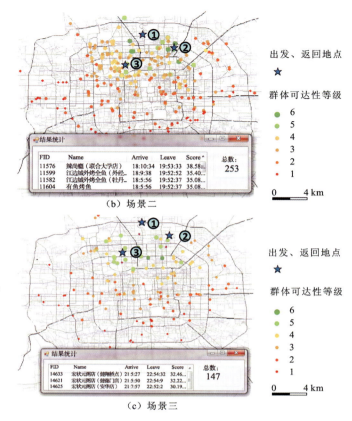

图 10.22　面向活动地点推荐的个人时空可达性分析结果(续)(陈洁 等,2015)

　　从图 10.22 看出,餐厅相对群体活动的可达性水平呈现以活动参与者出发/返回地点空间位置为中心向四周衰减的特征,其中具有较高可达性等级的餐厅主要集中于空间上距离各参与者出发/返回地点较近的区域,但是也包括一些距离参与者相对较远的餐厅,由于其具有很高的吸引力(如服务很好或菜品味道很地道等),仍然具有较高的可达性水平。这在一定程度上体现了提出的活动地点推荐模型,具有"好酒不怕巷子深"的活动地点搜索与推荐能力。

　　通过图 10.22(a)与图 10.22(b)对比发现,在相同的时空预算及最小互动时长约束下,当不考虑个人偏好时,可访问的活动地点集合庞大而粗放,待选活动地点风格迥异。场景一可达性度量值排名靠前的活动地点中既有海鲜餐厅,又有川系、蒙系餐厅,不具备匹配群体口味偏好的能力。而当顾及所有活动参与者的个人偏好之后,可有效地提炼出能够满足所有活动参与者个人需求的集合,并依据可达性度量值较好地评估聚餐地点的适合水平。场景二中 3 人共同偏好的活动地点类型为"烤鱼",通过模型计算得到其聚餐活动可达性值最高的 3 家餐厅分别为"辣尚瘾(联合大学店)"、"江边城外烤全鱼(外经贸紫光大厦店)"、"江边城外烤全鱼(牡丹园店)"。从结果上看,排名靠前的 3 家餐厅均为"烤鱼"类最受大众喜爱的餐饮商户,符合大众的心理预期,反应了提出活动地点推荐方法具有良好的实用性。

场景三展示了 3 人晚上 9 点之后会面的情形,图 10.22(c)显示了该场景下时空可达性评价结果。由图 10.22(a)与图 10.22(c)对比发现,在相同的个人偏好、空间预算及最短互动时间约束下,顾及餐厅营业时间之后,群体在不同时段的餐厅可达性水平差异明显。场景一中群体活动期间几乎所有餐厅都处于开放时段,而场景三中仅剩 24 小时全天候开放的快餐厅还在对外营业,从而导致了满足群体互动条件的可访问餐厅数量的大幅下降。因此,提出的活动地点推荐方法能够顾及活动地点开放时间,支持活动地点真实的时空可访问性估计,从而有效地提高了活动地点推荐服务的可用性。

10.2.2　不确定环境下的可靠路径规划服务

最短规划服务是应用最为广泛的 GIS 网络空间分析功能之一,用于查找两点间出行时间最短的最优路径。传统的最短路径分析方法假设网络中行程时间是确定的。然而,在实际城市道路网络中,由于路灯控制、交通事故、天气变化等诸多因素的影响,行程时间具有明显的不确定性。大量实证研究表明,行程时间不确定性对居民出行行为(包括,出发时间选择和出行路径选择)具有显著影响(Chen et al.,2011)。居民往往将不确定性考虑成一种迟到的风险,会预留一段时间来规避迟到风险,保证准时到达目的地的概率(即行程时间可靠度)。在同样出行时间预算情况下,居民也倾向于选择可靠度高的路径,以保证准时到达的概率(Chen et al.,2016a,2016b,2014b,2013b)。传统的最短路径分析方法忽略行程时间的不确定性,无法表达居民出行过程中的可靠度约束,极大限制了其在导航应用中的可用性。因此,很有必要拓展传统的最短路径分析方法,发展随机网络中可靠最短路径分析方法,查找两点间满足一定可靠度约束的最优路径。

1. 可靠最短路径问题建模

交通网络表示为有向图 $G = (N, A)$,其中 N 和 A 分别代表一系列节点(nodes)和路段(links)的集合。每个节点 i 有一系列前驱节点 $SCS(i) = \{j : a_{ij} \in A\}$ 和一系列后继节点 $PDS(i) = \{k : a_{ki} \in A\}$。令每个路段 a_{ij} 的行程时间 T_{ij} 满足一定的概率密度函数(PDF),其平均值和标准差用 t_{ij} 和 σ_{ij} 表示。令节点 $r \in N$ 和 $s \in N$ 代表 O-D 节点,$P^{rs} = \{p_1^{rs}, \cdots, p_n^{rs}\}$ 表示从起点 r 到终点 s 之间的路径集合。令 T_u^{rs} 为路径 p_u^{rs} 的行程时间分布,采用所有路段行程时间之和计算:

$$T_u^{rs} = \sum_{a_{ij}} T_{ij} x_{ij}^{rs} \tag{10.43}$$

其中:x_{ij}^{rs} 表示路径-路段包含关系的二元变量;$x_{ij}^{rs} = 1$ 表示 a_{ij} 在路径 p_u^{rs} 上,反之 $x_{ij}^{rs} = 0$ 表示路段 a_{ij} 不在路径 p_u^{rs} 上。显然,路径行程时间 T_u^{rs} 也是随机变量,其均值和标准差分别用 t_u^{rs} 和 σ_u^{rs} 表示。

给定出行时间预算 b(即出发时间和到达时间之差),通过路径 p_u^{rs} 准时到达目的地的概率 α,表示为 $\alpha = \Phi_{T_u^{rs}}(b)$,其中 $\Phi_{T_u^{rs}}(\cdot)$ 为路径行程时间的累积分布函数(CDF)。准时到达目的地的概率也被称为行程时间可靠度。在给定可靠度约束情况下,通过路径 p_u^{rs} 满足可靠度约束的最短出行时间预算,可以表示为 $b = \Phi_{T_u^{r_s}}^{-1}(\alpha)$,其中 $\Phi_{T_u^{r_s}}^{-1}(\cdot)$ 表示路径行程时间的逆累积分布函数(inverse of CDF)。按可靠度约束的取值大小,行程时间不确定下环境下下的居民出行行为可以分为以下三类:

(1) 如果 $\alpha > 0.5$(或 $\Phi_{T_*^{r_s}}(b) > 0.5$),则属于"风险规避型,risk-averse";

(2) 如果 $\alpha = 0.5$((或 $\Phi_{T_*^{r_s}}(b) = 0.5$),则属于"风险中性型,risk-neutral";

(3) 如果 $\alpha < 0.5$((或 $\Phi_{T_*^{r_s}}(b) < 0.5$),则属于"风险偏好型,risk-seeking";

基于不同的应用情景(给定 b 或 α),可靠最短路径问题通常建模为两种模型:最可靠路径问题(Frank,1969)和 α 可靠路径问题(Chen et al.,2005)。

定义 10.1(可靠最短路径) 给定出行时间预算 b,路径 $p_*^{r_s} \in p^{r_s}$ 可以被称为最可靠路径,如果满足 $\Phi_{T_*^{r_s}}(b) \geqslant \Phi_{T_u^{r_s}}(b)$,$\forall\, p_u^{r_s} \in p^{r_s}$。

定义 10.2(α 可靠路径) 给定可靠度约束 α,路径 $p_*^{r_s} \in p^{r_s}$ 可以被称为 α- 可靠路径,如果满足 $\Phi_{T_*^{r_s}}^{-1}(\alpha) \leqslant \Phi_{T_u^{r_s}}^{-1}(\alpha)$,$\forall\, p_u^{r_s} \in p^{r_s}$。

最可靠路径问题和 α 可靠路径问题针对不同导航应用场景。最可靠路径问题主要针对在线导航应用,在给定出行时间预算下,查找两点间可靠度最高的最优路径。在该应用中,居民无法改变出发时间和预期到达时间。α 可靠路径问题主要针对出行前路径规划应用,在给定可靠约束情况下,查找满足可靠度约束下出行时间预算最短的最优路径。在该应用中,居民可以根据出行目的和风险规避行为偏好,预先确定合适的可靠度约束,选择合理的出发时间或者到达时间。本节面向出行前路径规划应用,故采用 α- 可靠路径模型。

为简化复杂的随机优化问题,通常假设路径行程时间符合正态分布,且路段行程时间分布相互独立。虽然研究发现对数正态分布、Gamma 分布等非对称的分布类别能够更好地表达路段行程时间分布,但是路径行程时间分布可以较好表达为正态分布(Chen et al.,2017)。路段行程时间的空间相关性可以通过 Chen 等(2012)提出的双层路网模型转换为路段行程分布独立的情形来处理。因此,基于以上两个假设,α- 可靠路径问题可以建模为以下最小化问题:

$$\underset{x_{ij}^{r_s}}{\text{Min}}\, \Phi_{T_*^{r_s}}^{-1}(\alpha) = \sum_{a_{ij} \in A} t_{ij} x_{ij}^{r_s} + Z_a \cdot \sqrt{\sum_{a_{ij} \in A} \sigma_{ij}^2 x_{ij}^{r_s}} \tag{10.44}$$

满足

$$\sum_{j \in \text{SCS}(i)} x_{ij}^{r_s} - \sum_{k \in \text{PDS}(i)} x_{ki}^{r_s} = \begin{cases} 1, & \forall\, i = r \\ 0, & \forall\, i \neq r; r \neq s \\ -1, & \forall\, i = s \end{cases} \tag{10.45}$$

$$x_{ij}^{r_s} \in \{0,1\}, \quad \forall\, a_{ij} \in A \tag{10.46}$$

式(10.44)为目标函数表示需要最小化的出行时间预算,Z_a 是在标准正态分布在 α 置信度下逆累积分布函数的取值,可以通过查找标准正态分布的查找表,或通过数值计算近似得到。式(10.45)确保 α- 可靠路径是可行解(即路段时收尾相连的);式(10.39)表示决策变量 $x_{ij}^{r_s}$ 为取值 0 或 1 的二元变量。

2. 可靠最短路径问题的最优化条件

α-可靠路径问题的非线性目标函数,因此 α-可靠路径具有不可加特性(即路径行程时

间预算 $\Phi_{T_*^{rs}}^{-1}(\alpha)$ 不等于路段行程时间预算 $\Phi_{T_{ij}}^{-1}(\alpha)$ 之和)。不可加特性导致 α 可靠路径问题不满足贝尔曼最优化条件(Bellman's principle of optimality)(即最短路径的子路径都是最短路径),进而导致传统的最短路径算法(如 Dijkstra 算法)失效。图 10.23 通过一个简单的例子说明 α 可靠路径问题的不可加性。路段行程时间的均值和方差如表 10.10 所示。$\oplus$ 操作表示一个路径连接运算符(例 $p_1^{13} = a_{12} \oplus a_{23}$ 意味着路径 p_1^{13} 包含路段 a_{12} 和 a_{23})。令 $\alpha = 0.9$,则 $Z_a = 1.28$。图中可以看出路径 p_1^{13} 等于路段 a_{12} 和 a_{23} 的和,$\Phi_{T_1^{13}}^{-1}(0.9)$ $= 7.86 < \Phi_{T_{12}}^{-1}(0.9) + \Phi_{T_{23}}^{-1}(0.9) = 8.51$。值得注意的是在节点 1 和节点 3 之间的最优路径为路径 p_1^{13}(包含路段 a_{12} 和 a_{23})。基于贝尔曼最优化条件,路径 p_1^{13} 在节点 1 和 2 之间的子路径应该是 a_{12}。图中可以发现,节点 1 和 2 间最优路径为路径 $p_2^{12} = a_{14} \oplus a_{42}$($\Phi_{T_{12}}^{-1}$ $(0.9) = 3.81 > \Phi_{T_2^{12}}^{-1}(0.9) = 3.78$)。

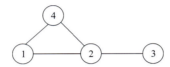

图 10.23　可靠最短路径不可加性示例图(Chen et al.,2013a)

表 10.10　路径行程时间的均值和方差(Chen et al.,2013a)

路径	均值	方差	时间预算
a_{12}	2	2	3.81
a_{23}	3	3	4.70
$p_1^{13} = a_{12} \oplus a_{23}$	5	5	7.86
$p_2^{12} = a_{14} \oplus a_{42}$	2.5	1	3.78
$p_2^{13} = a_{14} \oplus a_{42} \oplus a_{23}$	5.5	4	8.06

本节通过多目标优化技术,将可加的路径时间均值 t_u^n 和方差 $(\sigma_u^n)^2$ 作为路径优化的两个目标,将 α 可靠路径问题建模为多目标最短路径问题进行最优化求解。多目标最短路径问题通常依赖于支配条件(dominance conditions)来确定帕累托最优路径或非支配路径(Pareto-optimal or non-dominated paths)。对于 α 可靠路径问题,非支配路径定义如下:

给定起始节点 r 到相同节点 i 的两条路径 $p_u^{ri} \neq p_v^{ri} \in P^{ri}$;$p_u^{rw} = p_u^{ri} \oplus p^{iw}$ 和 $p_v^{rw} = p_v^{ri} \oplus p^{iw}$ 表示它们的扩展路径,经过了相同的子路段 p^{iw},这两条扩展路径的行程时间分别用 T_u^{rw} 和 T_v^{rw} 表示。

定义 10.3(支配路径)　路径 $p_v^{ri} \in P^{ri}$ 称为支配路径,如果至少存在一条路径 $p_u^{ri} \in P^{ri}$ 支配 p_v^{ri}(即满足 $\Phi_{T_u^{rw}}^{-1}(\alpha) < \Phi_{T_v^{rw}}^{-1}(\alpha), \forall p^{iw} \in P^{iw}, \forall w \in N$)。

定义 10.4(非支配路径)　路径 $p_v^{ri} \in P^{ri}$ 被称为非支配路径,如果 p_v^{ri} 不被任何其他路径支配。

根据定义 10.3～定义 10.4，贝尔曼最优化条件可以进行如下扩展。

定理 10.1（广义贝尔曼最优化条件） 非支配路径的子路径也是非支配路径。

证明：见 Chen 等（2013a）中的 Theorem 1。

基于定理 10.1，可以采用广义动态规划方法求解 α 可靠路径问题。相比传统的动态规划方法（如 Dijkstra 算法）在每个节点仅保留一条最优路径，广义动态规划方法需要在每个节点处保留所有的非支配路径。所有支配路径都可以直接删除，因为支配路径不可能是 α 可靠路径的子路径。针对 α 可靠路径问题，Chen 等（2013a）定义了 M-V（mean-variance）和 M-B（mean-budget）支配条件，用于有效地确定支配路径。

定理 10.2（M-V 支配条件） 给定两条路径 $p_u^n \neq p_v^n \in P^n$ 和可靠度约束 α，p_u^n 支配 p_v^n，如果 p_u^n 和 p_v^n 满足下面任意一个情形：

（1）$t_u^n \leqslant t_v^n$ 并有 $Z_a \sigma_u^n < Z_a \sigma_v^n$；

（2）$t_u^n < t_v^n$ 并有 $Z_a \sigma_u^n \leqslant Z_a \sigma_v^n$

证明：见 Chen 等（2013a）中的 Proposition 2.

如图 10.24 所示，M-V 支配条件将行程时间均值和方差表达为两个独立的标准，在不同的可靠度约束下，会产生不同的支配路径。在风险规避（$\alpha > 0.5$）情形下，将均值和方差都较大的路径 p_v^n 认为是支配路径（即满足 $\Phi_{T_u^n}^{-1}(y) < \Phi_{T_v^n}^{-1}(y)$，$\forall y \in [0.5, 1)$ 条件的支配路径）。在风险偏好（$\alpha < 0.5$）情形下，将均值较大和方差较小的路径 p_v^n 认为是支配路径（即满足 $\Phi_{T_u^n}^{-1}(y) < \Phi_{T_v^n}^{-1}(y)$，$\forall y \in (0, 0.5]$ 条件的支配路径）。

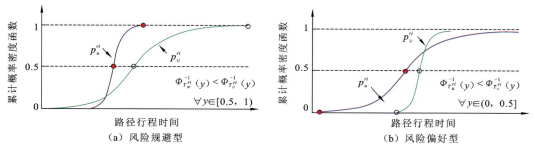

（a）风险规避型　　　　　　（b）风险偏好型

图 10.24　*M-V* 支配条件示例图（Chen et al.，2013a）

定理 10.3（M-B 支配条件） 给定两条路径 $p_u^n \neq p_v^n \in P^n$ 和可靠度约束 α，p_u^n 支配 p_v^n，如果 p_u^n 和 p_v^n 满足 $t_u^n \leqslant t_v^n$，$\Phi_{T_u^n}^{-1}(\alpha) < \Phi_{T_v^n}^{-1}(\alpha)$。

如图 10.25 所示，M-B 支配条件将行程时间均值和行程时间预算作为两个独立的标准（时间预算为均值和方差的综合）。与 M-V 支配条件类似，在不同的可靠度约束下，M-B 支配条件会产生不同的支配路径。在风险规避（$\alpha > 0.5$）情形下，将满足 $\Phi_{T_u^n}^{-1}(y) < \Phi_{T_v^n}^{-1}(y)$，$\forall y \in [0.5, \alpha]$ 条件的 p_v^n 识别为支配路径。在风险偏好（$\alpha < 0.5$）情形下，将满足 $\Phi_{T_u^n}^{-1}(y) < \Phi_{T_v^n}^{-1}(y)$，$\forall y \in [\alpha, 0.5]$ 条件的 p_v^n 识别为支配路径。与图 10.24 所示的 M-V 支配条件对比，该 M-B 支配条件更加强大，可以识别更多的支配路径。使用 M-B 支配条件求解 α-可靠路径问题，将生成更少的非支配路径，进而提高算法的计算效率。

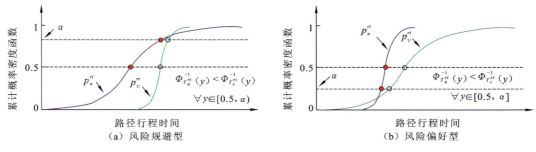

图 10.25　M-B 支配条件示例图(Chen et al.,2013a)

3. 可靠最短路径算法

基于以上 M-B 支配条件,提出了一种多标准标号设定算法(Multi-criteria label-setting algorithm),称为 RSPP-LS 算法,以实现 α-可靠路径问题的高效求解。与传统 Dijkstra 算法不同,RSPP-LS 算法在每个节点 i 上,保留包含多条非支配路径的路径集 $P^{ri}=\{p_u^{ri},\dots,p_v^{ri}\}$。路径集中路径按照其行程时间的均值 t_u^{ri} 进行升序排列,节点 i 的阻抗 $f(i)$ 设置为 P^{ri} 集合中最小的 $\Phi_{T_u^{ri}}^{-1}(\alpha)$。与传统 Dijkstra 算法类似,所有节点按照阻抗存储于优先队列 $SE=\{P^{ri},\dots,P^{rj}\}$。

在每次迭代中,选择优先队列 SE 顶部($f(i)$ 最小)的节点 i,将其从 SE 移入已选集合 Q 中。将所选节点 i 路径集 P^{ri} 中所有非支配路径扩展到后继节点 j,以构造临时路径集 $\hat{P}^{rj}$,表示为 $\hat{P}^{rj}=P^{ri}\oplus a_{ij}$。生成的临时路径集 $\hat{P}^{rj}$ 将和该节点的现存路径集 P^{rj} 进行合并,仅保留相应的非支配路径。可通过 Brumbaugh 等(1989)提出的 ModifiedMerge 子程序进行快速合并。随着每步迭代的路径扩展,直到到达目的地或优先队列 SE 为空。当算法终止时,到达目的地将获得最优解(即 α-可靠路径)。算法的具体步骤如下:

RSPP-LS 算法

输入:起点 r 和终点 s 对,可靠度约束 α

返回:α-可靠路径

步骤(1)　初始化

　　创建一条从起点 r 到它本身的路径 p^{rr},设定起点路径集 $P^{rr}:=\{p^{rr}\}$;

　　设置优先队列 SE$:=\{P^{rr}\}$ 和已选择节点集 $Q:=\varphi$。

步骤(2)　节点选择

　　如果 SE$=\varphi$,程序停止;否则,继续;

　　选择 SE 的顶部节点,设置 SE$:=$SE$\setminus\{P^{ri}\}$ 和 $Q:=Q\cup\{P^{ri}\}$;

　　如果选择节点 i 为终点 s,程序停止;否则,继续。

步骤(3)　路径扩展

　　对于每个后继节点 $j\in$SCS(i);

　　调用子程序 $P_N^{rj}:=$Update(P^{ri},a_{ij},P^{rj});

如果 $P^{rj} \notin \mathrm{SE}$ 并且 $P^{rj} \notin Q$，计算 $f(j)$，设置 $\mathrm{SE} := \mathrm{SE} \cup \{P^{rj}\}$；

如果 $P^{rj} \in \mathrm{SE}$，计算 $f(j)$。如果 $f(j)$ 减小，更新在 SE 中的 P^{rj} 顺序。

如果 $P^{rj} \in Q$ 并且 $P_N^{rj} \neq \varphi$，调用子程序 Extend(P_N^{rj})。

结束

回到步骤（2）

Update 子程序

输入：选择节点 i 的非支配路径集 P^{ri}，路段 a_{ij}，后继节点 j 的现存非支配路径集 P^{rj}

返回：节点 j 新产生非支配路径的集和 P_N^{rj}

（步骤 1） 支配路径快速识别

如果 $t_n^{rj} \leqslant t_1^{ri} + t_{ij}$ 并有 $Z_\alpha (\sigma_n^{rj})^2 < Z_\alpha (\hat{\sigma}_m^{ri})^2 + Z_\alpha (\sigma_{ij})^2$，返回 $P_N^{rj} := \varphi$；

如果 $t_1^{rj} \leqslant t_1^{ri} + t_{ij}$ 并有 $Z_\alpha (\sigma_1^{rj})^2 < Z_\alpha (\hat{\sigma}_m^{ri})^2 + Z_\alpha (\sigma_{ij})^2$，返回 $P_N^{rj} := \varphi$。

（步骤 2） P^{ri} 路径集扩展操作

设置 $\hat{p}_1^{rj} := p_1^{ri} \oplus a_{ij}$ 并有 $f(j) := \Phi_{\hat{T}_1^{rj}}^{-1}(\alpha)$。

循环每个 $p_u^{ri} \in P^{ri}$：

设置 $\hat{p}_u^{rj} := p_u^{ri} \oplus a_{ij}$。

如果 $\varphi_{\hat{T}_u^{rj}}^{-1}(\alpha) \leqslant f(j)$，设置 $f(j) := \Phi_{\hat{T}_u^{rj}}^{-1}(\alpha)$ 和 $\hat{P}^{rj} := \hat{P}^{rj} \cup \{\hat{p}_u^{rj}\}$

结束

（步骤 3） 支配路径识别

如果 $t_n^{rj} \leqslant \hat{t}_1^{rj}$ 并有 $\Phi_{T_n^{rj}}^{-1}(\alpha) < \Phi_{\hat{T}_m^{rj}}^{-1}(\alpha)$，返回 $P_N^{rj} := \varphi$；

如果 $t_1^{rj} \leqslant \hat{t}_1^{rj}$ 并有 $\Phi_{T_1^{rj}}^{-1}(\alpha) < \Phi_{\hat{T}_m^{rj}}^{-1}(\alpha)$，返回 $P_N^{rj} := \varphi$；

如果 $\hat{t}_m^{rj} \leqslant t_1^{rj}$ 并有 $\Phi_{\hat{T}_m^{rj}}^{-1}(\alpha) < \Phi_{T_n^{rj}}^{-1}(\alpha)$，设置 $P^{rj} := \hat{P}^{rj}$ 并返回 $P_N^{rj} := \hat{P}^{rj}$；

如果 $\hat{t}_1^{rj} \leqslant t_1^{rj}$ 并有 $\Phi_{\hat{T}_1^{rj}}^{-1}(\alpha) < \Phi_{T_n^{rj}}^{-1}(\alpha)$，设置 $P^{rj} := \hat{P}^{rj}$ 并返回 $P_N^{rj} := \hat{P}^{rj}$。

（步骤 4） 融合操作：

调用子程序 $P_N^{rj} := \mathrm{ModifiedMerge}(P^{rj}, \hat{P}^{rj})$ 返回 P_N^{rj}。

Extend 子程序

输入：节点 j 新产生非支配路径的集和 P_N^{rj}

循环每个后继节点 $w \in \mathrm{SCS}(j)$

调用子程序 $P_N^{rw} := \mathrm{Update}(P_N^{rj}, a_{jw}, P^{rw})$。

如果 $P^{rw} \in Q$ 并有 $P_N^{rw} \neq \varphi$，调到子程序 Extend(P_N^{rw})

结束

定理 10.4 RSPP-LS 算法可以获得 α-可靠路径问题的最优解。

证明：见 Chen 等（2013a）中的 Proposition 8。

4. 实验分析

通过对比实验分析提出算法的有效性。提出的 RSPP-LS 算法使用 C♯ 编程语言编写。优先队列使用斐波那契堆的数据结构来实现（Fredman et al.，1987）。为了对比分析提出的算法，现有可靠最短路径算法（raliable shortest path problem-Nikolova，RSPP-N）（Nikolova 2010）也采用 C♯ 语言实现和相同的优先队列结构。鉴于可靠最短路径问题可被视为一个双标准最短路径问题（bicriterion shortest path problem，BSPP），对比算法也选用了双标准路径问题的标签校正算法（label-correcting algorithm for bicriterion shortest path problem，BSPP-LCA）（Skriver et al.，2000）。所有的实验都在一台配备英特尔双核 1.6 GHz 处理器和 2 G 内存的 ThinkPad X61 笔记本上进行（只用到一个处理器）。

如表 10.11 所示，计算测试在三种不同类型的网络上进行，包括道路网络、网格网络、随机网络。其中，随机网络采用 NetMaker（Skriver et al.，2000）来产生。以［10 km/h，100 km/h］均匀分布随机生成的路段速度，通过计算边长度和边速度的比值来产生平均行程时间。路段行程时间的标准差通过从［0.1，1］的一个均匀分布随机选择变差系数（标准差和平均数的比值）产生。这个随机产生路段行程时间的均值和方差的方法在网格网络和芝加哥路网中也被采用。对于香港 RTIS 网络，路段行程时间的均值和方差从实时信息系统收集。

表 10.11　测试网络的基本特性（Chen et al.，2013b）

道路网络			格网网络			随机网络		
网络	$\mid N \mid$	$\mid A \mid$	网络	$\mid N \mid$	$\mid A \mid$	网络	$\mid N \mid$	$\mid A \mid$
香港 RTIS	1 367	3 655	G1(40×50)	2 000	7 820	R1	3 000	24 541
			G2(50×100)	5 000	19 700	R2	7 000	57 369
芝加哥路网	12 982	39 018	G3(100×100)	10 000	39 600	R3	14 000	114 532

注：$\mid N \mid$：节点个数，$\mid A \mid$：路段个数

表 10.12 和表 10.13 给出了这些对比算法的计算性能。计算性能根据计算时间（用 $\tilde{t}$ 以 ms 为单位表示）和 O-D 节点间产生的非支配路径数量（用 $\tilde{n}$ 来表示）来评估。非支配路径数量（$\tilde{n}$）在 Nikolova（2010）可以被解释为极值点的数目。所有给出的 $\tilde{t}$ 和 $\tilde{n}$ 的值都是 100 次运行的平均值，其中每次运行使用随机生成的不同 O-D 节点。

表 10.12　风险规避情况下的算法计算效率（Chen et al.，2013b）

路网	RSPP-LS		RSPP-N		BSPP-LCA	
	$\tilde{t}$	$\tilde{n}$	$\tilde{t}$	$\tilde{n}$	$\tilde{t}$	$\tilde{n}$
香港 RTIS	4.30	1.22	67.21	10.82	2 382	34.31
芝加哥路网	94.96	2.50	2 353	19.51	1 365 337	195.2
G1	7.92	1.77	79.63	7.48	773.33	23.3
G2	28.89	2.18	470.20	12.05	18 533	51.81
G3	81.43	2.35	1 443	15.04	78 481	76.91
R1	96.91	1.50	620.61	4.96	382.22	9.58
R2	387.06	1.75	3 792	5.09	1 488	10.06
R3	1 184	1.46	13 452	4.84	3 166	9.79

注：$\tilde{t}$：平均计算时间以毫秒为单位，$\tilde{n}$：平均产生的 OD 间非支配路径数量

表 10.13　风险偏好情况下的算法计算效率(Chen et al.,2013b)

网络	RSPP-LS	
	$\tilde{t}$	$\tilde{n}$
香港 RTIS	4.19	1.18
芝加哥路网	93.83	2.52
G1	7.88	1.97
G2	26.86	1.96
G3	76.10	2.05
R1	95.27	1.81
R2	362.12	1.77
R3	1 142.20	1.38

注：$\tilde{t}$：平均计算时间以毫秒为单位，$\tilde{n}$：平均产生的 OD 间非支配路径数量

表 10.12 展示了风险规避情况下的计算性能，准时到达概率 α 设为 90%。提出的 RSPP-LS 算法在所有类型的网络上都稳定地比 RSPP-N 算法和 BSPP-LCA 算法表现得更好。例如，在芝加哥区域网络中，RSPP-LS 算法需要 94.96 ms 来决定 α-可靠路径。这个结果比 RSPP-N 算法快了 24.8 倍(2 353/94.96)，比 BSPP-LCA 算法快了 14 387 倍(1 365 337/94.96)。这个结果是意料之中的，因为 RSPP-LS 算法比 RSPP-N 算法和 BSPP-LCA 算法产生更少的非支配路径。

图 10.26 说明了不同对比算法在规避风险情形下查找 α-可靠路径产生的非支配路径数量($\tilde{n}$)。BSPP-LCA 算法首先确定 O-D 节点间的所有非支配路径(图中所有的点)(芝加哥区域网格中 $\tilde{n}=195.2$)，然后选择具有最小行程时间预算的 α-可靠路径。因为可靠最短路径问题在风险规避情形下可以被表示为平均行程时间及其方差的凸组合，RSPP-N 算法只确定了凸壳上的非支配路径(在芝加哥区域网络上 $\tilde{n}=19.51$)，而没有考虑图中所示阴影区的非支配路径。凸壳上的每一个非支配路径都通过使用 Dijkstras 算法在确定区域搜索最短路径获得。而提出的 RSPP-LS 算法可以在到达目的节点时就确定 α-可

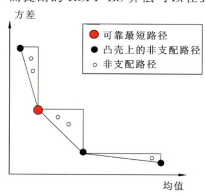

图 10.26　对比算法产生的非支配路径数量示意图(Chen et al.,2013b)

靠路径,所以,只能产生较少的非支配路径(在芝加哥区域网络上 $\tilde{n}=2.5$)。因此,提出的 RSPP-LS 算法比其他两个算法表现更好,尤其是在存在大量非支配路径的网络下。

从表 10.12 同样可以看到 RSPP-N 算法的结果在非支配路径数目大,边密度小的道路网络和网格网络上比 BSPP-LCA 算法的结果更好($|A|/|N|$ 在 3～4)。然而,在非支配路径少、边密度大的随机网络中 RSPP-N 算法的表现甚至变得比 BSPP-LCA 算法要差($|A|/|N|$ 大约为 8)。

表 10.13 给出了在风险规避场景下解决可靠最短路径问题的结果($\alpha=10\%$)。在风险偏好情形下,RSPP-N 算法和 BSPP-LCA 算法无法用来解决可靠最短路径问题。这是因为冒险的旅行者趋向于选择较小均值但较大方差的最佳路径。在这种情况下,α-可靠路径不能保证在凸壳上,所以 RSPP-N 算法不能被用来解决这个问题。另外,当旅行者追求风险时非支配路径在 M-V 支配下可能会包含无限次的循环。因此,BSPP-LCA 算法在解决风险规避场景下的可靠最短路径问题时难以计算。与这两种算法相反,基于 M-B 最优条件的 RSPP-LS 算法可以同样地解决风险规避和偏好情形下的可靠最短路径问题。

10.3　本 章 小 结

伴随着大数据技术的不断发展,利用相关 GIS 技术基于时空大数据,对城市交通设施布局优化和设施服务推荐以及路径优化具有重要的意义。基于大数据技术,进行城市设施规划,为城市生活便利分析寻求了一条新思路和新方法,用户推荐和出行规划更加精准、可靠,能够提升用户的满意度与便捷度。

参 考 文 献

陈洁,陆锋,翟瀚,等,2015.面向活动地点推荐的个人时空可达性方法.地理学报,70(6):931-940.

翟瀚,陈洁,陆锋,等,2014.群体互动时空可达性评价模型.地球信息科学学报,16:859-866.

Brumbaugh-Smith J,Shier D,1989. An empirical investigation of some bicriterion shortest path algorithms. European Journal of Operational Research,43:216-224.

Cervero R,Duncan M,2003. Walking,bicycling,and urban landscapes:Evidence from the San Franci. American Journal of Public Health,93(9):1478-1483.

Chen A,Ji Z W,2005. Path finding under uncertainty. Journal of Advanced Transportation,39:19-37.

Chen B Y,Lam W H K,Sumalee A,et al.,2011. An efficient solution algorithm for solving multi-class reliability-based traffic assignment problem. Mathematical and Computer Modelling,54:1428-1439.

Chen B Y,Lam W H K,Sumalee A,et al.,2012. Reliable shortest path finding in stochastic networks with spatial correlated link travel times. International Journal of Geographical Information Science,26:365-386.

Chen B Y,Lam W H K,Sumalee A,et al.,2013a. Finding reliable shortest paths in road networks under uncertainty. Networks & Spatial Economics,13:123-148.

Chen B Y,Lam W H K,Li Q Q,et al.,2013b. Shortest path finding problem in stochastic time-dependent road networks with stochastic first-in-first-out property. IEEE Transactions on Intelligent Transportation Systems,14:1907-1917.

Chen B Y,Lam W H K,Sumalee A, et al.,2014. Reliable shortest path problems in stochastic time-dependent networks. Journal of Intelligent Transportation Systems,18:177-189.

Chen B Y,Lam W H K,Li Q Q,2016a. Efficient solution algorithm for finding spatially dependent reliable shortest path in road networks. Journal of Advanced Transportation,50:1413-1431.

Chen B Y,Li Q Q,Lam W H K,2016b. Finding the k reliable shortest paths under travel time uncertainty. Transportation Research Part B,94:189-203.

Chen B Y,Shi C,Zhang J, et al.,2017. Most reliable path-finding algorithm for maximizing on-time arrival probability. Transportmetrica B,5:253-269.

Church R L,Velle C R,1974. The maximal covering location problem. Papers in Regional Science,32:101-118.

Church R L,Murray A T,2009. Business Site Selection,Location Analysis,and GIS. New York:John Wiley & Sons,30(3):348-349.

Coy S,Golden B,Runger G,Wasil E,2001. Using experimental design to find effective parameter settings for heuristics. Journal of Heuristics,7(1):77-97.

Cruz-Zambrano M,Corchero C,Igualada-Gonzalez L, et al.,2013. Optimal location of fast charging stations in Barcelona:a flow-capturing approach. Proceeding of 2013 10th International Conference on the European Energy Market (EEM),1-6.

Frade I,Ribeiro A,Goncalves G, et al.,2011. Optimal location of charging stations for electric vehicles in a neighborhood in Lisbon,Portugal. Transportation Research Record,2252:91-98.

Frank H,1969. Shortest paths in probabilistic graphs. Operations Research,17(4):583-599.

Fredman M L,Tarjan R E,1987. Fibonacci heaps and their uses in improved network optimization algorithms. Journal of the Acm,34:596-615.

Hägerstrand T,1970. What about people in regional science? Papers in Regional Science,24(1):6-21.

Hakimi S L,1965. Optimum distribution of switching centers in a communication network and some related graph theoretic problems. Operations Research,13:462-475.

Jung J Y,Chow J Y J,Jayakrishnan R, et al.,2014. Stochastic dynamic itinerary interception refueling location problem with queue delay for electric taxi charging stations. Transportation Research Part C,40:123-142.

Mitchell,Melanie,1996. An Introduction to Genetic Algorithms. Cambridge:MIT Press.

Nikolova E,2010. High-performance heuristics for optimization in stochastic traffic engineering problems. //Lirkov I,Margenov S,Wasniewski J,Eds. Large-Scale Scientific Computing:352-360.

Skriver A J V,Andersen K A,2000. A label correcting approach for solving bicriterion shortest-path problems. Computers & Operations Research,27:507-524.

Suzuki A,Drezner Z,1996. The p-center location problem in an area. Location Science,4(1):69-82.

Toregas C,Swain R,ReVelle C, et al.,1971. The location of emergency service facilities. Operations Research,19:1363-1373.

Tu W,Li Q,Fang Z, et al.,2016. Optimizing the locations of electric taxi charging stations:a spatial-temporal demand coverage approach. Transportation Research Part C,65:172-189.

Tu W,Cao J,Yue Y, et al.,2017. Coupling mobile phone and social media data:a new approach to understanding urban functions and diurnal patterns. International Journal of Geographical Information Science (4):1-28.

Xi X,Sioshansi R,Marano V,2013. Simulation-optimization model for location of a public electric vehicle charging infrastructure. Transportation Research Part D,22:60-69.

Xiao N,2008. A unified conceptual framework for geographical optimization using evolutionary algorithms. Annals of the Association of American Geographers,98(4):795-817.

Xu Y,Shaw S L,Fang Z,et al.,2016a. Estimating potential demand of bicycle trips from mobile phone data:an anchor-point based approach. ISPRS International Journal of Geo-Information,5(8):131.

Xu Y,Shaw S L,Zhao Z,et al.,2016b. Another tale of two cities:Understanding human activity space using actively tracked cellphone location data. Annals of the Association of American Geographers,106:489-502.

Ying L,Yu Z,Cui C,2012. Identifying commuting pattern of Beijing using bus smart card data. Acta Geographica Sinica,67(10):1339-1352.

You P S,Hsieh Y C,2014. A hybrid heuristic approach to the problem of the location of vehicle charging stations. Computers & Industrial Engineering,70(1):195-204.

第 11 章　面向城市人群活动的时空 GIS 研究挑战与展望

本书围绕城市人群活动,从时间地理学理论框架出发,梳理反映城市人群活动的轨迹数据源,分析这些轨迹数据对人群活动适应性及其隐私问题,在此基础上进行城市功能区的识别。通过轨迹数据分析人群活动的聚散特征及其空间分异特性,挖掘不同层次城市结构约束下的城市人群出行特征,对旅行时间不确定条件下的时空可达性模型进行建模,分析城市人群活动与空间结构的适应性,构建面向城市人群时空需求的设施选址与优化服务。本书开启了面向城市人群活动的时空 GIS 研究工作,促进了城市信息学(Urban Informatics)基础理论研究,但围绕城市人群活动机理,仍有一些挑战性的基础问题没有得到解决。下面将分别阐述时空 GIS 研究所面临的问题以及未来的研究展望。

11.1　时空 GIS 研究面临的问题和挑战

城市人群活动存在需求各异、时空交织、地域分异、驱动因素复杂、现象叠加与变异等特点,存在宏观、中观、微观尺度上的不同的动态特性,而这些动态特性的研究对探索城市形成发展条件、揭示城市区域与内部空间组织机理、设计城市可持续发展路径等都具有重要的作用。对城市群活动的动态特性进行科学的定性与定量分析是重要的研究手段,这对解决城市问题和探索机理起到重要决策参考。

时空信息已成为 GIS 理论建模的重要维度,也是解决行业应用问题的一个基础维度。目前的时空 GIS 理论比较注重时空分析方法,比如:时空差值、时空回归、过程建模、动力学模型、时空演化树等,对问题背后的时空机理探究仍需要大量深入的研究工作。时空 GIS 对城市机理仍缺乏有力的分析手段与能力。

归结起来,时空 GIS 在处理城市人群活动时还存在如下的问题与挑战:

(1)以离散时空位置大数据为载体的现象或者对象时空语义完整复原。大数据提供了丰富的离散时空位置信息,但是,仍无法完全覆盖观测对象或者现象的全过程,对其城市人群活动的参与特性、或者时空现象过程的刻画还缺乏有效的证据,要进行完全语义的理解,需要突破并研究出较为科学的完整时空语义复原理论。时空 GIS 对现象与对象语义还缺少面向时空过程的挖掘与复原机制。

(2)城市人群活动的时空约束建模存在较多的不确定因素,比如:人群活动或交互所依赖的城市地理环境约束动态、活动叠加下的未知偶发事件、个体的随机性及其人文因素等。这些不确定因素对活动产生的影响程度及其机理仍缺少有效的时空理论支撑。时空 GIS 对时空约束的表达与建模仍存在一些盲区,比如:网络空间的位置与关系表达、线上下交互的多类型约束作用、人文因素的影响等。

（3）城市人群活动存在不同的行为特性，围绕出行目的的时空行为模式挖掘仍有一些挑战，包括：出行目的的推测、时空行为的关联性、时空行为的扰动等。这些挑战的问题在于缺少合理的验证手段，研究时空行为的验证理论是关键所在。时空 GIS 对这些问题的处理还缺乏理论基础。

（4）研究获得的部分城市人群活动规律，一般用来支撑整个城市空间规划、交通规划、设施选址优化等时空决策，这些人群活动规律的代表性与验证方法尚存在系统性理论与方法挑战。所研究的人群活动采样基本都不能覆盖全体城市居民，如何选择具有代表性的人群活动数据、如何评估其代表性的程度都是 GIS 采样处理所必须考虑的问题。

11.2　时空 GIS 的研究展望

11.2.1　地理范式向时空维的延伸

人类是世界的主体，人类活动反映人与自然相互适应与作用的过程，其活动动态既包括人类作用于自然的主动结果，也涵盖自然约束人类的集中表现。地理领域存在人地关系、区域研究、空间、地学研究四大传统（蔡云龙 等，2015；Johnston et al.，2014），地理学研究传统向时空维延伸，以人类动态的视角来探究人与自然的相互作用关系、以及人文本质，是一个新的趋势方向。时空 GIS 是顺应这个研究趋势的一个重要突破点，但时空 GIS 理论仍需要提炼出能够支撑人类动态思维的数据模型、分析方法以及问题研究的流程支撑技术等。

11.2.2　时空建模理论

时空 GIS 建模理论是城市人群活动建模与分析的基础（Shaw et al.，2016；Shaw，2010）。现代通信技术快速发展、传感器应用普及较广，使得传统的时间地理理论得以继承与发展，但是时间地理理论的核心思想仍在时空 GIS 中难以得到实现，存在较大的表达与分析挑战（Yu et al.，2008）；时空差值、时空回归、过程建模、动力学模型、时空演化树等时空理论模型与方法在刻画城市人群活动时也缺乏面向人的思维及其方法支撑，需要从人群动态角度，来思考和发展时空建模理论。

11.2.3　时空活动预测

大数据时代的人类时空活动预测是公共安全预防、公共卫生管理、公共交通规划、城市空间规划、产业经济布局、社会服务设施优化等领域所需要关注的问题。2017 年 *Science* 期刊的专刊"Prediction and its limits"专门针对时空活动预测做了专题（Jasny et al.，2017），总结分析了在政治经济、人口脉动（Bohannon，2017）、政策（Athey，2017；Tetlock et al.，2017）、冲突（Cederman et al.，2017）、社会系统（Hofman et al.，2017）等方面的数据驱动预测（Clauset et al.，2017）研究成果，并指出了预测人类行为（Subrahmanian et al.，2017）是下一个重要的研究前沿问题，2017 年年 7 月的 *Nature* 也刊登人类行为研究的专刊，武汉大学方志祥等（2017a，2017b）利用手机位置数据，基于终端位置时空转移概率预测通信基站服务用户规模，已经开始了这方面的研究工作。但是当前的时空 GIS 受环境探测便捷性、涉及因素覆盖难、人文因素分析难等技术局限，其预测功能还相对很弱。大数据为时空活动与行为预测提供了良好的机遇，尤其是在信息不完备条件下的预测研究尤为重要，也是重要的研究趋势之一。

11.2.4 时空活动的智慧应用

城市人群活动的时空分析在地理设计、公共安全、公共卫生、公共交通规划、城市空间规划、产业经济布局、社会服务设施优化等方面都存在较大应用前景。

（1）地理设计（geodesign）是一个较新的智能设计理念，包括从地理角度实现建筑与自然环境的空间优化设计的一些方法，涉及概念设计、分析、设计规范、协作设计与规划、模拟和评估等方面（Steinitz，2012）。城市人群活动是地理设计所关注的参与要素，对设计方案的确定、模拟和评估都有重要作用。最终使得地理设计出来的成果能够与城市人群活动的规律相互适应，达到较好的运行状态。

（2）公共卫生涉及普通大众，一直是研究人员重点关注的问题。城市人群活动的研究对公共卫生疾病的传染性、地理环境关联性（Richardson et al.，2013）等都有重要的作用。众源地理数据提供了丰富的人群活动相关数据，尽管存在隐私和数据质量问题，但是数量巨大的用户群体数据依然在一定程度上能够揭示公共卫生发生与传播规律。同时，在线的人群活动分析也为公共卫生的防控提供良好的决策支持。

（3）"公共安全是指人、物和社会、经济等系统和谐运转的安全状态"（袁宏永 等，2013），社会安全事件是公共安全研究的一个重要方面，受国际政治、宗教信仰、经济冲突等影响，社会安全事件日趋严峻。人群活动的时空分析与研究成果可以直接服务于风险隐患监测防控、综合预测预警、协同会商、应急保障、应急决策、应急评估、应急演练、数据组织与管理、应急地理信息服务等公共安全应急中涉及的任务，为公共安全事件的人为干预（应急管理）实施优化、弱化或减轻灾害要素及可能带来的损害等起到重要作用。

（4）城市人群活动是公共交通规划的一个重要考量因素，为公共交通出行预测、公共交通线网优化与评价（黄正东 等，2014）、以及公共交通系统与城市功能区的协调性等方面研究提供活动规律的支撑。如何利用城市人群活动的出行 OD 及其时空分异规律，构建兼容时段需求差异的公共交通系统是需要研究的问题，包括交通路线的设置、车次运营规划等，都是时空 GIS 能够帮助完成的应用任务。

（5）城市空间规划是城市发展的重要手段。城市空间规划的前提是对城市人群活动规律的理解和掌握，以及人群活动所伴随出现的城市问题机理运用。在进行系统规划与总体规划、预测、建立模型和规划方案设计、设计方案的评价与实施（彼得·霍尔 等，2014）等规划流程时，城市人群活动需要转化成城市规划的决策知识，需要时空 GIS 建立符合城市规划流程和规范的决策知识生成原理与方法，为以"流"定"形"的新城市规划理论（吴志强，2015）实现提供支撑。

（6）社会服务设施与城市人群活动关系密切，设施优化对提高其服务能力起到关键作用。城市人群活动研究，比如：用户的群体分析、设施时空可达性、交互行为建模等，为设施优化提供基础的空间决策支持，当然，其优化过程还需要涉及经济、社会、人文等因素。时空 GIS 在社会服务设施优化方面应用非常广泛,比如:符合人群活动规律的商业选址、公共服务设施的社会公平性评估、应急设施的部署、公共自行车道与公共绿地布局等诸多方面。

11.3　本 章 小 结

本章分析了当前时空 GIS 所面临的问题和挑战,从地理范式向时空维的延伸、时空建模理论、时空活动预测和时空活动的智慧应用等角度思考了未来时空 GIS 的研究方向。

参 考 文 献

彼得·霍尔,马克·图德-琼斯,2014. 城市与区域规划. 邹德兹,李浩,陈长青,译. 北京:中国建筑工业出版社.

蔡云龙,Bill W,2015. 地理学思想经典解读. 北京:商务出版社.

方志祥,倪雅倩,张韬,等,2017a. 利用终端位置时空转移概率预测通讯基站服务用户规模. 地球信息科学学报,19(6):772-781.

方志祥,于冲,张韬,等,2017b. 手机用户上网时段的混合 Markov 预测方法. 地球信息科学学报,19(8):1019-1025.

黄正东,刘学军,2014. 大城市公共交通空间网路规划. 北京:科学出版社.

李清泉,2017. 从 Geomatics 到 Urban Informatics. 武汉大学学报(信息科学版),42(1):1-6.

吴志强,2015. 以流定形的理性城市规划方法. 北京:中国城市规划网. http://www. planning. org. cn/report/view? id=54.

袁宏永,黄全义,苏国锋,等,2013. 应急平台体系关键技术研究的理论与实践. 北京:清华大学出版社.

Athey S,2017. Beyond prediction:using big data for policy problems. Science,355(6324):483-485.

Bohannon J,2017. The pulse of the people. Science,355(6324):470-472.

Cederman L E,Weidmann N B,2017. Predicting armed conflict:time to adjust our expectations? Science,355(6324):474-476.

Clauset A,Larremore D B,Sinatra R,2017. Data-driven predictions in the science of science. Science,355(6324):477-480.

Hofman J M,Sharma A,Watts D J,2017. Prediction and explanation in social systems. Science,355(6324):486-488.

Jasny B R,Stone R,2017. Prediction and its limits. Science,355(6324):468-469.

Johnston R J,Sidaway J D,2014. Geography & Geographers:Anglo-American Human Geography Since 1945(Sixth Edition). New York:Routledge.

Richardson D B,Volkow N D,Kwan M P,et al.,2013. Spatial turn in health research. Science,339:1390-1392.

Shaw S L,2010. Geographic information systems for transportation:from a static past to a dynamic future. Annals of GIS,16(3):129-140.

Shaw S L，Tsou M H，Ye X，2016. Editorial：human dynamics in the mobile and big data era. International Journal of Geographical Information Science，30(9)：1687-1693.

Steinitz C A，2012. Framework for Geodesign-Changing Geography by Design. Redlands：Esri Press.

Subrahmanian V S，Kumar S，2017. Predicting human behavior：the next frontiers. Science，355 (6324)：489.

Tetlock P E，Mellers B A，Scoblic J P，2017. Bringing probability judgments into policy debates via forecasting tournaments. Science，355(6324)：481-483.

Yu H，Shaw S L，2008. Exploring potential human interactions in physical and virtual spaces：a spatiotemporal GIS approach. International Journal of Geographical Information Science，22(4)：409-430.